장고
Django'로 배우는
쉽고 빠른
웹 개발

3판

파이썬
웹 프로그래밍

파이썬 웹 프로그래밍, 기초편(3판)

Django(장고)로 배우는 쉽고 빠른 웹 개발

초판 1쇄 발행 2015년 4월 1일
3판 1쇄 발행 2022년 11월 1일
3판 2쇄 발행 2023년 9월 26일

지은이 김석훈 / **펴낸이** 김태헌
펴낸곳 한빛미디어(주) / **주소** 서울시 서대문구 연희로2길 62 한빛미디어(주) IT출판1부
전화 02-325-5544 / **팩스** 02-336-7124
등록 1999년 6월 24일 제 25100-2017-000058호 / **ISBN** 979-11-6921-041-6 93000

총괄 배윤미 / **책임편집** 이미향 / **기획·편집** 윤진호 / **진행** 박새미
디자인 박정화 / **전산편집** 이소연
영업 김형진, 장경환, 조유미 / **마케팅** 박상용, 한종진, 이행은, 김선아, 고광일, 성화정, 김한솔 / **제작** 박성우, 김정우

이 책에 대한 의견이나 오탈자 및 잘못된 내용에 대한 수정 정보는 한빛미디어(주)의 홈페이지나 아래 이메일로
알려주십시오. 잘못된 책은 구입하신 서점에서 교환해 드립니다. 책값은 뒤표지에 표시되어 있습니다.

한빛미디어 홈페이지 www.hanbit.co.kr / 이메일 ask@hanbit.co.kr
자료실 www.hanbit.co.kr/src/11041

지금 하지 않으면 할 수 없는 일이 있습니다.
책으로 펴내고 싶은 아이디어나 원고를 메일(writer@hanbit.co.kr)로 보내주세요.
한빛미디어(주)는 여러분의 소중한 경험과 지식을 기다리고 있습니다.

기초편

장고
Django로 배우는
쉽고 빠른
웹 개발

3판
파이썬
웹 프로그래밍

김석훈 지음

한빛미디어
Hanbit Media, Inc.

수많은 웹 사이트가 만들어지고 운영되고 있는 요즘 웹 프로그래밍을 배우는 일은 개발자에게 필수로 여겨집니다. 웹 프로그래밍을 위한 도구로써 장고^{Django}를 활용하는 사용자가 해외뿐 아니라 국내에서도 계속 늘고 있습니다. 장고가 가진 그 특유의 풍부한 웹 기능들과 파이썬의 쉬운 문법이 더해져 많은 개발자의 선택을 받는 듯합니다.

현재 시중에는 매우 다양한 파이썬 웹 프레임워크가 존재합니다. 어느 정도 실력이 쌓인 개발자라면 파이썬 웹 프레임워크들의 장단점을 잘 따져서 자신의 프로젝트에 적합한 프레임워크를 선택하여 사용할 수 있습니다. 하지만 파이썬 웹 프로그래밍을 처음 접하는 사람이라면 장고로 시작하기를 권장합니다.

장고는 파이썬 철학과도 맞닿아 있으며 개발을 바로 시작할 수 있도록 프로젝트 뼈대를 만드는 역할을 합니다. 또한 데이터베이스를 쉽게 연동시켜 주며, 쉽고 편리하게 사용할 수 있는 Admin 관리 기능 등 웹 프로그래밍에 필요한 기능은 모두 있다고 이야기할 수 있을 정도로 풍부한 기능을 제공합니다. 장고를 활용하면 이러한 기능을 몇 줄로 간단히 코딩할 수 있어 쉽고 빠른 웹 프로그래밍이 가능합니다. 또한 장고에는 웹 프로그래밍에 필요한 개념이 잘 정립되어 있어서 장고에 어느 정도 익숙해진 후에는 다른 프레임워크로도 쉽게 웹 프로그램을 개발할 수 있습니다.

제가 생각하는 이 책의 독자는 파이썬 문법을 공부한 후에 웹 프로그래밍을 배우려는 사람들과 다른 언어로 웹 프로그래밍을 하다가 파이썬으로 전환하고자 하는 개발자입니다. 이런 분들에게 길잡이가 되었으면 하는 마음으로 이 책에는 파이썬 웹 프로그래밍을 처음 시작할 때 필수로 알아야 하는 내용을 담았습니다. 이 책의 설명과 예제를 통해 다음과 같은 기술을 습득할 수 있습니다.

- 웹 프로그래밍에 필요한 파이썬 표준 라이브러리를 활용할 수 있고, 자신의 목적에 맞는 웹 클라이언트를 개발할 수 있다.

- Model, View, Template에 따른 장고의 애플리케이션 개발 방식과 그 원리를 이해할 수 있다.
- 웹 프로그래밍의 기반 기술인 로깅, DB 연동, 배포 등을 다양한 방식으로 실습할 수 있다.
- 가장 훌륭한 개발 지침서인 장고 공식 문서에 친숙해질 수 있다.

또한 동영상으로 프로그래밍을 배우는 게 일상화된 요즘, 3판을 출간하면서 '어떻게 하면 이 책이 소장 가치를 가질 수 있을까?'를 고민하게 되었습니다. 고민의 결과로 장고의 문법이나 코딩 방식만 설명하는 데 그치지 않고 웹 프로그래밍의 기반 지식을 전달하고자 노력하였고, 장고를 어느 정도 잘 다루게 된 후에도 필요한 내용을 찾아볼 수 있도록 본문을 구성하였습니다. 웹 라이브러리 및 모든 상태 코드를 설명하였고, 자신에 맞는 데이터베이스를 선택할 수 있도록 장고에 여러 가지 데이터베이스를 연동하는 방법도 안내하였습니다. 또한 많은 개발자가 배포 과정 중 여러 시행착오를 겪는 모습을 보면서 다양한 Linux 배포 환경을 설명할 필요성을 느꼈습니다. 이에 이 책에서 다루는 배포 환경을 다각화하였습니다.

이 책을 통해 독자 여러분이 파이썬 웹 프로그래밍의 기본 기술과 핵심 원리를 이해하고 장고 웹 프레임워크를 여러분의 프로젝트에 자유자재로 사용할 수 있기를 기대합니다.

2015년에 초판이 출간된 이래 개정판을 거쳐 이번 3판에 이르기까지 8년이라는 세월 동안 제가 집필한 『파이썬 웹 프로그래밍, 기초편』에 꾸준한 사랑과 성원을 보내 주신 독자 여러분께 감사드립니다. 독자 여러분의 성원을 보다 보면 국내에 장고를 정착시키는 데 일조하였다는 마음이 들어 기쁩니다.

끝으로 초판 및 개정판에 이어 이번 3판까지 출간할 수 있도록 오랜 시간 동기를 유발해 주시고 정성 들여 편집해 주신 한빛미디어 윤진호 편집자님과 관계자분들께 감사드립니다.

2022년 10월

김석훈

이 책에 나와 있는 장고 예제는 직접 파이썬 코드를 입력하고 그 결과를 확인하도록 구성되어 있습니다. 운영체제에 상관없이 예제 소스를 실습할 수 있지만, 원하는 대로 실습이 진행되지 않을 경우 필자의 실습 환경을 참고해서 진행하면 큰 도움이 될 것입니다. 이 책을 집필하면서 사용한 필자의 실습 환경은 다음과 같습니다.

❶ 웹 프로그래밍 과정을 설명하는 본문(1장~5장)의 실습은 윈도우 환경에서 진행하였습니다.

Django 4.0	Python 3.10	Windows 10

• 개발 환경 구성이 어려워서 실습을 못 하는 일이 없도록 가장 쉬운 윈도우 환경의 cmd 창과 notepad 편집기를 사용하여 예제를 설명하였습니다.

❷ 배포 과정을 설명하는 본문(7장~10장)의 실습은 여러 배포 환경을 공부할 수 있도록 다양한 리눅스 환경에서 진행하였습니다.

7장	8장	9장	10장
PythonAnywhere	Ubuntu	Amazon Linux	CentOS

• 배포 환경에 관한 자세한 설명은 **6.4.4 이 책의 배포 환경**을 참고 바랍니다.

❸ 윈도우/리눅스/맥 OS 사용자 모두가 이 책의 내용을 무리 없이 실습할 수 있도록 명령 입력 방식으로 설명하였습니다.

• 직접 입력해야 하는 명령은 볼드로 표시하였으며 리눅스/맥 OS 별로 입력해야 하는 명령이 다른 경우는 별도로 표시하였습니다.

• 편집기로는 윈도우의 EditPlus, 리눅스의 vi, 맥 OS의 텍스트 편집기, 파이썬 IDLE 등 일반 텍스트 편집기를 모두 사용할 수 있습니다.

• PyCharm, Eclipse, Visual Studio Code, Atom, Sublime Text 등 본인에게 익숙한 개발 툴을 사용해서 예제를 진행해도 무방합니다. 필자는 파이썬 사용자들이 가장 선호하며 무료로 사용할 수 있는 PyCharm 사용을 권장합니다. 설치 방법 및 이 책의 예제 소스 실행 방법 등 PyCharm 사용과 관련한 내용은 **APPENDIX D PyCharm 무료 버전 사용하기**를 참고 바랍니다.

❹ 본문의 예제는 파이썬 3.x 기준으로 작성하였습니다.

요즘은 오픈 소스 한두 가지 정도는 기본으로 사용하여 프로젝트를 진행합니다. 이렇게 오픈 소스를 사용하여 개발하다가 막히거나 의문이 생기면 인터넷 정보를 검색하거나 관련 서적을 뒤적이게 됩니다. 그중에서도 가장 좋은 자료는 해당 오픈 소스의 공식 문서입니다.

장고 역시 오픈 소스이므로 다양한 자료를 공식 문서로 제공합니다. 이 책을 공부하거나 장고로 프로젝트를 진행하다가 자료를 찾고 싶다면 다음 URL로 접속하여 공식 문서를 확인할 수 있습니다.

- https://docs.djangoproject.com

참고로 이 책에서 사용한 실습 예제는 장고 공식 문서에서 발췌하였음을 알려드립니다. 이 책의 내용을 조금 더 깊이 이해하고 싶어 공식 문서를 찾게 될 때 동일한 예제를 다룬 경험이 공식 문서를 이해하는 데 많은 도움이 될 것이라 판단하였기 때문입니다.

부디 독자 여러분이 이 책을 통해 장고 공식 문서에 익숙해지고 장고를 더욱더 잘 활용할 수 있기를 기대합니다.

이 책의 예제 소스

한빛미디어 홈페이지의 [자료실]을 이용하거나 다음 URL에 접속하여 예제 소스를 내려받을 수 있습니다.

www.hanbit.co.kr/src/11041

디렉터리명	소스 내용
RedBook	윈도우 환경 실습 소스로 2~5장, APPENDIX A에서 사용합니다.
pyBook	리눅스 환경 실습 소스로 7~10장에서 사용합니다.

CHAPTER 01 웹 프로그래밍의 이해

CHAPTER 02 파이썬 웹 표준 라이브러리

CHAPTER **03 Django 웹 프레임워크**

CHAPTER **04 Django의 핵심 기능**

CHAPTER 05 실습 예제 확장

CHAPTER **06 Django의 웹 서버 연동 원리**

CHAPTER **07 Cloud 서버에 Django 배포**

CHAPTER 08 NGINX-Gunicorn 연동

CHAPTER 09 NGINX-uWSGI 연동

CHAPTER **10 Apache 웹 서버와 연동**

APPENDIX D PyCharm 무료 버전 사용하기

웹 프로그래밍의 이해

chapter 01

웹 프로그래밍의 이해

파이썬으로 웹 프로그래밍을 시작하기 전에 웹 프로그래밍의 기본 개념을 이해할 필요가 있습니다. 이는 파이썬뿐 아니라 다른 언어로 웹 프로그래밍을 할 때도 반드시 이해하고 있어야 하는 개념이기도 합니다.

웹 프로그램은 기본적으로 클라이언트Client—서버Server로 이루어집니다. 1장에서는 웹 프로그래밍의 기본 개념인 웹 클라이언트와 웹 서버뿐 아니라 웹 클라이언트와 웹 서버 간의 통신 규약인 HTTP 프로토콜, 주고받는 메시지 중에서 가장 중요한 URL, 그리고 혼동하기 쉬운 웹 서버와 웹 애플리케이션 서버 간의 차이점과 각각의 특징 등을 알아보겠습니다.

1.1 웹 프로그래밍이란?

웹 프로그래밍이란 무엇일까요? 간단히 말하면 HTTP(S) 프로토콜로 통신하는 클라이언트와 서버를 개발하는 일입니다. 웹 클라이언트와 웹 서버를 같이 개발할 수도 있고 웹 클라이언트 또는 웹 서버 하나만 개발할 수도 있습니다. 보통은 웹 서버를 개발하는 경우가 많아서 파이썬 웹 프로그래밍이라고 하면 장고Django와 같은 웹 프레임워크를 사용하여 웹 서버를 개발하는 일을 먼저 떠올리게 됩니다.

쉬운 이야기부터 시작하겠습니다. 웹 브라우저를 실행하여 네이버에 접속할 때도 웹 프로그램이 동작합니다. 이 경우 웹 브라우저는 웹 클라이언트, 네이버 서버는 웹 서버가 됩니다. 즉, 웹 클라이언트가 요청하고 웹 서버가 응답하는 클라이언트−서버 프로그램이 동작하는 것입니다. Microsoft Edge, Chrome, Firefox와 같은 웹 브라우저는 웹 클라이언트의 기능을 갖추어 개발되어 있기 때문에 웹 프레임워크를 활용해서 웹 서버를 개발하는 일을 마치 웹 프로그래밍의 전부인 것처럼 착각하기 쉽지만, 실제 프로젝트를 진행하다 보면 웹 클라이언트를 개발해야 하는 상황도 많이 발생합니다.

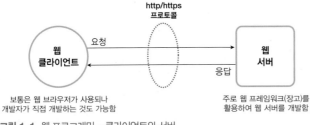

그림 1-1 웹 프로그래밍 − 클라이언트와 서버

웹 브라우저 이외에도 웹 서버에 요청을 보내는 웹 클라이언트를 다양한 형태로 만들 수 있는데 그 형태를 크게 다음과 같이 4가지로 분류할 수 있습니다.

- 웹 브라우저를 사용하여 요청
- 리눅스 **curl** 명령을 사용하여 요청
- 리눅스 **telnet**을 사용하여 요청
- 직접 만든 클라이언트로 요청

이에 관한 자세한 설명은 **1.2 다양한 웹 클라이언트**에서 하겠습니다. **1.2.2 리눅스 curl 명령을 사용하여 요청**과 **1.2.3 리눅스 telnet을 사용하여 요청**에서는 리눅스 명령을 사용해야 하므로 만일 현재 구축된 리눅스 서버가 없다면 내용만 이해하고 실습은 건너뛰어도 무방합니다.

1.2 다양한 웹 클라이언트

네이버와 같은 상용 웹 서버를 사용해도 되지만, 여기서는 **www.example.com** 도메인에 있는 웹 서버를 대상으로 HTTP 요청^{Request}을 보내고 응답^{Response}을 확인하겠습니다.

1.2.1 웹 브라우저를 사용하여 요청

다음 그림처럼 웹 브라우저를 열고 주소창에 접속하려는 웹 서버의 URL, 즉 **www.example.com**을 입력합니다.

그림 1-2 웹 브라우저 주소창에 URL 입력

웹 브라우저는 주소창에 입력된 문장을 해석하여 웹 서버에 HTTP 요청을 보내는 웹 클라이언트의 역할을 수행합니다. 요청을 받은 www.example.com 도메인의 웹 서버는 그 결과를 웹 브라우저로 전송합니다. 웹 브라우저는 전송받은 결과를 사용자가 볼 수 있도록 HTML 텍스트를 해석하여 화면에 표시합니다.

그림 1-3 웹 브라우저 요청에 대한 웹 서버의 응답

1.2.2 리눅스 curl 명령을 사용하여 요청

리눅스 curl 명령은 HTTP/HTTPS/FTP 등 여러 가지 프로토콜을 사용하여 데이터를 송수신하는 명령입니다. 셸 프롬프트에서 다음과 같이 **curl** 명령을 입력합니다.

```
$ curl https://www.example.com
```

curl 명령은 인자로 넘어온 URL로 HTTP 요청을 보내는 웹 클라이언트의 역할을 수행합니다. 이 요청을 받은 www.example.com 도메인의 웹 서버는 그 결과를 다음과 같이 응답합니다.

```
[shkim@localhost ch1]$ curl https://www.example.com
<!doctype html>
<html>
<head>
    <title>Example Domain</title>
    (중략)

</head>

<body>
<div>
    <h1>Example Domain</h1>
    <p>This domain is established to be used for illustrative examples in documents.
    You may use this domain in examples without prior coordination or asking for
    permission.</p>
    <p><a href="https://www.iana.org/domains/example">More information...</a></p>
</div>
</body>
</html>
[shkim@localhost ch1]$
```

그림 1-4 curl 명령 요청에 대한 웹 서버의 응답

웹 브라우저에서 보았던 문장이 동일하게 나온다는 사실을 확인할 수 있습니다. 비록 **그림 1-3**과 비교해서 HTML 태그들과 〈head〉 부분이 보인다는 점이 다를 뿐 근본적으로는 동일한 응답입니다. 즉, 요청 방법과 상관없이 웹 서버는 동일한 요청을 받을 경우 동일한 응답을 줍니다.

1.2.3 리눅스 telnet을 사용하여 요청

리눅스의 **telnet** 프로그램을 사용하여 HTTP 요청을 보낼 수도 있습니다. 리눅스의 셸 프롬프트에서 다음과 같이 명령을 입력합니다. 마지막에는 Enter 를 두 번 입력합니다.

```
[shkim@localhost ch1]$ telnet www.example.com 80
Trying 93.184.216.119...
Connected to www.example.com.
Escape character is '^]'.
GET / HTTP/1.1
Host: www.example.com  Enter
Enter
```

telnet 명령은 터미널 창에서 입력하는 내용을 그대로 웹 서버에 전송합니다. 방금 입력한 명령은 HTTP 프로토콜의 요청 메시지 규격에 정의된 규칙에 따라 HTTP 요청을 보내는 것입니다. 이 상황에서는 telnet 프로그램이 웹 클라이언트의 역할을 수행하며 이 요청을 받은 www.example.com 도메인의 웹 서버는 그 결과를 응답합니다. 그 응답 메시지는 바로 전에 입력한 두 번의 Enter 바로 아래에 **그림 1-5**와 같이 출력됩니다. HTTP 프로토콜에 관한 자세한 설명은 **1.4 HTTP 프로토콜**을 참고 바랍니다.

```
HTTP/1.1 200 OK
Accept-Ranges: bytes
Cache-Control: max-age=604800
Content-Type: text/html
Date: Sun, 09 Nov 2014 11:46:41 GMT
Etag: "359670651"
Expires: Sun, 16 Nov 2014 11:46:41 GMT
Last-Modified: Fri, 09 Aug 2013 23:54:35 GMT
Server: ECS (rhv/818F)
X-Cache: HIT
x-ec-custom-error: 1
Content-Length: 1270

<!doctype html>
<html>
<head>
    <title>Example Domain</title>
    (중략)

</head>

<body>
<div>
```

```
    <h1>Example Domain</h1>
    <p>This domain is established to be used for illustrative examples in documents.
    You may use this domain in examples without prior coordination or asking for
    permission.</p>
    <p><a href="https://www.iana.org/domains/example">More information...</a></p>
</div>
</body>
</html>
^]
telnet> quit
Connection closed.
[shkim@localhost ch1]$
```

그림 1-5 telnet 명령 요청에 대한 웹 서버의 응답

응답 메시지를 수신한 후 telnet 프로그램을 종료하기 위해 ✪과 같이 마지막 두 라인을 입력하였
다는 사실에 유의해야 합니다. 이번에도 역시 동일한 응답을 확인할 수 있습니다. 다만 telnet 프
로그램의 특성상 HTTP 응답 메시지의 헤더가 화면에 출력되었습니다. 이는 정상적으로 처리된
것이며 앞서 살펴본 것과 동일한 응답 결과입니다.

1.2.4 직접 만든 클라이언트로 요청

이번에는 파이썬 프로그램으로 간단한 웹 클라이언트를 만들겠습니다. notepad 텍스트 에디터를
열고 다음과 같이 문장 두 줄을 입력해서 **example.py** 파일을 만듭니다.

```
C:\RedBook\ch1>notepad example.py

import urllib.request
print(urllib.request.urlopen("https://www.example.com").read().decode('utf-8'))
```

여기서는 방금 작성한 example.py가 웹 클라이언트가 됩니다. 파이썬 라이브러리를 이용하여 단
두 줄로 웹 서버에 HTTP 요청을 보내는 웹 클라이언트를 만들었습니다. 이제 웹 클라이언트를 실
행하고 그 결과를 확인하겠습니다.

```
C:\RedBook\ch1>python example.py
<!doctype html>
<html>
<head>
    <title>Example Domain</title>
    (중략)
</head>

<body>
<div>
    <h1>Example Domain</h1>
    <p>This domain is established to be used for illustrative examples in documents.
    You may use this domain in examples without prior coordination or asking for
    permission.</p>
    <p><a href="https://www.iana.org/domains/example">More information...</a></p>
</div>
</body>
</html>

C:\RedBook\ch1>
```

그림 1-6 직접 만든 클라이언트 요청에 대한 웹 서버의 응답

앞에서 보았던 응답 결과와 동일하다는 사실을 확인할 수 있습니다. 즉, 웹 클라이언트의 형태는
달라도 동일한 요청에 대해서 동일한 응답을 받습니다. 또한 웹 브라우저가 아니더라도 웹 클라이
언트의 요청을 보낼 수 있다는 사실도 알 수 있습니다.

> **NOTE_** 웹 클라이언트를 직접 만드는 방법은 **2.2 웹 클라이언트 라이브러리**에서 자세히 설명하고 있으니 참
> 고 바랍니다.

1.3 프론트엔드와 백엔드

웹 프로그램은 클라이언트-서버 프로그램을 함께 부르는 용어입니다. 클라이언트를 **프론트엔드**
Frontend, 서버를 **백엔드**Backend라고 부르기도 합니다. 사용자 쪽에서 봤을 때 웹 브라우저(클라이언
트)는 앞단front-end에 있고, 웹 서버는 네트워크 너머 뒷단back-end에 있어 붙여진 이름입니다. 이에

따라 웹 브라우저에서 동작하는 프로그램을 프론트엔드 프로그램, 웹 서버에서 동작하는 프로그램을 백엔드 프로그램이라고 합니다.

이 용어는 개발자를 구분할 때도 자주 사용하는데 너무 당연한 이야기지만 프론트엔드 개발자는 프론트엔드 프로그램을 개발하고, 백엔드 개발자는 백엔드 프로그램을 개발합니다. 또한 프론트엔드와 백엔드 프로그램을 모두 개발하는 사람을 풀스택full-stack 개발자라고 부릅니다.

1.3.1 프론트엔드 개발자가 하는 일

프론트엔드 개발자는 사용자가 보는 화면을 만듭니다. 화면에 포함되는 메뉴, 버튼, 이미지 등을 이해하기 쉽게 배치하고 사용자가 해당 요소를 클릭할 때 동작하는 여러 기능을 구현합니다. 그래서 프론트엔드 개발에서는 **사용자 인터페이스**User Interface, UI 라고 하는 화면 디자인과 사용성 측면이 중요합니다.

프론트엔드 개발자는 웹 브라우저 내에서 동작하는 HTML, CSS, Javascript 프로그램을 개발합니다. 여기서 유의할 점은 웹 브라우저 자체가 아니라 웹 브라우저를 기반으로 그 위에서 동작하는 프로그램을 개발한다는 사실입니다. 다시 말해, HTML, CSS, Javascript 프로그램은 웹 브라우저라는 프로그램에 의해 해석되고 동작됩니다.

그래서 프론트엔드 개발자는 HTML, CSS, Javascript 언어의 문법을 이해하고 코딩할 수 있어야 하며, 경험이 쌓일수록 기반이 되는 웹 브라우저의 기능도 이해해야 합니다.

다음 예시처럼 하나의 *.html 파일 내에 HTML, CSS, Javascript 코드를 작성하거나 각각 별도의 파일로 작성할 수도 있습니다.

```
<!DOCTYPE html>
<html>
<head>
<style>
    body {background-color: powderblue;}
    h1   {color: blue;}
    p    {color: red;}
</style>
</head>

<body>
```

CSS 코드

```
        <h1>This is a heading</h1>
        <p>This is a paragraph.</p>
        <p id="demo"></p>

    <script> •
        document.getElementById("demo").innerHTML = "Hello JavaScript!";
    </script> •

    </body>
    </html>
```

그 외는 HTML 코드

Javascript 코드

백엔드에 비해 프론트엔드 프로그래밍은 코딩량도 적고 구현해야 하는 기능도 비교적 단순하다고 간주되었으나, 최근에는 PC의 성능이 향상되면서 화면이 화려해지고 **사용자 경험**User Experience, UX이 중요해지면서 코딩이 점점 복잡해지고 있습니다. 특히 Javascript 코딩이 복잡해지고 있는데 예전에는 jQuery 라이브러리만으로도 충분하였지만, 요즘에는 React, Vue, Angular 등 기능이 확장되고 성능이 개선된 라이브러리를 사용하는 추세입니다.

1.3.2 백엔드 개발자가 하는 일

백엔드 개발자는 사용자가 직접 볼 수 없는 사이트의 로직, 데이터 처리 기능과 더불어 성능, 보안, 인증, 권한과 관련된 기능을 만듭니다. 그리고 서비스를 위해 서버를 공개하고 다수의 클라이언트 트래픽을 처리합니다. 백엔드 프로그래밍에서 가장 중요한 일은 성능, 보안과 같은 시스템의 안정성을 유지하는 것입니다.

프론트엔드에 사용하는 언어가 HTML, CSS, Javascript 3가지 정도인 것에 반해 백엔드에 사용하는 언어는 훨씬 다양합니다. Python, Java, PHP, Node.js, Ruby 등 대부분의 프로그램 언어를 백엔드 프로그래밍에 사용할 수 있으며 여기에 더해 Django, Spring, Express 등의 웹 프레임워크를 활용하여 코딩합니다.

이 책에서는 수많은 언어와 프레임워크 중 **파이썬**Python과 **장고**Django를 활용한 웹 프로그래밍 과정을 설명합니다. 본격적인 학습에 앞서 파이썬으로 만든 백엔드 웹 프레임워크인 장고Django의 처리 과정을 간단히 살펴봅시다.

장고는 클라이언트(웹 브라우저)에서 보낸 요청 메시지 속 URL을 분석하여 어떤 로직을 수행할지 결정합니다. 만일 블로그에 글을 등록하라는 요청이라면 글 데이터를 DBMS에 저장하고 저장이 성공하였다는 응답 메시지를 클라이언트에게 보냅니다.

이때 DBMS에 저장하는 글 데이터는 클라이언트의 요청 메시지에서 추출합니다. 일반적으로 DBMS^{Database Management System}에 데이터를 저장할 때는 SQL^{Structured Query Language}이라는 데이터베이스 제어용 언어를 사용하는데, 장고는 여기에 더해 SQL보다 더 편리한 ORM^{Object Relational Mapping} 문법을 주로 사용하여 데이터베이스를 다룹니다. 그러므로 파이썬과 장고를 사용하는 백엔드 개발자는 파이썬, 장고와 더불어 SQL, ORM 문법을 이해하고 코딩할 수 있어야 합니다.

그런 다음 응답 메시지에 웹 브라우저 화면에 표시할 내용을 담아서 보냅니다. 이 내용이 HTML, CSS, Javascript 언어로 코딩된 문장들입니다. 이 문장들을 웹 브라우저가 해석해서 화면에 표시합니다. 여기서 유의할 점은 백엔드 서버에서 보내는 응답이지만, 프론트엔드 코드가 들어 있다는 사실입니다. 이에 관한 자세한 설명은 **1.3.3 HTML, CSS, Javascript 프로그램의 위치**에서 하겠습니다.

1.3.3 HTML, CSS, Javascript 프로그램의 위치

웹 프로그램의 역할 측면에서 프론트엔드 프로그램과 백엔드 프로그램으로 구분하여 설명하였지만, 이 두 프로그램은 따로 동작하는 게 아니라 서로 협력해서 하나의 웹 프로그램으로서 동작합니다. 서로 협력하는 과정에서 HTML, CSS, Javascript 프로그램의 역할이 혼동될 수 있습니다. **1.3.1 프론트엔드 개발자가 하는 일**에서 HTML, CSS, Javascript 프로그램은 분명 프론트엔드 프로그램이라고 설명하였는데 이 프로그램들은 백엔드 서버에 위치하며 백엔드 서버에서 해당 프로그램을 프론트엔드(클라이언트)로 보내기 때문입니다.

다음 그림을 통해 HTML, CSS, Javascript 프로그램의 동작 순서에 따른 위치 이동을 알아보겠습니다.

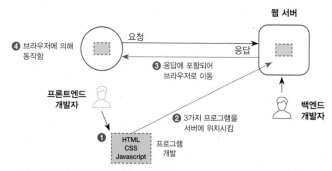

그림 1-7 프론트엔드 프로그램의 위치 이동

❶ HTML, CSS, Javascript 3가지 프로그램은 프론트엔드 개발자에 의해 처음 만들어집니다.

❷ 3가지 프로그램을 웹 브라우저에 탑재하는 것이 아니라 웹 서버의 정해진 폴더에 위치시켜 웹 프로그램에 적용합니다.

❸ 웹 브라우저에서 웹 요청을 보내면 웹 서버가 응답합니다. 이때 웹 서버는 해당 폴더에서 3가지 프로그램을 읽어서 응답 내용에 포함시킵니다. 이 과정에서 3가지 프로그램은 웹 서버에서 웹 브라우저로 이동합니다.

❹ 응답받은 웹 브라우저는 3가지 프로그램을 해석하고 그 내용을 화면에 표시합니다.

일련의 웹 서비스 과정에서 3가지 프로그램은 웹 서버에서 동작하는 것처럼 보이지만, 실제로는 웹 브라우저에서 동작합니다. 그리고 3가지 프로그램은 화면을 그리는 것이 주요 역할이므로 프론트엔드 프로그램으로 분류합니다. 그래서 프론트엔드 개발자가 3가지 프로그램을 코딩합니다.

참고로 ❷에서 3가지 프로그램을 웹 브라우저가 아니라 웹 서버에 위치시키는 이유는 불특정 다수의 웹 브라우저에 일일이 탑재하는 일은 사실상 불가능하므로 3가지 프로그램을 웹 서버에 위치시키고 웹 브라우저가 요청하면 해당하는 웹 브라우저에 3가지 프로그램을 보내야 하기 때문입니다.

1.4 HTTP 프로토콜

HTTP ^{Hypertext Transfer Protocol}는 웹 서버와 웹 클라이언트 사이에서 데이터를 주고받기 위해 사용하는 통신 방식으로 TCP/IP 프로토콜 위에서 동작합니다. 즉, 우리가 웹을 이용하려면 웹 서버와 웹 클라이언트는 각각 TCP/IP 동작에 필수적인 IP 주소를 가져야 한다는 의미입니다.

HTTP란 이름대로라면 하이퍼텍스트 ^{Hypertext}만 전송할 수 있어 보이지만, 실제로는 HTML이나 XML과 같은 하이퍼텍스트뿐 아니라 이미지, 음성, 동영상, Javascript, PDF와 각종 문서 파일 등 컴퓨터에서 다룰 수 있는 데이터라면 무엇이든 전송할 수 있습니다.

예를 들어 우리가 웹 브라우저의 주소창에 **https://www.naver.com**을 입력하고 Enter 를 누르면 웹 클라이언트와 웹 서버 사이에 HTTP 연결이 맺어지고 웹 클라이언트는 웹 서버에 HTTP 요청 메시지를 보냅니다. 웹 서버는 요청에 따른 처리를 진행한 후에 그 결과를 웹 클라이언트에 HTTP 응답 메시지로 보냅니다. 이처럼 요청 메시지와 응답 메시지가 반복적으로 오가므로 우리는 웹을 사용할 수 있는 것입니다.

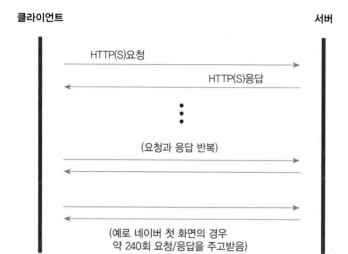

그림 1-8 요청과 응답 메시지 반복 과정

1.4.1 HTTP 메시지의 구조

HTTP 메시지에는 클라이언트에서 서버로 보내는 요청 메시지와 서버에서 클라이언트로 보내는 응답 메시지 2가지 종류가 있으며 그 메시지 구조는 다음 그림과 같습니다.

그림 1-9 HTTP 메시지 구조

그림 1-9에서 스타트 라인은 요청 메시지일 때 요청 라인[request line]이라 하며, 응답 메시지일 때 상태 라인[status line]이라 합니다. 스타트 라인에 이어 헤더의 각 행 끝에는 줄바꿈 문자인 CRLF[Carriage Return Line Feed]가 있으며 헤더와 바디는 빈 줄로 구분합니다. 헤더와 바디는 생략할 수 있으며 바디에는 텍스트뿐 아니라 2진수[binary] 데이터도 들어갈 수 있습니다.

다음은 바디가 없는 요청 메시지의 예시입니다.

```
GET /book/shakespeare HTTP/1.1
Host: www.example.com:8080
```

첫 번째 줄은 요청 라인으로 요청 **방식**^{method}, 요청 **URL**, **프로토콜 버전**으로 구성됩니다. 두 번째 줄은 헤더로 **이름: 값** 형식으로 표현하며 앞 예시의 경우 헤더가 한 줄뿐이지만, 여러 줄로도 작성 가능합니다. Host 항목은 필수인데 만약 포트 번호를 추가로 표시하고 싶다면 Host 항목의 URL 다음에 :을 붙여 같이 표시합니다.

또한 다음 예시처럼 요청 라인의 URL에 Host를 표시하면 Host 헤더는 생략할 수 있습니다.

```
GET https://www.example.com:8080/book/shakespeare HTTP/1.1
```

다음은 응답 메시지의 예시입니다.

```
HTTP/1.1 200 OK
Content-Type: application/xhtml+xml; charset=utf-8

<html>
(중략)
</html>
```

첫 번째 줄의 상태 라인은 **프로토콜 버전**, **상태 코드**, **상태 텍스트**로 구성됩니다. 서버에서 처리 결과를 상태 라인에 표시하는데 이 예시에서는 **200 OK**이므로 정상적으로 처리되었음을 알 수 있습니다. 그 외의 상태 코드와 텍스트 구문은 **APPENDIX C HTTP 상태 코드 전체 요약**을 참고하기 바랍니다.

두 번째 줄부터 헤더입니다. 이 예시는 헤더 항목이 하나뿐인 응답 메시지로 이 메시지는 바디를 가지고 있으므로 헤더와 바디를 빈 줄로 구분하고 있습니다. 바디에는 보통 HTML 텍스트가 포함되어 있습니다.

1.4.2 HTTP 처리 방식

HTTP 메소드method로 클라이언트가 원하는 처리 방식을 서버에 알려 줍니다. HTTP 메소드는 **표 1-1**처럼 8가지로 정의되어 있는데 이 중에서 많이 사용되는 메소드는 **GET, POST, PUT, DELETE** 4가지이며 데이터 조작의 기본이 되는 CRUDCreate, Read, Update, Delete와 매핑되는 처리를 합니다.

표 1-1 HTTP 메소드 종류

메소드명	의미	CRUD와 매핑되는 역할
GET	리소스 취득	Read(조회)
POST	리소스 생성, 리소스 데이터 추가	Create(생성)
PUT	리소스 변경	Update(변경)
DELETE	리소스 삭제	Delete(삭제)
HEAD	리소스의 헤더(메타데이터) 취득	
OPTIONS	리소스가 서포트하는 메소드 취득	
TRACE	루프백 시험에 사용	
CONNECT	프록시 동작의 터널 접속으로 변경	

GET은 지정한 URL의 정보를 가져오는 메소드이며 가장 많이 사용됩니다. 웹 브라우저를 이용하여 서버로부터 웹 페이지, 이미지, 동영상 등을 가져올 때 수많은 GET 방식의 요청을 사용하게 됩니다.

POST의 대표적인 기능은 리소스를 생성하는 것입니다. 블로그에 글을 등록하는 경우가 이에 해당합니다. **PUT**은 리소스를 변경하는 데 사용됩니다. 예를 들어 블로그의 글 작성자를 변경하거나 글 내용을 업데이트하는 경우가 이에 해당합니다.

PUT 메소드도 리소스를 생성하는 데 사용할 수 있습니다. 이때 굳이 POST와 PUT의 용도를 구분해야 한다면 새롭게 생성한 리소스에 대한 URL 결정권이 서버에 있을 때 POST를 사용하고, URL 결정권이 클라이언트에 있을 때 PUT을 사용합니다.

예를 들어 트위터에 글을 포스팅하면 그 글에 대한 URL은 서버에서 결정하므로 POST를 사용하고, 위키처럼 클라이언트가 결정한 타이틀이 그대로 URL이 되는 경우는 PUT을 사용하는 것이 적합합니다. 그러나 POST와 PUT의 용도를 엄밀히 구분해서 사용하지는 않으므로 이렇게 구분해서 리소스를 생성하면 오히려 헷갈릴 수 있습니다. 그러므로 리소스의 생성은 POST, 리소스의 변경은 PUT으로 한다라고 이해하고 사용해도 무방합니다.

DELETE는 이름 그대로 리소스를 삭제하는 메소드입니다. 일반적으로 DELETE 요청에 대한 응답에는 바디가 없습니다.

1.4.3 GET과 POST 메소드

앞에서 8가지의 HTTP 메소드를 소개하였지만, 실제로 가장 많이 사용하는 메소드는 GET과 POST 2가지입니다. 그 이유는 HTML 폼에서 지정할 수 있는 메소드가 GET과 POST밖에 없기 때문입니다.

폼에서 사용자가 입력한 데이터를 서버로 보낼 때 GET과 POST는 서로 다른 방식을 사용합니다. GET은 다음 예시처럼 URL 부분의 ? 뒤에 **이름=값** 쌍으로 이어 붙여 보냅니다.

```
GET  https://docs.djangoproject.com/search/?q=forms&release=1  HTTP/1.1
```

반면 POST는 다음 예시처럼 GET에서 URL에 포함시켰던 파라미터를 요청 메시지의 바디에 넣어 보냅니다.

```
POST  https://docs.djangoproject.com/search/ HTTP/1.1
Content-Type: application/x-www-form-urlencoded

q=forms&release=1
```

이렇게 파라미터를 보내는 방식의 차이로 인해 GET 방식을 이용하면 많은 양의 데이터를 보내기 어렵습니다. URL은 길이 제한이 있기 때문입니다. 또한 전달되는 사용자의 데이터가 웹 브라우저의 주소창에 노출된다는 단점이 있어 보안 측면에서도 불리합니다.

따라서 폼을 사용하거나 추가적인 파라미터를 서버로 보내는 경우에는 GET보다 POST 방식을 많이 사용합니다. 실제로 장고 프레임워크에서도 폼 데이터에는 POST 방식만을 사용합니다. 이러한 단점이 아무 영향을 끼치지 않을 경우에는 GET을 사용해도 무방합니다. 예를 들어 네이버 검색창에 원하는 단어를 검색해 보면 GET 방식이 사용된다는 사실을 확인할 수 있습니다.

그림 1-10 네이버의 검색창 - GET 방식 전달

1.4.4 상태 코드

서버에서의 처리 결과는 응답 메시지의 상태 라인에 있는 상태 코드status code를 보고 파악할 수 있습니다. 상태 코드는 세 자리 숫자로 되어 있는데 첫 번째 숫자는 HTTP 응답의 종류를 구분하는 데 사용하며 나머지 2개의 숫자는 세부적인 응답 내용 구분을 위한 번호입니다.

현재 100~500번 대까지 상태 코드가 정의되어 있는데 첫 번째 자리 숫자에 따라 다음 표와 같이 5가지로 분류해서 사용하고 있습니다.

표 1-2 상태 코드 분류

상태 코드	상태 텍스트	설명
1xx	Informational (정보 제공)	임시 응답으로 현재 클라이언트의 요청까지는 처리되었으니 계속 진행하라는 의미입니다. HTTP 1.1 버전부터 추가되었습니다.
2xx	Success(성공)	클라이언트의 요청이 서버에서 성공적으로 처리되었다는 의미입니다.
3xx	Redirection (리다이렉션)	완전한 처리를 위해서 추가 동작이 필요한 경우입니다. 주로 서버의 주소 또는 요청한 URI의 웹 문서가 이동되었으니 그 주소로 다시 시도하라는 의미입니다.

4xx	Client Error (클라이언트 에러)		없는 페이지를 요청하는 등 클라이언트의 요청 메시지 내용이 잘못된 경우를 의 미합니다.
5xx	Server Error (서버 에러)		서버 사정으로 메시지 처리에 문제가 발생한 경우입니다. 서버의 부하, DB 처리 과정 오류, 서버에서 익셉션이 발생하는 경우를 의미합니다.

다음은 자주 사용되는 상태 코드를 요약 정리한 표입니다. 첫 번째와 두 번째 컬럼인 상태 코드와 상태 텍스트가 응답 메시지의 첫 줄인 상태 라인에 나타납니다. 자세한 사항은 **APPENDIX C HTTP 상태 코드 전체 요약**을 참고 바랍니다.

표 1-3 자주 사용되는 상태 코드

상태 코드	상태 텍스트	한국어 번역	서버 측면에서의 의미
2xx	Success	성공	**클라이언트가 요청한 동작을 수신하여 이해하였고 승낙하였으며 성공적으로 처리하였다.**
200	OK	성공	**서버가 요청을 성공적으로 처리하였다.**
201	Created	생성됨	**요청이 처리되어서 새로운 리소스가 생성되었다.** 응답 헤더 Location에 새로운 리소스의 절대 URI를 기록합니다.
202	Accepted	허용됨	**요청은 접수하였지만, 처리가 완료되지 않았다.** 클라이언트는 응답 헤더의 Location, Retry-After를 참고하여 다시 요청을 보냅니다.
3xx	Redirection	리다이렉션	**클라이언트는 요청을 마치기 위해 추가 동작을 취해야 한다.**
301	Moved Permanently	영구 이동	**지정한 리소스가 새로운 URI로 이동하였다.** 이동할 곳의 새로운 URI는 응답 헤더 Location에 기록합니다.
303	See Other	다른 위치 보기	**다른 위치로 요청하라.** 요청에 대한 처리 결과를 응답 헤더 Location에 표시된 URI에서 GET으로 취득할 수 있습니다. 웹 브라우저의 폼 요청을 POST로 처리하고 그 결과 화면으로 리다이렉트시킬 때 자주 사용되는 응답 코드입니다.
307	Temporary Redirect	임시 리다이렉션	**임시로 리다이렉션 요청이 필요하다.** 요청한 URI가 없으므로 클라이언트는 메소드를 그대로 유지한 채 응답 헤더 Location에 표시된 다른 URI로 요청을 재송신할 필요가 있습니다. 클라이언트는 향후 요청 시 원래 위치를 계속 사용해야 합니다. 302의 의미를 명확하게 재정의해서 HTTP/1.1에서 새로 추가된 응답이 바로 307입니다.

상태 코드	상태 텍스트	한국어 번역	서버 측면에서의 의미
4xx	Client Error	클라이언트 에러	**클라이언트의 요청에 오류가 있다.**
400	Bad Request	잘못된 요청	**요청 구문이 잘못되었다.** 클라이언트가 모르는 4xx 계열의 응답 코드가 반환된 경우에도 클라이언트는 400과 동일하게 처리하도록 규정되어 있습니다.
401	Unauthorized	권한 없음	**지정한 리소스에 대한 액세스 권한이 없다.** 응답 헤더 WWW-Authenticate에 필요한 인증 방식을 지정합니다.
403	Forbidden	금지됨	**지정한 리소스에 대한 액세스가 금지되었다.** 401 인증 처리 이외의 사유로 리소스에 대한 액세스가 금지되었음을 의미합니다. 리소스의 존재 자체를 은폐하고 싶은 경우는 404 응답 코드를 사용할 수 있습니다.
404	Not Found	찾을 수 없음	**지정한 리소스를 찾을 수 없다.**
5xx	Server Error	서버 에러	**클라이언트의 요청은 유효한데 서버가 처리에 실패하였다.**
500	Internal Server Error	내부 서버 오류	**서버에 에러가 발생하였다.** 클라이언트가 모르는 5xx 계열의 응답 코드가 반환된 경우에도 클라이언트는 500과 동일하게 처리하도록 규정되어 있습니다.
502	Bad Gateway	불량 게이트웨이	**게이트웨이 또는 프록시 역할을 하는 서버가 그 뒷단의 서버로부터 잘못된 응답을 받았다.**
503	Service Unavailable	서비스 제공 불가	**현재 서버에서 서비스를 제공할 수 없다.** 보통은 서버의 과부하나 서비스 점검 등 일시적인 상태입니다.

1.5 URL 설계

웹 애플리케이션을 프로그래밍할 때 고객의 요구사항이 정리되면 먼저 디자인 측면에서 화면 UI를 설계하고 프로그램 로직 측면에서 URL을 설계합니다. 즉, URL의 설계는 웹 서버 로직 설계의 첫걸음이고 사용자 또는 웹 클라이언트에게 웹 서버가 가지고 있는 기능을 명시하는 중요한 단계입니다. 전체 프로그램 로직을 생각하면서 차후에 로직이 변경되더라도 URL 변경은 최소화할 수 있도록 유연하게 설계하는 것이 중요합니다.

URL은 보통 다음과 같이 구성됩니다.

https://www.example.com:80/services?category=2&kind=patents#n10

| URL 스킴 | 호스트명 | 포트 번호 | 경로 | 쿼리스트링 | 프라그먼트 |

그림 1-11 URL 구성 항목

- **URL 스킴** : URL에 사용된 프로토콜을 의미합니다.
- **호스트명** : 웹 서버의 호스트명으로 도메인명 또는 IP 주소로 표현됩니다.
- **포트 번호** : 웹 서버 내의 서비스 포트 번호입니다. 생략 시에는 디폴트 포트 번호로 http는 80을, https는 443을 사용합니다.
- **경로** : 파일이나 애플리케이션 경로를 의미합니다.
- **쿼리스트링** : 질의 문자열로 앰퍼샌드(&)로 구분된 **이름=값** 형식으로 표현됩니다.
- **프라그먼트** : 문서 내의 앵커 등 조각을 지정합니다.

1.5.1 URL을 바라보는 측면

URL은 웹 클라이언트에서 호출한다는 시각으로 보면 웹 서버에 존재하는 애플리케이션에 대한 API^{Application Programming Interface}라고 할 수 있습니다. 웹 프로그래밍 기술의 발전 과정을 살펴보면 이러한 API의 명명 규칙 선정법을 2가지로 분류할 수 있습니다. 하나는 URL을 **RPC**^{Remote Procedure Call}로 바라보는 방식이고, 다른 하나는 **REST**^{Representational State Transfer}로 바라보는 방식입니다.

RPC란 클라이언트가 네트워크상 원격에 있는 서버에서 제공하는 API 함수를 호출하는 방식입니다. 이 방식은 URL 설계와 API 설계를 동일하게 고려하여 URL의 경로를 API 함수명으로, 쿼리 파라미터를 함수의 인자로 간주합니다. 그래서 웹 클라이언트에서 URL을 전송하는 일이 웹 서버의 API 함수를 호출하는 일이라고 인식하는 것입니다.

RPC 방식에서는 URL 경로의 대부분이 동사가 됩니다. 자바의 일반적인 함수나 메소드명이 동사인 것과 동일한 개념입니다. RPC 방식은 웹 프로그래밍 초기부터 사용된 방식으로 다음에 설명하는 REST 방식이 나오면서 사용 빈도가 줄어드는 추세이지만, 여전히 많이 사용되고 있습니다. RPC 방식은 다음과 같은 형태로 사용합니다.

```
https://blog.example.com/search?q=test&debug=true
```

또 다른 측면은 REST 방식으로 URL을 설계하는 것입니다. **REST**란 웹 서버에 존재하는 요소를 모두 리소스라고 정의하고 URL을 통해 웹 서버의 특정 리소스를 표현하는 방식입니다. 리소스는 시간이 지남에 따라 상태state가 변할 수 있기 때문에 클라이언트와 서버 간의 데이터 교환을 리소스 상태 교환Representational State Transfer으로 간주합니다. 그리고 중요한 점은 리소스 조작을 GET, POST, PUT, DELETE 등의 HTTP 메소드로 구분한다는 것입니다.

이와 같은 REST 방식으로 바라본다면 웹 클라이언트에서 URL을 전송하는 것을 웹 서버에 있는 리소스 상태에 관한 데이터를 주고받는 것으로 간주할 수 있습니다. REST 방식은 다음과 같은 형태로 사용합니다.

```
https://blog.example.com/search/test
```

1.5.2 간편 URL

최근에는 앞에서 설명한 REST 방식의 URL 개념을 기반으로 간단하면서도 사용자에게 친숙하게 URL을 표현하려고 노력하는 추세입니다. 주로 검색 엔진 분야에서 이러한 노력이 많이 진전되었고 그 결과 기존의 길고 복잡한 URL에서 특수 문자 등을 제거하고 간결하게 만드는 방식인 **간편 URL**Clean URL이 탄생하게 되었습니다. 기존 URL 방식에서 사용되는 문자들(?, =, &, #)은 웹 프로그래밍 언어에서 연산자나 특수한 용도의 기호로 사용될 가능성이 높기 때문에 검색 엔진에서 이런 주소를 저장하고 표현하는 데 불편이 따르기도 하였습니다.

정리하면 간편 URL은 쿼리스트링 없이 경로만 가진 간단한 구조의 URL을 말합니다. 검색 엔진의 처리를 최적화하고 URL을 입력하거나 기억하기 쉽다는 부수적인 장점도 있어 검색 엔진 친화적 URLSearch Engine Friendly URL 또는 사용자 친화적 URLUser Friendly URL이라고 부르기도 합니다.

기존 URL과 간편 URL을 비교하면 다음과 같습니다.

표 1-4 기존 URL과 간편 URL 비교를 위한 대응 예시

기존 URL	간편 URL
https://example.com/index.php?page=foo	https://example.com/foo
https://example.com/index.php?page=consulting/marketing	https://example.com/consulting/marketing
https://example.com/products?category=2&pid=25	https://example.com/products/2/25
https://example.com/cgi–bin/feed.cgi?feed=news&frm=rss	https://example.com/news.rss
https://example.com/services/index.jsp?category=legal&id=patents	https://example.com/services/legal/patents
https://example.com/index.asp?mod=profiles&id=193	https://example.com/user/john–doe
https://example.com/app/dashboard/dsptchr_c80.dll?page=38661&mod1=bnr_ant&UID=4511681&SESSID=4fd8b561ac867195fba2cc5679&...	https://example.com/app/dashboard/reports#monthly

1.5.3 파이썬의 우아한 URL

파이썬 프레임워크에서는 처음부터 간편 URL 체계를 도입하였습니다. 그 외에도 URL을 정의하기 위해 정규표현식^{Regular Expression}을 추가로 사용할 수 있습니다. 자주 사용하는 용어는 아니지만 파이썬에서는 간편한 URL을 **우아한 URL** ^{Elegant URL}이라고 부르기도 합니다. 다음은 장고에서 사용하는 URL 표현 방식입니다.

```python
urlpatterns = [
    path('articles/2003/', views.special_case_2003),
    path('articles/<int:year>/', views.year_archive),
    path('articles/<int:year>/<int:month>/', views.month_archive),
    path('articles/<int:year>/<int:month>/<slug:slug>/', views.article_detail),
]
```

유사한 의미의 URL을 정규표현식을 사용하여 조금 더 구체적으로 표현할 수 있습니다. 위 예시에서 연도는 정수이기만 하면 되지만, 다음 예시에서 연도는 4자리 숫자여야 합니다.

```
urlpatterns = [
    path('articles/2003/', views.special_case_2003),
    re_path(r'^articles/(?P<year>[0-9]{4})/$', views.year_archive),
    re_path(r'^articles/(?P<year>[0-9]{4})/(?P<month>[0-9]{2})/$', views.month_archive),
    re_path(r'^articles/(?P<year>[0-9]{4})/(?P<month>[0-9]{2})/(?P<slug>[\w-]+)/$', views.
    article_detail),
]
```

1.6 웹 애플리케이션 서버

웹 클라이언트의 요청을 받아서 처리하는 서버를 통칭하여 웹 서버라고 부르기도 하지만, **표 1-5**와 같이 웹 서버와 웹 애플리케이션 서버로 조금 더 세분화할 수 있습니다.

표 1-5 웹 서버와 웹 애플리케이션 서버 구분

구분	역할	프로그램명
웹 서버	웹 클라이언트의 요청을 받아서 요청을 처리하고 그 결과를 웹 클라이언트에 응답합니다. 주로 정적 페이지로 구성된 HTML, 이미지, CSS, Javascript 파일을 웹 클라이언트에 제공할 때 웹 서버를 사용합니다. 만약 동적 페이지 처리가 필요하다면 웹 애플리케이션 서버에 처리를 넘겨야 합니다.	NGINX, Apache httpd, lighttpd, IIS 등
웹 애플리케이션 서버	웹 서버로부터 동적 페이지 요청을 받아서 처리하고 그 결과를 웹 서버로 반환합니다. 주로 동적 페이지 생성을 위한 프로그램 실행과 데이터베이스 연동 기능을 처리합니다.	Gunicorn, uWSGI, mod_wsgi, Apache Tomcat, JBoss, WebLogic, WebSphere, Jetty, Jeus 등

> **NOTE_** 웹 서버 및 웹 애플리케이션 서버라는 용어는 소프트웨어 측면의 서버 프로그램을 의미합니다. 하드웨어 측면의 용어는 **1.6.5 웹 서버와의 역할 구분**에서 설명합니다.

이 2가지 서버가 어떻게 다른지, 또 웹 애플리케이션 서버가 무엇인지를 이해하기 위해서는 웹 서버 기술의 발전 과정을 알아야 합니다. **그림 1-12**에서 웹 서버 기술의 발전 과정을 요약하여 보여 주고 있는데 이 그림을 참고하여 동적 페이지를 생성하는 CGI 프로그램부터 살펴보겠습니다.

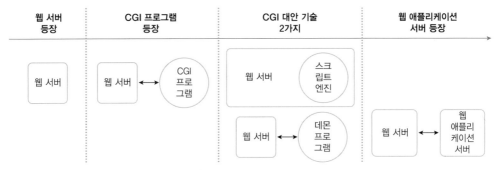

그림 1-12 기술의 발전에 따른 웹 서버 기술의 변화

1.6.1 정적 페이지 vs 동적 페이지

정적 페이지 Static Page란 누가, 언제 요구하더라도 항상 같은 내용을 표시하는 웹 페이지를 말합니다. 정적 페이지는 해당 웹 서비스의 제공자가 사전에 준비하여 서버에 배치한 것으로 동일한 리소스 (URL)의 요청에 대해서는 항상 동일한 내용의 페이지를 반환합니다. 주로 Javascript, CSS, 이미지만으로 이루어진 페이지가 이에 해당됩니다.

반면 **동적 페이지**Dynamic Page란 동일한 리소스의 요청이라도 누가, 언제, 어떻게 요구하였는지에 따라 각각 다른 내용이 표시되는 페이지를 말합니다. 예로 현재 시각을 보여 주는 페이지나 온라인 쇼핑 사이트에서 사용자마다 다른 장바구니 내용을 보여 주는 페이지를 들 수 있습니다.

정적, 동적은 사용자가 페이지를 요청하는 시점에 페이지의 내용이 유지되는가 또는 변경되는가를 구분하는 용어입니다. 즉, 동적 페이지에는 프로그래밍 코드가 포함되어 있어서 페이지 요청 시점에 HTML 문장을 만듭니다.

웹이 처음 출현하였을 때는 논문 열람 사이트와 같이 정적 페이지를 하이퍼링크로 연결하여 보여주는 것이 목적이었고 웹 서버도 정적 페이지를 보여 주는 것이 주된 역할이었습니다. 그러나 점차 동적 페이지에 대한 요구가 생기고 필요한 데이터를 저장하고 꺼내 오는 등의 데이터베이스 처리에 대한 요구가 많아짐에 따라 웹 서버와는 다른 별도의 프로그램이 필요하게 되었습니다. 이러한 별도의 프로그램과 웹 서버 사이의 정보를 주고받는 규칙을 정의한 것이 바로 **CGI**Common Gateway Interface 규격입니다.

1.6.2 CGI 방식의 단점

CGI 자체는 정식 프로그래밍 언어나 스크립트가 아니라 웹 서버와 독립적인 프로그램(프로세스) 사이의 정보를 주고받는 규격을 의미하며 이 규격을 준수하면 어떤 프로그래밍 언어로도 CGI 프로그램을 개발할 수 있습니다. 전통적인 CGI 방식은 다음 그림과 같이 웹 서버가 C, C++, Perl, PHP, Python 등으로 만들어진 CGI 프로그램을 직접 호출하여 개별 프로세스를 생성하는 과정을 따릅니다.

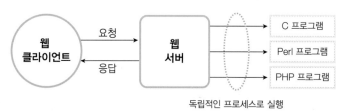

그림 1-13 전통적인 CGI 방식의 요청 처리

CGI 방식의 근본적인 문제점은 각각의 클라이언트 요청에 대해 독립적인 별도의 프로세스가 생성된다는 것입니다. 요청이 많아질수록 프로세스가 많아지고 프로세스가 많아질수록 프로세스가 점유하는 메모리 요구량도 커져서 시스템에 많은 부하를 줍니다. 이런 이유로 현재는 CGI 방식을 거의 사용하지 않으며 이러한 단점을 해결하기 위한 대안책으로 여러 가지 기술이 등장하였습니다.

1.6.3 CGI 방식의 대안 기술

CGI 방식의 대안 기술 중 하나는 별도의 애플리케이션(CGI 프로그램과 같은 역할을 하는 프로그램)을 Perl, PHP 등의 스크립트 언어로 작성하고 스크립트를 처리하는 스크립트 엔진(인터프리터)을 웹 서버에 내장시켜서 CGI 방식의 단점이었던 별도의 프로세스를 기동시킴에 따라 발생하는 오버헤드를 줄이는 방식입니다. 아파치 웹 서버에서 사용하는 mod_perl 혹은 mod_php 모듈이 Perl이나 PHP 스크립트 엔진을 웹 서버에 내장시켜 애플리케이션의 처리를 고속화하기 위해 개발된 기술들입니다. 파이썬의 경우에는 mod_python 모듈을 사용하였지만, 현재는 mod_wsgi 모듈을 사용하고 있습니다.

또 다른 방식은 애플리케이션 처리용 프로세스를 미리 데몬으로 기동시켜 놓은 후 웹 서버의 요청을 데몬에서 처리하는 것입니다. 이 또한 프로세스 생성 부하를 줄일 수 있는 방법입니다. 파이썬의 경우 데몬 방식에도 mod_wsgi 모듈을 사용합니다. mod_wsgi 모듈은 웹 서버 내장 방식으로도 실행 가능하며 별도의 데몬 방식으로도 실행 가능합니다.

CGI 애플리케이션을 별도의 데몬으로 처리하는 방식은 기술이 점차 발전함에 따라 스레드 처리가 보강되고 객체 지향 기술이 반영되면서 애플리케이션 전용 데몬인 애플리케이션 서버 방식으로 발전하였습니다. 현재 가장 많이 사용되고 있는 JSP^{Java Server Page}, ASP^{Active Server Page} 기술에도 애플리케이션 서버 방식이 사용되고 있습니다.

파이썬에서 웹 서버 연동용으로 사용되는 mod_wsgi, uwsgi, gunicorn이 웹 서버 프로그램인 httpd, nginx와는 별개의 애플리케이션 전용 데몬으로 동작한다는 점에서 이 프로그램들을 웹 애플리케이션 서버라고 말할 수 있습니다.

1.6.4 애플리케이션 서버 방식

애플리케이션 서버 방식은 웹 서버가 직접 프로그램을 호출하기보다는 **그림 1-14**처럼 웹 애플리케이션 서버를 통해서 간접적으로 웹 애플리케이션 프로그램을 실행합니다. 웹 애플리케이션 서버는 애플리케이션 프로그램의 실행 결과를 웹 서버에 전달하며 웹 서버는 웹 애플리케이션 서버로부터 전달받은 응답 결과를 웹 클라이언트에 전송합니다.

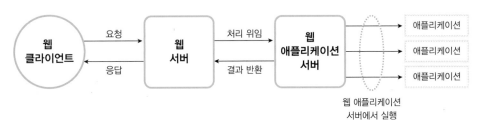

그림 1-14 애플리케이션 서버 방식의 요청 처리

애플리케이션 서버 방식을 사용할 때의 각 서버 간 구성도는 다음과 같은 모습이 됩니다.

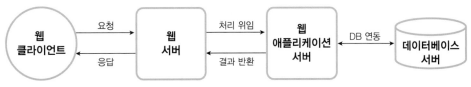

그림 1-15 애플리케이션 서버 방식에서의 서버 간 구성도

웹 서버와 웹 애플리케이션 서버가 분리됨에 따라 서로의 역할도 구분하여 사용하는 것이 좋습니다. 왜냐하면 정적 페이지를 처리하는 경우에 비해서 동적 페이지를 처리하는 경우가 수 배에서 수십 배의 메모리를 소비하기 때문입니다. 즉, 정적 페이지 처리에 특화된 웹 서버는 정적 페이지만 처리하고, 웹 애플리케이션 서버는 동적 페이지만 처리하도록 역할을 분담하는 것이 웹 애플리케이션 서버에서 정적 페이지와 동적 페이지를 모두 처리하는 것보다 훨씬 더 많은 요청을 처리할 수 있습니다.

두 서버의 역할은 전문화되는 방향으로 계속해서 발전하고 있습니다. 웹 서버는 정적 페이지를 웹 클라이언트에게 제공하는 것이 주 역할이지만, 그 외에도 캐시, 프록시 등의 추가 기능을 제공합니다. 또한 다수의 클라이언트로부터 동시에 요청을 받아 처리해야 하므로 동시 접속을 허가하는 클라이언트 수의 제한 및 처리 프로세스의 관리, 요청 및 응답에 관한 로그의 기록, 안정성 확보를 위한 인증 제어 및 암호화 처리 등 HTTP/HTTPS의 제어에 필요한 여러 기능을 제공합니다.

웹 애플리케이션 서버는 웹 서버보다 기능이 더 추가되고 종류도 다양해지고 있습니다. 그 이유는 웹 애플리케이션 서버는 웹 서버와의 연동 규격을 잘 따르기만 하면 임의의 언어 플랫폼을 사용해서 애플리케이션 프로그램을 작성하고 실행시킬 수 있기 때문입니다. 자바 계열의 Tomcat, 루비 계열의 Unicorn, 파이썬 계열의 uWSGI 애플리케이션 서버 등이 대표적인 예입니다.

대다수의 웹 애플리케이션 서버는 웹 클라이언트로부터 직접 요청을 받아 처리하는 웹 서버의 기능을 제공합니다. 그러나 이러한 웹 애플리케이션 서버 내의 웹 서버 기능들은 성능과 안정성이 떨어지므로 개발용으로만 제한적으로 사용되며 운용 환경이나 대규모의 사이트에서는 잘 사용되지 않습니다.

1.6.5 웹 서버와의 역할 구분

지금까지 웹 서버 및 웹 애플리케이션 서버라는 용어를 사용하였는데 이는 소프트웨어 측면의 서버 프로그램을 의미합니다. 이들은 하드웨어 측면의 용어를 의미할 때도 있는데 여기서는 조금 더 정확하게 구분하기 위해 하드웨어 측면의 용어로 웹 서버 박스 및 웹 애플리케이션 서버 박스라는 용어를 사용하겠습니다.

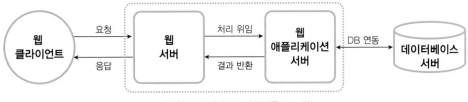

동일한 하드웨어 박스에 배치할 수도 있고
다른 하드웨어 박스에 배치할 수도 있다.

그림 1-16 웹 서버와 애플리케이션 서버의 역할과 하드웨어 배치

앞 절에서도 설명하였듯이 정적 페이지와 동적 페이지를 같이 제공하는 환경에서 웹 서버 또는 웹 애플리케이션 서버 하나만으로 웹 사이트를 서비스하는 것은 매우 비효율적입니다. 정적 페이지를 처리할 때와 동적 페이지를 처리할 때의 서버 자원 소모량이 다르기 때문입니다.

따라서 웹 서버와 웹 애플리케이션 서버 프로그램이 함께 필요합니다. 이 2가지의 서버를 동일한 하드웨어 박스에서 기동시키는 것도 충분히 가능합니다. 서비스 운용 관리 측면에서 하나의 하드웨어 박스에 구성하는 것이 조금 더 간편한 방식입니다.

이렇게 하나의 하드웨어 박스에 웹 서버와 웹 애플리케이션 서버를 모두 탑재하는 것도 가능하지만, 하드웨어 박스를 분리하여 구성하면 메모리 효율을 더욱더 높일 수 있습니다. 정적 페이지를 처리하는 웹 서버 박스와 동적 페이지를 처리하는 웹 애플리케이션 서버 박스 간의 메모리 사이즈 비율을 조절할 수 있기 때문입니다. 물론 이를 위해서는 해당 웹 사이트의 트래픽 중 정적 페이지와 동적 페이지 요청 건수 비율을 먼저 분석해야 합니다.

그래서 대형 웹 사이트에서는 하드웨어 증설로 웹 처리 용량을 높이는 작업이 용이하도록 웹 서버를 탑재하는 하드웨어 박스와 웹 애플리케이션 서버를 탑재하는 하드웨어 박스를 분리하여 구성하는 것이 보통입니다. 이런 경우 하드웨어 측면에서 L4 또는 L7 스위치 및 리버스 프록시 하드웨어 박스 등의 도입을 고려합니다.

파이썬 웹 표준 라이브러리

chapter 02

파이썬 웹 표준 라이브러리

2장에서는 파이썬의 라이브러리 중 웹 프로그래밍과 관련된 사항을 살펴봅니다. 파이썬 웹 프로그래밍은 이러한 라이브러리들을 활용하여 이루어지기 때문입니다. 직접 웹 클라이언트를 만들 때도, 장고와 같은 웹 서버 프레임워크를 개발할 때도 웹 라이브러리를 사용합니다. 웹 라이브러리를 살펴보면 웹 프로그래밍의 원리와 파이썬 내부의 동작을 간단하게나마 이해할 수 있을 것입니다.

다만 이는 장고 웹 프로그래밍을 위한 필수 지식이라기보다는 웹 프로그래밍의 원리를 이해하기 위한 기반 지식에 해당합니다. 따라서 당장 파이썬 웹 프로그래밍을 공부해야 한다면 2장은 건너뛰고 장고 프레임워크를 설명하는 3장으로 넘어가도 무방합니다.

2장에서는 파이썬 웹 라이브러리의 전체 구성 및 기능을 알아봅니다. 라이브러리 기능에 따라 웹 클라이언트 라이브러리와 웹 서버 라이브러리로 나누어 각 라이브러리의 중요한 모듈을 설명하고 상용 웹 서버와의 연동에 필요한 WSGI 서버에 관해서도 설명하겠습니다.

2.1 웹 라이브러리 구성

파이썬을 설치하면 기본적으로 같이 설치되는 표준 라이브러리가 있는데 웹 클라이언트 프로그래밍이냐 웹 서버 프로그래밍이냐에 따라 사용하는 라이브러리 모듈이 달라집니다. 다음 그림은 라이브러리 구성을 보여 주는데 패키지와 모듈 역시 클라이언트용과 서버용 라이브러리로 구분되어 있다는 사실을 알 수 있습니다.

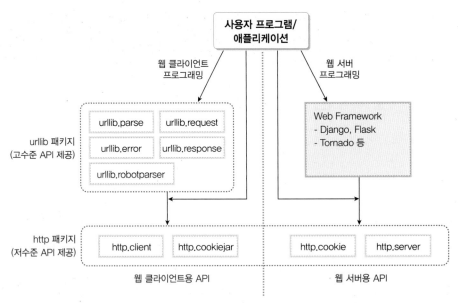

그림 2-1 웹 표준 라이브러리 구성

urllib 패키지에는 웹 클라이언트를 작성할 때 빈번하게 사용되는 모듈들이 들어 있습니다. **http 패키지**는 크게 서버용과 클라이언트용 라이브러리로 나누어 모듈을 담고 있으며 쿠키 관련 라이브러리도 http 패키지 내 서버용과 클라이언트용으로 모듈이 구분되어 있습니다.

첫 번째, 웹 클라이언트를 프로그래밍하는 경우에는 주로 urllib 패키지를 사용합니다. http.client 모듈이 HTTP 프로토콜 처리와 관련된 저수준 클라이언트 기능을 제공하는 반면, urllib 패키지의 모듈들은 HTTP 프로토콜뿐 아니라 FTP 프로토콜 및 로컬 파일 등을 처리할 때 클라이언트에서 공통적으로 요구하는 함수와 클래스 등을 제공합니다. 주로 URL 처리와 서버 액세스 관련 API를 제공하며 HTTP 프로토콜과 관련해서는 http.client 모듈의 API를 한 번 더 추상화해서 조금 더 쉬운 고수준의 API를 제공합니다.

두 번째, 웹 서버를 프로그래밍한다면 http.cookie 모듈이나 http.server 모듈은 거의 사용할 일이 없습니다. 웹 서버 프로그래밍이란 보통은 웹 서버에서 돌아가는 애플리케이션을 개발하는 것을 말하는데 장고와 같은 웹 프레임워크를 사용하여 웹 서버를 프로그래밍하기 때문입니다.

웹 프레임워크는 사용자 프로그램과 저수준의 http.server 라이브러리 중간에 위치하여 웹 서버의 애플리케이션 프로그래밍을 조금 더 편리하게 해 주면서 표준 라이브러리의 기능을 확장하는 역할을 합니다. 물론 웹 프레임워크는 파이썬의 표준 라이브러리를 사용하여 개발되었습니다. 만일 여러분이 웹 프레임워크에 관심이 있어 소스를 분석해 본다면 이 사실을 확인할 수 있습니다. 웹 프레임워크를 직접 개발하는 고급 개발자라면 http.server 모듈에서 제공하는 API를 다루겠지만, 보통의 경우라면 웹 프레임워크에서 제공하는 API를 이용하여 웹 서버 애플리케이션을 프로그래밍합니다.

파이썬 2.x 대비 3.x 버전의 웹 라이브러리 모듈에서 달라진 점을 정리하면 다음 표와 같습니다. 3.x 버전에서는 크게 서버와 클라이언트 기능을 패키지로 구분하였고 기존 파이썬 2.x의 모듈명 및 함수와 클래스들을 재구성한 것이 특징입니다.

표 2-1 파이썬 3.x에서 표준 라이브러리의 모듈 구성 변경 사항

파이썬 3.x 모듈명	파이썬 2.x 모듈명		파이썬 3.x에서의 변화
urllib.parse	urlparse	urllib 일부	하나의 urllib 패키지로 모아서 모듈을 기능별로 나눴습니다. urllib 모듈은 기능에 따라 여러 모듈로 흩어졌습니다.
urllib.request	urllib2 대부분	urllib 일부	
urllib.error	urllib2 에러 부분	urllib 일부	
urllib.response		urllib 일부	
urllib.robotparser	robotparser		
http.server	BaseHTTPServer		하나의 http 패키지로 모으고 server와 client 모듈로 구분하였습니다.
http.server	CGIHTTPServer		
http.server	SimpleHTTPServer		
http.client	httplib		
http.cookies	Cookie		하나의 http 패키지로 모았습니다.
http.cookiejar	cookielib		
html.parser	HTMLParser		하나의 html 패키지로 모았습니다.
html.entities	htmlentitydefs		

2.2 웹 클라이언트 라이브러리

1장에서 언급하였듯이 우리가 자주 사용하는 웹 브라우저는 다양한 웹 클라이언트 중 하나일 뿐입니다. 이 이외에도 웹 서버에 요청을 보내는 애플리케이션은 모두 웹 클라이언트라고 할 수 있습니다. 웹 브라우저 이외의 웹 클라이언트를 개발하고 사용하는 경우는 생각보다 많습니다.

예를 들어 날씨 정보를 제공하는 사이트에서 내가 사는 지역의 날씨 정보를 가져오는 프로그램이나, 트위터 웹 사이트에서 대한민국이라는 단어가 포함된 트윗 메시지를 가져오는 프로그램, 웹 사이트의 페이지를 구성하는 HTML 소스를 가져오는 웹 크롤링 프로그램 등을 직접 개발하는 경우가 이에 해당합니다. 트위터나 구글 같은 인터넷 서비스를 제공하는 회사들은 외부 프로그램들이 자신의 서비스를 사용할 수 있도록 OpenAPI를 제공하는데 이런 OpenAPI의 대부분이 HTTP 프로토콜을 사용하고 있기 때문에 OpenAPI를 호출하는 프로그램도 웹 클라이언트라고 볼 수 있습니다.

또한 시스템 간 연동을 위해 우리 시스템에서 상대 시스템으로 정보를 요청하고 그 응답을 받는 연동 프로그램을 HTTP 프로토콜로 프로그래밍하였다면 그 프로그램 역시 웹 클라이언트에 해당됩니다. 중요한 점은 웹 클라이언트와 서버 간에 HTTP 프로토콜로 통신한다는 것입니다.

파이썬은 이런 클라이언트를 프로그래밍할 수 있도록 여러 가지 라이브러리를 제공하고 있으며 이를 바탕으로 몇 줄로 다양한 기능을 간단히 코딩할 수 있습니다.

NOTE_ 외부 라이브러리 사용

웹 클라이언트를 위한 파이썬 표준 라이브러리가 있지만, 실제 프로젝트에서는 조금 더 간편하고 이해하기 쉬운 문법을 제공하는 외부 라이브러리인 requests, beautifulsoup4 등을 더 많이 사용하는 편입니다. **APPENDIX A 외부 라이브러리 requests, beautiful soup4 맛보기**를 참고하기 바랍니다.

NOTE_ Python Shell 실행

파이썬 언어는 2가지 실행 방법을 제공합니다. 하나는 python 명령어로 파이썬 스크립트 파일, 즉 *.py 파일을 실행하는 방법입니다() **python example.py**). 또 다른 방법은 파이썬 셸 모드에서 라인 단위로 실행하는 것입니다. 파이썬 셸 모드로 진입하려면 python 명령어만 입력하면 됩니다() **python**).
파이썬 셸 모드에 진입하면 프롬프트가 >>>로 바뀝니다. 이 책에서 프롬프트가 >>>로 표시된 예제는 파이썬 셸 모드로 진입한 후 실습하기 바랍니다.

2.2.1 urllib.parse 모듈

이 모듈은 URL의 분해, 조립, 변경 및 URL 문자 인코딩, 디코딩 등을 처리하는 함수를 제공합니다. 가장 기본적인 함수인 urlparse()의 사용 예를 살펴보겠습니다.

```
C:₩RedBook₩ch2>python
Python 3.10.1 (tags/v3.10.1:2cd268a, Dec 6 2021, 19:10:37) [MSC v.1929 64 bit (AMD64)] on win32
Type "help", "copyright", "credits" or "license" for more information.
>>>
>>> from urllib.parse import urlparse
>>> result = urlparse("http://www.python.org:80/guido/python.html;philosophy?overall=3#n10")
>>> result
ParseResult(scheme='http', netloc='www.python.org:80',
path='/guido/python.html', params='philosophy', query='overall=3', fragment='n10')
```

urlparse() 함수는 URL을 파싱한 결과로 **ParseResult** 인스턴스를 반환합니다. ParseResult 클래스 각 속성의 의미는 다음과 같습니다.

- **scheme** : URL에 사용된 프로토콜을 의미합니다.
- **netloc** : 네트워크 위치를 의미합니다. **user:password@host:port** 형식으로 표현되며 HTTP 프로토콜인 경우는 **host:port** 형식으로 표현됩니다.
- **path** : 파일이나 애플리케이션 경로를 의미합니다.
- **params** : 애플리케이션에 전달될 매개변수입니다. 현재는 사용하지 않습니다.
- **query** : 질의 문자열 또는 매개변수로 앰퍼샌드(&)로 구분된 **이름=값** 형식으로 표시됩니다.
- **fragment** : 문서 내의 조각, 즉 특정 부분을 지정합니다. #으로 구분하며 앵커라고도 합니다.

> **NOTE_** urlparse() 함수 이외에도 urlsplit(), urljoin(), parse_qs(), quote(), encode() 함수 등이 있으며 이에 관한 설명은 다음 URL의 내용을 참고하기 바랍니다.
> https://docs.python.org/3/library/urllib.parse.html

2.2.2 urllib.request 모듈

urllib.request 모듈은 주어진 URL에서 데이터를 가져오는 기본 기능을 제공합니다. 가장 기본이 되는 urlopen() 함수의 형식은 다음과 같습니다.

```
urlopen(url, data=None, [timeout])
```

- url 인자로 지정한 URL을 연결하고 유사 파일 객체를 반환합니다. url 인자로 문자열이나 **Request** 클래스의 인스턴스가 올 수 있습니다.

- url에 **file** 스킴을 지정하면 로컬 파일을 열 수 있습니다.

- 디폴트 요청 방식은 GET이고 웹 서버에 전달할 파라미터가 있다면 질의 문자열을 url 인자에 포함해서 보냅니다.

- 요청 방식을 POST로 보내고 싶으면 data 인자에 질의 문자열을 지정하면 됩니다.

- 옵션인 timeout은 응답을 기다리는 타임아웃 시간을 초 단위로 표시합니다.

이 책에서는 urlopen() 함수를 이용한 웹 클라이언트 프로그램 작성 방법 위주로 설명합니다. urlopen() 함수만 잘 다루어도 웬만한 웹 클라이언트를 작성할 수 있기 때문입니다. urlopen() 함수를 사용할 때는 다음과 같은 상황별 작성 요령을 알아 두면 편리합니다.

표 2-2 상황별 urlopen() 함수 사용 방법

사용 상황	사용 방법
URL로 GET/POST 방식의 간단한 요청 처리	urlopen() 함수만으로 가능
PUT, HEAD 메소드 등, 헤더 조작이 필요한 경우	Request 클래스를 같이 사용
인증, 쿠키, 프록시 등 복잡한 요청 처리	인증/쿠키/프록시 해당 핸들러 클래스를 같이 사용

간단한 GET, POST 방식의 요청에서부터 요청 헤더의 처리 및 인증, 쿠키의 처리와 같은 복잡한 기능 순으로 설명하겠습니다.

다음은 example 사이트에 접속하는 가장 간단한 웹 클라이언트 프로그램입니다.

예제 2-1 urlopen() 함수 - GET 방식 요청

```
C:\RedBook\ch2>python
Python 3.10.1 (tags/v3.10.1:2cd268a, Dec 6 2021, 19:10:37) [MSC v.1929 64 bit (AMD64)] on win32
Type "help", "copyright", "credits" or "license" for more information.
>>>
>>> from urllib.request import urlopen
>>> f = urlopen("https://www.example.com")
>>> print(f.read(500).decode('utf-8'))
```

위 프로그램은 웹 브라우저의 주소창에 **www.example.com**이라고 입력하는 것과 동일한 데이터를 웹 서버로부터 가져옵니다. 다만 웹 브라우저는 HTML 형식의 데이터를 해석하여 화면에 보기 좋게 보여 주는 반면, 방금 살펴본 파이썬 프로그램(웹 클라이언트 프로그램)은 HTML 형식의 데

이터를 해석하지 않고 그대로 보여 준다는 차이가 있을 뿐입니다. 이 프로그램은 HTTP GET 방식을 디폴트로 사용하여 웹 서버에 요청을 보내며 응답 문자열에서 500 바이트만 읽어서 출력하고 있습니다.

계속해서 POST 방식으로 웹 서버에 요청을 보내는 방법을 알아보겠습니다. urlopen() 함수 호출 시 data 인자를 지정하면 함수는 자동으로 POST 방식으로 요청을 보냅니다. data 인자는 URL에 허용된 문자열로 인코딩(urlencode)되어야 하고 유니코드(str) 타입이 아니라 바이트 스트링(bytes) 타입이어야 합니다.

앞으로 살펴볼 **예제 2-2**에서는 data 변수가 이미 URL에 맞는 문자열이므로 urlencode() 함수를 사용하지 않습니다. 하지만 **예제 2-3**에서는 data 변수가 URL 문자열이 아니므로 urlencode() 함수를 사용합니다.

지금부터 진행할 실습 예제의 실제 동작을 확인하려면 POST 요청을 처리할 수 있는 서버가 필요합니다. 그러므로 다음 **NOTE**의 내용을 참고하여 필자가 장고로 만든 ch2-test-server를 먼저 실행한 후 이어지는 예제를 실습하기 바랍니다.

NOTE_ 2장의 실습 서버 실행 방법

www.example.com 서버는 GET 처리만 가능하므로 POST 방식의 웹 요청을 처리하는 서버가 필요합니다. 또한 이후 실습에서는 POST 방식뿐 아니라 AUTH 헤더 등에 대한 실습용 서버가 필요합니다. 그러므로 필자가 만든 테스트용 서버를 활용하기 바랍니다.

즉, 2장의 예제 중에서 127.0.0.1 서버에 접속하는 예제는 테스트 서버를 먼저 실행한 후 실습하면 됩니다. 테스트 서버는 3장에서 설명하는 장고 프레임워크로 만들었으며 **3.2 장고 프로그램 설치**를 참고해서 장고 패키지를 설치한 후 다음 설명에 따라 테스트 서버를 실행합니다.

실습 중인 cmd 창과는 다른 또 하나의 cmd 창을 열어 다음과 같이 입력합니다. 테스트 서버를 중지하려면 Ctrl +C 를 입력하면 됩니다.

```
C:\Users\shkim> cd C:\RedBook\ch2-test-server
C:\RedBook\ch2-test-server> python manage.py runserver
Watching for file changes with StatReloader
Performing system checks...
System check identified no issues (0 silenced).
May 22, 2022 - 00:29:49
Django version 4.0.4, using settings 'mysite.settings'
Starting development server at http://127.0.0.1:8000/
Quit the server with CTRL-BREAK.
```

예제 2-2 urlopen( ) 함수 - POST 방식 요청

```
C:\RedBook\ch2>python
Python 3.10.1 (tags/v3.10.1:2cd268a, Dec 6 2021, 19:10:37) [MSC v.1929 64 bit (AMD64)] on win32
Type "help", "copyright", "credits" or "license" for more information.
>>>
>>> from urllib.request import urlopen
>>> data = "language=python&framework=django"
>>> f = urlopen("https://127.0.0.1:8000", bytes(data, encoding='utf-8'))
>>> print(f.read().decode('utf-8'))
```

만일 요청을 보낼 때 요청 헤더를 지정하고 싶다면 URL 지정 방식을 변경하면 됩니다. url 인자에 문자열 대신에 Request 객체를 지정합니다. 즉, Request 객체를 생성하고 add_header( )로 헤더를 추가하여 웹 서버로 요청을 보내면 됩니다.

POST 요청을 보내려면 urlopen( ) 함수와 마찬가지로 Request 객체를 생성할 때 data 인자를 지정합니다. ch2-test-server를 실행한 후 다음 예제를 실습합시다.

예제 2-3 urlopen( ) 함수 – Request 클래스로 요청 헤더 지정

```
C:\RedBook\ch2>python
Python 3.10.1 (tags/v3.10.1:2cd268a, Dec 6 2021, 19:10:37) [MSC v.1929 64 bit (AMD64)] on win32
Type "help", "copyright", "credits" or "license" for more information.
>>>
>>> from urllib.request import urlopen, Request
>>> from urllib.parse import urlencode
>>>
>>> url = 'https://127.0.0.1:8000'
>>> data = {
... 'name': '김석훈',
... 'email': 'shkim@naver.com',
... 'url': 'https://www.naver.com',
... }
>>> encData = urlencode(data)
>>> postData = bytes(encData, encoding='utf-8')
>>> req = Request(url, data=postData)
>>> req.add_header('Content-Type', 'application/x-www-form-urlencoded')
>>> f = urlopen(req)
>>> print(f.headers)
>>> print(f.read(500).decode('utf-8'))
```

조금 더 복잡한 요청을 보냅시다. 인증 데이터나 쿠키 데이터를 추가하여 요청을 보내거나 프록시 서버로 요청을 보내는 등 HTTP의 고급 기능을 포함하여 요청을 보낼 수도 있습니다. 이를 위해서는 각 기능에 맞는 핸들러 객체를 정의하고 그 핸들러를 **bulid_opener()** 함수로 오프너에 등록합니다. 그런 다음 오프너의 open() 함수를 호출하면 서버로 요청이 전송됩니다.

다음으로 살펴볼 **예제 2-4**는 urllib.request 모듈에 정의된 **HTTPBasicAuthHandler** 클래스를 사용하여 인증 데이터를 같이 보내는 프로그램입니다. 인증 데이터인 realm, user, passwd는 모두 서버에서 지정한 것으로 채워서 보냅니다.

여기서 realm은 보안 영역을 지정하는 파라미터로 user/passwd는 동일한 보안 영역 내에서만 유효합니다. realm 값은 서버로부터 받는 401 응답에서 알 수 있으며 realm 값을 추출하여 헤더에 담아 재요청하는 기능은 HTTPBasicAuthHandler에서 알아서 수행합니다. ch2-test-server를 실행한 후 다음 예제를 실습합니다.

예제 2-4 urlopen( ) 함수 – HTTPBasicAuthHandler 클래스로 인증 요청

```
C:\RedBook\ch2>python
Python 3.10.1 (tags/v3.10.1:2cd268a, Dec 6 2021, 19:10:37) [MSC v.1929 64 bit (AMD64)] on win32
Type "help", "copyright", "credits" or "license" for more information.
>>>
>>> from urllib.request import HTTPBasicAuthHandler, build_opener
>>>
>>> auth_handler = HTTPBasicAuthHandler()
>>> auth_handler.add_password(realm='ksh', user='shkim', passwd='shkimadmin',
uri='https://127.0.0.1:8000/auth/')
>>> opener = build_opener(auth_handler)
>>> resp = opener.open('https://127.0.0.1:8000/auth/')
>>> print(resp.read().decode('utf-8'))
```

다음 **예제 2-5**는 urllib.request 모듈에 정의된 HTTPCookieProcessor 클래스를 사용하여 쿠키 데이터를 처리하는 프로그램입니다. 첫 번째 요청에서 쿠키를 담기 위한 준비를 하고 서버로 요청을 보냅니다. 두 번째 요청에서는 첫 번째 응답에서 받은 쿠키(sessionid)를 헤더에 담아서 요청을 보냅니다. 만일 두 번째 요청에 쿠키 데이터가 없다면 서버에서 에러로 응답합니다.

ch2-test-server를 실행한 후에 다음 예제를 실습합니다. 이번 실습은 파이썬 셸로도 가능하지만 코딩 연습 겸 다음과 같이 파이썬 파일을 만들고 파이썬 명령으로 프로그램을 실행합시다.

```
C:\Users\shkim>cd C:\RedBook\ch2
C:\RedBook\ch2>notepad 2-5.py

from urllib.request import Request, HTTPCookieProcessor, build_opener

url = 'http://127.0.0.1:8000/cookie/'

# first request (GET) with cookie handler

# 쿠키 핸들러 생성, 쿠키 데이터 저장에는 디폴트로 CookieJar 객체를 사용함
cookie_handler = HTTPCookieProcessor()
opener = build_opener(cookie_handler)

req = Request(url)
resp = opener.open(req)

print("< first Response after GET Request > \n")
print(resp.headers)
print(resp.read().decode('utf-8'))

# second request (POST) with Cookie header
print("--------------------------------------------------------")
data = "language=python&framework=django"
encData = bytes(data, encoding='utf-8')

req = Request(url, encData)
resp = opener.open(req)

print("< second Response after POST Request > \n")
print(resp.headers)
print(resp.read().decode('utf-8'))
```

다음 명령을 입력해서 프로그램을 실행합니다. 명령문 아래의 내용이 실행 결과입니다.

```
C:\RedBook\ch2>python 2-5.py

< first Response after GET Request >

Date: Sun, 22 May 2022 03:55:14 GMT
Server: WSGIServer/0.2 CPython/3.7.1
Content-Type: text/html; charset=utf-8
```

```
X-Frame-Options: SAMEORIGIN
Content-Length: 33
Vary: Cookie
Set-Cookie: sessionid=dtfxe0483u60reqtizmyjocdd49m04gz; expires=Sun, 05 Jun 2022
03:55:14 GMT; HttpOnly; Max-Age=1209600; Path=/; SameSite=Lax


Django have set sessionid cookie.
------------------------------------------------------
< second Response after POST Request >

Date: Sun, 22 May 2022 03:55:14 GMT
Server: WSGIServer/0.2 CPython/3.7.1
Content-Type: text/html; charset=utf-8
X-Frame-Options: SAMEORIGIN
Content-Length: 70
Vary: Cookie
Set-Cookie: sessionid=dtfxe0483u60reqtizmyjocdd49m04gz; expires=Sun, 05 Jun 2022
03:55:14 GMT; HttpOnly; Max-Age=1209600; Path=/; SameSite=Lax


OK. Cookie received: {'sessionid': 'dtfxe0483u60reqtizmyjocdd49m04gz'}
```

다음 예제는 urllib.request 모듈에 정의된 **ProxyHandler** 및 **ProxyBasicAuthHandler** 클래스로
프록시 서버를 통과하여 웹 서버로 요청을 보내는 프로그램입니다. install_opener() 함수를 사
용하여 디폴트 오프너를 지정할 수도 있으니 주석을 참고 바랍니다. 이 예제를 실행하려면 프록시
서버가 필요합니다. 그러므로 실습은 생략하고 각 코드에 있는 주석 설명으로 코드만 이해하고 넘
어갑시다.

예제 2-6 urlopen() 함수 – ProxyHandler 및 ProxyBasicAuthHandler 클래스로 프록시 처리

```python
import urllib.request

url = 'https://www.example.com'
proxyServer = 'https://www.proxy.com:3128/'

# 프록시 서버를 통해 웹 서버로 요청을 보냅니다.
proxy_handler = urllib.request.ProxyHandler({'http': proxyServer})
```

```
# 프록시 서버 설정을 무시하고 웹 서버로 요청을 보냅니다.
# proxy_handler = urllib.request.ProxyHandler({})

# 프록시 서버에 대한 인증을 처리합니다.
proxy_auth_handler = urllib.request.ProxyBasicAuthHandler()
proxy_auth_handler.add_password('realm', 'host', 'username', 'password')

# 2개의 핸들러를 오프너에 등록합니다.
opener = urllib.request.build_opener(proxy_handler, proxy_auth_handler)

# 디폴트 오프너로 지정하면 urlopen() 함수로 요청을 보낼 수 있습니다.
urllib.request.install_opener(opener)

# opener.open() 대신 urlopen()을 사용하였습니다.
f = urllib.request.urlopen(url)

print("geturl():", f.geturl())
print(f.read(300).decode('utf-8'))
```

2.2.3 urllib.request 모듈 예제

앞에서 설명한 내용을 응용하여 고수준의 웹 클라이언트 라이브러리인 urllib 패키지를 사용하면서도 실제로 사용할 수 있는 웹 클라이언트를 작성하겠습니다. 다음 예제는 특정 웹 사이트에서 이미지만을 검색하여 그 리스트를 보여 주는 코드입니다. 앞에서 설명한 **urlopen()** 기능을 주로 사용하였으며 추가적으로 **HTMLParser** 클래스를 사용하였습니다. HTMLParser 클래스는 표준 라이브러리 html.parser 모듈에 정의되어 있으며 HTML 문서를 파싱하는 데 사용되는 클래스입니다.

예제 2-7 urllib.request 모듈 예제　　　　　　　　　　　　**소스제공:** ch2\parse_image.py

```
C:\Users\shkim>cd C:\RedBook\ch2
C:\RedBook\ch2>notepad parse_image.py

from urllib.request import urlopen
from html.parser import HTMLParser                                           ❶
```

```python
class ImageParser(HTMLParser):                                    ❷
    def handle_starttag(self, tag, attrs):                        ❸
        if tag != 'img':
            return
        if not hasattr(self, 'result'):
            self.result = []
        for name, value in attrs:
            if name == 'src':                                     ❹
                self.result.append(value)

def parse_image(data):                                            ❺
    parser = ImageParser()
    parser.feed(data)                                             ❻
    dataSet = set(x for x in parser.result)                       ❼
    return dataSet                                                ❽

def main():                                                       ❾
    url = "http://www.google.co.kr"

    with urlopen(url) as f:                                       ❿
        charset = f.headers.get_param('charset')                  ⓫
        data = f.read().decode(charset)

    dataSet = parse_image(data)                                   ⓬
    print("\n>>>>>>>> Fetch Images from", url)
    print('\n'.join(sorted(dataSet)))                             ⓭

if __name__ == '__main__':                                        ⓮
    main()
```

이 소스를 라인별로 설명하겠습니다.

❶ 필요한 함수 및 클래스를 임포트합니다.

❷ HTMLParser 클래스를 사용할 때는 이렇게 상속받는 클래스를 정의하고 필요한 내용을 오버라이드합니다.

❸ 〈img〉 태그를 찾기 위해 handle_starttag() 함수를 오버라이드합니다.

❹ 〈img src〉 속성을 찾으면 self.result 리스트에 속성값을 추가합니다.

❺ HTML 문장이 주어지면 HTMLParser 클래스를 사용해서 이미지를 찾고 그 리스트를 출력하는 함수입니다.

❻ HTML 문장을 feed() 함수로 넘기면 바로 파싱하고 그 결과를 parser.result 리스트에 추가합니다.

❼ 파싱 결과를 set 타입의 dataSet으로 모아 줍니다. 만일 parser.result 리스트에 중복된 항목이 있다면 set() 기능에 의해 제거됩니다.

❽ dataSet으로 모은 파싱 결과를 리턴합니다.

❾ 프로그램의 시작점인 메인 함수로 www.google.co.kr 사이트를 검색하여 이미지를 찾는 함수입니다.

❿ urllib.request 모듈의 urlopen() 함수를 사용하여 구글 사이트에 접속한 후 첫 페이지 내용을 가져옵니다.

⓫ 사이트에서 가져오는 데이터는 인코딩된 데이터이므로 인코딩 방식(charset)을 알아내어 그 방식으로 디코딩합니다.

⓬ 이미지를 찾기 위해 parse_image() 함수를 호출합니다.

⓭ 찾은 이미지들을 정렬하여 라인별로 출력합니다.

⓮ 프로그램을 시작하기 위해 main() 함수를 호출합니다.

위 프로그램을 실행하기 위해 다음 명령을 입력합니다.

```
C:₩RedBook₩ch2>python parse_image.py
```

정상적으로 실행되면 다음과 같은 메시지가 나타납니다. www.google.co.kr 사이트의 첫 화면에는 2개의 이미지가 존재한다는 사실(✪)을 확인할 수 있습니다.

```
c:₩RedBook₩ch2>python parse_image.py

>>>>>>>>> Fetch Images from http://www.google.co.kr
/images/branding/googlelogo/1x/googlelogo_white_background_color_272x92dp.png
/textinputassistant/tia.png                                                    ✪

c:₩RedBook₩ch2>
```

그림 2-2 urllib.request 모듈 예제 - parse_image.py 실행 결과

> **NOTE_ 외부 라이브러리 사용**
> 웹 클라이언트 작성 시 가장 많이 사용하는 requests와 beautifulsoup4 라이브러리를 체험할 수 있도록 방금 실습한 예제와 동일한 코드를 재작성하였습니다. 외부 라이브러리 **APPENDIX A 외부 라이브러리 requests, beautifulsoup4 맛보기**를 참고하기 바랍니다.

2.2.4 http.client 모듈

대부분의 웹 클라이언트 프로그램은 urllib.request 모듈에 정의된 기능만으로도 작성이 가능합니다. 그러나 GET, POST 이외의 방식으로 요청을 보내거나 요청 헤더와 바디 사이에 타이머를 두어 시간을 지연시키는 등 urllib.request 모듈로는 쉽게 처리할 수 없는 경우나 HTTP 프로토

콜 요청에 대한 저수준의 더 세밀한 기능이 필요할 때는 **http.client** 모듈을 사용합니다. urllib.request 모듈도 http.client 모듈에서 제공하는 API를 사용해서 만든 모듈이므로 urllib.request 모듈로 작성한 로직은 http.client 모듈을 적용해도 동일하게 사용할 수 있습니다.

http.client 모듈을 사용하여 웹 클라이언트를 작성할 때는 다음과 같은 순서를 기준으로 삼고 필요에 따라 순서를 변경하여 코딩하는 것을 권장합니다.

표 2-3 http.client 모듈 사용 시 코딩 순서

순번	코딩 순서	코딩 예시
1	연결 객체 생성	conn = http.client.HTTPConnection("www.python.org")
2	요청을 보냄	conn.request("GET", "/index.html")
3	응답 객체 생성	response = conn.getresponse( )
4	응답 데이터를 읽음	data = response.read( )
5	연결을 닫음	conn.close( )

http.client 모듈을 사용하여 GET, HEAD, POST, PUT 방식으로 요청을 보내는 방법을 살펴보겠습니다.

첫 번째는 http.client 모듈을 사용하여 GET 메소드로 요청을 보내는 예제입니다.

예제 2-8 http.client 모듈 사용 - GET 방식 요청

```
C:\RedBook\ch2>python
Python 3.10.1 (tags/v3.10.1:2cd268a, Dec 6 2021, 19:10:37) [MSC v.1929 64 bit (AMD64)] on win32
Type "help", "copyright", "credits" or "license" for more information.
>>>
>>> from http.client import HTTPConnection
>>>
>>> host = 'www.example.com'                                                ❶
>>> conn = HTTPConnection(host)
>>> conn.request('GET', '/')                                                ❷
>>> r1 = conn.getresponse()
>>> print(r1.status, r1.reason)                                            ❸
200 OK
>>>
>>> data1 = r1.read()
# 일부만 읽는 경우 두 번째 요청 시 에러 발생                                   ❹
>>> # data1 = r1.read(100)
>>>
```

```
# 두 번째 요청 테스트
>>> conn.request('GET', '/')
>>> r2 = conn.getresponse()
>>> print(r2.status, r2.reason)
200 OK
>>>
>>> data2 = r2.read()
>>> print(data2.decode())
(출력 결과 생략)
>>> conn.close()
```

이 소스를 라인별로 설명하겠습니다.

❶ HTTPConnection() 클래스 생성 시 첫 번째 인자는 url이 아니라 host입니다. 그래서 https://www.example.com이라고 입력하면 에러가 발생합니다.

❷ GET 방식임을 명시적으로 표현합니다. request(method, url, body, headers) 형식이며 method, url 인자는 필수이고 body, headers 인자는 옵션입니다.

❸ 응답 결과를 출력합니다. 참고로 r1.msg 속성에는 응답 헤더 정보가 들어 있습니다.

❹ 데이터를 모두 읽어야 다음 request()를 요청합니다. 만일 일부만 읽은 후 request()를 보내면 에러가 발생합니다.

다음은 http.client 모듈을 사용하여 HEAD 메소드로 요청을 보내는 예제입니다.

예제 2-9 http.client 모듈 사용 - HEAD 방식 요청

```
C:\RedBook\ch2>python
Python 3.10.1 (tags/v3.10.1:2cd268a, Dec 6 2021, 19:10:37) [MSC v.1929 64 bit (AMD64)] on win32
Type "help", "copyright", "credits" or "license" for more information.
>>>
>>> from http.client import HTTPConnection
>>> conn = HTTPConnection('www.example.com') ------------------------------------❶
>>> conn.request('HEAD', '/') --------------------------------------------------❷
>>> resp = conn.getresponse()
>>> print(resp.status, resp.reason) --------------------------------------------❸
>>> data = resp.read()
>>> print(len(data))
0
>>> print(data == b'')                                                          ❹
True
```

이 소스를 라인별로 설명하겠습니다.

❶ HTTPConnection( ) 클래스 생성 시 첫 번째 인자는 url이 아니라 host입니다. 그래서 https://www.
example.com이라고 입력하면 에러가 발생합니다.

❷ HEAD 방식임을 명시적으로 표현합니다. request(method, url, body, headers) 형식이며 method, url
인자는 필수이고 body, headers 인자는 옵션입니다.

❸ 응답 결과를 출력합니다. 참고로 resp.msg 속성에는 응답 헤더 정보가 들어 있습니다.

❹ HEAD 요청에 대한 응답에 헤더는 있지만 바디는 없으므로 data 길이는 0이 됩니다.

다음은 http.client 모듈을 사용하여 POST 메소드로 요청을 보내는 예제입니다. 이번 실습은 파
이썬 셸에서도 가능하지만 연습을 위해 다음과 같이 파이썬 파일을 만들고 파이썬 명령으로 프로
그램을 실행하겠습니다.

예제 2-10 http.client 모듈 사용 - POST 방식 요청

```
C:\Users\shkim>cd C:\RedBook\ch2
C:\RedBook\ch2>notepad 2-10.py
from http.client import HTTPConnection
from urllib.parse import urlencode

host = '127.0.0.1:8000'
params = urlencode({
    'language': 'python',
    'name': '김석훈',
    'email': 'shkim@naver.com',
})                                                          ❶
headers = {
    'Content-Type': 'application/x-www-form-urlencoded',
    'Accept': 'text/plain',
}                                                           ❷

conn = HTTPConnection(host)                                 ❸
conn.request('POST', '/', params, headers)                 ❹
resp = conn.getresponse()
print(resp.status, resp.reason)

data = resp.read()
print(data.decode('utf-8'))                                ❺

conn.close()
```

이 소스를 라인별로 설명하겠습니다.

❶ POST 요청으로 보낼 파라미터에 대해 URL 인코딩을 합니다.

❷ POST 요청으로 보낼 헤더를 사전 타입으로 지정합니다.

❸ 127.0.0.1 사이트의 8000번 포트로 접속을 준비합니다. HTTPConnection() 클래스 생성 시 첫 번째 인자는 url이 아니라 host입니다. 그래서 https://127.0.0.1:8000이라고 입력하면 에러가 발생합니다.

❹ POST 방식임을 명시적으로 표현하고 앞에서 지정한 파라미터와 헤더를 같이 보냅니다. request(method, url, body, headers) 형식이며 mothod, url 인자는 필수이고 body, headers 인자는 옵션입니다.

❺ 서버로부터의 응답 결과를 확인합니다. 200 OK가 출력되면 요청이 서버에서 정상적으로 처리된 것입니다.

ch2-test-server를 먼저 실행한 후 방금 작성한 파이썬 프로그램을 실행합니다.

```
C:\RedBook\ch2>python 2-10.py
200 OK
<!DOCTYPE html>
<html lang="ko">

(출력 결과 생략)
```

다음은 http.client 모듈을 사용하여 PUT 메소드로 요청을 보내는 예제입니다. 요청 방식만 POST에서 PUT으로 변경되었고 나머지는 동일합니다. 코드 및 실행 방법은 **예제 2-10**과 동일하므로 자세한 설명은 생략합니다.

예제 2-11 http.client 모듈 사용 - PUT 방식 요청

```
C:\Users\shkim>cd C:\RedBook\ch2
C:\RedBook\ch2>notepad 2-11.py

from http.client import HTTPConnection
from urllib.parse import urlencode

host = '127.0.0.1:8000'
params = urlencode({
    'language': 'python',
    'name': '김석훈',
    'email': 'shkim@naver.com',
})
```

```
headers = {
    'Content-Type': 'application/x-www-form-urlencoded',
    'Accept': 'text/plain',
}

conn = HTTPConnection(host)
conn.request('PUT', '/', params, headers)
resp = conn.getresponse()
print(resp.status, resp.reason)

data = resp.read(300)
print(data.decode('utf-8'))

conn.close()
```

2.2.5 http.client 모듈 예제

앞에서 설명한 내용을 응용하여 실제로 사용할 수 있는 웹 클라이언트를 작성하겠습니다. 다음 예제는 특정 웹 사이트에서 이미지만을 검색하여 그 이미지들을 내려받는 코드입니다. 앞에서 설명한 **예제 2-7**과 유사하게 동작하지만, 이번에는 urllib.request 모듈이 아니라 http.client 모듈을 사용하여 코딩하였습니다.

예제 2-12 http.client 모듈 예제   소스제공: ch2₩download_image.py

```
C:₩Users₩shkim>cd C:₩RedBook₩ch2
C:₩RedBook₩ch2>notepad download_image.py


from pathlib import Path
from http.client import HTTPConnection
from urllib.parse import urljoin, urlunparse                    ❶
from urllib.request import urlretrieve
from html.parser import HTMLParser

class ImageParser(HTMLParser):                                  ❷
    def handle_starttag(self, tag, attrs):                      ❸
```

```
            if tag != 'img':
                return
            if not hasattr(self, 'result'):
                self.result = []                                              ➍
            for name, value in attrs:
                if name == 'src':
                    self.result.append(value)

def download_image(url, data):                                                ➎
    downDir = Path('DOWNLOAD')                                                 ➏
    downDir.mkdir(exist_ok=True)

    parser = ImageParser()                                                     ➐
    parser.feed(data)
    dataSet = set(x for x in parser.result)                                    ➑
    for x in sorted(dataSet) :
        imageUrl = urljoin(url, x)                          ➓
        basename = Path(imageUrl).name
        targetFile = downDir / basename                                       ➒

        print("Downloading...", imageUrl)
        urlretrieve(imageUrl, targetFile)                   ⓫

def main():                                                                   ⓬
    host = "www.google.co.kr"

    conn = HTTPConnection(host)
    conn.request("GET", '')                                                   ⓭
    resp = conn.getresponse()

    charset = resp.msg.get_param('charset')                                   ⓮
    data = resp.read().decode(charset)
    conn.close()

    print("\n>>>>>>>> Download Images from", host)
    url = urlunparse(('http', host, '', '', '', ''))                          ⓯
    download_image(url, data)                                                 ⓰

if __name__ == '__main__':                                                    ⓱
    main()
```

이 소스를 라인별로 설명하겠습니다.

❶ 필요한 함수 및 클래스를 임포트합니다.

❷ HTMLParser 클래스를 사용할 때는 이렇게 상속받는 클래스를 정의하고 필요한 내용을 오버라이드합니다.

❸ 〈img〉 태그를 찾기 위해 handle_starttag() 함수를 오버라이드합니다.

❹ 〈img src〉 속성을 찾으면 속성값을 self.result 리스트에 추가합니다.

❺ HTML 문장이 주어지면 ImageParser 클래스를 사용해서 이미지를 찾고 그 이미지들을 DOWNLOAD 디렉터리에 내려받는 함수입니다.

❻ DOWNLOAD 디렉터리가 없다면 그 디렉터리를 만듭니다.

❼ HTML 문장을 feed() 함수에 넘기면 바로 파싱하여 그 결과를 parser.result 리스트에 추가합니다.

❽ 파싱 결과를 set 타입의 dataSet으로 모아 줍니다. set 타입으로 만들면 중복 항목이 제거됩니다.

❾ dataSet으로 모은 파싱 결과를 정렬한 후에 하나씩 처리합니다.

❿ 내려받기 위해 소스 URL과 타깃 파일명을 지정합니다. 소스 URL을 지정할 때 urljoin() 함수를 사용합니다. urljoin() 함수는 baseURL과 파일명을 합쳐 완전한 URL을 리턴하는 함수입니다.

⓫ 이미지 파일을 내려받기 위해 urlretrieve() 함수를 사용합니다. urlretrieve() 함수는 src로부터 파일을 가져와서 targetFile 파일로 생성합니다.

⓬ 프로그램의 시작점인 메인 함수로 www.google.co.kr 사이트를 검색하여 이미지를 찾고 내려받는 함수입니다.

⓭ http.client 모듈을 사용하여 구글 사이트에 접속한 후 첫 페이지 내용을 가져옵니다. HTTPConnection() 함수의 인자는 url이 아니라 **host:port** 형식임을 주의하기 바랍니다. port를 생략하면 디폴트로 80번 포트를 사용합니다.

⓮ 사이트에서 가져오는 데이터는 인코딩된 데이터이므로 인코딩 방식(charset)을 알아내서 그 방식으로 디코딩합니다.

⓯ 소스 URL을 지정하기 위해 urlunparse() 함수를 사용합니다. urlunparse() 함수는 urlparse() 함수와 반대 기능을 하는데 URL 요소 6개를 튜플로 받아서 이를 조립하여 완성된 URL을 리턴하는 함수입니다.

⓰ 이미지를 내려받기 위해 download_image() 함수를 호출합니다.

⓱ 프로그램을 시작하기 위해 main() 함수를 호출합니다.

NOTE_ http.client 모듈

http.client 모듈에는 헤더를 정밀하게 제어할 수 있는 putheader(), endheaders() 및 send() 등의 여러 가지 메소드가 있습니다. 자세한 설명은 다음의 URL을 참고 바랍니다.

https://docs.python.org/3/library/http.client.html

다음 명령을 입력하여 프로그램을 실행합니다.

```
C:\RedBook\ch2>python download_image.py
```

정상적으로 실행되면 다음과 같은 메시지가 나타납니다. www.google.co.kr 사이트의 첫 화면에는 2개의 이미지가 있고 DOWNLOAD 디렉터리에 이미지를 내려받았다는 사실(★)을 확인할 수 있습니다.

```
C:\RedBook\ch2>python download_image.py

>>>>>>>> Download Images from www.google.co.kr
Downloading... http://www.google.co.kr/images/branding/googlelogo/
1x/googlelogo_white_background_color_272x92dp.png
Downloading... http://www.google.co.kr/textinputassistant/tia.png

C:\RedBook\ch2>
C:\RedBook\ch2>dir DOWNLOAD
 C 드라이브의 볼륨에는 이름이 없습니다.
 볼륨 일련 번호: A2B3-D1A0

 C:\RedBook\ch2\DOWNLOAD 디렉터리

2022-05-22  오후 06:05    <DIR>          .
2022-05-22  오후 06:05    <DIR>          ..
2022-05-22  오후 10:13             5,482 googlelogo_white_backgrou
nd_color_272x92dp.png
2022-05-22  오후 10:13               258 tia.png
               2개 파일               5,740 바이트
               2개 디렉터리  54,711,005,184 바이트 남음

C:\RedBook\ch2>
```

그림 2-3 http.client 모듈 예제 - download_image.py 실행 결과

> **NOTE_ 외부 라이브러리 사용**
>
> 웹 클라이언트 작성 시 가장 많이 사용하는 requests와 beautifulsoup4 라이브러리를 체험할 수 있도록 방금 실습한 예제와 동일한 코드를 재작성하였습니다. 외부 라이브러리 **APPENDIX A 외부 라이브러리 requests, beautifulsoup4 맛보기**를 참고하기 바랍니다.

2.3 웹 서버 라이브러리

웹 프로그래밍의 클라이언트 쪽은 웹 브라우저라는 강력한 프로그램을 사용하므로 웹 프로그래밍이라고 하면 보통은 서버 쪽 프로그래밍으로 인식하는 경우가 많습니다. 이러한 웹 서버 프로그램을 작성할 때는 개발자가 직접 파이썬 라이브러리를 사용해서 웹 서버를 프로그래밍하기보다는 웹

프레임워크를 사용해서 프로그래밍하는 경우가 대부분입니다. 프레임워크는 개발자가 웹 서버 프로그램을 프로그래밍하기 쉽도록 저수준의 기능을 미리 만들어 놓은 기반 프로그램입니다. 따라서 웹 서버 개발자는 프레임워크를 활용하여 응용 로직만 프로그래밍하면 되기 때문에 훨씬 효율적으로 일할 수 있습니다.

웹 프로그래밍을 처음 시작할 때는 웹 프레임워크만 공부해도 충분하지만, 경험을 쌓고 전문가가 되기 위해서는 웹 프레임워크가 어떻게 동작하는지, 파이썬의 웹 서버 라이브러리가 웹 프레임워크에 어떻게 사용되는지 등에 대한 기술을 파악할 필요가 있습니다. 이런 측면에서 웹 서버 라이브러리의 기본 개념과 동작 원리 등을 설명하여 차후에라도 웹 서버의 내부 동작을 분석할 때 도움이 될 수 있도록 다음 내용을 구성하였습니다. 당장은 웹 서버 애플리케이션을 주로 프로그래밍할 예정이라면 이 내용은 건너뛰고 바로 장고 프레임워크를 설명하는 3장으로 넘어가도 무방합니다.

2.3.1 간단한 웹 서버

웹 서버의 역할은 http 통신에서 클라이언트의 요청을 받고 이를 처리하여 그 결과를 되돌려 주는 것입니다. 아래 예제는 웹 클라이언트로부터 요청을 받고 'Hello World'라는 문장을 되돌려 주는 아주 간단한 웹 서버입니다.

예제 2-13 간단한 웹 서버   소스제공: ch2₩my_httpserver.py

```
C:₩Users₩shkim>cd C:₩RedBook₩ch2
C:₩RedBook₩ch2>notepad my_httpserver.py

from http.server import HTTPServer, BaseHTTPRequestHandler ----------❶

class MyHandler(BaseHTTPRequestHandler):
    def do_GET(self):
        self.send_response_only(200, 'OK')
        self.send_header('Content-Type', 'text/plain')      ❷
        self.end_headers()
        self.wfile.write(b"Hello World")

if __name__ == '__main__':
    server = HTTPServer(('', 8888), MyHandler) ----------❸
    print("Started WebServer on port 8888...")
    print("Press ^C to quit WebServer.")
    server.serve_forever() ----------❹
```

이 예제에서 코딩은 간단하지만, 반드시 알아 두어야 할 중요한 사항이 있습니다. 바로 웹 서버를 일정한 룰에 따라 작성하였다는 것입니다. 다음은 웹 서버를 만드는 가장 기본적인 룰을 정리한 목록입니다. 이를 기본으로 해서 HTTPServer 클래스나 적절한 핸들러 클래스를 상속받아 그 기능을 확장하면 됩니다.

❶ http.server 모듈을 임포트합니다.

❷ BaseHTTPRequestHandler를 상속받아 원하는 로직으로 핸들러 클래스를 정의합니다.

❸ 서버의 IP, PORT 및 핸들러 클래스를 인자로 하여 HTTPServer 객체를 생성합니다.

❹ HTTPServer 객체의 serve_forever() 메소드를 호출합니다.

파이썬에서는 웹 서버를 만드는 데 필요한 라이브러리를 http.server 모듈에서 정의하고 있습니다. 이 중 중요한 클래스 몇 가지를 살펴보겠습니다.

표 2-4 웹 서버용 파이썬 라이브러리 주요 클래스

클래스명	주요 기능
HTTPServer	• 웹 서버를 만들기 위한 클래스로 서버 IP와 PORT를 바인딩함 • HTTPServer 객체 생성 시 핸들러 클래스가 반드시 필요함
BaseHTTPRequestHandler	• 핸들러를 만들기 위한 기반 클래스로 HTTP 프로토콜 처리 로직이 들어 있음 • 이 클래스를 상속받아 자신의 로직 처리를 담당하는 핸들러 클래스를 만듦
SimpleHTTPRequestHandler	• BaseHTTPRequestHandler 클래스를 상속받아 만든 클래스 • GET과 HEAD 메소드 처리가 가능한 핸들러 클래스
CGIHTTPRequestHandler	• SimpleHTTPRequestHandler 클래스를 상속받아 만든 클래스 • 추가적으로 POST 메소드와 CGI 처리가 가능한 핸들러 클래스

2.3.2 HTTPServer 및 BaseHTTPRequestHandler 클래스

앞 절에서 설명한 것처럼 우리가 원하는 웹 서버를 만들려면 기반 클래스를 임포트하거나 상속받아야 합니다. 이처럼 기반이 되는 클래스가 바로 **HTTPServer** 및 **BaseHTTPRequestHandler**입니다. 기반 클래스에는 HTTP 프로토콜을 처리하는 기능이 있어서 기반 클래스를 상속받으면 따로 HTTP 프로토콜 관련된 로직을 코딩하지 않아도 됩니다. 다음에 설명하는 SimpleHTTPRequestHandler, CGIHTTPRequestHandler가 이 기반 클래스를 상속받아 정의한 핸들러 클래스입니다.

다음 클래스 설명으로 넘어가기 전에 **예제 2-13**에서 코딩하였던 my_httpserver.py 파일이 정상적으로 동작하는지 확인하겠습니다.

my_httpserver 웹 서버를 실행하기 위해서 다음 명령을 입력합니다.

```
C:\RedBook\ch2>python my_httpserver.py
```

정상적으로 실행이 되면 다음과 같이 8888 포트로 요청을 기다리고 있다는 메시지가 나타납니다.

```
C:\RedBook\ch2>python my_httpserver.py
Started WebServer on port 8888...
Press ^C to quit WebServer.
```

그림 2-4 웹 서버(my_httpserver.py) 실행 화면

웹 서버가 정상적으로 실행되었다면 이제 웹 브라우저를 열고 주소창에 다음과 같이 입력합니다. IP 주소로는 웹 서버가 동작하는 자신의 서버 IP 주소를 적습니다.

```
https://127.0.0.1:8888/
```

다음 화면처럼 'Hello World' 메시지가 나타나면 정상입니다.

그림 2-5 웹 서버(my_httpserver.py) 접속 결과

2.3.3 SimpleHTTPRequestHandler

앞 절에서는 웹 서버를 만들기 위해 MyHandler라는 나만의 핸들러를 코딩하였습니다. 사실 파이썬에는 별도의 코딩 없이도 필요할 때 즉시 웹 서버를 실행할 수 있도록 **SimpleHTTPRequest Handler** 클래스가 정의되어 있습니다. 여기에는 do_GET() 및 do_HEAD() 메소드가 정의되

어 있어 GET 및 HEAD 방식을 처리할 수 있습니다. 그러나 POST 등 그 이외의 HTTP 메소드는 처리할 수 없습니다.

별도의 코딩 없이도 Simple 웹 서버가 동작하는지 확인하겠습니다. 다음 명령으로 Simple 웹 서버를 실행합니다. 포트 번호를 설정하지 않으면 디폴트로 8000번을 포트로 사용합니다.

```
C:\RedBook\ch2>python -m http.server 8888
```

정상적으로 실행되면 다음과 같이 8888 포트로 요청을 기다리고 있다는 메시지가 나타납니다.

```
C:\RedBook\ch2>python -m http.server 8888
Serving HTTP on 0.0.0.0 port 8888 (http://0.0.0.0:8888/) ...
```
그림 2-6 Simple 웹 서버 실행 화면

이제 웹 브라우저를 열고 주소창에 다음과 같이 입력합니다. IP 주소로는 웹 서버의 IP 주소를 적습니다.

```
https://127.0.0.1:8888/ 또는 https://localhost:8888/
```

다음 화면처럼 서버를 실행한 디렉터리의 리스트가 나타나면 정상입니다. 디렉터리 리스트가 나오는 이유는 SimpleHTTPRequestHandler의 do_GET() 메소드가 디렉터리 리스트를 반환하도록 구현되어 있기 때문입니다.

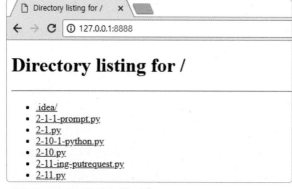

그림 2-7 Simple 웹 서버 접속 결과

2.3.4 CGIHTTPRequestHandler 클래스

SimpleHTTPRequestHandler 클래스와 유사하게 CGIHTTPRequestHandler 클래스도 미리 구현되어 있어 필요할 때 즉시 웹 서버를 실행할 수 있습니다. CGIHTTPRequestHandler 클래스에는 do_POST() 메소드가 정의되어 있어 POST 방식을 처리할 수 있습니다. 물론 SimpleHTTPRequestHandler 클래스를 상속받고 있어 GET 및 HEAD 방식도 처리 가능합니다. 다만 CGIHTTPServer 클래스의 do_POST() 메소드는 CGI 처리 기능만 구현되어 있어 그 밖의 다른 기능이 필요하다면 별도로 구현해야 합니다.

이번에도 별도의 코딩 없이 CGI 웹 서버가 잘 동작하는지 확인하겠습니다. CGI 웹 서버를 실행할 때는 -cgi 옵션을 설정하면 됩니다. 포트 번호를 설정하지 않으면 디폴트로 8000번을 사용합니다. 실습에서는 편의상 ch2\cgi-server 디렉터리에서 실행하며 **실행 위치가 웹 서버의 루트 디렉터리**가 된다는 점을 유의 바랍니다.

```
C:\Users\shkim>cd C:\RedBook\ch2\cgi-server
C:\RedBook\ch2\cgi-server>python -m http.server 8888 --cgi
```

정상적으로 실행이 되면 다음과 같이 8888 포트로 요청을 기다리고 있다는 메시지가 나타납니다

```
C:\RedBook\ch2>cd cgi-server

C:\RedBook\ch2\cgi-server>python -m http.server 8888 --cgi
Serving HTTP on 0.0.0.0 port 8888 (http://0.0.0.0:8888/) ...
```

그림 2-8 CGI 웹 서버 실행 화면

CGI 웹 서버가 CGI 스크립트를 정상적으로 처리하는지 확인하려면 2가지 준비 작업이 필요합니다. 하나는 서버에서 실행되는 스크립트 준비이고, 또 하나는 POST 방식으로 요청을 보낼 웹 클라이언트 준비입니다. 웹 브라우저로는 POST 요청을 보낼 수 없기 때문입니다.

CGI 웹 서버가 실행되는 창과는 다른 또 하나의 cmd 창을 열어서 먼저 CGI 스크립트를 코딩합니다. 중요한 점은 클라이언트 요청에 담긴 질의 문자열에 액세스하기 위해서 FieldStorage() 클래스의 인스턴스를 생성하고 그 인스턴스의 getvalue() 메소드를 호출한다는 것입니다. 그리고 주의할 점이 있는데 CGI 스크립트 파일은 cgi-bin 디렉터리 하위에 위치해야 합니다.

```
C:₩Users₩shkim>cd C:₩RedBook₩ch2₩cgi-server
C:₩RedBook₩ch2₩cgi-server>mkdir cgi-bin
C:₩RedBook₩ch2₩cgi-server>notepad cgi-bin₩script.py
import cgi

form = cgi.FieldStorage()
name = form.getvalue('name')
email = form.getvalue('email')
url = form.getvalue('url')

print("Content-Type: text/plain")
print()

print("Welcome... CGI Scripts")
print("name is", name)
print("email is", email)
print("url is", url)
```

> **NOTE_** 리눅스 또는 맥 OS에서 실습 중이라면 다음과 같이 파일의 액세스 모드를 755로 변경해야 파일이 실행됩니다.
>
> ```
> $ chmod 755 cgi-bin/script.py
> ```

이어서 POST 방식으로 요청을 보낼 웹 클라이언트를 작성합니다. 파일 위치는 무관하므로 ch2 디렉터리에서 작업하겠습니다.

```
C:₩Users₩shkim>cd C:₩RedBook₩ch2
C:₩RedBook₩ch2>notepad cgi_client.py

from urllib.request import urlopen
from urllib.parse import urlencode

url = "https://127.0.0.1:8888/cgi-bin/script.py"
data = {
    'name': '김석훈',
    'email': 'shkim@naver.com',
```

```
    'url': 'https://www.naver.com',
}
encData = urlencode(data)
postData = encData.encode('ascii')

f = urlopen(url, postData)    # POST
print(f.read().decode('cp949'))
```

웹 클라이언트를 만들었으니 CGI 웹 서버로 요청을 보냅니다.

```
C:\Users\shkim>cd C:\RedBook\ch2
C:\RedBook\ch2>python cgi_client.py
```

다음처럼 CGI 스크립트 처리 결과가 나타나면 요청이 정상 처리된 것입니다.

```
C:\RedBook\ch2>python cgi_client.py
Welcome... CGI Scripts
name is 김석훈
email is shkim@naver.com
url is http://www.naver.com
```

그림 2-9 웹 서버에서 CGI 스크립트 처리 결과

2.3.5 클래스 간 상속 구조

지금까지 파이썬 3.x 버전을 기준으로 HTTPServer, BaseHTTPRequestHandler, Simple HTTPRequestHandler, CGIHTTPRequestHandler 등의 웹 서버를 만드는 데 사용하는 주요 클래스를 설명하였습니다. 이 클래스들은 상속을 통해 기능을 확장하는 방식으로 작성되어 있습니다.

이 클래스들은 http.server 모듈에 정의되어 있습니다. 모든 HTTP 웹 서버는 HTTPServer 클래스를 사용하여 작성하고 웹 서버에 사용되는 핸들러는 BaseHTTPRequestHandler를 상속받아 작성합니다.

다음은 클래스 간 관계를 그림으로 표현한 것입니다.

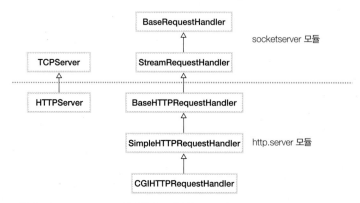

그림 2-10 http.server 모듈의 클래스 간 상속도

각 핸들러 클래스는 상위 핸들러 클래스를 상속받아 정의됩니다. 즉, 기반 핸들러인 BaseHTTP RequestHandler 클래스의 기능을 확장해서 정의된다는 뜻입니다. 앞에서도 설명하였듯이 HTTP 프로토콜 처리에서 GET/HEAD 메소드 처리로, POST 메소드를 통한 CGI 처리로 그 기능을 확장하고 있습니다. 참고로 HTTP 프로토콜은 TCP 프로토콜 기반으로 동작하므로 TCP 프로토콜을 처리하는 **socketserver** 모듈의 클래스도 그림에 같이 표시하였습니다.

2.4 CGI/WSGI 라이브러리

파이썬에는 WSGI^{Web Server Gateway Interface} 규격이 정의되어 있습니다. 파이썬 애플리케이션을 실행하려는 웹 서버는 이 규격을 준수해야 합니다. WSGI는 웹 서버와 웹 애플리케이션을 연결하는 규격으로 장고^{Django}와 같은 파이썬 웹 프레임워크를 개발하거나 이런 웹 프레임워크를 아파치^{Apache}와 같은 웹 서버와 연동할 때 사용합니다.

파이썬의 WSGI는 1장에서 설명한 전통적인 웹 CGI 기술의 단점을 개선하고 파이썬 언어에 맞게 재구성한 규격입니다. 파이썬 표준 라이브러리에는 예전의 CGI 규격을 위한 cgi 모듈과 개선된 WSGI 규격을 구현하기 위한 wsgiref 모듈이 같이 존재합니다. 다만 wsgiref 모듈이 cgi 모듈의 기능을 포함하므로 cgi 모듈은 거의 사용하지 않습니다. cgi 모듈을 먼저 살펴보고 wsgiref 모듈에 관해 설명하겠습니다.

2.4.1 CGI 관련 모듈

1.6 웹 애플리케이션 서버에서 설명한 CGI 기술을 다시 살펴본다는 의미로 이번에는 웹 서버와 애플리케이션이라는 용어로 설명하겠습니다.

사용자의 요청은 웹 서버에 있는 파일을 있는 그대로 요청하는 정적 요청Static Request과 현재 시간을 요청하는 것처럼 동일한 요청이라도 시점에 따라 응답 내용이 달라지는 동적 요청Dynamic Request으로 구분됩니다. 동적 요청은 웹 서버에서 처리하는 것이 아니라 별도의 애플리케이션에서 처리하는 것이 일반적입니다. 그래서 웹 서버에는 동적 요청을 애플리케이션으로 넘겨주고 그 결과를 받는 기능이 필요합니다.

이와 같이 웹 서버가 사용자의 요청을 애플리케이션에 전달하고 애플리케이션의 처리 결과를 애플리케이션으로부터 되돌려 받기 위한, 즉 웹 서버와 애플리케이션 간 데이터를 주고받기 위한 규격을 CGI Common Gateway Interface라고 합니다.

파이썬 표준 라이브러리에서는 이러한 CGI 처리를 할 수 있도록 cgi 모듈과 cgitb 모듈을 제공합니다. cgi 모듈은 요청에 포함된 파라미터를 처리하기 위한 FieldStorage 클래스를 정의하고 있고, cgitb 모듈은 CGI 애플리케이션(스크립트)을 실행하는 과정에 에러가 발생하면 에러에 관한 상세 정보를 표시합니다.

파이썬의 경우에는 이어지는 부분에서 설명하고 있는 WSGI 기술을 사용하여 CGI 처리를 하므로 cgi 모듈을 사용할 일은 많지 않습니다. 그래서 cgi 모듈에 관한 설명은 이 정도로 마치고 WSGI 관련 모듈에 관한 설명을 이어가겠습니다.

2.4.2 WSGI 개요

앞에서 설명한 CGI 방식은 요청이 들어올 때마다 처리를 위한 프로세스가 생성되는 방식이라서 짧은 시간에 수천, 수만의 다량 요청을 받으면 서버의 부하가 높아져 프로세스가 멈추거나 다운될 수도 있습니다. 이러한 CGI의 단점을 해결하고 파이썬 언어로 애플리케이션을 조금 더 쉽게 작성할 수 있도록 웹 서버와 웹 애플리케이션 간 연동 규격을 정의한 것이 WSGI입니다.

그래서 WSGI 규격만 맞추면 어떤 웹 서버에서도 파이썬 애플리케이션을 실행할 수 있습니다. 예를 들어 장고로 웹 애플리케이션을 작성하면 이 애플리케이션은 Apache 웹 서버에서도 실행할 수 있고, NGINX 웹 서버에서도 실행할 수 있습니다. 이때 유의해야 할 사항이 Apache나

NGINX는 일반 범용 웹 서버라서 WSGI 처리 기능이 없다는 점입니다. 그래서 이런 웹 서버와 파이썬 웹 애플리케이션 간 WSGI 통신 규격을 처리하는 것이 mod_wsgi, uWSGI, Gunicorn과 같은 WSGI 서버입니다.

이와 같이 웹 서버와의 연동 기능을 필수적으로 제공해야 하는 파이썬 웹 프레임워크는 대부분 WSGI 규격을 준수하고 있습니다. WSGI 규격은 2003년에 PEP^{Python Enhancement Proposals} 333을 기반으로 만들어졌고 2010년에는 파이썬 3.x에 맞게 PEP 333을 업그레이드한 PEP 3333 규격이 제정되었습니다.

2.4.3 WSGI 서버의 애플리케이션 처리 과정

WSGI 규격을 준수하는 WSGI 서버에서 실행되는 애플리케이션을 작성하면 편리한 점이 많습니다. 그래서 대부분의 파이썬 웹 프레임워크는 WSGI 서버를 제공하며 애플리케이션 개발자는 WSGI 서버에 대한 API 규격만 맞추면 웹 서버와는 독립적으로 애플리케이션을 작성할 수 있어 생산성이 높아집니다.

WSGI 규격에 따라 애플리케이션을 작성하고 해당 애플리케이션에서 웹 클라이언트의 요청을 처리하는 과정을 다음 그림과 같이 요약하였습니다. 웹 서버에서 클라이언트의 요청을 받아 WSGI 서버로 처리를 위임하고 WSGI 서버는 애플리케이션을 실행하여 그 결과를 웹 서버에게 되돌려 주면 웹 서버는 클라이언트에게 응답하는 순으로 요청이 처리됩니다. 그림에 있는 번호를 순서대로 따라가면서 이해하면 되므로 처리 순서에 대한 자세한 설명은 생략하겠습니다. 이어서 이와 같은 처리 순서를 생각하면서 애플리케이션 개발 측면에서 준수해야 할 WSGI 규격을 설명하겠습니다.

그림 2-11 WSGI 애플리케이션의 처리 순서

WSGI 규격에 따라 애플리케이션을 개발할 때 중요한 사항은 다음 3가지입니다.

첫 번째, 개발이 필요한 애플리케이션을 함수 또는 클래스의 메소드로 정의하고 애플리케이션 함수의 인자는 다음과 같이 정의합니다.

```
def application_name(environ, start_response) :
```

- **environ** : 웹 프레임워크에 이미 정의되어 있으며 HTTP_HOST, HTTP_USER_AGENT, SERVER_PROTOCOL과 같은 HTTP 환경 변수를 포함합니다.
- **start_response** : 애플리케이션 내에서 응답을 시작하기 위해 반드시 호출해야 하는 콜백 함수입니다.

두 번째, start_response 함수의 인자 역시 다음과 같이 정해져 있으므로 이 형식에 맞춰 호출합니다. start_response 함수를 호출하는 시점에 응답 헤더가 출력됩니다.

```
start_response(status, headers)
```

- **status** : 응답 코드 및 응답 메시지를 지정합니다(**200 OK, 404 Not Found** 등).
- **headers** : 응답 헤더를 지정합니다.

세 번째, 애플리케이션 함수의 리턴값은 응답 바디에 해당하는 내용으로 리스트나 제너레이터와 같은 iterable 타입이어야 합니다.

2.4.4 wsgiref.simple_server 모듈

파이썬 표준 라이브러리에서는 웹 프레임워크 개발자가 웹 서버와의 연동 기능을 개발할 수 있도록 wsgiref 패키지의 하위 모듈로 wsgiref.simple_server를 제공하고 있습니다. 이 모듈은 WSGI 규격을 준수하는 웹 서버(일명, WSGI 서버)에 대한 참조reference 서버, 즉 개발자에게 참고가 될 수 있도록 미리 만들어 놓은 WSGIServer 클래스와 WSGIRequestHandler 클래스를 정의하고 있습니다. 장고의 runserver도 이들 클래스를 사용하여 만든 테스트용 웹 서버입니다.

다만 모든 웹 프레임워크가 wsgiref 패키지를 사용하는 것은 아닙니다. wsgiref 패키지를 사용하지 않더라도 WSGI 규격을 준수하는 자신만의 웹 프레임워크 또는 WSGI 서버를 만들면 되기 때문입니다. Flask 웹 프레임워크에서 사용하는 벡자이크Werkzeug WSGI 서버가 wsgiref 패키지를 사용하지 않는 WSGI 웹 서버의 한 예입니다.

wsgiref.simple_server 모듈을 사용해서 WSGI 서버를 만들겠습니다. 다음과 같이 입력합니다. 편의상 wsgi-server 디렉터리를 만들고 파일을 작성하였습니다.

예제 2-16 WSGI 서버　　　　　　소스제공: ch2\wsgi-server\my_wsgiserver.py

```
C:\Users\shkim>cd C:\RedBook\ch2\wsgi-server
C:\RedBook\ch2\wsgi-server>notepad my_wsgiserver.py

from wsgiref.simple_server import make_server

def my_app(environ, start_response):

    status = '200 OK'
    headers = [('Content-Type', 'text/plain')]
    start_response(status, headers)

    response = [b"This is a sample WSGI Application."]
```

```
    return response

if __name__ == '__main__':
    print("Started WSGI Server on port 8888...")
    server = make_server('', 8888, my_app)
    server.serve_forever()
```

이 예제에서 WSGI 서버를 만들 때 중요한 사항은 다음과 같습니다.

- wsgiref.simple_server 모듈은 WSGI 규격을 준수하여 WSGI 서버를 작성할 수 있도록 API를 제공하고 있으며 make_server() 및 serve_forever() 메소드가 그런 API의 일부입니다.
- my_app()과 같은 애플리케이션 로직을 호출 가능한(callable) 함수나 메소드로 정의하여 이 함수를 make_server() 인자로 넘겨주어 WSGI 웹 서버를 만듭니다. 이는 애플리케이션 프로그램과 웹 서버 프로그램을 독립적으로 작성할 수 있게 해 주는 WSGI 규격의 중요한 원칙에 해당합니다.
- my_app() 함수가 WSGI 규격을 준수하는 애플리케이션 코드입니다. 이 애플리케이션 함수에서 응답을 위한 헤더 및 바디를 구성해서 반환합니다. 헤더 및 바디를 구성하는 방법은 앞 절의 설명을 참고하기 바랍니다.

아마 눈치 빠른 독자는 알아차렸겠지만, WSGI 서버도 웹 서버이므로 WSGI 서버를 만드는 방식도 **2.3.1 간단한 웹 서버**에서 설명한 웹 서버를 만드는 방식을 그대로 따르고 있습니다. 즉, 서버의 IP 및 PORT 그리고 핸들러 클래스를 정의한 후 이들을 인자로 하여 HTTPServer 객체를 생성하고 HTTPServer 객체의 serve_forever() 메소드를 호출하는 방식과 유사합니다.

앞서 살펴본 **예제 2-16**에서 이러한 로직은 make_server() 함수에서 이루어집니다. 다만 예제에서 만든 WSGI 서버와 다른 점은 애플리케이션 로직을 작성하는 my_app() 함수가 추가되었다는 것입니다. 그리고 make_server() 함수를 분석하면 WSGIServer 및 WSGIRequestHandler 클래스가 사용되고 있고 이들은 **2.3.1 간단한 웹 서버**에서 설명한 기반 클래스들로부터 상속받은 서브 클래스라는 사실을 알 수 있습니다. 클래스 간 상속 관계는 다음과 같습니다.

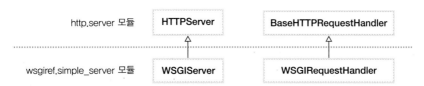

그림 2-12 wsgiref.simple_server 모듈에 정의된 WSGIServer 클래스와 핸들러

2.4.5 WSGI 서버 동작 확인

앞에서 만든 WSGI 서버를 실행해서 정상적으로 동작하는지 확인하겠습니다. WSGI 서버를 실행하기 위해서 다음 명령을 입력합니다.

```
C:\Users\shkim>cd C:\RedBook\ch2\wsgi-server
C:\RedBook\ch2\wsgi-server>python my_wsgiserver.py
```

정상적으로 실행되면 다음과 같이 8888 포트로 요청을 기다리고 있다는 메시지가 나타납니다.

```
C:\RedBook\ch2\wsgi-server>python my_wsgiserver.py
Started WSGI Server on port 8888...
```

그림 2-13 WSGI 서버(my_wsgiserver.py) 실행 화면

이제 웹 브라우저를 열고 주소창에 다음과 같이 입력합니다.

```
https://127.0.0.1:8888/
```

다음 화면처럼 my_app() 함수에서 정의한 메시지가 나타나면 정상 처리된 것입니다.

그림 2-14 WSGI 서버에서 my_app() Application 실행 결과

Django 웹 프레임워크

Django 웹 프레임워크

장고Django는 웹 프로그래밍에 사용되는 파이썬 웹 프레임워크 중 가장 준비가 잘 되어 있는 프레임워크라 할 수 있습니다. 제공하는 기능이 풍부하여 쉽고 빠르게 웹 개발이 가능하고 사용자도 가장 많기 때문입니다. 파이썬으로 웹 프로그램을, 조금 더 정확히는 웹 애플리케이션을 프로그래밍하고자 한다면 장고로 시작하는 것이 최선의 선택입니다.

3장에서는 장고를 사용하여 웹 애플리케이션을 만드는 과정을 살펴보겠습니다. 동시에 장고의 특징 및 동작 원리를 이해하기 쉽게 설명하겠습니다. 장고는 기본적으로 MVC 패턴에 해당하는 MVT 패턴에 따라 개발하도록 설계되어 있습니다. 따라서 MVT 패턴에 맞게 프로그래밍 과정을 설명하고 예제를 통해 실습하겠습니다.

3.1 장고의 특징

장고는 현재 가장 많이 사용되는 파이썬 웹 프레임워크입니다. 2003년 로렌스 저널-월드 신문 Lawrence Journal-World Newspaper을 만들던 웹 개발팀의 내부 프로젝트로 시작되었으며 2005년 오픈소스 프로젝트로 공개되었습니다. 그리고 구글의 웹 애플리케이션 엔진에 장고가 사용되면서 많은 사람이 사용하게 되었고 현재는 파이썬을 대표하는 웹 프레임워크로 자리매김하고 있습니다.

이러한 장고 웹 프레임워크의 주요 기능별 특징을 살펴보겠습니다.

| MVC 패턴 기반 MVT |

장고는 MVC^{Model-View-Controller} 패턴을 기반으로 한 프레임워크입니다. 하지만 장고에서는 View를 Template, Controller를 View라고 부릅니다. 장고에서 Model은 데이터베이스에 엑세스하는 컴포넌트이고, View는 데이터를 가져오고 변형하는 컴포넌트이며, Template은 데이터를 사용자에게 보여 주는 컴포넌트입니다. 그래서 장고를 MVT^{Model-View-Template} 프레임워크라고 부르기도 합니다. 하지만 용어만 다를 뿐 그 개념은 MVC 패턴과 동일합니다.

| 객체 관계 매핑 |

장고의 객체 관계 매핑^{ORM, Object-Relational Mapping}은 데이터베이스 시스템과 모델이라는 파이썬 클래스를 연결하는 다리와 같은 역할을 합니다. 이런 ORM 기능을 통해 다양한 데이터베이스 시스템을 지원하며 SQL 문장을 사용하지 않고도 테이블을 조작할 수 있습니다. 설정을 조금만 변경하면 이미 구축한 데이터베이스 시스템을 다른 데이터베이스로 쉽고 편리하게 변경할 수 있습니다.

| 자동으로 구성되는 관리자 화면 |

장고는 웹 서버의 콘텐츠, 즉 데이터베이스 관리 기능을 위한 관리자 화면을 프로젝트를 시작하는 시점에 기본 기능으로 제공합니다. 이러한 관리자 화면을 통해서 애플리케이션에서 사용하는 테이블과 데이터를 쉽게 생성하거나 변경할 수 있습니다. 따라서 개발자가 별도로 관리 기능을 개발할 필요가 없습니다.

| 우아한 URL 설계 |

웹 프로그래밍에서 URL 설계는 필수인데 장고에서는 유연하면서도 강력한 URL 설계 기능을 제공합니다. 장고에서는 우아한^{Elegant} URL 방식을 채택하여 URL을 직관적이고 쉽게 표현할 수 있습니다. 또한 정규표현식을 사용하여 복잡한 URL도 표현할 수 있으며 각 URL 형태를 파이썬 함수에 1:1로 연결하도록 설계되어 있어 이해하기 쉬운 코드 작성과 편리한 개발이 가능합니다.

| 자체 템플릿 시스템 |

장고는 내부적으로 확장이 가능하고 디자인하기 쉬운 강력한 템플릿 시스템을 가지고 있습니다. 이를 통해 화면 디자인과 로직에 관한 코딩을 분리하여 독립적으로 프로그래밍이 가능합니다. 장고의 템플릿 시스템은 HTML과 같은 텍스트형 언어를 쉽게 다룰 수 있도록 개발되었습니다.

| 캐시 시스템 |

동적 페이지를 만들기 위해서 데이터베이스 쿼리를 수행하고 템플릿을 해석하고 관련 로직을 실행해서 페이지를 생성하는 일은 서버에 엄청난 부하를 주는 작업입니다. 그래서 캐시 시스템을 사용하여 자주 이용되는 내용을 저장하였다가 재사용하면 성능을 높일 수 있습니다.

장고의 캐시 시스템은 캐시용 페이지를 메모리, 데이터베이스 내부, 파일 시스템 중 아무 곳에나 저장할 수 있습니다. 또한 캐시 단위를 페이지에서부터 사이트 전체 또는 특정 뷰의 결과, 템플릿의 일부 영역만을 지정하여 저장할 수도 있습니다.

| 다국어 지원 |

장고는 동일한 소스 코드를 다른 나라에서도 사용할 수 있도록 텍스트 번역, 날짜/시간/숫자 포맷, 타임존 지정 등과 같은 다국어 환경을 제공합니다. 간단한 작업만으로 메시지를 하나 이상의 언어로 번역할 수 있으므로 다국어를 제공하는 웹 사이트에 아주 유용하게 사용할 수 있습니다.

| 풍부한 개발 환경 |

장고는 프로그래밍에 도움이 되는 여러 가지 기능을 제공합니다. 특히 테스트용 웹 서버를 포함하고 있어서 개발 과정에서 Apache 등의 웹 서버가 없어도 테스트를 진행할 수 있습니다. 또한 디버깅 모드를 사용할 경우에는 에러를 쉽게 파악하고 해결할 수 있도록 아주 상세한 메시지를 보여줍니다.

| 소스 변경 사항 자동 반영 |

개발 과정에서 장고는 *.py 파일의 변경 여부를 감시하고 있다가 파일이 변경되면 실행 파일에 변경 내역을 바로 반영합니다. 그래서 장고 테스트용 웹 서버를 실행 중인 상태에서 소스 파일을 수정하더라도 웹 서버를 다시 시작할 필요 없이 자동으로 새로운 파일이 반영됩니다.

3.2 장고 프로그램 설치

이번 장에서는 장고에 관해 공부하면서 실습도 같이 진행합니다. 따라서 실습에 필요한 장고 프로그램을 설치하는 방법부터 알아보겠습니다. 기본적으로 장고는 파이썬 언어로 작성되었으므로 파이썬이 동작하는 플랫폼에서는 항상 설치하고 사용할 수 있습니다. 만일 파이썬 3.x 버전이 설치되어 있지 않다면, 먼저 파이썬을 3.x 버전으로 설치한 후에 장고 프로그램 설치를 진행하기 바랍니다.

아래 명령으로 파이썬 설치 여부를 확인할 수 있으며 파이썬이 설치되었다면 버전이 표시됩니다.

```
C:₩Users₩shkim>python -V
```

만일 설치되어 있지 않다는 메시지가 뜨면 www.python.org에서 파이썬 프로그램을 내려받아 설치하면 됩니다. 설치 과정이 간단하므로 설명은 생략합니다.

장고도 다음의 명령으로 설치 여부를 확인하고 설치가 되어 있지 않다면 설치를 진행합니다.

```
C:\Users\shkim>python -m django --version
```

장고 설치 과정은 운영체제와 관계없이 매우 유사합니다. pip 프로그램으로 설치하는 것이 가장 간단하므로 이 방법을 먼저 설명합니다.

만일 pip 프로그램이 없다면 추가 작업이 필요합니다. 이 과정은 조금 더 설치가 복잡한 리눅스 환경을 기반으로 설명합니다. 유닉스, 맥 OS, 윈도우 환경은 비교적 설치가 쉬우므로 리눅스 설치 과정을 참고해서 따라하면 됩니다.

3.2.1 윈도우에서 pip 프로그램으로 설치

파이썬 3.x 버전을 설치하면 pip 프로그램도 같이 설치됩니다. pip [Python Install Package]는 파이썬의 오픈소스 저장소인 PyPI [Python Package Index]에 있는 소프트웨어 패키지를 설치하고 관리하는 명령입니다. 그래서 파이썬에서 많이 사용되는 패키지들은 pip 명령으로 간단히 설치할 수 있습니다. 장고 프로그램 역시 pip 프로그램으로 간단히 설치할 수 있습니다. cmd 창을 열고 다음 명령으로 장고 최신 버전을 설치하면 그만입니다.

```
C:₩Users₩shkim>pip install Django
```

만일 pip, setuptools, wheel 등의 프로그램을 업그레이드하고 싶다면 다음 명령을 사용합니다.

```
C:\Users\shkim>pip install pip setuptools wheel --upgrade
```

3.2.2 리눅스에서 pip 프로그램으로 설치

리눅스에서도 pip 프로그램으로 장고를 설치하는 것이 가장 간단한 방법입니다. 다음 명령으로 장
고 최신 버전을 설치하면 됩니다. 명령을 실행하는 사용자는 root 또는 sudo 권한을 가진 사용자
여야 합니다.

```
# pip install Django          // 또는 $ sudo pip install Django
```

> **NOTE_** 리눅스에서 장고 프로그램 설치는 root 또는 sudo 권한으로 진행해야 한다고 말하였지만, 만일 root
> 권한이 없다면 자신의 로컬 디렉터리에 설치해도 무방합니다. 다만 로컬 디렉터리에 설치하는 경우에는 가상 환
> 경을 먼저 구성하고 그 가상 환경에 장고를 설치해야 합니다. 가상 환경을 만드는 방법은 **7.4 파이썬 가상 환경
> 만들기**를 참고 바랍니다.

4.x 보다 낮은 버전의 장고 프로그램이 이미 설치되어 있다면 다음 명령으로 장고 업그레이드를
진행합니다. 필자의 경우도 기존에 장고 프로그램을 사용한 흔적이 남아 있어서 pip 프로그램의
안내에 따라 업그레이드를 진행하였습니다.

```
# pip install Django --upgrade       // 또는 $ sudo pip install Django --upgrade
```

설치 명령이 성공하면 파이썬의 site-packages 디렉터리 하위에 장고 최신 버전이 설치됩니다. 예
를 들어 /usr/lib/python3.6/site-packages/django와 같은 장고 디렉터리가 생성됩니다.

```
shkim@DESKTOP-4TGNLOS:~$
shkim@DESKTOP-4TGNLOS:~$ sudo pip install Django --upgrade
Collecting Django
  Downloading Django-4.0.5-py3-none-any.whl (8.0 MB)
                                        ━━━━━━━━━━ 8.0/8.0 MB 19.7 MB/s eta 0:00:00
Collecting sqlparse>=0.2.2
  Downloading sqlparse-0.4.2-py3-none-any.whl (42 kB)
                                        ━━━━━━━━━━ 42.3/42.3 KB 5.8 MB/s eta 0:00:00
Collecting asgiref<4,>=3.4.1
  Downloading asgiref-3.5.2-py3-none-any.whl (22 kB)
Installing collected packages: sqlparse, asgiref, Django
Successfully installed Django-4.0.5 asgiref-3.5.2 sqlparse-0.4.2
WARNING: Running pip as the 'root' user can result in broken permissions and conflicting behaviour w
ith the system package manager. It is recommended to use a virtual environment instead: https://pip.
pypa.io/warnings/venv
shkim@DESKTOP-4TGNLOS:~$
```

그림 3-1 Django 설치 화면 - pip 사용

NOTE_ 리눅스 sudo 권한

리눅스에서는 root와 user 권한이 명확히 구분됩니다. 프롬프트를 보면 알 수 있는데 #이면 root 권한 사용자이고, $이면 user 권한 사용자입니다.

만일 user 권한 사용자가 sudo 권한을 취득하면 root 권한의 명령을 실행할 수 있습니다. root 사용자가 /etc/sudoers 파일을 수정해서 sudo 권한을 추가하거나 삭제할 수 있습니다.

3.2.3 수동으로 설치

이어서 수동으로 장고를 설치하는 방법을 알아보겠습니다. 리눅스 환경을 기준으로 설명합니다.

| pip 프로그램 설치 |

만일 pip 프로그램이 설치되어 있지 않다면 다음 명령들을 순서대로 입력하여 pip 프로그램을 먼저 설치합니다. 다음 디렉터리 또는 자신이 원하는 임의의 디렉터리에 **get-pip.py** 파일을 가져오면 됩니다.

```
# cd /usr/local/src
```

다음 주소에 있는 get-pip.py 파일을 가져오면 되는데 curl 명령을 사용해도 되고 웹 브라우저로 https://pip.pypa.io/en/latest/installing/ 사이트에 접속하여 해당 링크를 마우스 오른쪽 버튼을 클릭해서 내려받아도 됩니다.

```
# curl https://bootstrap.pypa.io/get-pip.py -o get-pip.py
```

그림 3-2 pip 프로그램 사이트

다음 명령을 실행하면 시스템 bin 디렉터리에 pip 프로그램이 설치됩니다.

```
# python get-pip.py
```

pip 프로그램이 설치되지 않거나 정상적으로 동작하지 않는 경우에는 장고 소스를 컴파일하여 수동으로 설치할 수 있습니다. 이 방법은 잠시 후에 설명합니다.

| 기존 장고 프로그램 삭제 |

수동으로 설치할 때 이미 낮은 버전의 장고가 설치되어 있다면 기존 장고 프로그램을 삭제해야 합니다. 수동으로 최신 버전의 장고 프로그램을 설치하는 과정에서 낮은 버전의 파일을 참조하여 잘못 설치될 수 있기 때문입니다. 장고 공식 문서에도 삭제 후 설치하는 방법을 안내하고 있습니다. 단 pip 프로그램으로 설치하는 경우는 pip 프로그램이 예전 버전의 장고 프로그램을 자동으로 처리하므로 삭제 과정을 진행할 필요가 없습니다.

낮은 버전의 장고 프로그램을 삭제하려면 다음 명령처럼 장고가 설치된 디렉터리로 이동해서 장고 디렉터리를 삭제하면 됩니다.

```
# cd /usr/lib/python3.6/site-packages/
# rm -rf django
# rm -rf Django*
```

만일 장고가 설치된 디렉터리를 알고 싶다면 다음 명령을 입력합니다.

```
$ python -c "import django; print(django.__path__)"
```

| 수동으로 설치 |

다음과 같이 직접 관련 명령들을 입력하여 수동 설치를 진행합니다. 다음의 디렉터리가 아니더라도 장고 설치용 파일을 내려받을 임의의 디렉터리로 이동합니다.

```
# cd /usr/local/src
```

집필 시점 기준 최신 버전은 4.0.4이므로 다음과 같이 입력하여 /usr/local/src 디렉터리에 장고 설치용 프로그램을 내려받습니다. 최신 버전이 아닌 경우 사이트 URL이 다르므로 주의합니다.

```
# wget https://www.djangoproject.com/download/4.0.4/tarball/
```

만일 최신 버전을 모르는 경우에는 웹 브라우저로 https://www.djangoproject.com/download/ 사이트에 접속하여 최신 버전을 확인하거나 우하단에서 해당 링크를 클릭해서 바로 내려받아도 됩니다.

그림 3-3 Django 사이트

tar 명령을 이용하여 내려받은 설치용 파일의 압축을 풀고 생성된 디렉터리로 이동합니다.

```
# tar xzvf Django-4.0.4.tar.gz
# cd Django-4.0.4
```

Django-4.0.4 디렉터리에 있는 setup.py 파일을 이용하여 다음과 같이 Django 패키지를 설치
합니다. 이 명령이 성공하면 파이썬의 site-packages 디렉터리 하위에 장고가 설치됩니다. 예를
들어 /usr/lib/python3.6/site-packages/django와 같은 장고 디렉터리가 생성됩니다.

```
# python setup.py install
```

설치 진행 화면은 다음과 같습니다. 수동으로 설치하는 경우 화면에 출력되는 내용이 너무 많으므
로 이 책에는 끝 부분만 수록하였습니다. 정상적으로 설치가 완료되었다는 메시지를 확인할 수 있습
니다.

```
copying Django.egg-info/requires.txt -> build/bdist.linux-x86_64/egg/EGG-INFO
copying Django.egg-info/top_level.txt -> build/bdist.linux-x86_64/egg/EGG-INFO
creating dist
creating 'dist/Django-4.0.5-py3.10.egg' and adding 'build/bdist.linux-x86_64/egg' to it
removing 'build/bdist.linux-x86_64/egg' (and everything under it)
Processing Django-4.0.5-py3.10.egg
creating /usr/local/lib/python3.10/dist-packages/Django-4.0.5-py3.10.egg
Extracting Django-4.0.5-py3.10.egg to /usr/local/lib/python3.10/dist-packages
Adding Django 4.0.5 to easy-install.pth file
Installing django-admin script to /usr/local/bin

Installed /usr/local/lib/python3.10/dist-packages/Django-4.0.5-py3.10.egg
Processing dependencies for Django==4.0.5
Searching for sqlparse==0.4.2
Best match: sqlparse 0.4.2
Adding sqlparse 0.4.2 to easy-install.pth file
Installing sqlformat script to /usr/local/bin

Using /usr/local/lib/python3.10/dist-packages
Searching for asgiref==3.5.2
Best match: asgiref 3.5.2
Adding asgiref 3.5.2 to easy-install.pth file

Using /usr/local/lib/python3.10/dist-packages
Finished processing dependencies for Django==4.0.5
root@DESKTOP-4TGNLOS:/home/shkim/imsi/Django-4.0.5#
root@DESKTOP-4TGNLOS:/home/shkim/imsi/Django-4.0.5#
root@DESKTOP-4TGNLOS:/home/shkim/imsi/Django-4.0.5#
```

그림 3-4 Django 설치 화면 - 수동 설치

만일 root 권한이 아니라 sudo 권한을 가진 일반 사용자로 설치한다면 앞의 명령 대신에 다음 명령을 입력합니다.

```
$ sudo python setup.py install
```

3.2.4 장고 프로그램 설치 확인

장고가 정상적으로 설치되었는지 확인하기 위해 다음과 같은 명령을 입력합니다. 장고가 정상적으로 설치되었다면 장고 버전이 출력됩니다.

```
C:\Users\shkim>python -m django --version
4.0.4
```

3.3 장고에서의 애플리케이션 프로그래밍 방식

웹 프로그래밍 또는 웹 서비스 프로그래밍이란 용어를 조금 더 정확하게 표현하면 웹 애플리케이션 프로그래밍이라고 할 수 있습니다. 그러면 애플리케이션이란 무엇일까요?

웹 사이트를 설계할 때 가장 먼저 해야 할 일은 프로그램이 해야 할 일을 적당한 크기로 나누어서 모듈화하는 것입니다. 이때 웹 사이트의 전체 프로그램 또는 모듈화된 단위 프로그램을 애플리케이션이라고 합니다. 즉, 프로그램으로 코딩할 대상을 애플리케이션이라고 부르는 것입니다.

그런데 장고에서는 애플리케이션의 개념을 웹 서버 프로그래밍 측면에서 조금 더 구체화하여 웹 사이트에 대한 전체 프로그램을 프로젝트^{Project}라 하고, 모듈화된 단위 프로그램을 애플리케이션 ^{Application}이라 부릅니다. 즉, 애플리케이션 프로그램들이 모여서 프로젝트를 이루는 개념입니다. 이에 관해서는 실습 과정에서 다시 다루겠습니다. 장고는 기본적으로 MVT 패턴에 따라 애플리케이션을 개발하도록 유도하는데 먼저 MVT 패턴을 살펴보겠습니다.

> **NOTE_** 장고를 처음 공부하는 독자라면 이번 절의 내용을 이해하는 데 다소 어려움을 겪을 수 있습니다. 이번 절은 가볍게 읽고 3.5절부터 설명하는 실습을 공부한 후에 다시 보면 훨씬 쉽게 이해할 수 있을 것입니다.

3.3.1 MVT 패턴

웹 프로그래밍 시 일반적으로 언급되는 MVC^Model-View-Controller 패턴이란 데이터(Model), 사용자 인터페이스(View), 데이터를 처리하는 로직(Controller)을 구분해서 한 요소가 다른 요소들에 영향을 주지 않도록 설계하는 방식을 의미합니다. 이런 방식으로 개발을 진행하면 UI 디자이너는 데이터 관리나 애플리케이션 로직에 신경 쓰지 않고도 화면 UI를 설계할 수 있고 로직이나 데이터를 설계하는 개발자도 화면 디자인은 디자이너에게 맡기고 자신의 설계 및 개발 업무에만 집중할 수 있습니다. 파이썬도 이러한 MVC 패턴의 개념을 그대로 받아들였는데 용어는 다르게 사용합니다.

장고 프레임워크에서는 View를 Template, Controller는 View라고 표현하며 MVC 대신 MVT^Model-View-Template 패턴이라고 합니다. 모델^Model은 데이터베이스에 저장되는 데이터를, 템플릿^Template은 사용자에게 보이는 UI 부분을 의미하며, 뷰^View는 실질적으로 프로그램 로직이 동작하여 데이터를 가져오고 적절하게 처리한 결과를 템플릿에 전달하는 역할을 수행합니다.

예를 들면 모델은 블로그의 내용을 데이터베이스로부터 가져오거나 저장/수정하는 역할을, 뷰는 버튼을 눌렀을 때 어떤 함수를 호출하며 데이터를 어떻게 가공할 것인지 결정하는 역할을, 템플릿은 화면 출력을 위해 디자인과 테마를 적용해서 보이는 페이지를 만드는 역할을 담당합니다. 다음 그림은 사용자 요청에 반응하는 MVT 패턴의 각 요소가 서로 어떻게 연결되는지를 보여 줍니다.

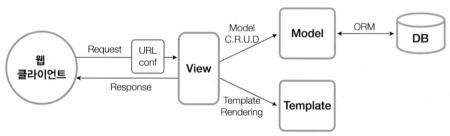

그림 3-5 장고의 MVT 패턴

웹 클라이언트의 요청을 받아 장고에서 MVT 패턴에 맞게 처리하는 과정을 요약하면 다음과 같습니다.

- 클라이언트로부터 요청을 받으면 **URLconf**를 이용하여 URL을 분석합니다.
- URL 분석 결과를 바탕으로 해당 URL 처리를 담당할 뷰를 결정합니다.
- 뷰는 자신의 로직을 실행하면서 만일 데이터베이스 처리가 필요하면 모델을 통해 처리하고 그 결과를 반환받습니다.
- 뷰는 자신의 로직 처리가 끝나면 **템플릿**을 사용하여 클라이언트에 전송할 HTML 파일을 생성합니다.
- 뷰는 최종 결과로 HTML 파일을 클라이언트에게 보내 응답합니다.

3.3.2 Model - 데이터베이스 정의

앞에서 모델, 뷰, 템플릿에 관해 간략하게 살펴보았습니다. 이제부터는 조금 더 세부적인 내용을 살펴보겠습니다. 모델이란 사용될 데이터에 대한 정의를 담고 있는 장고의 클래스입니다. 장고에서는 ORM 기법을 바탕으로 애플리케이션에서 사용할 데이터베이스를 클래스로 매핑하여 코딩할 수 있습니다. 즉, 하나의 모델 클래스는 하나의 테이블에 매핑되고, 모델 클래스의 속성은 테이블의 컬럼에 매핑됩니다.

이렇게 ORM 기법을 사용하여 테이블을 클래스로 매핑하면 애플리케이션에서는 데이터베이스로의 액세스를 SQL 없이도 클래스를 다루는 것처럼 할 수 있어서 편리합니다. 또한 SQLite3, MySQL, PostgreSQL 등 데이터베이스 엔진을 변경하더라도 ORM 기법이 적용된 API는 변경할 필요가 없으므로 필요에 따라 데이터베이스 엔진을 쉽게 변경할 수 있습니다.

> **NOTE_ ORM이란?**
> ORM(Object-Relational Mapping)은 쉽게 표현하면 객체와 관계형 데이터베이스를 연결하는 역할을 합니다. 기존의 웹 프로그래밍에서 데이터베이스에 접근하려면 직접 SQL 언어를 사용하여 데이터를 요청해야 하였고 개발자는 SQL 및 데이터베이스에 접근하기 위한 드라이버 API 등에 관해 잘 알고 있어야 하였습니다. 하지만 ORM에서는 데이터베이스 대신 객체(클래스)를 사용하여 데이터를 처리할 수 있습니다. 객체를 대상으로 필요한 작업을 실행하면 ORM이 자동으로 적절한 SQL 구문이나 데이터베이스 API를 호출하여 처리하기 때문입니다. 물론 원한다면 직접 SQL을 사용하여 데이터베이스의 데이터를 얻어 올 수도 있습니다.

장고의 ORM 기법에 대한 이해를 돕기 위해 Person이라는 테이블, 즉 장고의 Person 모델 클래스를 정의하겠습니다. 이러한 모델 클래스는 **models.py** 파일에 정의합니다.

```
from django.db import models

class Person(models.Model):
    first_name = models.CharField(max_length=30)
    last_name = models.CharField(max_length=30)
```

앞서 정의한 Person 모델은 장고 내부의 SQL 명령을 사용하여 다음과 같은 데이터베이스 테이블을 자동으로 생성합니다.

```
CREATE TABLE myapp_person (
    "id" serial NOT NULL PRIMARY KEY,
    "first_name" varchar(30) NOT NULL,
    "last_name" varchar(30) NOT NULL
);
```

장고에는 테이블 및 컬럼을 자동으로 생성하기 위해 지켜야 하는 규칙이 많습니다. 위의 예제는 그중에서 다음과 같은 규칙이 적용된 것입니다.

- 테이블명은 애플리케이션명과 모델 클래스명을 밑줄(_)로 연결한 문자열로 정하고 모두 소문자로 표시합니다. 원한다면 다른 이름으로 직접 지정할 수도 있습니다.
- Primary Key는 Person 클래스에서 정의하지 않아도 장고에서 알아서 부여합니다. 개발자가 직접 지정할 수도 있습니다.

> **NOTE_** 장고는 모델 클래스로부터 테이블을 자동으로 생성하기 위해 models.py 파일에 정의된 모델 클래스를 해석하고 여러 가지 규칙을 적용합니다. 이러한 테이블 자동 생성에 관한 자세한 설명은 다음 URL을 참고하기 바랍니다.
>
> https://docs.djangoproject.com/en/4.0/topics/db/models/

장고는 테이블을 모델 클래스로 정의하고 이를 실제 데이터베이스에 반영한 후에도 테이블에 데이터를 입력하고 입력된 데이터를 확인 및 변경할 수 있는 여러 가지 기능을 제공하고 있습니다. 이에 대해서는 **4.2 장고 파이썬 셸로 데이터 조작하기**에서 데이터 조작을 실습하며 자세히 살펴보겠습니다.

3.3.3 URLconf - URL 정의

클라이언트로부터 요청을 받으면 장고는 가장 먼저 요청에 들어 있는 URL을 분석합니다. 즉, 요청에 들어 있는 URL이 urls.py 파일에 정의된 URL 패턴과 매칭되는지를 분석합니다.

파이썬의 URL 정의 방식은 자바나 PHP 계열의 전통적인 URL보다 직관적이고 이해하기가 쉽습니다. 그래서 이러한 방식을 우아한 URL이라고 부르는 것입니다. URL을 정의하기 위해서는 다음 예시처럼 **urls.py** 파일에 URL과 처리 함수(뷰^{View}라고 부름)를 매핑하는 파이썬 코드를 작성하면 됩니다. 이러한 URL/뷰 매핑을 **URLconf**라고 합니다.

```python
from django.urls import path

from . import views

urlpatterns = [
    path('articles/2003/', views.special_case_2003),
    path('articles/<int:year>/', views.year_archive),
    path('articles/<int:year>/<int:month>/', views.month_archive),
    path('articles/<int:year>/<int:month>/<slug:slug>/', views.article_detail),
]
```

이 예시에서 articles/2003/ 부분이 URL이고 views.special_case_2003 부분이 처리 함수(뷰)입니다.

이와 같이 URL과 처리 함수를 별도로 정의하고 이 둘을 매핑하는 방법은 개발자에게 많은 유연성을 제공합니다. URL 자체에 처리 함수나 처리용 스크립트 파일 이름이 들어가면 변경이 어려워집니다. 그러나 URLconf를 사용하면 URL과 뷰 함수를 서로 자유롭게 연결할 수 있어서 규모가 큰 프로젝트를 개발할 때처럼 URL과 뷰 함수 이름이 자주 바뀌는 경우에도 URLconf에서 매핑한 부분만 수정하면 되므로 변경이 쉬워집니다.

웹 클라이언트가 웹 서버에 페이지를 요청할 때 장고에서 URL을 분석하는 순서를 간단히 요약하면 다음과 같습니다.

- setting.py 파일의 ROOT_URLCONF 항목을 읽어 최상위 URLconf(urls.py)의 위치를 알아냅니다.
- URLconf를 로딩하여 urlpatterns 변수에 지정되어 있는 URL 리스트를 검사합니다.
- 위에서부터 순서대로 URL 리스트의 내용을 검사하다가 URL 패턴이 매치되면 검사를 종료합니다.

- 매치된 URL의 뷰를 호출합니다. 여기서 뷰는 함수 또는 클래스의 메소드입니다. 호출 시 HttpRequest 객체와 매칭할 때 추출된 단어들을 뷰에 인자로 넘겨줍니다.
- URL 리스트 끝까지 검사하였는데도 매칭에 실패하면 에러 처리 뷰를 호출합니다.

앞에 있는 코드를 보면 URL 패턴을 정의할 때 ⟨int:year⟩처럼 꺾쇠를 사용하는 부분이 있습니다. 이는 URL 패턴의 일부 문자열을 추출하기 위한 것이며 이를 ⟨type:name⟩ 형식으로 사용합니다. 예를 들어 다음 라인의 의미는 요청 URL이 /articles/2018/처럼 ⟨ ⟩ 부분이 정수이면 매치되고 / articles/post/처럼 정수가 아니면 매치되지 않습니다. 또한 매치된 경우에는 매치된 문자열을 인자명 year에 할당합니다. 즉, 요청 URL이 /articles/2018/이면 뷰 함수를 views.year_archive (request, year=2018)처럼 호출합니다.

```
path('articles/<int:year>/', views.year_archive),
```

꺾쇠 부분을 장고에서는 Path Converter라고 부르는데 여기에 사용되는 타입은 다음과 같습니다. 물론 개발자가 타입을 추가로 등록할 수도 있습니다.

- **str** : /(슬래시)를 제외한 모든 문자열과 매치됩니다. 타입이 지정되지 않았다면 디폴트로 str 타입을 사용합니다.
- **int** : 0 또는 양의 정수와 매치됩니다. 매치된 정수는 파이썬의 int 타입으로 변환됩니다.
- **slug** : slug 형식의 문자열(ASCII, 숫자, 하이픈, 밑줄로만 구성됨)과 매치됩니다.
- **uuid** : UUID 형식의 문자열과 매치됩니다. 매치된 문자열은 파이썬의 UUID 타입으로 변환됩니다.
- **path** : /(슬래시)를 포함한 모든 문자열과 매치됩니다. 이는 URL 패턴의 일부가 아니라 전체를 추출하고자 할 때 많이 사용합니다.

URL 패턴에 정규표현식을 사용하면 URL을 조금 더 세밀하게 표현하거나 복잡한 URL도 표현할 수가 있습니다. 정규표현식을 사용하여 앞의 예시와 동일한 URL 패턴을 작성하면 다음과 같습니다.

```
from django.urls import path, re_path

from . import views

urlpatterns = [
    path('articles/2003/', views.special_case_2003),
    re_path(r'^articles/(?P<year>[0-9]{4})/$', views.year_archive),
    re_path(r'^articles/(?P<year>[0-9]{4})/(?P<month>[0-9]{2})/$', views.month_archive),
```

```
    re_path(r'^articles/(?P<year>[0-9]{4})/(?P<month>[0-9]{2})/(?P<slug>[\w-]+)/$', views.
  article_detail),
  ]
```

re_path( ) 함수에서는 path( ) 함수에서의 〈int:year〉 부분이 (?P〈year〉[0-9]{4})처럼 정규표현식으로 표시되며 모든 정수가 아니라 0-9로 이루어진 4자리 숫자만 매치되도록 한정하고 있습니다.

보통은 path( ) 함수를 많이 사용하며 URL을 조금 더 정교하게 정의하고자 할 때는 re_path( ) 함수와 정규표현식을 사용합니다. 정규표현식에 사용되는 문자의 의미는 다음과 같습니다.

표 3-1 정규표현식에 사용되는 문자들

표현	의미
. (Dot)	모든 문자 하나
^ (Caret)	문자열의 시작
$	문자열의 끝
[ ]	[ ] 괄호에 있는 문자 하나, 예를 들어 [akz]라면 a 또는 k 또는 z
[^]	[ ] 괄호에 있는 문자 이외의 문자 하나, 만일 [^ab]라면 a와 b를 제외한 문자 하나
*	0번 이상 반복, {0,}와 동일
+	1번 이상 반복, {1,}와 동일
?	0번 또는 1번 반복, {0,1}과 동일
{n}	n번 반복
{m,n}	최소 m번에서 최대 n번까지 반복
			앞뒤의 문자, 예를 들어 A|B 라면 A 또는 B
[a-z]	a에서 z까지 임의의 문자, 즉 영문 소문자 1개
\w	영문, 숫자 또는 밑줄(_) 1개, [0-9a-zA-Z_]와 동일
\d	숫자 1개, [0-9]와 동일

> **NOTE_ 장고 2.0 이전 버전의 url( ) 함수**
> 장고 1.11 버전까지는 url( ) 함수와 정규표현식을 사용하였습니다. 하지만 장고 2.0부터는 URL 패턴을 쉽게 작성할 수 있도록 path( ) 함수를 도입하였고 이전의 url( ) 함수는 이름만 re_path( )로 변경되었습니다.

3.3.4 View - 로직 정의

장고는 웹 요청에 있는 URL을 분석하고 그 결과로 해당 URL에 매핑된 뷰를 호출합니다.

일반적으로 뷰는 웹 요청을 받아서 데이터베이스 접속 등 해당 애플리케이션의 로직에 맞는 처리를 하고 그 결과 데이터를 HTML로 변환하기 위해 템플릿 처리를 한 후 최종 HTML로 된 응답 데이터를 웹 클라이언트로 반환합니다.

장고에서 뷰는 함수 또는 클래스의 메소드로 작성되며 웹 요청을 받고 응답을 반환합니다. 여기서 응답은 HTML 데이터일 수도 있고, 리다이렉션 명령일 수도 있고, 404 에러 메시지일 수도 있습니다. 다양한 형태의 응답 데이터를 만드는 로직을 뷰에 작성하는 것입니다. 이러한 뷰는 보통 **views.py** 파일에 작성하지만, 원한다면 다른 파일에 작성해도 무방합니다. 다만 파이썬 경로에 있는 파일이어야 장고가 찾을 수 있습니다.

간단한 예시로 현재 날짜와 시간을 HTML로 반환하는 뷰를 작성하겠습니다.

```python
from django.http import HttpResponse
import datetime

def current_datetime(request):
    now = datetime.datetime.now()
    html = "<html><body>It is now %s.</body></html>" % now
    return HttpResponse(html)
```

이 예시에서는 클래스가 아니라 함수로 뷰를 작성하였습니다. 뷰 함수는 첫 번째 인자로 Http Request 객체(이 예시에서는 request)를 받습니다. 그리고 필요한 처리를 한 후에 최종적으로 HttpResponse 객체를 반환합니다.

만일 에러를 반환하고 싶다면 다음처럼 HttpResponseNotFound와 같은 에러 응답 객체를 반환하면 됩니다. 에러 응답 클래스는 모두 HttpResponse 클래스의 하위 클래스로 정의되어 있습니다.

```python
return HttpResponseNotFound('<h1>Page not found</h1>')
```

앞의 예시에서는 HTML 코드를 뷰 함수 내에 직접 사용하였지만, 보통은 별도의 템플릿 파일에 HTML 코드를 작성합니다. 즉, 뷰는 별도로 작성된 템플릿 파일을 해석해서 HTML 코드를 생성하고 이를 HttpResponse 객체에 담아서 클라이언트에게 응답합니다. MVT 방식의 마지막 요소인 템플릿(또는 템플릿 파일)에 관해서는 다음 부분에서 설명합니다.

3.3.5 Template - 화면 UI 정의

장고가 클라이언트에게 반환하는 최종 응답은 HTML 텍스트입니다. 개발자가 응답에 사용할 *.html 파일을 작성하면 장고는 이를 해석해서 최종 HTML 텍스트 응답을 생성하고 이를 클라이언트에게 보냅니다. 클라이언트(보통 웹 브라우저)는 응답으로 받은 HTML 텍스트를 해석해서 우리가 보는 웹 브라우저 화면에 UI를 표시합니다.

이러한 과정에서 개발자가 작성하는 *.html 파일을 템플릿이라 부르며 이 파일에 화면에 표시되는 UI를 템플릿 문법에 맞게 작성합니다.

장고는 자체 템플릿 엔진을 가지고 있기 때문에 디자이너도 쉽게 이해할 수 있는 문법을 제공합니다. 화면 디자인을 변경할 일이 생기면 디자이너는 프로그램 로직에 상관없이 문법에 맞게 템플릿만 수정하면 되므로 디자이너와 개발자 간의 협업이 편리합니다. 또한 장고에서 제공하는 템플릿은 템플릿 태그/필터 기능을 사용하여 파이썬 코드를 직접 사용할 수 있어 더욱 강력하고 확장하기 쉬운 구조로 되어 있습니다.

템플릿 파일은 ***.html** 확장자를 가지며 장고의 템플릿 시스템 문법에 맞게 템플릿 파일을 작성합니다. 유의할 점은 템플릿 파일을 적절한 디렉터리에 위치시켜야 한다는 것입니다. 즉, 장고에서 템플릿 파일을 찾는 방식을 이해하고 있어야 하며 그에 맞는 위치에 템플릿 파일을 위치시켜야 장고가 그 템플릿 파일을 찾을 수 있습니다.

장고에서 템플릿 파일을 찾을 때는 TEMPLATES 및 INSTALLED_APPS에 지정된 애플리케이션의 디렉터리를 검색합니다. 이 항목들은 프로젝트 설정 파일인 **settings.py**에 정의되어 있습니다. 여러 개의 디렉터리를 지정할 수 있는데 지정된 순서대로 디렉터리를 검색하여 템플릿 파일을 찾습니다.

> **NOTE_** 프로젝트 설정 파일인 settings.py에 관한 자세한 설명은 **3.5.3 프로젝트 설정 파일 변경**에서 합니다. 지금은 이 정도만 이해하고 넘어가겠습니다.

만일 **settings.py** 파일에 다음과 같이 정의되어 있다면

```
INSTALLED_APPS = [
    'polls.apps.PollsConfig',
    'django.contrib.admin',
    'django.contrib.auth',
    'django.contrib.contenttypes',
    'django.contrib.sessions',
    'django.contrib.messages',
    'django.contrib.staticfiles',
]

TEMPLATES = [
    {
        . . .
        'DIRS': [BASE_DIR / 'templates'],
        . . .
    }
]
```

다음과 같은 순서대로 템플릿 디렉터리를 검색하여 템플릿 파일을 찾습니다. BASE_DIR이 ₩PRIVATE₩Programmer₩RedBook₩ch99인 점을 유의 바랍니다.

```
₩PRIVATE₩Programmer₩RedBook₩ch99₩templates
₩PRIVATE₩Programmer₩RedBook₩ch99₩polls₩templates
₩DevelopPgm₩Python36₩Lib₩site-packages₩django₩contrib₩admin₩templates
₩DevelopPgm₩Python36₩Lib₩site-packages₩django₩contrib₩auth₩templates
₩DevelopPgm₩Python36₩Lib₩site-packages₩django₩contrib₩contenttypes₩templates
₩DevelopPgm₩Python36₩Lib₩site-packages₩django₩contrib₩sessions₩templates
₩DevelopPgm₩Python36₩Lib₩site-packages₩django₩contrib₩messages₩templates
₩DevelopPgm₩Python36₩Lib₩site-packages₩django₩contrib₩staticfiles₩templates
```

TEMPLATES 항목에 정의된 디렉터리를 먼저 찾은 다음 INSTALLED_APPS 항목에 등록된 각 앱의 templates 디렉터리를 찾는다는 사실을 알아 둡시다.

3.3.6 MVT 코딩 순서

모델, 뷰, 템플릿 셋 중에서 무엇을 먼저 코딩해야 하는지에 관해 정해진 순서는 없습니다. MVT 방식에 따르면 화면 설계는 뷰와 템플릿 코딩으로 연결되고 테이블 설계는 모델 코딩에 반영됩니다. 뷰와 템플릿은 서로 영향을 미치므로 독립적으로 개발할 수 있는 모델을 먼저 코딩하고 그 후 뷰와 템플릿을 같이 코딩하는 것이 일반적입니다.

뷰와 템플릿의 코딩 순서도 굳이 정할 필요는 없지만, 필자는 UI 화면을 생각하면서 로직을 풀어 나가는 것이 쉽기 때문에 보통은 템플릿을 먼저 코딩합니다. 다만 클래스형 뷰[CBV, Class-Based View]처럼 뷰의 코딩이 매우 간단한 경우에는 뷰를 먼저 코딩한 다음 템플릿을 코딩합니다.

이번 장에서는 함수형 뷰를 사용하므로 모델, 템플릿, 뷰 순서로 코딩을 진행합니다. 반면 5장에서는 클래스형 뷰를 사용하므로 모델, 뷰, 템플릿 순서로 코딩을 진행합니다. 프로젝트 설정 파일 및 URLConf 파일까지 포함한 이번 장의 코딩 순서를 정리하면 다음과 같습니다.

- **프로젝트 뼈대 만들기** : 프로젝트 및 애플리케이션 프로그래밍에 필요한 디렉터리와 파일 생성
- **모델 코딩하기** : 테이블 관련 사항을 프로그래밍(models.py, admin.py 파일)
- **URLconf 코딩하기** : URL 및 뷰 매핑 관계를 정의(urls.py 파일)
- **템플릿 코딩하기** : 화면 UI 프로그래밍(templates/ 디렉터리 하위의 *.html 파일들)
- **뷰 코딩하기** : 애플리케이션 로직 프로그래밍(views.py 파일)

이처럼 자신만의 코딩 순서를 정하면 에러를 해결하거나 로직을 풀어나가는 데 일관성을 유지할 수 있고 웹 개발 노하우도 빨리 습득할 수 있을 것입니다. 물론 이러한 코딩 순서는 어디까지나 필자 기준이고 여러분이 편한 순서대로 코딩하면 됩니다.

3.4 애플리케이션 설계하기

이제부터 프로젝트 및 애플리케이션을 프로그래밍하는 실습을 진행합니다. 장고 프레임워크를 사용하여 웹 프로그래밍을 하다 보면 프로젝트와 애플리케이션이란 용어가 많이 나옵니다. 장고에서는 이 2가지 용어를 일반적인 의미와는 조금 다르게 웹 서버 측면에서 조금 더 구체화하여 사용하고 있습니다. 장고의 애플리케이션을 앱이라고도 하지만 스마트폰의 앱(어플)과는 다른 의미입니다.

프로젝트란 개발 대상이 되는 전체 프로그램을 의미하며 프로젝트를 몇 개의 기능 그룹으로 나누었을 때 프로젝트 하위의 서브 프로그램을 애플리케이션이라고 말합니다. 즉, 서브 프로그램인 애플리케이션을 개발하고 이들을 모아서 프로젝트를 완성합니다. 이런 개념으로 프로젝트 디렉터리와 애플리케이션 디렉터리를 구분하고 코딩하는 파일도 프로젝트 파일인지 애플리케이션 파일인지 구분해서 적절한 위치에 저장해야 합니다.

이런 개념의 장점은 하나의 애플리케이션이 여러 개의 프로젝트에 포함될 수 있어 애플리케이션을 한 번만 개발하고 이를 다른 프로젝트에 재사용하여 개발의 생산성을 높일 수 있다는 것입니다. 또한 애플리케이션 단위로 모아서 프로젝트로 만들고 프로젝트를 모아서 더 큰 프로젝트를 만드는 방식으로 계층적인 웹 프로그래밍이 가능하다는 장점도 있습니다.

> **NOTE_** 프로젝트와 애플리케이션 모두 파이썬 패키지 디렉터리에 해당하는데 파이썬에서는 __init__.py 파일이 존재하는 디렉터리를 패키지라고 합니다. 파이썬 3.3 버전부터는 __init__.py 파일이 없어도 패키지로 인식합니다.

본격적인 코딩에 들어가기 전에 애플리케이션의 로직부터 설계해야 합니다. 우리가 개발하게 될 애플리케이션의 내용은 질문을 보여 준 후 질문에 포함된 답변 항목에 투표하면 그 결과를 알려 주는 예제입니다. 이러한 요구사항을 분석하면 다음 그림과 같이 3개의 페이지가 필요하다는 결론을 내릴 수 있습니다. 따라서 다음과 같은 3개의 페이지를 기준으로 프로그래밍하겠습니다.

다음은 요구사항에 따라 화면 UI를 설계한 예시입니다.

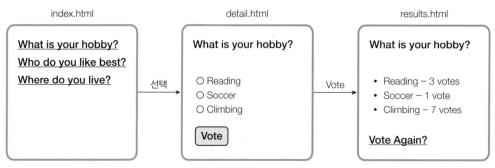

그림 3-6 화면 UI 설계

- **index.html** : 최근에 실시하고 있는 질문의 리스트를 보여 줍니다.
- **detail.html** : 하나의 질문에 대해 투표할 수 있도록 답변 항목을 폼으로 보여 줍니다.
- **results.html** : 질문에 따른 투표 결과를 보여 줍니다.

다음은 요구사항에 따라 필요한 테이블을 추출하여 설계한 예시입니다.

표 3-2 Question 테이블 설계

컬럼명	타입	제약 조건	설명
id	integer	NotNull, PK, AutoIncrement	Primary Key
question_text	varchar(200)	NotNull	질문 문장
pub_date	datetime	NotNull	질문 생성 시각

표 3-3 Choice 테이블 설계

컬럼명	타입	제약 조건	설명
id	integer	NotNull, PK, AutoIncrement	Primary Key
choice_text	varchar(200)	NotNull	답변 항목 문구
votes	integer	NotNull	투표 카운트
question	integer	NotNull, FK (Question.id), Index	Foreign Key

- **Question 테이블** : 질문을 저장하는 테이블입니다.
- **Choice 테이블** : 질문별 답변 항목을 저장하는 테이블입니다.
- 모든 컬럼은 NotNull로 정의하므로 반드시 컬럼에 값이 있어야 합니다.
- Primary Key는 자동 증가 속성으로 지정하였습니다.
- Choice 테이블의 question 컬럼은 Question 테이블과 Foreign Key 관계로 연결되도록 하였고 장고는 ForeignKey인 경우 자동으로 Index를 생성합니다.

3.5 프로젝트 뼈대 만들기

코딩은 프로젝트 뼈대를 만드는 것에서부터 시작합니다. 즉, 프로젝트에 필요한 디렉터리 및 파일을 구성하고 설정 파일을 세팅합니다. 그 외에도 기본 테이블을 생성하고 관리자 계정인 슈퍼유저를 생성하는 작업이 필요합니다. 프로젝트가 만들어지면 그 하위에 애플리케이션 디렉터리 및 파일을 구성합니다. 장고는 이런 작업을 위한 장고 셸 커맨드를 제공합니다.

우선 프로젝트 뼈대가 완성된 후의 디렉터리 체계가 어떤 모습인지 살펴보겠습니다.

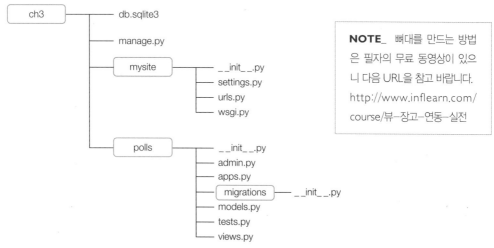

> **NOTE_** 뼈대를 만드는 방법은 필자의 무료 동영상이 있으니 다음 URL을 참고 바랍니다. http://www.inflearn.com/course/뷰-장고-연동-실전

그림 3-7 프로젝트 뼈대의 최종 디렉터리 모습

그림 3-7에서 소개한 디렉터리 및 파일은 뼈대에 해당하는 것으로 프로젝트 뼈대가 완성된 후에는 templates, static, logs 등의 디렉터리가 더 필요합니다. 또한 개발자가 필요하다고 판단하면 프로젝트 개발을 진행하면서 임의로 디렉터리를 더 추가해도 무방합니다. 각 디렉터리 및 파일의 용도는 다음과 같습니다.

표 3-4 뼈대 디렉터리 및 파일에 관한 설명

항목명	설명
ch99 디렉터리	프로젝트 관련 디렉터리 및 파일을 모아 주는 최상위 루트 디렉터리입니다. 보통 settings.py 파일에서 BASE_DIR 항목으로 지정됩니다.
db.sqlite3	SQLite3 데이터베이스 파일입니다. 테이블이 들어 있습니다.
manage.py	장고의 명령어를 처리하는 파일입니다.

mysite 디렉터리	프로젝트명으로 만들어진 디렉터리입니다. 프로젝트 관련 파일들이 들어 있습니다.
__init__.py	디렉터리에 이 파일이 있으면 파이썬 패키지로 인식합니다.
settings.py	프로젝트 설정 파일입니다.
urls.py	프로젝트 레벨의 URL 패턴을 정의하는 최상위 URLconf입니다. 보통은 애플리케이션 디렉터리마다 하위 urls.py 파일이 또 있습니다.
wsgi.py	Apache와 같은 웹 서버와 WSGI 규격으로 연동하기 위한 파일입니다.
polls 디렉터리	애플리케이션명으로 만들어진 애플리케이션 디렉터리입니다. 해당 애플리케이션 관련 파일들이 들어 있습니다.
__init__.py	디렉터리에 이 파일이 있으면 파이썬 패키지로 인식합니다.
admin.py	Admin 사이트에 모델 클래스를 등록하는 파일입니다.
apps.py	애플리케이션의 설정 클래스를 정의하는 파일입니다.
migrations 디렉터리	데이터베이스 변경 사항을 관리하기 위한 디렉터리입니다. 데이터베이스에 추가, 삭제, 변경 등이 발생하면 변경 내역을 기록한 파일들이 위치합니다.
models.py	데이터베이스 모델 클래스를 정의하는 파일입니다.
tests.py	단위 테스트용 파일입니다. 이 책에서는 사용하지 않습니다.
views.py	뷰 함수를 정의하는 파일입니다. 함수형 뷰 및 클래스형 뷰 모두 이 파일에 정의합니다.
templates 디렉터리	프로젝트 진행 간 추가합니다. 템플릿 파일이 들어 있습니다. 보통은 프로젝트 레벨과 애플리케이션 레벨의 템플릿으로 구분하여 ch99/templates 및 ch99/polls/templates 위치에 생성합니다.
static 디렉터리	프로젝트 진행 간 추가합니다. CSS, Image, Javascript 파일이 들어 있습니다. 보통은 프로젝트 레벨과 애플리케이션 레벨로 구분하여 ch99/static 및 ch99/polls/static 위치에 생성합니다.
logs 디렉터리	프로젝트 진행 간 추가합니다. 로그 파일이 들어 있습니다. 로그 파일의 위치는 settings.py 파일에서 LOGGING 항목으로 지정합니다.

다음과 같은 순서로 명령을 실행하여 프로젝트 뼈대를 만듭니다.

```
>django-admin startproject mysite      // mysite라는 프로젝트를 생성함
>python manage.py startapp polls       // polls라는 애플리케이션을 생성함
>notepad settings.py                   // 설정 파일을 확인하고 수정함
>python manage.py migrate              // 데이터베이스에 기본 테이블을 생성함
>python manage.py runserver            // 현재까지의 작업을 개발용 웹 서버로 확인함
```

3.5.1 프로젝트 생성

가장 먼저 다음 명령으로 **mysite**라는 프로젝트를 만듭니다. mysite 대신 원하는 다른 프로젝트 이름을 입력해도 됩니다.

```
C:\Users\shkim>cd C:\RedBook
C:\RedBook>django-admin startproject mysite
```

그러면 다음 그림과 같이 필요한 디렉터리 및 파일이 생성됩니다. 자세히 보면 명령 실행 시 입력한 **mysite**라는 디렉터리가 최상위와 그 하위 두 곳에 생긴 것을 알 수 있습니다.

```
C:\RedBook>
C:\RedBook>django-admin startproject mysite

C:\RedBook>dir
 C 드라이브의 볼륨에는 이름이 없습니다.
 볼륨 일련 번호: A2B3-D1A0

 C:\RedBook 디렉터리

2022-05-01  오후 04:03    <DIR>          .
2022-05-01  오전 04:03    <DIR>          ..
2022-05-01  오전 09:36    <DIR>          ch1-2-4
2022-05-01  오후 04:03    <DIR>          mysite
               0개 파일                   0 바이트
               4개 디렉터리  54,465,019,904 바이트 남음

C:\RedBook>
C:\RedBook>dir mysite
 C 드라이브의 볼륨에는 이름이 없습니다.
 볼륨 일련 번호: A2B3-D1A0

 C:\RedBook\mysite 디렉터리

2022-05-01  오후 04:03    <DIR>          .
2022-05-01  오후 04:03    <DIR>          ..
2022-05-01  오후 04:03                  684 manage.py
2022-05-01  오후 04:03    <DIR>          mysite
               1개 파일                 684 바이트
               3개 디렉터리  54,465,019,904 바이트 남음

C:\RedBook>
C:\RedBook>dir mysite\mysite
 C 드라이브의 볼륨에는 이름이 없습니다.
 볼륨 일련 번호: A2B3-D1A0

 C:\RedBook\mysite\mysite 디렉터리

2022-05-01  오후 04:03    <DIR>          .
2022-05-01  오후 04:03    <DIR>          ..
2022-05-01  오후 04:03                  405 asgi.py
2022-05-01  오후 04:03                3,344 settings.py
2022-05-01  오후 04:03                  769 urls.py
2022-05-01  오후 04:03                  405 wsgi.py
2022-05-01  오후 04:03                    0 __init__.py
               5개 파일               4,923 바이트
               2개 디렉터리  54,465,019,904 바이트 남음

C:\RedBook>
```

그림 3-8 startproject 명령 실행 후 디렉터리 모습

하위 mysite 디렉터리는 프로젝트 디렉터리이고, 상위 mysite 디렉터리는 프로젝트 관련 디렉터리/파일을 모으는 역할만 하는 디렉터리입니다. 상위 mysite 디렉터리는 특별한 의미를 가지고 있지 않으므로 이름을 변경해도 무방합니다. 하위 프로젝트 디렉터리 이름과 동일해서 혼동할 수 있으므로 **ch99**라고 변경하겠습니다. 이 **ch99** 디렉터리를 프로젝트 루트 디렉터리 또는 프로젝트 베이스 디렉터리라고 합니다.

```
C:₩Users₩shkim>cd C:₩RedBook
C:₩RedBook>move mysite ch99              // 리눅스, 맥 OS에서는 $ mv mysite ch99
```

3.5.2 애플리케이션 생성

프로젝트 루트 디렉터리 ch99으로 이동해서 **polls**라는 애플리케이션을 만드는 명령을 실행합니다. polls 대신 원하는 애플리케이션 이름을 입력해도 됩니다.

```
C:₩Users₩shkim>cd C:₩RedBook₩ch99
C:₩RedBook₩ch99>python manage.py startapp polls
```

그러면 장고가 polls라는 애플리케이션 디렉터리와 그 하위에 필요한 파일들을 생성해 줍니다. 생성된 파일들의 이름을 눈여겨보도록 합니다.

```
C:₩RedBook>
C:₩RedBook>cd ch99

C:₩RedBook₩ch99>python manage.py startapp polls

C:₩RedBook₩ch99>dir
 C 드라이브의 볼륨에는 이름이 없습니다.
 볼륨 일련 번호: A2B3-D1A0

 C:₩RedBook₩ch99 디렉터리

2022-05-01  오후 04:12    <DIR>          .
2022-05-01  오후 04:12    <DIR>          ..
2022-05-01  오후 04:03               684 manage.py
2022-05-01  오후 04:12    <DIR>          mysite
2022-05-01  오후 04:12    <DIR>          polls
               1개 파일                 684 바이트
               4개 디렉터리  54,463,197,184 바이트 남음

C:₩RedBook₩ch99>
C:₩RedBook₩ch99>dir polls
 C 드라이브의 볼륨에는 이름이 없습니다.
 볼륨 일련 번호: A2B3-D1A0
```

```
C:₩RedBook₩ch99₩polls 디렉터리

2022-05-01  오후 04:12    <DIR>          .
2022-05-01  오후 04:12    <DIR>          ..
2022-05-01  오후 04:12                66 admin.py
2022-05-01  오후 04:12               148 apps.py
2022-05-01  오후 04:12    <DIR>          migrations
2022-05-01  오후 04:12                60 models.py
2022-05-01  오후 04:12                63 tests.py
2022-05-01  오후 04:12                66 views.py
2022-05-01  오후 04:12                 0 __init__.py
               6개 파일                 403 바이트
               3개 디렉터리  54,463,197,184 바이트 남음

C:₩RedBook₩ch99>
```

그림 3-9 startapp 명령 실행 후 디렉터리 모습

NOTE_ 앞에서도 설명하였지만, 프로젝트는 여러 개의 애플리케이션을 포함합니다. 따라서 동일한 애플리케이션이라도 여러 개의 프로젝트에 재활용될 수 있습니다.

파일 이름도 장고가 지어준 것인데 이 또한 장고의 특징입니다. 모든 애플리케이션 프로그래밍에 반드시 필요한 파일들은 장고가 알아서 생성해 줍니다. 개발자는 그 내용을 채워 넣기만 하면 됩니다. 즉, 개발자가 어떤 파일을 만들어야 할지 고민할 필요가 없습니다. 어느 파일에 어떤 내용을 채워야 할지는 이름만 봐도 짐작이 가겠지만, 차츰 설명하겠습니다.

3.5.3 프로젝트 설정 파일 변경

프로젝트에 필요한 설정값들은 settings.py 파일에 지정합니다. settings.py 파일은 프로젝트의 전반적인 사항들을 설정하는 곳으로 루트 디렉터리를 포함한 각종 디렉터리의 위치, 로그의 형식, 프로젝트에 포함된 애플리케이션의 이름 등이 지정되어 있습니다.

지금은 예제 프로젝트를 진행하는 데 필요한 4가지 사항만 확인하겠습니다. 다음 명령으로 프로젝트 설정 파일인 **settings.py**를 엽니다.

```
C:₩Users₩shkim>cd C:₩RedBook₩ch99₩mysite
C:₩RedBook₩ch99₩mysite>notepad settings.py
```

첫 번째, ALLOWED_HOSTS 항목을 적절하게 지정해야 합니다. 장고는 DEBUG=True이면 개발 모드로, False이면 운영 모드로 인식합니다. 운영 모드인 경우는 ALLOWD_HOSTS에 반드시

서버의 IP나 도메인을 지정해야 하고, 개발 모드인 경우에는 값을 지정하지 않아도 ['localhost', '127.0.0.1']로 간주합니다.

개발 모드이고 장고의 runserver를 기동할 서버의 IP가 127.0.0.1뿐이라면 [ ]로 지정해도 되지만, 필자처럼 리눅스의 192.168.56.101 서버에서 개발하고 있다면 다음과 같이 지정합니다.

```
ALLOWED_HOSTS = [ '192.168.56.101', 'localhost', '127.0.0.1' ]
```

두 번째, 프로젝트에 포함되는 애플리케이션들은 모두 설정 파일에 등록되어야 합니다. 따라서 우리가 개발하고 있는 polls 애플리케이션도 등록해야 합니다. 애플리케이션을 등록할 때는 애플리케이션의 설정 클래스로 등록합니다.

> **NOTE_ apps.py 변경 사항**
> 예전에는 INSTALLED_APPS에 애플리케이션을 모듈명 또는 설정 클래스로 등록할 수 있었으나, 장고 3.2 버전부터 설정 클래스만 사용하도록 통일되었습니다. 설정 클래스의 default 속성에 따라 동작이 조금 달라지는데 이에 대해서는 **5.2.6 apps.py 활용 맛보기**를 참고하세요.

polls 앱의 설정 클래스는 startapp polls 명령 시에 자동 생성된 apps.py 파일에 PollsConfig 라고 정의되어 있습니다. 장고가 설정 클래스를 찾을 수 있도록 클래스 모듈 경로까지 포함하여 'polls.apps.PollsConfig'라고 등록합니다. 모듈명인 'polls'로 등록해도 동일합니다.

```
INSTALLED_APPS = [
    'polls.apps.PollsConfig',              # 추가
    'django.contrib.admin',
    'django.contrib.auth',
    'django.contrib.contenttypes',
    'django.contrib.sessions',
    'django.contrib.messages',
    'django.contrib.staticfiles',
    # 'polls.apps.PollsConfig',            # 이 위치는 우선순위가 낮아 권장하지 않음
]
```

세 번째, 프로젝트에 사용할 데이터베이스 엔진을 설정해야 합니다. 장고는 디폴트로 SQLite3 데이터베이스 엔진을 사용하도록 설정되어 있습니다. 물론 다른 데이터베이스 엔진으로 변경할 수 있습니다. 만일 MySQL이나 Oracle, PostgreSQL 등 다른 데이터베이스로 변경하고 싶다면 settings.py 파일에서 수정하면 됩니다. 이번 장에서는 SQLite3 데이터베이스를 사용할 것이므로 설정된 사항을 변경하지 않고 확인만 합니다.

파일 중간에 다음과 같은 데이터베이스 설정 항목을 확인할 수 있습니다.

```
# Database
# https://docs.djangoproject.com/en/2.0/ref/settings/#databases

DATABASES = {
    'default': {
        'ENGINE': 'django.db.backends.sqlite3',
        'NAME': os.path.join(BASE_DIR, 'db.sqlite3'),
    }
}
```

네 번째, 타임존 지정입니다. 초기 세팅은 세계 표준시(UTC)인데 한국 시간으로 변경합니다.

```
# TIME_ZONE = 'UTC'
TIME_ZONE = 'Asia/Seoul'
```

> **NOTE_ USE_TZ 설정 항목**
>
> USE_TZ=True라고 설정하면 장고가 알아서 시간대(time zone)를 조정합니다. 즉, 데이터베이스에는 UTC(협정 세계시) 시간으로 저장하고 UI에서 입력받는 폼 처리 및 UI에 출력하는 템플릿 처리 시에는 TIME_ZONE 항목에 설정한 시간대를 반영하여 처리합니다. 장고 공식 문서에는 만일 하나의 시간대만 사용하는 경우에도 일광 절약 시간제(Daylight Saving Time)를 자동으로 계산할 수 있도록 USE_TZ=True 설정을 권고하고 있습니다.
>
> 그런데 한국은 일광 절약 시간제를 사용하지 않으므로 만일 Asia/Seoul 시간대만 사용하는 장고 프로그램을 개발하고 있다면 USE_TZ=False라고 설정하는 게 조금 더 편리합니다. 데이터베이스에 저장되는 시간도 UTC가 아니라 한국 시간이기 때문입니다.
>
> 자세한 내용은 다음 URL을 참고 바랍니다.
>
> https://docs.djangoproject.com/en/4.0/topics/i18n/timezones/

3.5.4 기본 테이블 생성

기본 테이블 생성을 위해 다음 명령을 실행합니다. **migrate** 명령은 데이터베이스에 변경 사항이 있을 때 이를 반영하는 명령입니다.

```
C:\Users\shkim>cd C:\RedBook\ch99
C:\RedBook\ch99>python manage.py migrate
```

그런데 아직 데이터베이스 테이블을 만들지도 않았는데 왜 이 명령이 필요할까요? 장고는 모든 웹 프로젝트 프로그래밍 시 반드시 사용자와 그룹 테이블 등이 필요하다는 가정하에 설계되었습니다. 그래서 테이블을 전혀 만들지 않더라도 장고가 미리 정의한 사용자 및 그룹 테이블 등을 만들기 위해 프로젝트 개발 시작 시점에 이 명령을 실행하는 것입니다. 명령을 실행하면 migrate 명령에 관한 로그가 보이고 실행 결과로 SQLite3 데이터베이스 파일인 db.sqlite3가 생성됩니다.

```
C:\RedBook\ch99>
C:\RedBook\ch99>python manage.py migrate
Operations to perform:
  Apply all migrations: admin, auth, contenttypes, sessions
Running migrations:
  Applying contenttypes.0001_initial... OK
  Applying auth.0001_initial... OK
  Applying admin.0001_initial... OK
  Applying admin.0002_logentry_remove_auto_add... OK
  Applying admin.0003_logentry_add_action_flag_choices... OK
  Applying contenttypes.0002_remove_content_type_name... OK
  Applying auth.0002_alter_permission_name_max_length... OK
  Applying auth.0003_alter_user_email_max_length... OK
  Applying auth.0004_alter_user_username_opts... OK
  Applying auth.0005_alter_user_last_login_null... OK
  Applying auth.0006_require_contenttypes_0002... OK
  Applying auth.0007_alter_validators_add_error_messages... OK
  Applying auth.0008_alter_user_username_max_length... OK
  Applying auth.0009_alter_user_last_name_max_length... OK
  Applying auth.0010_alter_group_name_max_length... OK
  Applying auth.0011_update_proxy_permissions... OK
  Applying auth.0012_alter_user_first_name_max_length... OK
  Applying sessions.0001_initial... OK

C:\RedBook\ch99>
C:\RedBook\ch99>dir
 C 드라이브의 볼륨에는 이름이 없습니다.
 볼륨 일련 번호: A2B3-D1A0

 C:\RedBook\ch99 디렉터리

2022-05-01  오후 04:26    <DIR>          .
2022-05-01  오후 04:26    <DIR>          ..
2022-05-01  오후 04:26           131,072 db.sqlite3
2022-05-01  오후 04:03               684 manage.py
2022-05-01  오후 04:12    <DIR>          mysite
2022-05-01  오후 04:26    <DIR>          polls
               2개 파일             131,756 바이트
               4개 디렉터리  54,458,384,384 바이트 남음

C:\RedBook\ch99>
```

그림 3-10 migrate 명령 실행 후 디렉터리 모습

3.5.5 지금까지의 작업 확인하기

지금까지는 프로젝트의 뼈대에 해당하는 프로젝트 디렉터리, 애플리케이션 디렉터리를 비롯한 관련 파일들과 사용자 및 그룹 테이블을 만들었습니다. 이러한 작업만으로도 장고가 제공하는 웹 페이지와 테이블을 확인할 수 있습니다.

확인을 위해서 웹 서버를 실행하고 그 웹 서버에 접속하겠습니다. 장고에서는 개발 과정 도중에 현재 상태를 확인할 수 있도록 **runserver**라고 하는 간단한 테스트용 웹 서버를 제공합니다. 웹 서버를 실행하기 위해서 다음 명령을 입력합니다.

하나의 창에서 작업해도 되지만 runserver용으로 별도의 cmd 창을 열어 명령을 입력합니다. runserver 명령은 웹 서버의 로그를 출력하므로 별도의 창에서 실행하면 소스 코딩 작업과 동시에 웹 서버의 로그를 볼 수 있어서 편리합니다. 참고로 이번 장에서는 runserver 명령을 3번 사용합니다(**3.5.5**, **3.6.4**, **3.7.6**).

```
C:\Users\shkim>cd C:\RedBook\ch99
C:\RedBook\ch99>python manage.py runserver 0.0.0.0:8000   // 또는 0:8000
```

명령 입력 시 자신의 서버에 맞는 IP 주소와 포트 번호를 입력합니다. 앞의 명령에서 0.0.0.0이라는 IP 주소의 의미는 현재 명령을 실행 중인 서버의 IP 주소가 무엇으로 설정되어 있던 간에 그와는 무관하게 웹 접속 요청을 받겠다는 의미입니다. 그러므로 웹 브라우저의 주소창에서는 runserver를 실행 중인 서버의 실제 IP 주소를 입력하면 됩니다.

> **NOTE_ runserver 실행 방법**
>
> 테스트용 웹 서버인 runserver를 다음과 같이 실행할 수도 있습니다.
>
> ```
> >python manage.py runserver
> ```
>
> IP 주소와 포트 번호를 지정하지 않으면 디폴트로 127.0.0.1 주소 및 8000번 포트를 사용합니다.
>
> ```
> >python manage.py runserver 8888
> ```
>
> 포트 번호만 지정하면 디폴트 127.0.0.1 주소 및 지정한 8888번 포트를 사용합니다.
>
> ```
> $ python manage.py runserver 0.0.0.0:8000 &
> ```
>
> &를 명령 끝에 추가하면 웹 서버 프로그램이 백그라운드에서 실행됩니다. 단 리눅스와 맥 OS에서만 가능합니다.

명령을 입력하면 다음과 같이 runserver가 실행되는 것을 확인할 수 있습니다. runserver를 중지하려면 Ctrl + C 를 누릅니다.

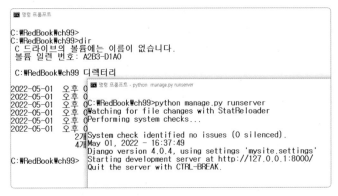

그림 3-11 테스트용 웹 서버(runserver) 실행 시 로그

이제 웹 브라우저를 열고 주소창에 다음과 같이 입력합니다. IP 주소에는 runserver가 동작하는 실제 서버 IP 주소를 적습니다.

```
https://127.0.0.1:8000/
```

다음 화면처럼 장고의 환영 메시지가 나타나면 정상입니다.

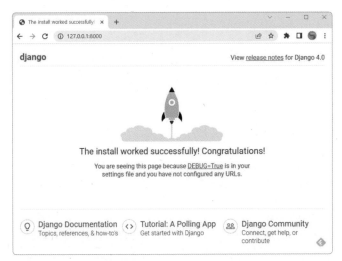

그림 3-12 장고의 환영 메시지

이제 장고에서 기본으로 제공하는 Admin 사이트에 접속하여 생성된 테이블을 확인하겠습니다. 웹 브라우저의 주소창에 다음과 같이 입력합니다. IP 주소와 포트 번호는 앞과 동일하며 URL 경로만 /admin으로 변경하였습니다.

```
https://127.0.0.1:8000/admin
```

다음 화면처럼 Admin 사이트의 로그인 페이지가 나오면 정상입니다.

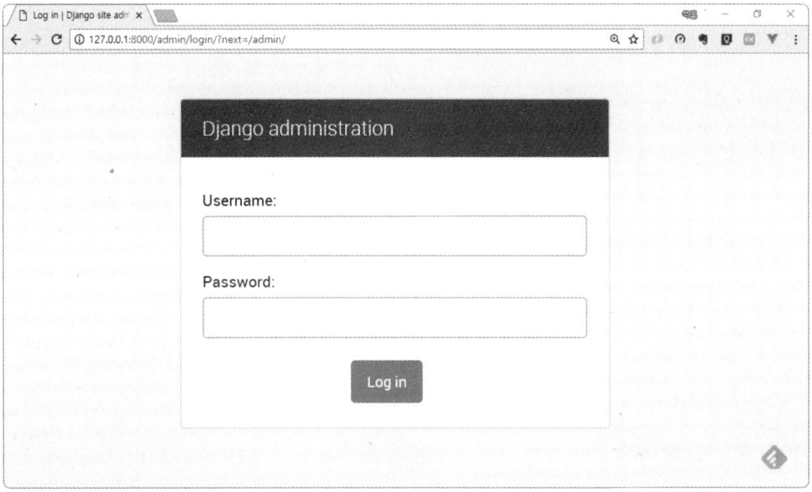

그림 3-13 Admin 사이트의 로그인 페이지

로그인하려면 Username, Password를 입력해야 하는데 이를 아직 생성하지 않았습니다. 그러므로 Admin 사이트에 로그인하기 위한 관리자(슈퍼유저)를 만들겠습니다. 우선 다음 명령을 입력합니다.

```
C:\Users\shkim>cd C:\RedBook\ch99
C:\RedBook\ch99>python manage.py createsuperuser
```

다음 그림과 같이 화면의 지시에 따라 Username/Email/Password/Password(again)을 임의로 입력해서 관리자를 생성합니다.

```
C:\RedBook\ch99>python manage.py createsuperuser
Username (leave blank to use 'nature'): shkim
Email address: shkim@naver.com
Password:
Password (again):
Superuser created successfully.

C:\RedBook\ch99>
```

그림 3-14 createsuperuser 명령의 실행 모습

생성된 관리자의 Username/Password로 Admin 사이트에 로그인하겠습니다. 필자는 shkim/ shkimadmin을 사용하였으며 로그인이 완료되면 다음과 같은 화면이 나타납니다.

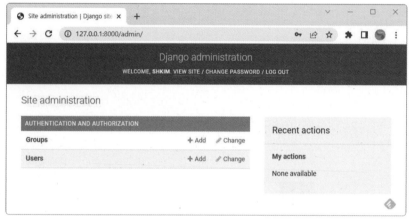

그림 3-15 Admin 사이트 로그인 성공 화면

Users와 Groups 테이블이 생성된 것을 확인할 수 있습니다. 지금까지 작업이 정상적으로 진행되었습니다.

이 Admin 사이트에서 Users와 Groups 테이블을 포함하여 앞으로 만들 테이블에 대한 데이터의 입력, 변경, 삭제 등의 작업을 할 수 있습니다. 한 가지 설명을 덧붙이자면 Admin 화면에서 기본적으로 Users와 Groups 테이블이 보이는 이유는 이미 settings.py 파일에 django.contrib. auth 애플리케이션이 등록되어 있기 때문입니다. 즉, 장고에서 기본으로 제공하는 auth 앱에 Users와 Groups 테이블이 미리 정의되어 있다는 말입니다.

지금까지 프로젝트의 뼈대를 만들고 처음 프로젝트 생성 시 장고에서 기본적으로 제공하는 Admin 기능에 관해 살펴보았습니다. 애플리케이션을 MVT 패턴 방식으로 개발할 수 있도록 골격을 만들었습니다.

프로젝트 디렉터리의 현재 모습을 보기 위해서 다음 명령을 입력합니다.

```
c:\RedBook>tree /F ch99       // 리눅스에서는 $ tree -L 3 ch99
```

```
C:\RedBook\ch99>cd \RedBook

C:\RedBook>tree /F ch99
폴더 PATH의 목록입니다.
볼륨 일련 번호가 00000064 A2B3:D1A0입니다.
C:\REDBOOK\CH99
    db.sqlite3
    manage.py

├─mysite
│     asgi.py
│     settings.py
│     urls.py
│     wsgi.py
│     __init__.py
│
│  └─__pycache__
│         settings.cpython-310.pyc
│         urls.cpython-310.pyc
│         wsgi.cpython-310.pyc
│         __init__.cpython-310.pyc
└─polls
      admin.py
      apps.py
      models.py
      tests.py
      views.py
      __init__.py

   ├─migrations
   │  │  __init__.py
   │  │
   │  └─__pycache__
   │         __init__.cpython-310.pyc
   │
   └─__pycache__
          admin.cpython-310.pyc
          apps.cpython-310.pyc
          models.cpython-310.pyc
          __init__.cpython-310.pyc

C:\RedBook>
```

그림 3-16 프로젝트 뼈대를 만든 후 디렉터리 모습

3.6 애플리케이션 개발하기 – Model 코딩

모델 코딩은 데이터베이스에 테이블을 생성하는 작업입니다. 다음 순서대로 진행합니다.

```
>notepad models.py              // 테이블을 정의함
>notepad admins.py              // 정의된 테이블이 Admin 화면에 보이게 함
```

```
>python manage.py makemigrations      // 데이터베이스에 변경이 필요한 사항을 추출함
>python manage.py migrate             // 데이터베이스에 변경 사항을 반영함
>python manage.py runserver           // 현재까지 작업을 개발용 웹 서버로 확인함
```

3.6.1 테이블 정의

앞에서 설계한 것처럼 polls 애플리케이션에는 Question과 Choice 테이블이 필요합니다. 테이블은 **models.py** 파일에 정의합니다. 앞의 테이블 설계 내용에 따라 다음과 같이 입력합니다.

예제 3-1 Question, Choice 테이블 정의   소스제공: ch3₩polls₩models.py

```
C:₩Users₩shkim>cd C:₩RedBook₩ch99₩polls
C:₩RedBook₩ch99₩polls>notepad models.py

from django.db import models

class Question(models.Model):
    question_text = models.CharField(max_length=200)
    pub_date = models.DateTimeField('date published')

    def __str__(self):
        return self.question_text

class Choice(models.Model):
    question = models.ForeignKey(Question, on_delete=models.CASCADE)
    choice_text = models.CharField(max_length=200)
    votes = models.IntegerField(default=0)

    def __str__(self):
        return self.choice_text
```

장고에서는 테이블을 하나의 클래스로 정의하고 테이블의 컬럼은 클래스의 변수(속성)로 매핑합니다. 테이블 클래스는 **django.db.models.Model** 클래스를 상속받아 정의하고 각 클래스 변수의 타입도 장고에서 미리 정의한 필드 클래스를 사용합니다.

테이블 컬럼과 클래스 변수 간 매핑 관계는 다음과 같습니다.

표 3-5 Question 테이블 컬럼과 클래스 변수 간 매핑

테이블 컬럼명	컬럼 타입	장고의 클래스 변수	장고의 필드 클래스
id	integer	(id)	(PK는 장고에서 자동 생성함)
question_text	varchar(200)	question_text	models.CharField(max_length=200)
pub_date	datetime	pub_date	models.DateTimeField('date published')

표 3-6 Choice 테이블 컬럼과 클래스 변수 간 매핑

컬럼명	타입	장고의 클래스 변수	장고의 필드 클래스
id	integer	(id)	(PK는 장고에서 자동 생성함)
choice_text	varchar(200)	choice_text	models.CharField(max_length=200)
votes	integer	votes	models.IntegerField(default=0)
question_id	integer	question	models.ForeighKey(Question)

클래스 변수명은 컬럼명을 그대로 매핑하면 됩니다. 필드 클래스는 직관적으로 이해가 되리라 짐작합니다만, 몇 가지 유의할 사항이 있어 다음과 같이 정리하였습니다.

- PK(Primary Key)를 클래스에 지정하지 않아도 장고는 항상 PK에 대한 속성을 Not Null 및 Autoincrement로, 이름은 id로 해서 자동으로 만듭니다.

- DateTimeField() 필드 클래스에 정의한 date published는 pub_date 컬럼에 대한 레이블 문구입니다. 나중에 설명하는 Admin 사이트에서 이 문구를 보게 될 것입니다.

- FK(Foreign Key)는 항상 다른 테이블의 PK에 연결되므로 Question 클래스의 id 변수까지 지정할 필요 없이 Question 클래스만 지정하면 됩니다. 실제 테이블에서 FK로 지정된 컬럼은 _id 접미사가 붙는다는 점도 알아 두기 바랍니다.

- __str__() 메소드는 객체를 문자열로 표현할 때 사용하는 함수입니다. 나중에 보게 될 Admin 사이트나 장고 셸 등에서 테이블명을 보여 줄 때 __str__() 메소드를 정의하지 않으면 테이블명이 제대로 표시되지 않습니다. 참고로 파이썬 2에서는 __unicode__() 메소드를 사용합니다.

3.6.2 Admin 사이트에 테이블 반영

Admin 사이트에 접속하면 현재까지는 장고에서 기본적으로 제공하는 Users, Groups 테이블만 보입니다. 이제 models.py 파일에서 정의한 테이블도 Admin 사이트에 보이도록 등록하겠습니다. 다음처럼 **admin.py** 파일에 테이블을 등록합니다.

```
C:₩Users₩shkim>cd C:₩RedBook₩ch99₩polls
C:₩RedBook₩ch99₩polls>notepad admin.py

from django.contrib import admin
from polls.models import Question, Choice

admin.site.register(Question)
admin.site.register(Choice)
```

models.py 모듈에서 정의한 Question, Choice 클래스를 임포트하고 **admin.site.register()** 함수를 사용하여 임포트한 클래스를 Admin 사이트에 등록합니다. 이와 같이 테이블을 새로 만들 때는 **models.py**와 **admin.py** 파일을 함께 수정해야 한다는 사실을 기억하기 바랍니다.

3.6.3 데이터베이스 변경 사항 반영

테이블의 신규 생성, 테이블의 정의 변경 등 데이터베이스에 변경이 필요한 사항이 발생하면 이를 데이터베이스에 실제로 반영하는 작업을 해야 합니다. 아직까지는 클래스로 테이블 정의만 변경한 상태입니다. 다음 명령으로 변경 사항을 데이터베이스에 반영합니다.

```
C:₩Users₩shkim>cd C:₩RedBook₩ch99
C:₩RedBook₩ch99>python manage.py makemigrations
C:₩RedBook₩ch99>python manage.py migrate
```

마이그레이션migrations이란 장고 1.7 버전부터 사용된 개념으로 테이블 및 필드의 생성, 삭제, 변경 등과 같이 데이터베이스에 관한 변경 사항을 알려 주는 정보를 의미합니다. 물리적으로는 애플리케이션 디렉터리별로 마이그레이션 파일이 존재합니다. 즉, 이 예제에서는 makemigrations 명령에 의해 **polls/migrations** 디렉터리 하위에 마이그레이션 파일들이 생기고 이 마이그레이션 파일들을 이용하여 migrate 명령으로 데이터베이스에 테이블을 만듭니다.

> **NOTE_** migrate 명령은 장고 1.7 이전 버전의 syncdb 명령을 개선한 명령입니다.

앞의 명령을 실행하면 다음과 같은 메시지가 나타납니다. 에러 메시지가 표시되지 않는다면 정상적으로 실행된 것입니다.

```
C:\RedBook\ch99>
C:\RedBook\ch99>python manage.py makemigrations
Migrations for 'polls':
  polls\migrations\0001_initial.py
    - Create model Question
    - Create model Choice

C:\RedBook\ch99>dir polls\migrations
 C 드라이브의 볼륨에는 이름이 없습니다.
 볼륨 일련 번호: A2B3-D1A0

 C:\RedBook\ch99\polls\migrations 디렉터리

2022-05-01  오후 05:58    <DIR>          .
2022-05-01  오후 05:58    <DIR>          ..
2022-05-01  오후 05:58             1,113 0001_initial.py
2022-05-01  오후 04:12                 0 __init__.py
2022-05-01  오후 04:26    <DIR>          __pycache__
               2개 파일               1,113 바이트
               3개 디렉터리  54,466,621,440 바이트 남음

C:\RedBook\ch99>python manage.py migrate
Operations to perform:
  Apply all migrations: admin, auth, contenttypes, polls, sessions
Running migrations:
  Applying polls.0001_initial... OK

C:\RedBook\ch99>
```

그림 3-17 makemigrations 및 migrate 명령 실행 시 로그

NOTE_ models.py 모듈에 정의한 테이블을 migrate 명령으로 데이터베이스에 반영할 때 장고가 사용하는 SQL 문장을 확인할 수 있습니다. 다음 명령을 실행하여 출력 결과를 확인합시다.

```
>python manage.py sqlmigrate polls 0001
```

3.6.4 지금까지의 작업 확인하기

지금까지 데이터베이스 관련 사항을 작업하였습니다. 즉, models.py 파일에 테이블을 정의하고 이를 데이터베이스에 반영하는 명령을 실행하였습니다. 또한 테이블을 Admin 사이트에도 등록하였습니다. 지금까지의 작업이 정상적으로 처리되는지 확인하기 위해 Admin 사이트에 접속하겠습니다.

만일 runserver가 실행되지 않았다면, 앞에서 설명한 것처럼 별도의 cmd 창에서 runserver를 실행하고 웹 브라우저 주소창에 다음과 같이 입력합니다.

```
https://127.0.0.1:8000/admin
```

로그인 화면에서 createsuperuser 명령으로 만든 관리자 Username/Password를 입력하여 로그인하면 다음과 같이 Users, Groups 이외에 우리가 추가한 Questions와 Choices 테이블을 볼 수 있습니다. 우리가 만든 모델이 정상적으로 등록된 것입니다.

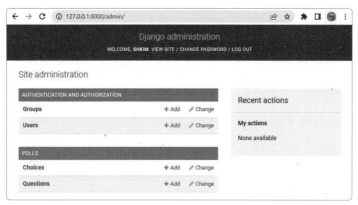

그림 3-18 Admin 사이트 로그인 후 첫 화면

NOTE_ 파이썬 import 문법

파이썬의 import 문법을 이해하고 싶다면 패키지, 모듈, 모듈 검색 경로, sys.path, PYTHONPATH 등의 용어를 공부하기 바랍니다. 여기서는 가급적 사용 방법 위주로 간단히 설명하니 참고 바랍니다.

admin.py 파일에서 models.py 파일에 정의된 Question 객체를 임포트하여 사용한다면 다음과 같은 여러 방법 중 방법-2와 방법-3을 권장합니다.

```
# polls 하위의 models 모듈이 임포트 안 되어 사용 불가
import polls
admin.site.register(polls.models.Question)

# 방법-1 (가능한 문법이나 많이 사용 안 함)
import polls.models
admin.site.register(polls.models.Question)

# 단독 import 문장은 모듈이나 패키지만 허용하므로 사용 불가
import polls.models.Question (X)
admin.site.register(polls.models.Question)

# 방법-2 (많이 사용 - 절대 경로 임포트 방식)
from polls.models import Question
admin.site.register(Question)

# 방법-3 (방법-2와 유사함)
from polls import models
admin.site.register(models.Question)
```

```
# 방법-4 (많이 사용 - 상대 경로 임포트 방식, 재사용 측면에서 유리)
from .models import Question
admin.site.register(Question)

# 방법-5 (방법-4와 유사함)
from . import models
admin.site.register(models.Question)
```

3.7 애플리케이션 개발하기 – View 및 Template 코딩

앞에서 polls 애플리케이션을 설계할 때 3개의 페이지가 필요하였습니다. 이 3개의 페이지를 보여주기 위해 필요한 뷰와 템플릿을 코딩하겠습니다. 이를 위해서는 요청에서부터 응답까지의 처리흐름에 대한 로직이 설계되어야 합니다. 개발자가 어떻게 설계하느냐에 따라 달라지겠지만, 여기서는 4개의 URL과 뷰가 필요하다고 판단하고 다음 그림과 같이 설계하였습니다. 물론 사용자에게 보이는 페이지가 3개이므로 3개의 템플릿 파일이 필요합니다.

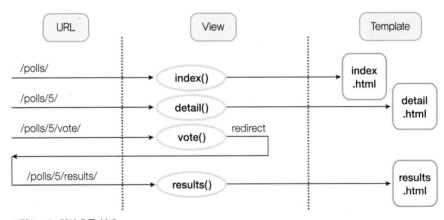

그림 3-19 처리 흐름 설계

이를 코딩으로 반영하기 위해 서로 관련 있는 URL과 뷰 및 템플릿을 매핑하여 다음과 같이 표로 정리하였습니다. 여기에는 장고에서 기본으로 제공하는 Admin 사이트까지 포함시켰습니다. 중요한 점은 URL과 뷰는 1:1 관계로(N:1도 가능) 매핑된다는 것입니다. 이러한 URL/뷰 매핑을 URLconf라고 하며 urls.py 파일에 작성합니다.

표 3-7 URLconf 설계 - URL과 뷰 매핑

URL 패턴	뷰 이름	뷰가 처리하는 내용
/polls/	index( )	index.html 템플릿을 보여 줍니다.
/polls/5/	detail( )	detail.html 템플릿을 보여 줍니다.
/polls/5/vote/	vote( )	detail.html에 있는 폼을 POST 방식으로 처리합니다.
/polls/5/results/	results( )	results.html 템플릿을 보여 줍니다.
/admin/	(장고 기능)	Admin 사이트를 보여 줍니다(장고에서 기본으로 제공함).

※ URL 패턴의 숫자 **5**는 예시로 질문 번호가 채워지는 자리입니다.

앞의 설계 내용을 프로그래밍하기 위해 다음 순서대로 코딩하겠습니다. 코딩 순서는 정해진 것은 없지만, 로직의 흐름상 URLconf를 먼저 코딩한 후에 뷰-템플릿 또는 템플릿-뷰 순서로 코딩하는 것이 일반적입니다.

```
urls.py 파일 작성              // URLconf 내용을 코딩
views.index() 함수 작성        // index.html 템플릿도 같이 작성
views.detail() 함수 작성       // detail.html 템플릿도 같이 작성
views.vote() 함수 작성         // 리다이렉션 처리가 들어 있음
views.results() 함수 작성      // results.html 템플릿도 같이 작성
```

3.7.1 URLconf 코딩

URLconf 설계 내용에 따르면 Admin 사이트까지 포함해서 5개의 URL과 뷰가 필요합니다. 그 내용을 그대로 **urls.py** 파일에 코딩하면 됩니다.

예제 3-3 urls.py 파일 코딩

```
C:\Users\shkim>cd C:\RedBook\ch99\mysite
C:\RedBook\ch99\mysite>notepad urls.py


from django.contrib import admin
from django.urls import path                                              ❶
from polls import views

urlpatterns = [                                                          ❷
    path('admin/', admin.site.urls),                                     ❸
```

```
    path('polls/', views.index, name='index'),
    path('polls/<int:question_id>/', views.detail, name='detail'),
    path('polls/<int:question_id>/results/', views.results, name='results'),    ❹
    path('polls/<int:question_id>/vote/', views.vote, name='vote'),
]
```

위 소스를 라인별로 설명하겠습니다.

❶ 필요한 모듈과 함수를 임포트합니다. admin 모듈과 path() 함수는 장고에서 제공하는 것이고, views 모듈은 다음 **3.7.2 뷰 함수 index()** 및 템플릿 작성에서 코딩합니다.

❷ URL/뷰 매핑을 정의하는 방식은 항상 동일하므로 그대로 따라서 코딩합니다. 하지만 URL 패턴 매칭은 위에서 아래로 진행하므로 정의하는 순서에 유의해야 합니다.

❸ 장고의 Admin 사이트에 관한 URLconf는 이미 정의되어 있는데 이를 활용하고 있습니다. Admin 사이트를 사용하기 위해서는 항상 이렇게 정의한다고 알아 두길 바랍니다.

❹ polls 애플리케이션에 관한 URL/뷰 매핑을 정의하고 있습니다. path() 함수는 중요하므로 따로 설명하겠습니다.

NOTE_ URL 스트링 작성 방법

장고에서는 path() 함수에서 URL을 표현할 때 앞 슬래시는 빼고 뒤 슬래시는 붙이는 것을 권장합니다.

(O) path('admin/', (X) path('/admin/', (X) path('admin', (X) path('/admin'

---

path() 함수는 route, view 2개의 필수 인자와 kwargs, name 2개의 선택 인자를 받습니다.

- **route** : URL 패턴을 표현하는 문자열입니다. 이 책에서는 URL 스트링이라고도 부릅니다.
- **view** : URL 스트링이 매칭되면 호출되는 뷰 함수입니다. HttpRequest 객체와 URL 스트링에서 추출된 항목이 뷰 함수의 인자로 전달됩니다.
- **kwargs** : URL 스트링에서 추출된 항목 외의 추가 인자를 뷰 함수에 전달할 때 파이썬 사전 타입으로 인자를 정의합니다. 이 예제에서는 사용하지 않습니다.
- **name** : 각 URL 패턴별로 이름을 붙여 줍니다. 여기서 정한 이름은 주로 템플릿 파일에서 사용됩니다.

자, 이제 앞에서 코딩한 내용을 살펴보겠습니다. 각 라인의 의미는 다음과 같습니다.

만일 요청의 URL이 **/admin/**이라면 다음 라인이 매칭되고 장고에서 제공하는 admin 앱의 URL 매핑 처리에 일임합니다. **예제 3-4**에서 배우게 될 include() 함수와 처리 방식이 거의 동일합니다. 이처럼 admin 앱의 URLconf를 인용함으로써 장고의 Admin 사이트를 그대로 사용할 수 있습니다.

```
path('admin/', admin.site.urls),
```

만일 요청의 URL이 **/polls/**라면 다음 라인이 매칭되고 URL 스트링에서 추출되는 항목이 없으므로 views.index(request)처럼 뷰 함수가 호출됩니다. 이 URL 패턴 이름을 index라고 정하였습니다.

```
path('polls/', views.index, name='index'),
```

만일 요청의 URL이 **/polls/3/**이라면 다음 라인이 매칭되고 URL 스트링에서 3이 추출되므로 뷰 함수 호출 시 views.detail(request, question_id=3)처럼 인자가 대입됩니다. 이 URL 패턴 이름을 detail이라고 정하였습니다.

```
path('polls/<int:question_id>/', views.detail, name='detail'),
```

만일 요청의 URL이 **/polls/7/results/**라면 다음 라인이 매칭되고 추출된 7은 파이썬 int 타입으로 변환된 후에 뷰 함수 호출 시 views.results(request, question_id=7)처럼 인자가 대입됩니다. 이 URL 패턴 이름을 results라고 정하였습니다.

```
path('polls/<int:question_id>/results/', views.results, name='results'),
```

만일 요청의 URL이 **/polls/9/vote/**라면 다음 라인이 매칭되고 뷰 함수 호출 시 views.vote (request, question_id=9)처럼 인자가 대입됩니다. 이 URL 패턴 이름을 vote라고 정하였습니다.

```
path('polls/<int:question_id>/vote/', views.vote, name='vote'),
```

추가로 **mysite/settings.py** 파일에 ROOT_URLCONF 항목이 정의된다는 사실을 기억하기 바랍니다. 장고는 URL 분석 시 이 항목에 정의된 urls.py 파일을 가장 먼저 분석합니다.

```
ROOT_URLCONF = 'mysite.urls'
```

한 가지 더 알아 두어야 할 사항은 URLconf를 코딩할 때 앞에서처럼 하나의 urls.py 파일에 작성할 수도 있고, 다음과 같이 mysite/urls.py와 polls/urls.py 2개의 파일에 작성할 수도 있습니다.

예제 3-4 2개의 파일에 작성 - mysite   소스제공: ch3₩mysite₩urls.py

```
C:₩Users₩shkim>cd C:₩RedBook₩ch99₩mysite
C:₩RedBook₩ch99₩mysite>notepad urls.py

from django.contrib import admin
from django.urls import path, include
urlpatterns = [
    path('admin/', admin.site.urls),
    path('polls/', include('polls.urls')),
]
```

예제 3-5 2개의 파일에 작성 - polls   소스제공: ch3₩polls₩urls.py

```
C:₩Users₩shkim>cd C:₩RedBook₩ch99₩polls
C:₩RedBook₩ch99₩polls>notepad urls.py

from django.urls import path
from . import views

app_name = 'polls'
urlpatterns = [
    path('', views.index, name='index'),                              # /polls/
    path('<int:question_id>/', views.detail, name='detail'),          # /polls/5/
    path('<int:question_id>/results/', views.results, name='results'), # /polls/5/results/
    path('<int:question_id>/vote/', views.vote, name='vote'),         # /polls/5/vote/
]
```

어떤 방식이 좋을까요? 두 번째가 좋은 방법입니다. URLconf 모듈을 계층적으로 구성하면 변경도 쉽고 확장도 용이하기 때문입니다. 만일 URL의 polls를 votes라고 변경한다고 가정하였을 때 1개의 파일로 URLconf를 코딩한 경우는 모든 패턴, 즉 앞 예제의 경우 4개의 패턴을 수정해야 하지만, 2개의 파일로 URLconf를 코딩한 경우는 상위 URLconf에서 1개의 패턴만 수정하면 됩니다. 더 중요한 사항은 나중에 yoursite라는 프로젝트에 polls 애플리케이션을 재사용하는 경우 하위의 URLconf를 그대로 가져가서 사용할 수 있다는 것입니다. 이것이 재사용을 기본 원칙으로 하는 장고의 장점 중 하나입니다.

그리고 polls/urls.py 파일에서 사용한 app_name 변수는 URL 패턴의 이름이 충돌나는 것을 방지하기 위한 이름 공간^{namespace} 역할을 합니다. 이 예제에서는 애플리케이션이 polls 하나뿐이지만, 보통의 프로젝트에서는 여러 개의 애플리케이션으로 이루어지는 경우가 대부분입니다. 예를 들어 polls 애플리케이션의 URL 패턴 이름과 blog 애플리케이션의 URL 패턴 이름이 모두 detail이 되는 경우가 발생할 수 있습니다. 이 둘을 구별하기 위해 app_name 변수로 이름 공간을 지정하는 것입니다. 즉, polls 애플리케이션의 detail은 **polls:detail**, blog 애플리케이션의 detail은 **blog:detail**로 표기해서 구분합니다.

> **NOTE_** 이 예제에서도 이름 공간(namespace)을 사용한 경우가 있습니다. 이름 공간은 뒤에서 설명할 {% url %} 템플릿 태그나 reverse() 함수에서 자주 사용합니다. 미리 보기를 원한다면 뒤에서 설명하고 있는 detail.html 템플릿 및 vote() 뷰 함수를 참고합니다. 장고에서 URL 스트링을 정의할 때 앞의 슬래시(/)는 빼고 뒤의 슬래시는 붙인다는 점도 유의해야 합니다.

3.7.2 뷰 함수 index( ) 및 템플릿 작성

이 부분의 목표는 화면에 질문을 보여 주는 로직을 구현하기 위해 뷰 함수와 템플릿 파일을 각각 코딩하는 것입니다. 뷰 함수와 템플릿은 서로에게 영향을 미치기 때문에 보통 같이 작업합니다. 다만 UI 화면을 생각하면서 로직을 풀어 나가는 일이 더 쉬우므로 뷰보다는 템플릿을 먼저 코딩하는 것을 추천합니다. 최종 결과 UI 화면은 앞에서 설계한 것과 같습니다.

그림 3-20 화면 UI 설계 – index.html

이 화면의 내용을 구현하기 위해 템플릿 파일 **index.html**에 다음과 같이 입력합니다. 템플릿 파일의 위치는 views.py를 코딩할 때 설명하겠습니다.

예제 3-6 템플릿 파일 입력　　　　　　　　　　　　　　　　**소스제공:** ch3\polls\templates\polls\index.html

```
C:\Users\shkim>cd C:\RedBook\ch99\polls
C:\RedBook\ch99\polls>mkdir templates
C:\RedBook\ch99\polls>mkdir templates\polls
C:\RedBook\ch99\polls>cd templates\polls
C:\RedBook\ch99\polls\templates\polls>notepad index.html


{% if latest_question_list %}                                              ❶
    <ul>
    {% for question in latest_question_list %}
        <li><a href="/polls/{{ question.id }}/">{{ question.question_text }}</a></li>   ❷
    {% endfor %}
    </ul>
{% else %}
    <p>No polls are available.</p>                                         ❸
{% endif %}
```

이 소스를 라인별로 설명하겠습니다.

❶ latest_question_list 객체는 index( ) 뷰 함수에서 넘겨주는 파라미터입니다.

❷ latest_question_list 객체의 내용을 순회하면서 question_text를 순서 없는 리스트 형식으로 화면에 보여 줍니다(⟨ul⟩, ⟨li⟩ 태그 역할). 또한 각 텍스트에 URL 링크를 연결합니다(⟨a href⟩ 속성 역할). URL 링크는 /polls/3/과 같은 형식입니다.

❸ 만일 latest_question_list 객체에 내용이 없다면 'No polls ~' 문장을 화면에 보여 줍니다.

> **NOTE**: 템플릿 언어인 {% if %}, {% for %} 태그 등이 사용되었지만, 간단한 문법이므로 여기서는 설명을 생략하겠습니다. 자세한 설명은 **4. Django의 핵심 기능**에서 하겠습니다.

여기서 중요한 점은 index.html을 작성하면서 필요한 변수가 무엇인지를 찾아내는 것입니다. 이들 변수는 뷰 함수에서 context 변수로 정의해서 템플릿으로 넘겨줘야 하기 때문입니다. 이 예제의 템플릿에서는 질문으로 사용될 여러 개의 **question_text**를 화면에 보여 줘야 하며 URL 링크를 연결하기 위해 **question.id**도 필요합니다. 2가지 정보가 함께 들어 있는 Question 객체를 뷰 함수로부터 넘겨받으면 됩니다. 조금 더 정확히는 Question 객체들의 리스트가 들어 있는 latest_question_list 변수를 뷰 함수로부터 템플릿 파일로 전달해야 합니다. 이 사항을 index( ) 뷰 함수에 코딩하겠습니다.

예제 3-7 polls₩views.py - index( ) 함수 작성

```
C:₩Users₩shkim>cd C:₩RedBook₩ch99₩polls
C:₩RedBook₩ch99₩polls>notepad views.py

from django.shortcuts import render ---------------------------------❶
from polls.models import Question ---------------------------------❷

def index(request): ---------------------------------❸
    latest_question_list = Question.objects.all().order_by('-pub_date')[:5] ---------❹
    context = {'latest_question_list': latest_question_list} ---------------❺
    return render(request, 'polls/index.html', context) --------------❻,❼
```

이 소스를 라인별로 설명하겠습니다.

❶ 장고의 단축 함수인 render( ) 함수를 임포트합니다.

❷ Question 테이블에 액세스하기 위해 polls.models.Question 클래스를 임포트합니다.

❸ 뷰 함수를 정의합니다. request 객체는 뷰 함수의 필수 인자입니다.

❹ 템플릿에게 넘겨줄 객체의 이름은 latest_question_list입니다. latest_question_list 객체는 Question 테이블 객체에서 pub_date 컬럼의 역순으로 정렬하여 5개의 최근 Question 객체를 가져와서 만듭니다.

❺ 템플릿에 넘겨주는 방식은 파이썬 사전 타입으로 템플릿에 사용될 변수명과 그 변수명에 해당하는 객체를 매핑하는 사전으로 context 변수를 만들어서 이를 render( ) 함수에 보냅니다.

❻ render( ) 함수는 템플릿 파일인 polls/index.html에 context 변수를 적용하여 사용자에게 보여 줄 최종 HTML 텍스트를 만들고 이를 담아서 HttpResponse 객체를 반환합니다.

❼ index( ) 뷰 함수는 최종적으로 클라이언트에게 응답할 데이터인 HttpResponse 객체를 반환합니다.

유의할 사항으로 뷰에서 지정하는 템플릿의 위치에 관해 설명하겠습니다. 장고는 뷰의 index( ) 함수에서 지정한 polls/index.html을 어떻게 찾을까요? 다시 말해, index.html 템플릿을 어느 디렉터리에 위치시켜야 할까요? 장고에서 템플릿 파일을 찾을 때 TEMPLATES, INSTALLED_ APPS에서 지정된 디렉터리를 검색한다는 사실은 **3.3.5 Template - 화면 UI 정의**에서 설명하였습니다.

지금은 템플릿 파일을 지정할 때 index.html이 아니라 polls/index.html로 지정하는 이유를 설명하고 있는 것입니다. 만일 애플리케이션 개수가 늘어나고 템플릿 파일도 점점 많아지면 애플리케이션은 다르지만, 템플릿 파일 이름이 같은 경우가 발생할 수 있습니다. 이런 경우 템플릿 파일

이 충돌하는 일을 방지하기 위해 templates 디렉터리 하위에 다시 애플리케이션명으로 디렉터리를 만들어 템플릿 파일을 위치시키는 방법을 사용합니다. 그래서 **예제 3-7**의 **polls/index.html** 템플릿 파일은 다음에 위치시킵니다.

```
C:₩RedBook₩ch99₩polls₩templates₩polls₩index.html
```

NOTE_ 단축 함수란?

웹 프로그래밍 시 자주 사용되는 기능들, 예를 들어 render() 함수처럼 템플릿 코드를 로딩한 후에 컨텍스트 변수를 적용하고 그 결과를 HTTPResponse 객체에 담아 반환하는 작업 등 여러 작업에 공통적으로 사용되는 기능을 장고에서는 내장 함수로 제공하고 있습니다. 이러한 내장 함수를 단축 함수(shortcut)라고 합니다.

3.7.3 뷰 함수 detail( ) 및 폼 템플릿 작성

이 부분의 목표는 3개의 질문 중 하나를 선택하였을 때 질문에 대한 답변 항목을 보여 주고 투표하도록 유도하는 화면을 만드는 것입니다. 최종 결과 UI 화면은 앞에서 설계한 것과 같이 사용자 입력을 받는 폼 화면입니다.

detail.html

What is your hobby?

○ Reading
○ Soccer
○ Climbing

Vote

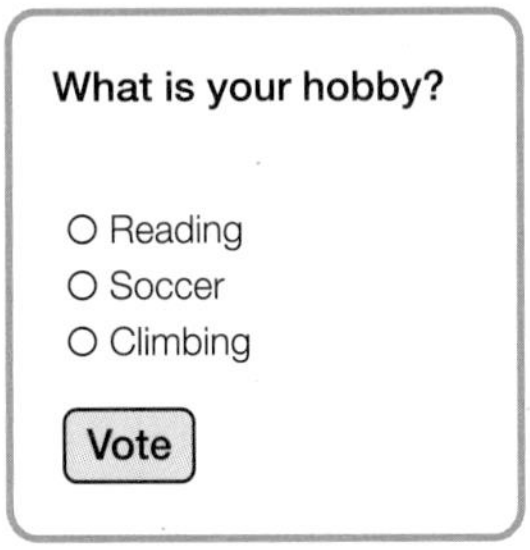

그림 3-21 화면 UI 설계 – detail.html

앞에서처럼 템플릿 파일을 먼저 코딩하겠습니다. 위 화면의 내용을 템플릿 파일인 **detail.html**에 다음과 같이 입력합니다. 이번 템플릿에는 라디오 버튼을 보여 주고 사용자가 선택할 수 있도록 하기 위한 〈form〉 태그가 들어 있습니다.

```
C:₩Users₩shkim>cd C:₩RedBook₩ch99₩polls₩templates₩polls
C:₩RedBook₩ch99₩polls₩templates₩polls>notepad detail.html

<form action="{% url 'polls:vote' question.id %}" method="post">  ──────────────❶
{% csrf_token %}  ──────────────────────────────────────────❷
<fieldset>  ──────────────────────────────────────────────❸
    <legend><h1>{{ question.question_text }}</h1></legend>  ──────────❹
    {% if error_message %}<p><strong>{{ error_message }}</strong></p>{% endif %}  ──────❺
    {% for choice in question.choice_set.all %}  ──────────────────❻
        <input type="radio" name="choice" id="choice{{ forloop.counter }}" value="{{
choice.id }}">  ──────────────────────────────────────────❼
        <label for="choice{{ forloop.counter }}">{{ choice.choice_text }}</label><br>
    {% endfor %}  ──────────────────────────────────────────────❽
</fieldset>
<input type="submit" value="Vote">  ──────────────────────────❾
</form>
```

이 소스를 라인별로 설명하겠습니다.

❶ 폼에 입력된 데이터는 POST 방식으로 보냅니다. 서버의 데이터를 변경하는 경우 일반적으로 GET이 아니라 POST 방식을 사용합니다. 어디로 보낼까요? 〈form action〉 속성에 {% url %} 템플릿 태그를 사용하여 받을 곳의 URL을 polls:vote로 지정하였습니다. polls:vote는 URLconf에서 정의한 URL 패턴 이름입니다. name='vote' 기억하시죠? 동일한 이름으로 인한 충돌을 피하기 위해 이름 공간을 추가해서 **polls:vote**가 된 것입니다. URL에 관한 이름 공간은 polls/urls.py 파일의 app_name에 정의되어 있습니다. 결국 받는 곳의 URL은 /polls/7/vote/와 같은 형식이 됩니다.

❷ 폼을 처리할 때 보안 측면에서 CSRF^Cross Site Request Forgery 공격을 주의해야 합니다. 장고에서는 이를 방지하기 위한 {% csrf_token %} 템플릿 태그를 제공합니다. 〈form〉 태그 다음에 {% csrf_token %} 템플릿 태그를 넣어주면 됩니다.

❸ 〈fieldset〉 태그는 폼 내의 엘리먼트를 그룹으로 묶는 기능을 하며 테두리 박스를 그립니다.

❹ 〈legend〉 태그는 〈fieldset〉 태그 내에서 사용되며 그룹의 제목^caption을 표시합니다. 질문을 제목으로 사용하고 폰트 크기를 〈h1〉으로 지정하였습니다.

❺ 에러가 발생하면 굵은 글자로 에러 메시지를 화면에 나타냅니다. 에러를 체크하는 로직은 vote() 뷰 함수에 있습니다. vote() 뷰 함수에서 익셉션이 발생하면 error_message를 담아서 detail.html 템플릿을 렌더링하고 그에 따라 지금 보고 있는 detail.html 템플릿에서 에러 메시지를 굵은 글자로 보여 줍니다. 다음 부분에 있는 vote() 뷰 함수의 try~except 내용을 참고 바랍니다.

❻ {% for %} 태그로 뷰 함수에서 넘어온 객체를 순회하고 있습니다. index() 뷰에서처럼 이번 detail() 뷰 함수에서도 Question 객체를 템플릿으로 넘겨주고 있다는 사실을 예측할 수 있습니다. 뷰 함수를 작성할 때 템플릿에게 무엇을 넘겨줄지는 항상 숙고해야 합니다. **question.choice_set.all**의 의미는 Question 객체의 choice_set 속성에 들어 있는 모든 항목을 뜻합니다.

❼ 라디오 버튼으로 답변 항목을 보여 줍니다. name과 value 속성을 정의하여 해당 라디오 버튼을 선택하면 POST 데이터가 'choice'='3' (choice.id) 형태로 구성되도록 하였습니다.

❽ forloop.counter 변수는 for 루프를 실행한 횟수를 담고 있는 템플릿 변수입니다. ⟨label for⟩ 속성과 ⟨input id⟩ 속성은 같은 값이며 서로 바인딩됩니다.

❾ Vote 버튼을 클릭하면 사용자가 선택한 폼 데이터가 POST 방식으로 polls :vote URL로 전송됩니다. 전송된 데이터는 vote() 뷰 함수에서 request.POST['choice'] 구문으로 액세스합니다. ⟨input⟩ 태그의 name과 value 속성값은 request.POST가 실행되기 전에 key, value로 사용된다는 점을 주의합시다.

> **NOTE**_ 위 설명에서 나오는 폼 템플릿의 라디오 버튼, 템플릿 태그 {% url %}, 폼 처리 방식 등에 관한 설명은 **4. Django의 핵심 기능**에서 하겠습니다.

추가로 Question 객체의 choice_set 속성은 자주 사용되는 속성이니 설명하고 넘어가겠습니다. Question과 Choice 테이블의 관계는 1:N 관계이며 외래키로 연결되어 있습니다. 이렇게 1:N 관계에서는 1 테이블에 연결된 N 테이블의 항목들이라는 의미로 xxx_set 속성을 디폴트로 제공합니다. 즉, question.choice_set.all()이라고 하면 Question 테이블의 question 레코드에 연결된 Choice 테이블의 레코드 모두를 뜻합니다. 앞의 detail.html 예제에서는 템플릿 문법상 메소드 호출을 표시하는 ()를 사용하지 않으므로 question.choice_set.all이라고 표현한 것입니다.

여기서 잠시 detail.html 파일에서 필요한 변수, 즉 detail() 뷰 함수에서 정의해야 할 context 변수에는 어떤 것이 있는지 찾아보겠습니다.

question.question_text, error_message, question.id, question.choice_set, forloop.counter, choice.id, choice.choice_text 등의 변수들이 사용되고 있습니다. forloop.counter는 장고에서 제공하므로 우리가 정의할 필요가 없고 error_message는 detail() 함수가 아니라 vote() 함수에서 정의할 예정이므로 고려 대상이 아닙니다.

question.question_text, question.id, question.choice_set 변수들은 각각 컨텍스트 변수로 정의해도 되지만, question 변수만 정의하면 그 변수의 속성으로 액세스할 수 있으므로 question 컨텍스트 변수 하나만 정의하는 것이 효율적입니다. 또한 choice.id, choice.choice_text 변수들도 question.choice_set 변수가 정의되면 액세스할 수 있습니다.

결론적으로 detail() 뷰 함수에서 정의해야 할 컨텍스트 변수는 question 변수 하나입니다. 처음에는 어려울 수도 있는 내용이므로 템플릿 파일과 뷰 함수의 관계에서 컨텍스트 변수를 찾는다는 점을 우선 숙지하기 바랍니다. 필자는 html 파일을 먼저 코딩하면서 컨텍스트 변수를 찾고 있는 것입니다.

자, 이제 화면에 보여 줄 템플릿을 작성하였으니 이 템플릿을 사용하는 detail() 뷰 함수를 작성하겠습니다. 앞에서 작성한 index.html 화면에서 질문 하나를 선택하면 /polls/1/과 같은 URL이 넘어오게 되어 있습니다. index.html에 있는 다음 라인을 설명하고 있습니다.

```
<li><a href="/polls/{{ question.id }}/">{{ question.question_text }}</a></li>
```

또한 urls.py에는 이미 다음과 같은 라인을 작성한 바 있습니다.

```
path('polls/<int:question_id>/', views.detail, name='detail'),
```

위 두 라인에 의해 사용자가 질문 하나를 선택하면 detail() 뷰 함수가 호출됩니다. 이제 views.py 파일을 다시 열고 기존의 index() 함수 아래에 다음 내용을 추가하겠습니다.

예제 3-9 polls\views.py - detail() 함수 작성

```
C:\Users\shkim>cd C:\RedBook\ch99\polls
C:\RedBook\ch99\polls>notepad views.py

from django.shortcuts import get_object_or_404, render          ────────①
from polls.models import Question          ───────────────────────────②
# ... index() … 변경 사항 없음

def detail(request, question_id):          ──────────────────────────③
    question = get_object_or_404(Question, pk=question_id)          ─────④
    return render(request, 'polls/detail.html', {'question': question})   ─────⑤, ⑥
```

이 소스를 라인별로 설명하겠습니다.

❶ 이 라인은 기존에 있던 라인입니다. 장고의 단축 함수인 get_object_or_404() 함수를 임포트하도록 함수명만 추가하였습니다.

❷ 기존 라인들은 그대로 둡니다.

❸ 뷰 함수를 정의합니다. request 객체는 필수 인자이며 추가적으로 question_id 인자를 더 받습니다. 다음과 같이 정의한 URL 패턴으로부터 추출된 question_id 파라미터가 뷰 함수의 인자로 넘어오는 것입니다.

```
path('polls/<int:question_id>/', views.detail, name='detail'),
```

❹ **get_object_or_404()** 단축 함수를 사용하고 있습니다. 이 함수의 첫 번째 인자는 모델 클래스이고, 두 번째 인자부터는 검색 조건을 여러 개 사용할 수 있습니다. 이 예제에서는 Question 모델 클래스로부터 pk=question_id 검색 조건에 맞는 객체를 조회합니다. 조건에 맞는 객체가 없으면 Http404 익셉션을 발생시킵니다.

❺ 앞에서 사용하였던 render() 함수를 다시 사용하였습니다. 이는 템플릿 파일 polls/detail.html에 컨텍스트 변수를 적용하여 사용자에게 보여 줄 최종 HTML 텍스트를 만들고 이를 담아서 HttpResponse 객체를 반환합니다. 템플릿에게 넘겨주는 컨텍스트 사전을 render() 함수의 인자로 직접 쓰고 있습니다. 템플릿 파일에서는 question이란 변수를 사용할 수 있게 되었습니다.

❻ detail() 뷰 함수는 최종적으로 detail.html의 텍스트 데이터를 담은 HttpResponse 객체를 반환합니다.

> **NOTE_** 대상 객체를 리스트로 가져오는 get_list_or_404() 단축 함수도 있습니다. get_object_or_404() 단축 함수는 get() 함수를 사용하는 데 비해, get_list_or_404() 단축 함수는 filter() 함수를 사용하고 리스트가 비어 있으면 Http404 익셉션을 발생시킵니다.

3.7.4 뷰 함수 vote() 및 리다이렉션 작성

vote() 뷰 함수의 호출과 연계된 URL은 detail.html 템플릿 파일에서 받습니다. 즉, detail.html 템플릿에 있는 폼을 제출하면 폼의 기능에 의해 /polls/5/vote/와 같은 URL이 POST 방식으로 넘어옵니다. **detail.html**에 있는 다음 라인에 관한 설명입니다.

```
<form action="{% url 'polls:vote' question.id %}" method="post">
```

또한 **urls.py**에는 이미 다음과 같은 라인을 작성한 바 있습니다.

```
path('polls/<int:question_id>/vote/', views.vote, name='vote'),
```

이 두 라인에 의해 사용자가 Vote 버튼을 누르면 vote() 뷰 함수가 호출됩니다. 폼으로부터 수신한 POST 데이터를 처리하는 vote() 뷰 함수를 작성하겠습니다. **views.py** 파일을 열고 vote() 뷰 함수의 내용을 다음과 같이 입력합니다.

예제 3-10 polls₩views.py – vote( ) 함수 작성

```
C:₩Users₩shkim>cd C:₩RedBook₩ch99₩polls
C:₩RedBook₩ch99₩polls>notepad views.py

from django.shortcuts import get_object_or_404, render
from django.http import HttpResponseRedirect                              ❶
from django.urls import reverse                                           ❷
from polls.models import Choice, Question
# ... index() ··· 변경 사항 없음                                           ❸
# ... detail() ··· 변경 사항 없음

def vote(request, question_id):                                          ❹
    question = get_object_or_404(Question, pk=question_id)
    try:                                                                  ❺
        selected_choice = question.choice_set.get(pk=request.POST['choice'])
    except (KeyError, Choice.DoesNotExist):                               ❻
        # 설문 투표 폼을 다시 보여 준다
        return render(request, 'polls/detail.html', {
            'question': question,                                         ❼
            'error_message': "You didn't select a choice.",
        })
    else:                                                                 ❽
        selected_choice.votes += 1                                        ❾
        selected_choice.save()                                           ❿
        # POST 데이터를 정상적으로 처리하였으면,
        # 항상 HttpResponseRedirect를 반환하여 리다이렉션 처리함
        return HttpResponseRedirect(reverse('polls:results', args=(question.id,)))  ⓫, ⓬
```

이 소스를 라인별로 설명하겠습니다.

❶ 이번 뷰에서는 리다이렉트 기능이 필요합니다. 이를 위해 HttpResponseRedirect 클래스를 임포트합니다.

❷ url 처리를 위해 reverse() 함수를 임포트합니다.

❸ 기존 라인들은 그대로 둡니다.

❹ 뷰 함수를 정의합니다. request 객체는 필수 인자이며 detail() 뷰처럼 question_id 인자를 더 받습니다. 다음 라인에 의해 vote() 뷰 함수로 인자가 넘어옵니다.

```
path('polls/<int:question_id>/vote/', views.vote, name='vote'),
```

❺ 앞에서 설명한 get_object_or_404() 단축 함수를 다시 사용하고 있습니다. 이번에는 Choice 테이블을 검색 하고 있습니다. 검색 조건은 pk=request.POST['choice']입니다. rquest.POST는 제출된 폼의 데이터를 담 고 있는 객체로서 파이썬 사전처럼 키로 그 값을 구할 수 있습니다. request.POST['choice']는 폼 데이터에서 키가 'choice'에 해당하는 값인 choice.id를 스트링으로 리턴합니다.

❻ 폼의 POST 데이터에서 'choice'라는 키가 없으면 KeyError 익셉션이 발생합니다. 또는 검색 조건에 맞는 객 체가 없으면 Choice.DoesNotExist 익셉션이 발생합니다.

❼ 익셉션이 발생하면 render() 함수에 의해서 question과 error_message 컨텍스트 변수를 detail.html 템플 릿으로 전달합니다. 그 결과 사용자에게는 에러 메시지와 함께 질문 항목 폼을 다시 보여 줘서 데이터를 재입력할 수 있도록 합니다.

❽ 다음은 익셉션이 발생하지 않고 정상 처리된 경우입니다.

❾ Choice 객체.votes 속성, 즉 선택 카운트를 +1 증가시킵니다.

❿ 변경 사항을 해당 Choice 테이블에 저장합니다.

⓫ 이번에 vote() 뷰 함수가 반환하는 객체는 HttpResponse가 아니라 **HttpResponseRedirect**입니 다. HttpResponseRedirect 클래스의 생성자는 리다이렉트할 타겟 URL을 인자로 받습니다. 타겟 URL은 reverse() 함수로 만듭니다. 뒤에 이어서 설명하겠습니다.

⓬ 최종적으로 vote() 뷰 함수는 리다이렉트할 타겟 URL을 담은 HttpResponseRedirect 객체를 반환합니다. 이처럼 웹 프로그램에서 POST 방식의 폼 데이터를 처리하는 경우 그 결과를 보여 줄 수 있는 페이지로 이동시 키기 위해 HttpResponseRedirect 객체를 리턴하는 것이 일반적입니다.

추가로 reverse() 함수를 자세히 알아보겠습니다. URLconf는 일반적으로 URL 스트링과 뷰 를 매핑한 각 라인을 URL 패턴이라 하고 이름을 하나씩 부여합니다. 그런데 그 반대 방향으로 reverse() 함수를 사용하여 URL 패턴명으로부터 URL 스트링을 구할 수도 있습니다. reverse() 함수의 인자로는 다음처럼 URL 패턴의 이름과 URL 스트링에 사용될 파라미터를 받습니다.

```
reverse('polls:results', args=(question.id,))
```

앞에서 설명한 내용을 그림으로 표현하면 다음과 같습니다.

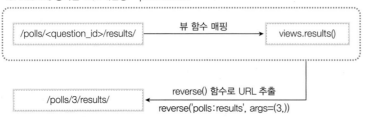

그림 3-22 reverse() 함수의 동작 원리

reverse() 함수를 사용하여 URL을 구하면 URLconf에 이미 정의된 URL 패턴을 활용해서 URL 스트링을 추출하므로 소스에 URL 스트링을 하드 코딩하지 않아도 됩니다.

3.7.5 뷰 함수 results( ) 및 템플릿 작성

results() 뷰 함수의 호출과 연계된 URL은 votes() 뷰 함수의 리다이렉트를 결과로 받습니다. 즉, 폼 데이터를 처리한 후에 그 결과를 보여 주는 페이지로 리다이렉트시키기 위해 votes() 뷰 함수에서 다음 라인을 실행합니다. 리다이렉트할 타깃 URL은 /polls/3/result/와 유사합니다.

```
return HttpResponseRedirect(reverse('polls:results', args=(question.id,)))
```

리다이렉트하라는 응답을 받은 웹 브라우저는 리다이렉트 URL로 다시 요청을 보냅니다. 또한 **urls.py**에는 이미 다음과 같은 라인을 작성한 바 있습니다.

```
path('polls/<int:question_id>/results/', views.results, name='results'),
```

이 두 라인에 의해 results() 뷰 함수가 호출됩니다. 이제 results() 뷰 함수에 폼 데이터 처리 결과를 보여 주는 로직을 작성하겠습니다. 앞에서는 템플릿 파일을 먼저 코딩하고 그 이후에 뷰 함수를 코딩하였는데 이번에는 뷰를 먼저 코딩한 다음 템플릿을 코딩하겠습니다. 코딩 순서는 여러분이 선택하면 됩니다.

views.py 파일을 다시 열고 기존의 내용 끝에 results() 뷰 함수의 내용을 추가합니다.

예제 3-11 polls\views.py - results( ) 함수 작성

```
C:\Users\shkim>cd C:\RedBook\ch99\polls
C:\RedBook\ch99\polls>notepad views.py

from django.shortcuts import get_object_or_404, render
from django.http import HttpResponseRedirect
from django.urls import reverse
from polls.models import Choice, Question
# ... index() … 변경 사항 없음
# ... detail() … 변경 사항 없음
# ... vote() … 변경 사항 없음

def results(request, question_id):
    question = get_object_or_404(Question, pk=question_id)
    return render(request, 'polls/results.html', {'question': question})
```

❶
❷
❹
❸
❺ ❻

이 소스를 라인별로 설명하겠습니다.

❶ 기존 라인들은 그대로 둡니다.

❷ 뷰 함수를 정의합니다. 첫 번째 request 객체는 필수 인자이고, 두 번째 question_id 인자는 다음 라인의 실행 결과로 넘어옵니다.

```
    path('polls/<int:question_id>/results/', views.results, name='results'),
```

❸ 두 라인은 템플릿 파일명만 제외하고 detail( ) 함수와 동일합니다.

❹ get_object_or_404( ) 단축 함수를 사용하고 있습니다. Question 모델 클래스로부터 pk=question_id 검색 조건에 맞는 객체를 조회합니다. 조건에 맞는 객체가 없으면 Http404 익셉션을 발생시킵니다.

❺ render( ) 함수를 다시 사용하였습니다. 템플릿으로 question 변수를 넘겨주는 것은 동일하지만 템플릿 파일이 다르므로 사용자에게 보이는 화면은 달라집니다.

❻ results( ) 뷰 함수는 최종적으로 results.html 템플릿 코드를 렌더링한 결과인 HTML 텍스트 데이터를 담은 HttpResponse 객체를 반환합니다.

뷰 함수를 만들었으니 뷰 함수에서 사용하는 템플릿을 코딩하겠습니다. 이번 템플릿의 목표는 투표 결과로 각 질문마다 투표 카운트를 보여 주는 화면을 만드는 것입니다. 최종 결과 UI 화면은 앞에서 설계한 것과 같습니다.

results.html

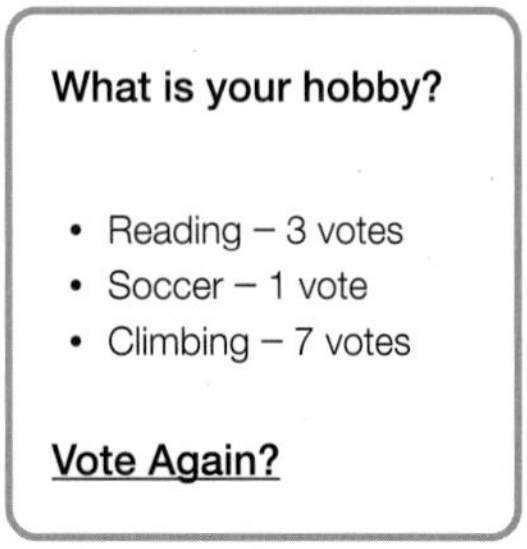

> **What is your hobby?**
>
> - Reading – 3 votes
> - Soccer – 1 vote
> - Climbing – 7 votes
>
> **Vote Again?**

그림 3-23 화면 UI 설계 – results.html

이 화면의 내용을 템플릿 파일 **results.html**에 다음과 같이 입력합니다.

예제 3-12 results.html 작성 〔소스제공: ch3₩polls₩templates₩polls₩result.html〕

```
C:₩Users₩shkim>cd C:₩RedBook₩ch99₩polls₩templates₩polls
C:₩RedBook₩ch99₩polls₩templates₩polls>notepad results.html

<h1>{{ question.question_text }}</h1> ·································· ❶

<ul>
{% for choice in question.choice_set.all %} ···················· ❷
    <li>{{ choice.choice_text }} — {{ choice.votes }} vote{{ choice.votes|pluralize }}</li> ··· ❸
{% endfor %}
</ul>

<a href="{% url 'polls:detail' question.id %}">Vote again?</a> ··········· ❹
```

이 소스를 라인별로 설명하겠습니다.

❶ 질문을 제목으로 사용하기 위해 폰트 크기를 〈h1〉로 설정하였습니다. question 템플릿 변수는 results() 뷰 함수에서 넘겨준 컨텍스트 변수로 Question 클래스 타입의 객체를 담고 있습니다.

❷ 뷰 함수에서 넘어온 question 변수를 이용하여 {% for %} 태그로 Choice 객체를 순회하고 있습니다. question.choice_set.all의 의미는 Question 객체의 choice_set 속성에 들어 있는 항목, 즉 Choice 객체 모두를 뜻합니다.

❸ Choice 객체의 choice_text를 순서 없는 리스트 형식으로 화면에 보여 줍니다(〈ul〉, 〈li〉 태그 역할). 또한 각 텍스트 옆에 투표 카운트(choice.votes)를 숫자로 보여 줍니다. vote{{ choice.votes|pluralize }}는 choice.votes 값에 따라 복수 접미사(s)를 붙여 주는 것을 의미합니다. 결과적으로 choice.votes 값에 따라 vote 또는 votes가 표시됩니다.

❹ **Vote again?**이라는 문장을 보여 주고 그 문장에 URL 링크를 연결합니다(〈a href〉 속성 역할). URL 링크는 {% url %} 태그를 사용하여 /polls/3/과 같은 형식으로 만듭니다.

여기서 흥미로운 점은 뷰 함수와 템플릿 태그 양쪽에서 모두 URL 스트링을 추출할 수 있다는 것입니다. 뷰 함수에서는 reverse( ) 함수를 사용하고, 템플릿에서는 {% url %} 태그를 사용합니다. 이번 예제에서 보았던 템플릿 태그와 동일한 URL 스트링을 추출하도록 뷰의 reverse( ) 함수를 사용해서 표현하면 다음과 같습니다.

```
{% url 'polls:detail' question.id %}            // 템플릿에서 사용됨
reverse('polls:detail', args=(questiion.id,))   // 뷰 함수에서 사용됨
```

> **NOTE_** pluralize는 템플릿 필터이고, {% url %}는 템플릿 태그입니다. 이에 대한 설명은 **4. Django의 핵심 기능**에서 자세히 설명합니다.

3.7.6 지금까지의 작업 확인하기

설계 로직에 따라 필요한 뷰와 템플릿 코딩을 마쳤습니다. 지금까지의 작업이 정상적으로 잘 되었는지 확인하기 위해 웹 브라우저로 접속하겠습니다. 만일 runserver를 실행하지 않았다면 앞에서 설명한 것처럼 별도의 cmd 창에서 runserver를 실행하고 웹 브라우저 주소창에 다음과 같이 입력합니다.

```
https://127.0.0.1:8000/polls
```

다음 그림처럼 polls 애플리케이션의 첫 화면이 나타나면 정상입니다.

그림 3-24 polls 애플리케이션 첫 화면 - 데이터 입력 전

그런데 지금은 데이터베이스에 데이터가 들어 있지 않아서 질문이 없는 빈 페이지로 나타납니다. 데이터를 입력한 후에 다시 접속하겠습니다. 데이터의 입력은 앞에서 설명한 Admin 사이트를 사용하면 편리합니다. 웹 브라우저의 주소창에 다음과 같이 입력하고 로그인 화면이 나타나면 Username/Password를 입력하여 로그인합니다.

```
https://127.0.0.1:8000/admin
```

로그인 과정을 마치면 다음 그림과 같이 Admin 사이트의 첫 화면이 나타납니다. [Questions] 항목의 [Add] 버튼을 클릭하면 질문을 입력하는 화면이 나타납니다.

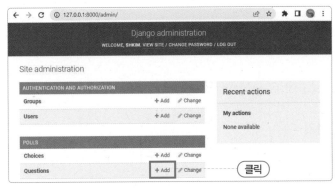

그림 3-25 Admin 사이트의 첫 화면

다음 화면에서 원하는 질문 데이터를 입력하고 [Save and add another] 버튼을 클릭합니다.

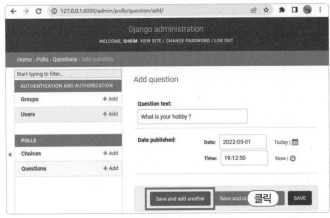

그림 3-26 Questions 데이터 입력 화면

여기서는 다음 표로 정리된 질문을 입력하겠습니다.

표 3-8 질문으로 입력할 데이터

Question text	Date	Time
What is your hobby ?	Today	Now
Who do you like best ?	2022-03-01	Midnight
Where do you live ?	2021-12-25	Noon

표 3-8의 데이터를 입력한 화면은 다음과 같습니다. 이 화면의 상단 경로에서 [Polls] 또는 [Home]을 클릭하면 다시 상위 항목으로 이동할 수 있습니다.

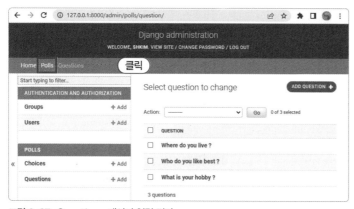

그림 3-27 Questions 데이터 입력 결과

그리고 동일한 방법으로 Admin 사이트의 첫 화면에서 [Choices] 항목의 [Add]를 클릭해서 질문의 답변 항목을 입력합니다. 다음과 같은 답변 항목을 입력하겠습니다. 입력한 후에도 변경, 삭제할 수 있으므로 편하게 원하는 데이터를 입력하면 됩니다.

표 3-9 질문 답변 항목으로 입력할 데이터

Question	Choice text	Votes
What is your hobby ?	Reading	0
What is your hobby ?	Soccer	0
What is your hobby ?	Climbing	0

그림 3-28 Choices 데이터 입력 화면

위와 같은 방법으로 3개의 답변 항목을 입력합니다. Choice 테이블에서 ForeignKey 필드인 question 컬럼에 Question 테이블의 question_text가 보인다는 점도 유의 바랍니다. 데이터를 모두 입력한 화면은 다음과 같습니다.

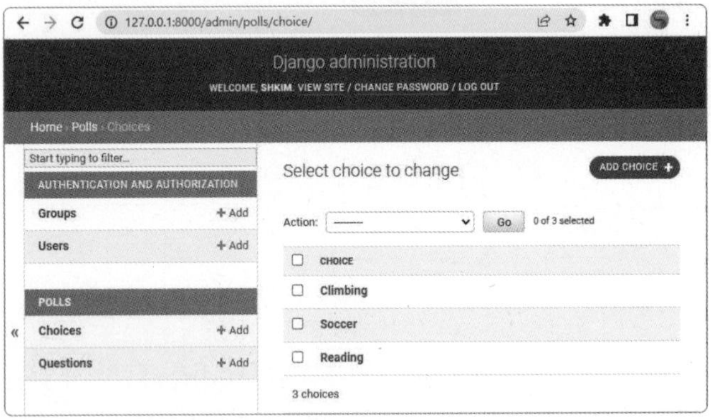

그림 3-29 Choices 데이터 입력 결과

앞에서 살펴본 것처럼 Admin 사이트의 장점 중 하나가 장고 애플리케이션 프로그래밍 초기부터 웹을 통해 데이터를 확인하면서 데이터 입력, 수정 등의 처리를 할 수 있다는 점입니다. 때문에 프로그래밍이 완료되기 전이라도 필요한 데이터를 입력하고 시험할 수 있을 뿐 아니라 이를 요구 사항에 맞게 계속해서 개선할 수 있습니다.

자, 이제 데이터를 모두 입력하였으니 다시 polls 애플리케이션으로 접속하겠습니다.

```
https://127.0.0.1:8000/polls
```

이번에는 앞서 입력한 질문들이 나타납니다. 정상적으로 동작하고 있는 것입니다.

그림 3-30 polls 애플리케이션 첫 화면 – 데이터 입력 후

계속해서 질문을 클릭하여 투표도 진행하고 그에 따른 결과도 확인하기 바랍니다. 그리고 질문의 다른 답변 항목을 선택해서 그 결과 페이지를 확인합시다. 또한 질문의 답변 항목을 선택하지 않고 제출하는 경우 에러 메시지가 보이는지도 확인합시다.

다음 그림은 정상적으로 처리되었을 때의 화면들을 보여 주고 있으니 직접 실행하고 그 결과와 비교하기 바랍니다.

그림 3-31 polls/templates/polls/detail.html

그림 3-32 polls/templates/polls/results.html

그림 3-33 답변 항목을 선택하지 않은 경우 발생하는 에러 메시지 화면

마지막으로 runserver를 실행 중인 cmd 창에 출력된 로그도 확인합시다.

그림 3-34 개발용 runserver가 출력한 로그

Django의 핵심 기능

chapter 04

Django의 핵심 기능

3장에서는 간단한 실습을 통해 장고에서의 애플리케이션 프로그래밍 방식과 그 원리를 살펴보았습니다. 실제 프로젝트에서 웹 애플리케이션을 프로그래밍하기 위해서는 조금 더 많은 지식이 필요합니다.

4장에서는 장고의 수많은 기능 중에서 실제 프로젝트를 진행할 때 꼭 알아야 하는 기능 6개를 선별하여 설명합니다. 이 중에서도 클래스형 뷰는 초급을 넘어 중급 개발자로 도약하기 위해서 반드시 습득해야 할 핵심 기능입니다. 처음부터 모든 것을 알고 시작할 수는 없습니다. 우선 핵심 기능을 익히는 것부터 시작합시다.

4.1 Admin 사이트 꾸미기

프로젝트를 진행하다 보면 데이터베이스를 다룰 일이 많이 발생합니다. 장고의 Admin 사이트는 데이터베이스에 들어 있는 데이터를 쉽게 관리할 수 있도록 데이터의 생성, 조회, 변경, 삭제 등의 기능을 제공합니다. Admin이란 용어 때문에 프로세스의 상태 조회, 기동 및 정지 등의 프로세스 관리 기능을 떠올릴 수도 있지만, 이러한 기능은 제공하지 않습니다.

장고의 Admin 기능은 데이터 관리를 쉽게 해 줄 뿐 아니라 깔끔하게 정돈된 모습의 룩앤필Look and Feel UI를 제공하며 자신의 취향에 맞게 꾸밀 수도 있어 많은 사람이 이 점을 장고의 장점으로 꼽습니다. 개발자가 장고에서 제공하는 룩앤필을 직접 코딩하려면 상당한 수고가 따릅니다.

먼저 데이터의 C.R.U.D 기능, 즉 Admin 화면을 통해 데이터를 생성Create, 조회Read, 변경Update, 삭제Delete하는 기능을 살펴보고 그 이후에 개발자의 취향에 따라 UI의 룩앤필을 꾸미는 방법을 알아보겠습니다.

자, 이제 Admin 사이트에 접속하기 위해서 runserver를 기동하고 웹 브라우저의 주소창에 다음과 같이 입력합니다.

```
https://127.0.0.1:8000/admin/
```

정상적으로 연결이 되면 Admin 사이트의 로그인 화면이 나타납니다. 3장에서 만든 관리자(superuser) 아이디로 로그인합니다.

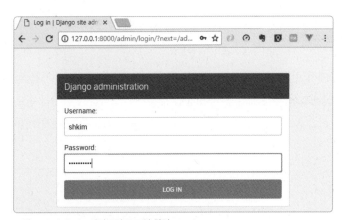

그림 4-1 Admin 사이트의 로그인 화면

4.1.1 데이터 입력 및 수정

정상적으로 로그인이 되면 다음 그림처럼 Admin 사이트의 첫 화면이 나타나고 여기에는 장고에서 제공하는 Users, Groups 정보와 우리가 만든 Questions, Choices 정보가 있습니다.

Questions 테이블에 데이터를 입력하거나 입력된 데이터를 수정하겠습니다. 첫 화면에서 보이는 [Change] 버튼을 클릭하거나 [Questions]라는 테이블 제목을 클릭합니다.

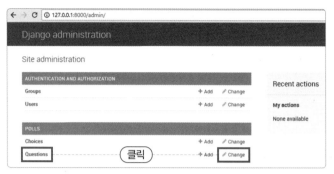

그림 4-2 Admin 사이트의 첫 화면

다음 그림과 같은 테이블 상세 정보 페이지가 나타나면 여기서 데이터를 입력하거나 수정할 수 있습니다.

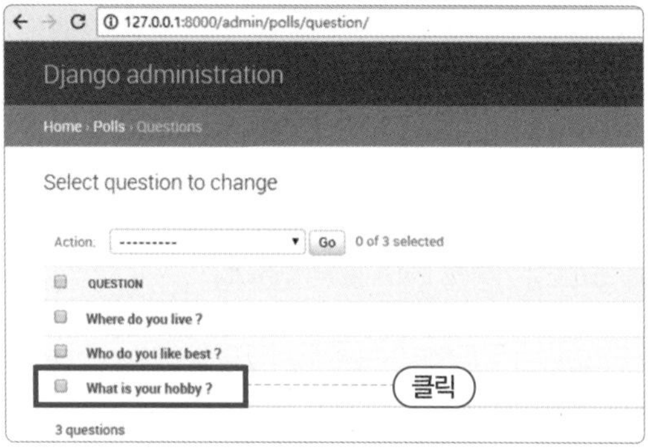

그림 4-3 Questions 테이블 상세 정보 페이지

원하는 질문을 클릭하면 다음 그림과 같이 선택한 레코드의 상세 페이지가 나타납니다. 여기에는 models.py에 정의한 테이블 모델을 기초로 장고가 자동으로 생성한 레코드가 담겨 있습니다.

그림 4-4 레코드 상세 정보 페이지

장고는 **models.py** 파일에 정의한 필드 타입에(앞서 살펴본 예시에서는 CharField, Date TimeField 필드 타입에) 적합한 UI 위젯을 보여 줍니다. 다음의 Question 모델 클래스의 속성 정의와 **그림 4-4** Admin 화면의 UI 위젯을 비교하기 바랍니다.

```
# 위의 내용 동일
class Question(models.Model):
    question_text = models.CharField(max_length=200)
    pub_date = models.DateTimeField('date published')
# 아래 내용 동일
```

그림 4-4에서 각 필드의 값, 즉 테이블의 컬럼 값을 변경할 수 있습니다. Question_text 필드나 Date, Time 필드값을 임의로 수정하고 변경 내용을 테이블에 반영하기 위해 저장 버튼을 클릭합니다.

하단 부분에 저장 버튼과 삭제 버튼이 있는데 그 기능은 다음과 같습니다.

- **Save** : 변경 사항을 저장하고 현 객체의 리스트를 보여 주는 페이지로 돌아갑니다.
- **Save and continue editing** : 변경 사항을 저장하고 현재의 페이지를 다시 보여 줍니다.
- **Save and add another** : 변경 사항을 저장하고 레코드 추가용 폼 페이지를 보여 줍니다.
- **Delete** : 삭제 확인 페이지를 보여 줍니다.

혹시 Time 필드의 [Now] 버튼을 클릭하였는데도 현재 시간과 맞지 않다면, **settings.py** 모듈의 TIME_ZONE을 확인하기 바랍니다. 다음과 같이 되어 있어야 현재 시간이 표시됩니다.

```
TIME_ZONE = 'Asia/Seoul'
```

우상단에 [History] 버튼이 있어서 객체의 변경 사항, 즉 변경 시간, 작업한 유저 등의 변경 이력을 볼 수 있습니다.

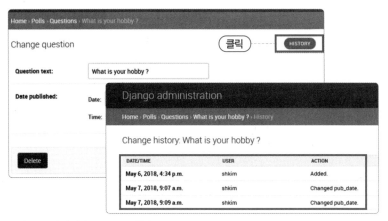

그림 4-5 변경 이력 – History 화면

4.1.2 필드 순서 변경하기

테이블의 데이터를 변경하는 것이 아니라 테이블을 보여 주는 UI 양식을 변경하려면 polls/admin.py 파일을 수정하면 됩니다. 예를 들어 필드의 화면 순서를 바꾸려면 다음 예제처럼 **admin.py** 파일에서 필드의 순서를 변경합니다.

예제 4-1 QuestionAdmin 클래스 정의 – admin.py

```
# 위의 내용 동일
class QuestionAdmin(admin.ModelAdmin):
    fields = ['pub_date', 'question_text']   # 필드 순서 변경

admin.site.register(Question, QuestionAdmin)
admin.site.register(Choice)
```

즉, ModelAdmin 클래스를 상속받아 새로운 QuestionAdmin 클래스를 정의하고 그 클래스를 admin.site.register() 함수의 두 번째 인자로 등록하면 됩니다. Admin 사이트에서 **그림 4-6**처럼 [Date published]와 [Question text] 필드의 순서가 변경된 것을 확인할 수 있습니다.

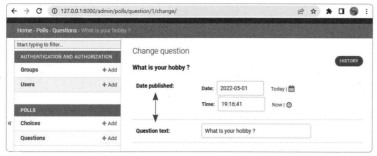

그림 4-6 QuestionAdmin 클래스 정의 - 필드 순서 변경

4.1.3 각 필드를 분리해서 보여 주기

아래 예제처럼 **polls/admin.py** 파일을 수정하면 각 필드를 분리해서 보여 줄 수 있습니다.

예제 4-2 필드를 분리해서 보여 주기 - polls/admin.py 코딩

```
# 위의 내용 동일
class QuestionAdmin(admin.ModelAdmin):
    fieldsets = [
        ('Question Statement', {'fields': ['question_text']}),
        ('Date Information', {'fields': ['pub_date']}),
    ]
# 아래 내용 동일
```

fieldsets에 있는 각 튜플의 첫 번째 인자가 해당 필드의 제목이 됩니다. Admin 사이트에서 확인 하겠습니다. 각 필드가 분리되었으며 새로 정의한 제목도 보입니다.

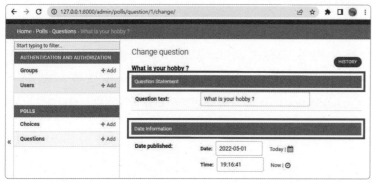

그림 4-7 필드를 분리해서 보여 주기 - UI 확인

4.1.4 필드 접기

필드 항목을 접을 수도 있습니다. 앞에서 살펴본 필드 순서 변경, 필드 분리 및 지금 진행하려고 하는 필드 접기 기능 등은 모두 필드 개수가 많아 폼이 길어진 경우에 유용하게 사용할 수 있습니다. **polls/admin.py** 파일에서 다음과 같이 한 줄만 변경하면 됩니다.

예제 4-3 필드 접기 - polls/admin.py 코딩

```
# 위의 내용 동일
        ('Date Information', {'fields': ['pub_date'], 'classes': ['collapse']}),
# 아래 내용 동일
```

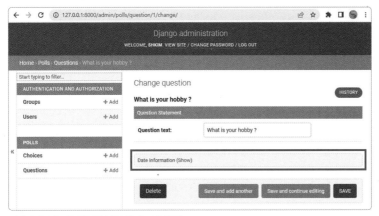

그림 4-8 필드를 접어서 보여 주기 - UI 확인

4.1.5 외래키 관계 화면

지금까지는 Question 모델 클래스에 관해서 작업을 해 왔으나 여기서는 Choice 모델 클래스에 관한 추가, 변경 작업을 하겠습니다. 이미 알고 있듯이 Question과 Choice 모델 클래스는 1:N 관계로 이루어져 있고 서로 외래키로 연결되어 있습니다. Choice 모델 클래스 화면에서 이 관계가 어떻게 나타나는지 확인하겠습니다. Admin의 첫 화면에서 [Choices]의 [Add] 버튼을 클릭하여 레코드 입력 화면으로 이동합니다.

Question 테이블의 선택 항목지는 테이블의 외래키 정의가 Adimin UI에서 선택 박스 (〈select〉) 위젯으로 보이는 것입니다.

Choice 테이블의 각 레코드는 독립적으로 생성될 수 없으며 Question 테이블의 특정 레코드에 외래키로 연결되어야 하기 때문입니다.

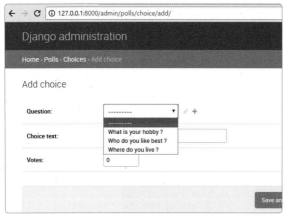

그림 4-9 Choice 추가 화면

여기에 Choice 레코드를 하나 추가하겠습니다. 다음 그림에서 알 수 있듯이 질문 하나에 3개의 답변 항목이 있다면 Choice 레코드를 추가하는 작업을 3번 반복해야 합니다. 답변 항목이 많아진다면 상당히 번거로운 작업이 될 것입니다. 그래서 이러한 작업을 한 화면에서 한 번에 처리할 수 있도록 다음 부분에서 UI를 변경하겠습니다.

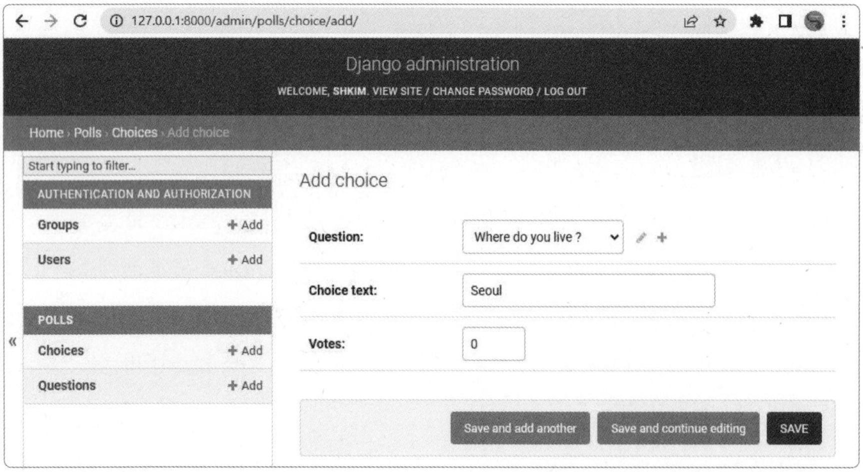

그림 4-10 외래키 관계에서 Choice 레코드 추가

4.1.6 Question 및 Choice를 한 화면에서 변경하기

그림 4-10에서 Choice text를 입력하는 것이 매우 불편하였습니다. 왜냐하면 동일한 작업을 여러 번 반복해야 하기 때문입니다. 다음 예제처럼 **polls/admin.py** 파일을 수정하면 Question과 Choice text를 같이 보면서 수정 또는 추가할 수 있습니다. Question 레코드를 기준으로 여러 개의 Choice 레코드가 연결되는 것이므로 ChoiceAdmin이 아니라 QuestionAdmin 클래스를 수정합니다.

예제 4-4 Question과 Choice 같이 보기 - polls/admin.py 코딩

```
# 위의 내용 동일
class ChoiceInline(admin.StackedInline):
    model = Choice
    extra = 2

class QuestionAdmin(admin.ModelAdmin):
    fieldsets = [
        (None,                {'fields': ['question_text']}),
        ('Date information', {'fields': ['pub_date'], 'classes': ['collapse']}),
    ]
    inlines = [ChoiceInline]        # Choice 모델 클래스 같이 보기

admin.site.register(Question, QuestionAdmin)
admin.site.register(Choice)
```

정상 반영되었는지 확인하기 위해 Admin 사이트에서 **Home 〉 Polls 〉 Question** 메뉴로 이동하여 질문을 하나 선택합니다. 여기서는 [Where do you live ?]를 선택하겠습니다.

그림 4-11 Question과 Choice 같이 보기 - 화면 이동

다음 그림처럼 Question과 Choice를 한 화면에서 같이 입력할 수 있도록 변경되었습니다. 소스에서 **extra** 변수로 지정한 값에 따라 한 번에 보여 주는 Choice text의 숫자가 결정됩니다. 이 예제에서는 Seoul이라는 Choice text는 이미 들어 있으므로 이를 제외한 2개의 항목을 추가로 입력할 수 있습니다.

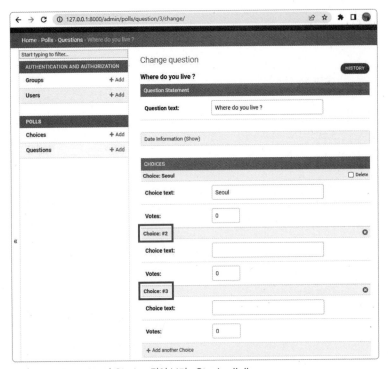

그림 4-12 Question과 Choice 같이 보기 - StackedInline

4.1.7 테이블 형식으로 보여 주기

그림 4-12에서 항목이 더 많아질 경우에는 화면이 길어져서 불편할 수도 있습니다. 조금 더 보기 편리하도록 테이블 형식으로 변경하겠습니다. 기존 **polls/admin.py** 파일에서 한 줄만 바꾸면 됩니다.

예제 4-5 테이블 형식으로 보여 주기 - polls/admin.py 코딩

```
# 위의 내용 동일
class ChoiceInline(admin.TabularInline):
# 아래 내용 동일
```

소스를 변경하면 다음 그림처럼 항목이 테이블 형식으로 나타납니다. 우측의 [Delete] 칼럼에 체크 표시를 하고 [SAVE] 버튼을 클릭하면 해당 답변 항목을 삭제할 수 있습니다.

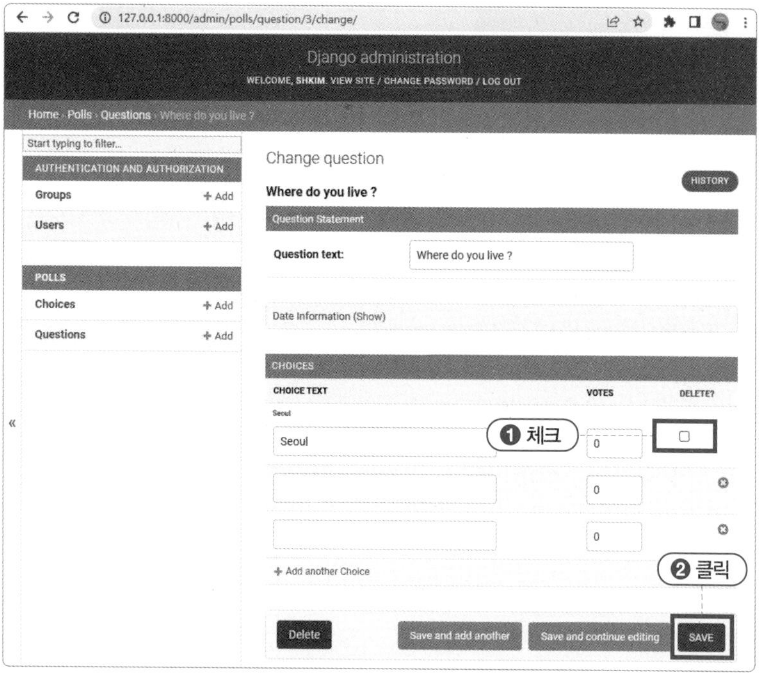

그림 4-13 테이블 형식으로 보여 주기 - TabularInline

4.1.8 레코드 리스트 칼럼 지정하기

Admin 사이트의 첫 페이지에서 테이블명을 클릭하면 해당 테이블의 레코드 리스트가 나타납니다. 이때 각 레코드의 제목을 어디서 정하는 것일까요? 장고는 디폴트로 **models.py** 파일에서 정의한 __str__( ) 메소드의 리턴값을 레코드의 제목으로 사용합니다.

```
# 위의 내용 동일
class Question(models.Model):
    . . .
    def __str__(self):
        return self.question_text
# 아래 내용 동일
```

Question 테이블의 레코드 리스트를 디폴트 형식으로 보여 주는 것을 확인할 수 있습니다.

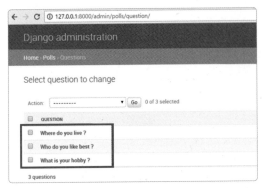

그림 4-14 Question 레코드 리스트를 디폴트 형식으로 보여 주기

이번에는 레코드 리스트의 제목줄을 바꾸겠습니다. **polls/admin.py** 파일에 list_display 속성을 추가하면 레코드 리스트의 제목줄에서 보여 주는 컬럼 항목을 지정할 수 있습니다.

예제 4-6 레코드 리스트 컬럼 지정하기 - polls/admin.py 코딩

```
# 위의 내용 동일
inlines = [ChoiceInline]          # Choice 모델 클래스 같이 보기
list_display = ('question_text', 'pub_date')    # 레코드 리스트 컬럼 지정
# 아래 내용 동일
```

다음 그림을 보면 제목이 변경되었고 DATE PUBLISHED 컬럼이 추가되었다는 사실을 알 수 있습니다. 각 컬럼의 헤더를 클릭하면 해당 컬럼을 기준으로 정렬됩니다.

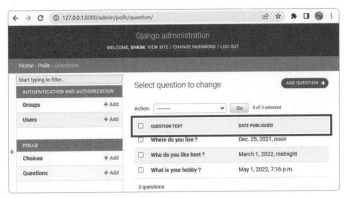

그림 4-15 레코드 리스트 항목 지정하기 - UI 확인

4.1.9 list_filter 필터

polls/admin.py 파일에 list_filter 속성을 추가하면 UI 화면 우측에 필터 사이드 바를 붙일 수도 있습니다.

예제 4-7 list_filter 필터 추가 - polls/admin.py 코딩

```
# 위의 내용 동일
inlines = [ChoiceInline]                        # Choice 모델 클래스 같이 보기
list_display = ('question_text', 'pub_date')    # 레코드 리스트 컬럼 항목 지정
list_filter = ['pub_date']                      # 필터 사이드 바 추가
# 아래 내용 동일
```

[FILTER]에서는 필터에 사용된 기준 필드 타입에 따라 장고가 자동으로 선별한 적절한 항목들을 볼 수 있습니다. 다음 그림에서는 pub_date 필드의 타입이 DateTimeField이므로 장고가 이에 따라 Any date, Today 등의 옵션 항목을 제공하고 있습니다.

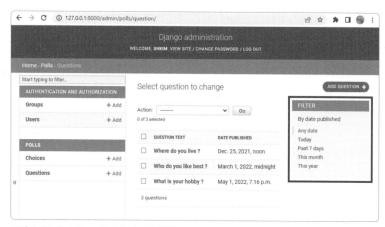

그림 4-16 list_filter 필터 추가 - UI 확인

4.1.10 search_fields

polls/admin.py 파일에 search_fields 속성을 추가하면 UI 화면에 검색 박스를 표시할 수 있습니다.

```
# 위의 내용 동일
inlines = [ChoiceInline] # Choice 모델 클래스 같이 보기
list_display = ('question_text', 'pub_date')        # 레코드 리스트 컬럼 항목 지정
list_filter = ['pub_date']                          # 필터 사이드 바 추가
search_fields = ['question_text']                   # 검색 박스 추가
# 아래 내용 동일
```

검색 박스에 단어를 입력하면 장고는 LIKE 쿼리로 question_text 필드를 검색합니다. search_fields 속성에 여러 개의 필드를 지정하면 지정한 모든 필드에서 입력된 단어를 검색합니다.

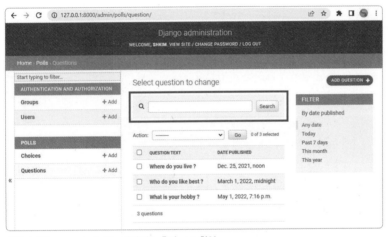

그림 4-17 search_fields 검색 박스 추가 - UI 확인

4.1.11 polls/admin.py 변경 내역 정리

지금까지 Admin 사이트의 화면 UI를 변경하는 기능을 살펴보았습니다. 이러한 기능은 admin.py 파일에 관련 항목을 하나씩 추가하면서 설명을 진행하였는데 정리 차원에서 admin.py 파일의 최종 모습을 살펴보겠습니다.

```python
from django.contrib import admin

# Register your models here.
from polls.models import Question, Choice

#class ChoiceInline(admin.StackedInline):    --------------------------------------❶
class ChoiceInline(admin.TabularInline):    --------------------------------------❷
    model = Choice
    extra = 2

class QuestionAdmin(admin.ModelAdmin):
    #fields = ['pub_date', 'question_text']    # 필드 순서 변경 --------------❸
    fieldsets = [    -------------------------------------------------------------❹
        ('Question Statement', {'fields': ['question_text']}),
        #('Date Information', {'fields': ['pub_date']}),
        ('Date Information', {'fields': ['pub_date'], 'classes': ['collapse']}),    -------❺
    ]
    inlines = [ChoiceInline]    # Choice 모델 클래스 같이 보기
    list_display = ('question_text', 'pub_date')    # 레코드 리스트 컬럼 항목 지정 -------❻
    list_filter = ['pub_date']    # 필터 사이드 바 추가 ------------------------❼
    search_fields = ['question_text']    # 검색 박스 추가 --------------------❽

admin.site.register(Question, QuestionAdmin)
admin.site.register(Choice)
```

04

지금까지 설명한 내용을 복습하는 개념으로 각 라인별로 해당하는 기능을 어느 부분에서 설명하고 있는지 정리하였습니다.

❶ 4.1.6 Question 및 Choice를 한 화면에서 변경하기

❷ 4.1.7 테이블 형식으로 보여 주기

❸ 4.1.2 필드 순서 변경하기

❹ 4.1.3 각 필드를 분리해서 보여 주기

❺ 4.1.4 필드 접기

❻ 4.1.8 레코드 리스트 컬럼 지정하기

❼ 4.1.9 list_filter 필터

❽ 4.1.10 search_fields

4.1.12 Admin 사이트 템플릿 수정

Admin 사이트의 템플릿도 당연히 장고의 템플릿 시스템을 사용하고 있습니다. 이 Admin 사이트의 템플릿 파일을 변경하면 Admin 사이트의 모양을 개발자 취향에 맞게 수정할 수 있습니다. 그렇게 하기 위해서는 장고의 기본 Admin 템플릿 파일을 현재 프로젝트로 복사한 다음 이를 변경해야 합니다.

프로젝트 내에 템플릿 디렉터리를 새로 만들고 이 디렉터리에 Admin 템플릿 파일을 복사합니다. 새로 만들 디렉터리는 개별 애플리케이션에서 사용되는 템플릿이 아니라 프로젝트 전체의 룩앤필에 영향을 주거나 공통적으로 사용되는 템플릿을 담는 프로젝트 템플릿 디렉터리가 됩니다. 또한 새로 만든 프로젝트 템플릿 디렉터리를 **settings.py** 파일에 등록해서 장고가 찾을 수 있도록 합니다.

예제 4-10 base_site.html 복사 및 settings.py 수정

```
C:₩Users₩shkim>cd C:₩RedBook₩ch99
C:₩RedBook₩ch99>mkdir templates
C:₩RedBook₩ch99>mkdir templates₩admin
C:₩RedBook₩ch99>copy ₩DevelopPgm₩Python36₩Lib₩site-packages₩django₩contrib₩admin₩
templates₩admin₩base_site.html templates₩admin₩
C:₩RedBook₩ch99>notepad mysite₩settings.py


# 위의 내용 동일
TEMPLATES = [
    {
        . . .
        'DIRS': [BASE_DIR / 'templates'],
        . . .
    }
]
# 아래 내용 동일
```

> **NOTE_** 장고의 설치 디렉터리는 다음 명령으로 확인할 수 있습니다.
> ```
> >python -c "import django; print(django.__path__)"
> ```

base_site.html 파일을 복사하였으니 이 파일을 원하는 내용으로 수정합시다. 여기서는 Admin 사이트의 페이지 상단에 나타나는 **Django administration**이라는 Admin 사이트의 제목을 **SHK Polls Administration**이라고 수정하겠습니다.

예제 4-11 base_site.html 수정

```
C:\Users\shkim>cd C:\RedBook\ch99\templates\admin
C:\RedBook\ch4\templates\admin>notepad base_site.html


# 아래 한 줄 수정
<h1 id="site-name"><a href="{% url 'admin:index' %}">SHK Polls Administration</a></h1>
```

NOTE_ 리눅스와 윈도우 간 줄바꿈 문자 변환하기

줄바꿈 문자는 리눅스에서 '\n'이고, 윈도우에서 '\r\n'이므로 변환이 필요합니다. 요즘은 자동으로 변환해 주는 에디터가 많지만, 필요한 경우에는 수동으로 변환해야 합니다.

위에서 설명한 base_site.html 파일도 리눅스 파일이므로 notepad로 열었을 때 줄바꿈 문자가 깨질 수 있습니다. 그때는 다음 명령으로 변환 후 사용하면 됩니다.

```
C:\RedBook\ch99\templates\admin>type base_site.html | more /P > imsi.html
C:\RedBook\ch99\templates\admin>move imsi.html base_site.html
```

예제 4-11과 같이 base_site.html 파일을 수정한 후 다시 Admin 사이트에 접속하면 다음 그림처럼 제목이 변경된 것을 확인할 수 있습니다.

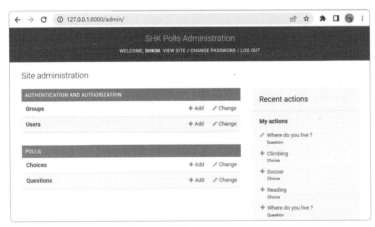

그림 4-18 base_site.html 수정 - UI 확인

이와 같은 방식으로 장고에서 기본적으로 제공하는 템플릿 파일을 장고의 설치 디렉터리에서 현재 프로젝트 디렉터리로 복사한 다음 그 파일을 수정하면 취향에 맞게 Admin 사이트의 룩앤필을 변경할 수 있습니다.

한 가지 유의할 점은 템플릿 파일을 복사할 때 타깃 디렉터리를 templates가 아니라 **templates/admin** 디렉터리로 해야 장고가 템플릿 파일을 찾을 수 있다는 것입니다.

NOTE_ 장고 Admin 사이트

지금까지 장고 Admin 사이트에 관해 살펴보았습니다. Admin 사이트는 여기서 다 설명하지 못한 수많은 기능이 더 있습니다. 조금 더 자세한 내용은 다음 URL을 참고하기 바랍니다.

https://docs.djangoproject.com/en/4.0/ref/contrib/admin/

4.2 장고 파이썬 셸로 데이터 조작하기

앞서 Admin 사이트에 관해 살펴보았습니다. Admin 사이트는 장고의 장점 중 하나로 관리자가 UI 화면에서 데이터 조회, 입력, 수정, 삭제할 수 있는 아주 편리한 기능을 제공합니다. 장고는 추가로 파이썬 셸을 이용하여 데이터를 관리할 수 있는 API도 제공합니다.

Admin 사이트가 UI를 보면서 데이터를 관리할 수 있어 편리하다면, 셸 데이터 처리는 복잡한 조건 검색처럼 Admin 사이트보다 더 다양한 데이터 관리 명령이 가능합니다.

따라서 간단하거나 일반적인 데이터 관리 또는 UI에서 데이터 모습을 확인할 때는 주로 Admin 사이트를 이용하고 복잡한 데이터 처리 또는 별도의 웹 브라우저로 접속할 필요가 없는 경우는 셸로 데이터를 처리하는 것이 보통입니다. 그리고 장고 파이썬 셸에서는 ORM을 포함한 일반 파이썬 문법도 실습할 수 있으므로 실제 프로젝트를 진행할 때는 장고 파이썬 셸을 더 자주 사용합니다.

장고 파이썬 셸을 시작하려면 다음 명령을 실행합니다.

```
C:\Users\shkim>cd C:\RedBook\ch99
C:\RedBook\ch99>python manage.py shell
```

파이썬 셸과 비교하였을 때 장고 파이썬 셸의 다른 점은 manage.py 모듈에 정의한 **DJANGO_SETTINGS_MODULE** 환경 변수를 이용하여 미리 mysite/settings.py 모듈을 임포트한다는 것입니다.

그리고 테이블은 레코드의 모음이라고 할 수 있는데 장고의 ORM은 이러한 테이블의 구조를 클래스로 표현합니다. 클래스의 객체를 생성하는 것은 테이블의 레코드를 생성하는 것을 의미합니다.

여기서는 장고 파이썬 셸의 데이터 처리 기능을 Create, Read, Update, Delete 순서로 설명하고 실습은 **4.2.5 polls 애플리케이션 데이터 실습**에서 진행합니다.

4.2.1 Create – 데이터 생성/입력

데이터 입력, 즉 테이블에 레코드를 생성하기 위해서는 필드값을 지정하여 객체를 생성한 후에 save() 메소드를 호출해야 합니다. save() 명령이 실행되기 전까지는 그저 메모리에서만 변경된 것이므로 변경 사항을 데이터베이스에 반영하려면 save() 명령을 실행해야 합니다. 이 명령 내부에서는 SQL의 **INSERT** 문장을 실행합니다.

```
>>> from polls.models import Question, Choice
>>> from django.utils import timezone
>>> q = Question(question_text="What's new?", pub_date=timezone.now())
>>> q.save()
```

4.2.2 Read – 데이터 조회

데이터베이스로부터 데이터를 조회하기 위해서는 **QuerySet** 객체를 사용해야 합니다. QuerySet은 데이터베이스 테이블로부터 꺼내 온 객체들의 컬렉션입니다. QuerySet은 필터를 가질 수 있으며 필터를 사용하여 QuerySet 내의 항목 중에서 조건에 맞는 레코드만 다시 추출합니다. SQL 용어로 QuerySet은 **SELECT** 문장에 해당하며, 필터는 **WHERE** 절에 해당합니다.

> **NOTE_ 컬렉션이란?**
> 다수의 객체를 한 곳에 모아서 각 객체들을 동일한 방식으로 다룰 수 있도록 해 주는 데이터 구조입니다. 간단히 이야기하면 여러 객체의 모임을 통칭해서 부르는 용어입니다.

조회 결과를 담는 QuerySet을 얻으려면 objects 객체를 사용합니다. objects 객체는 테이블 정보를 담고 있는 객체입니다. 예를 들어 다음과 같은 명령을 실행하면 테이블에서 모든 Question 객체를 담고 있는 QuerySet 컬렉션을 반환합니다. 데이터베이스 용어로 Question 클래스는 테이블에 해당하고 Question 객체는 특정 레코드 하나에 해당하며 objects.all()은 레코드 모두를 의미합니다.

```
>>> Question.objects.all()          # 'Question테이블.레코드.모두'라고 해석하면 됨
```

모든 레코드가 아니라 조건에 맞는 일부 레코드만 검색할 때는 filter()와 exclude() 메소드를 사용합니다. 두 메소드의 차이점은 다음과 같습니다.

- **filter() 메소드** : 주어진 조건에 맞는 객체들을 담고 있는 QuerySet 컬렉션을 반환함
- **exclude() 메소드** : 주어진 조건에 맞는 객체들을 제외한 QuerySet 컬렉션을 반환함

이러한 QuerySet 메소드들은 실행 결과로 QuerySet 컬렉션을 반환하므로 다음과 같이 연쇄 호출이 가능합니다.

```
>>> Question.objects.filter(
...     question_text__startswith='What'
... ).exclude(
...     pub_date__gte=timezone.now()
... ).filter(
...     question_text__contains='hob'
... )
```

1개의 요소만 있는 것이 확실한 경우에는 get() 메소드를 호출하면 됩니다. 호출 결과는 QuerySet이 아니라 1개의 객체입니다.

```
>>> one_entry = Question.objects.get(pk=1)
```

QuerySet 요소의 개수를 제한하려면 다음처럼 파이썬의 배열 슬라이싱 문법을 사용하면 됩니다. 이는 SQL 용어로 **OFFSET, LIMIT** 절에 해당합니다. 그러나 음수 인덱싱은 불가하니 주의 바랍니다.

```
>>> Question.objects.all()[:5]
>>> Question.objects.all()[5:10]
```

```
>>> Question.objects.all()[:10:2]
>>> Question.objects.all()[-1]     # 음수 인덱싱은 불가
```

4.2.3 Update – 데이터 수정

이미 존재하는 객체에 대한 필드값을 수정하는 경우에도 필드 속성값을 수정한 후 save() 메소드를 호출하면 됩니다. 이는 SQL 용어로 **UPDATE** 절에 해당합니다.

```
>>> q.question_text = "What's up today ?"
>>> q.save()
```

그리고 여러 개의 객체를 한꺼번에 수정할 수도 있는데 다음과 같이 update() 메소드를 사용합니다.

```
>>> Question.objects.filter(pub_date__year=2022).update(question_text='Everything is
the same')
```

4.2.4 Delete – 데이터 삭제

객체를 삭제할 때는 delete() 메소드를 사용합니다. 다음 문장은 pub_date 필드의 연도가 2023년인 모든 객체를 삭제하는 명령입니다. delete() 메소드는 SQL 용어로 **DELETE** 절에 해당합니다.

```
>>> Question.objects.filter(pub_date__year=2023).delete()
```

다음 문장은 Question 클래스의 모든 객체, 즉 Question 테이블의 모든 레코드를 삭제하는 명령입니다.

```
>>> Question.objects.all().delete()
```

참고로 테이블의 모든 레코드를 삭제하기 위해 다음 문장처럼 작성해도 될 것 같지만, 이는 장고에서 허용하지 않는 문장이므로 사용할 수 없습니다. 이 문장이 문법적으로는 맞게 보여도 장고에서

허용하지 않는 이유는 **all()** 이란 문구를 구태여 사용하게 함으로써 의도치 않게 모든 레코드를 삭제하는 사용자 실수를 줄이기 위함입니다.

>>> **Question.objects.delete()**   # 장고에서 허용하지 않는 문장

4.2.5 polls 애플리케이션 데이터 실습

4.1 Admin 사이트 꾸미기에서 Admin 사이트를 꾸몄으므로 현재 Question 및 Choice 테이블에 일부 데이터가 들어 있는 상태입니다. 추가로 레코드를 입력하고 확인하는 작업을 진행하겠습니다.

예제 4-12 장고 파이썬 셸 – 실습 1

```
C:\Users\shkim>cd C:\RedBook\ch99
C:\RedBook\ch99>python manage.py shell

# 우리가 정의한 모델을 사용하기 위해 임포트합니다.
>>> from polls.models import Question, Choice

# 현재 각 테이블에 들어 있는 레코드를 확인합니다.
# 3장의 예제를 실습하면서 입력한 Question 레코드 3개가 보입니다.
>>> Question.objects.all()
<Queryset [<Question: What is your hobby ?>, <Question: Who do you like best ?>,
<Question: Where do you live ?>]>

# Admin 사이트를 설명하면서 4.1.6에서 입력한 Choice 레코드 6개가 보입니다.
>>> Choice.objects.all()
[<Choice: Reading>, <Choice: Soccer>, <Choice: Climbing>, <Choice: Seoul>, <Choice:
Daejeon>, <Choice: Jeju>]

# 추가로 레코드 하나를 생성하겠습니다.
# 날짜를 입력하기 위해 timezone 모듈을 임포트합니다.
# settings.py 파일에 USE_TZ=True로 설정된 경우입니다.
# datetime.datetime.now()보다는 timezone.now() 사용을 추천합니다.

>>> from django.utils import timezone
```

```
>>> q = Question(question_text="What's up?", pub_date=timezone.now())

# 데이터베이스에 저장하기 위해 save() 함수를 호출합니다.
>>> q.save()

# id 속성이 자동으로 생성된 것을 확인합니다.
>>> q.id
4

# 속성에 접근할 때는 파이썬 문법 그대로 '.'을 사용합니다.
>>> q.question_text
"What's up ?"
>>> q.pub_date
datetime.datetime(2022, 5, 5, 8, 33, 32, 292895, tzinfo=datetime.timezone.utc)

# 기존의 속성값을 변경하고 데이터베이스에 저장합니다.
>>> q.question_text = "What's new ?"
>>> q.save()

# 테이블의 모든 레코드를 조회합니다.
>>> Question.objects.all()
[<Question: What is your hobby ?>, <Question: Who do you like best ?>, <Question:
Where do you live ?>, <Question: What's new ?>]
# 만일 레코드 제목이 [<Question: Question object>]처럼 나온다면,
# models.py 모듈에 __str__() 메소드를 확인하기 바랍니다.

# 파이썬 셀을 빠져 나오려면 exit() 또는 Ctrl + Z (리눅스에서는 Ctrl + D )를 입력합니다
>>> exit()
```

NOTE_ __str__( ) 메소드

__str__() 메소드는 객체를 스트링으로 표현하는 메소드로 파이썬의 모든 클래스에 정의할 수 있습니다. 3장의 **예제 3-4**에서 Question 객체를 알아보기 쉬운 스트링으로 표현하기 위해 self.question_text를 사용하였습니다.

예제 **4-12**에서는 모든 레코드를 조회하는 등의 단순 조회 위주로 실습을 진행하였습니다. 예제 **4-13**에서는 filter() 함수 등을 이용하여 다양한 조건으로 조회하고 1:N 관계로 연결된 테이블 간 필요한 작업을 실습하겠습니다.

예제 4-13 장고 파이썬 셸 – 실습 2

```
C:₩Users₩shkim>cd C:₩RedBook₩ch99
C:₩RedBook₩ch99>python manage.py shell

>>> from polls.models import Question, Choice

# 모든 레코드가 아니라 조건에 맞는 레코드를 조회하는 기능입니다.
# 조건 표현에는 filter() 함수 및 키워드 인자를 사용합니다.
# startswith와 같은 연산자를 붙일 때는 __(밑줄 2개)를 사용합니다.
>>> Question.objects.filter(id=1)
<Queryset [<Question: What is your hobby ?>]>
>>> Question.objects.filter(question_text__startswith='What')
<Queryset [<Question: What is your hobby ?>, <Question: What's new ?>]>

# 올해 생성된 질문을 조회합니다.
>>> from django.utils import timezone
>>> current_year = timezone.now().year
>>> Question.objects.filter(pub_date__year=current_year)
<Queryset [<Question: What is your hobby ?>, <Question: Who do you like best ?>,
<Question: What's new ?>]>

# id 값을 잘못 지정하면 익셉션이 발생합니다.
>>> Question.objects.get(id=5)
Traceback (most recent call last):
    ...
polls.models.Question.DoesNotExist: Question matching query does not exist.

# 기본키(Primary Key)로 조회하는 것은 흔합니다.
# Question.objects.get(id=1) 명령과 동일합니다.
>>> Question.objects.get(pk=1)
<Question: What is your hobby ?>

# 지금부터는 Choice 모델에 관련된 명령들입니다.
# Question과 Choice 테이블의 관계는 1:N의 관계로 외래키(Foreign Key)로 정의되어 있습니다.
# 이런 경우 장고는 choice_set API를 제공합니다.
# 즉, Choice → Question 방향에는 question 속성을,
# Question → Choice 방향으로는 choice_set 속성을 사용합니다.

# 우선 Question 테이블의 레코드 하나를 지정합니다.
>>> q = Question.objects.get(pk=2)

# 이 질문 레코드에 연결된 답변 항목을 모두 조회합니다.
```

```
>>> q.choice_set.all()
<QuerySet []>

# 질문의 답변 항목 3개를 생성하겠습니다.
# create() 함수를 호출하면 Choice 객체를 생성해서 데이터베이스에 저장하고,
# choice_set 리스트에 추가한 후 생성된 객체를 반환합니다.
>>> q.choice_set.create(choice_text='King sejong', votes=0)
<Choice: King sejong>
>>> q.choice_set.create(choice_text='President Lincoln', votes=0)
<Choice: President Lincoln>
>>> c = q.choice_set.create(choice_text='my mother', votes=0)

# Choice 객체에서 자신과 연결된 Question 객체를 조회할 수 있습니다.
>>> c.question
<Question: Who do you like best ?>

# 반대 방향으로 Question 객체 역시 자신과 연결된 Choice 객체를 조회할 수 있습니다.
>>> q.choice_set.all()
<QuerySet [<Choice: King sejong>, <Choice: President Lincoln>, <Choice: my mother>]>

>>> q.choice_set.count()
3

# 밑줄 2개(__)를 사용하여 객체 간 관계를 표현할 수 있습니다.
# pub_date 속성이 올해인 Question 객체에 연결된 Choice 객체를 모두 조회하는 명령입니다.
# 'current_year' 변수는 앞에서 정의한 바 있습니다.
>>> Choice.objects.filter(question__pub_date__year=current_year)
<QuerySet [<Choice: Reading>, <Choice: Soccer>, <Choice: Climbing>, <Choice: King
sejong>, <Choice: President Lincoln>, <Choice: my mother>]>

# choice_set 중에서 1개의 답변 항목을 삭제할 수 있습니다.
>>> c = q.choice_set.filter(choice_text__startswith='Sleeping')
>>> c.delete()
(1, {'polls.Choice': 1})
```

예제 4-12와 **예제 4-13**을 통해 다양한 조건으로 조회[Read]하고 레코드를 생성[Create], 수정[Update], 삭제[Delete]하는 기능을 실습하였습니다. 장고 파이썬 셸의 장점은 SQL 쿼리 문장을 사용하지 않고도 데이터베이스에 대한 처리를 할 수 있다는 점입니다.

개발자의 데이터베이스 처리 능력은 점점 중요해지고 있습니다. 이번 장고 파이썬 셸 실습을 통해 데이터베이스 처리 기본기를 익혔는데 여기에서 그치지 말고 장고 파이썬 셸 문법에 익숙해지고 문장들을 자유자재로 다룰 수 있도록 데이터베이스 내의 데이터에 접근할 때마다 장고 파이썬 셸을 사용하기를 권장합니다.

4.3 템플릿 시스템

MVT 패턴 방식에서 사용자에게 보여 주는 화면, 즉 UI를 담당하고 있는 기능이 템플릿 시스템입니다. 템플릿 코드를 작성하면 HTML 코드와 장고의 템플릿 코드가 섞이게 되지만, 중요한 점은 템플릿에서는 로직을 표현하는 것이 아니라 사용자에게 어떻게 보여 줄지에 관한 룩앤필을 표현한다는 것입니다. 따라서 템플릿 코딩은 프로그래밍이라기보다는 화면 구현이라고 말하는 것이 더 적절한 표현입니다.

템플릿 코드에는 if 태그, for 태그 등이 있지만, 이들은 파이썬 프로그래밍 언어의 문법과는 다른, 템플릿 시스템에서만 사용되는 고유의 문법입니다. 장고의 템플릿 시스템은 템플릿 문법으로 작성된 템플릿 코드를 해석하여 템플릿 파일로 결과물을 만듭니다. 이렇게 템플릿 코드를 템플릿 파일로 해석하는 과정을 장고에서는 렌더링이라고 합니다. 그 결과물인 템플릿 파일은 HTML, XML, JSON 등의 단순한 텍스트 파일입니다.

지금부터 장고의 템플릿 시스템에서 사용하는 고유의 템플릿 문법을 알아보겠습니다. 템플릿 문법은 복잡한 편이 아니라서 이해하는 데 큰 어려움은 없을 것입니다. 템플릿 시스템의 문법을 이해하는 것이 중요한 게 아니라, 이러한 문법이 적용된 화면이 결국은 화면 디자인 측면에서 어떤 효과를 주는지 예측하는 것이 중요합니다.

> **NOTE_ 템플릿 코드 vs 템플릿 파일**
> 템플릿 코드와 템플릿 파일이라는 용어를 꼭 구분할 필요는 없습니다. 하지만 템플릿에 관해 언급할 때 렌더링이라는 용어는 중요하므로 이 책에서는 렌더링 전의 템플릿 문법에 따라 작성된 파일은 템플릿 코드, 렌더링 후의 결과물인 HTML과 같은 텍스트 파일은 템플릿 파일이라고 하겠습니다.

4.3.1 템플릿 변수

템플릿 코드에는 변수를 사용할 수 있습니다. 변수는 다음과 같이 중괄호 2개로 감싸 줍니다.

```
{{ variable }}
```

템플릿 시스템은 변수를 평가해서 변숫값으로 출력합니다. 변수명은 일반 프로그래밍의 변수명처럼 문자, 숫자, 밑줄(_)을 사용하여 이름을 정의합니다. 또한 변수의 속성에 접근할 수 있는 도트(.) 표현식도 가능합니다.

장고의 템플릿 시스템에서 도트(.)는 파이썬 언어와는 조금 다릅니다. 템플릿 문법에서 도트(.)를 만나면 장고는 다음 순서로 찾기(lookup)를 시도합니다. 예를 들어 **foo.bar**라는 템플릿 변수가 있다면 다음과 같이 해석합니다.

- foo가 사전 타입인지를 확인합니다. 그렇다면 foo['bar']로 해석합니다.
- 그 다음은 foo의 속성을 찾습니다. bar라는 속성이 있으면 foo.bar로 해석합니다.
- 그것도 아니면 foo가 리스트인지를 확인합니다. 그렇다면 foo[bar]로 해석합니다.

템플릿 시스템은 정의가 되어 있지 않은 변수를 사용할 때 빈 문자열(' ')를 채웁니다. 이 값을 변경하려면 **settings.py** 파일에 다음과 같은 속성을 지정합니다. 디폴트는 빈 문자열입니다. 이 기능은 프로그래밍 과정에서 템플릿 에러를 쉽게 발견하는 용도로 사용합니다.

```
STRING_IF_INVALID
```

4.3.2 템플릿 필터

필터란 어떤 객체나 처리 결과에 명령을 추가 적용하여 해당 명령에 맞게 최종 결과를 변경하는 것을 말합니다. 장고의 템플릿 문법에서도 템플릿 변수에 필터를 적용하여 변수의 출력 결과를 변경할 수 있습니다.

필터는 다음 예시처럼 파이프(|) 문자를 사용합니다. name 변숫값의 모든 문자를 소문자로 바꿔 주는 필터입니다.

```
{{ name|lower }}
```

필터를 체인으로 연결할 수도 있습니다. text 변숫값 중에서 특수 문자를 이스케이프하고(escape) 그 결과 스트링에 HTML ⟨p⟩ 태그를 붙여 줍니다(linebreaks).

```
{{ text|escape|linebreaks }}
```

몇 가지의 필터는 인자를 가질 수 있습니다. 다음은 bio 변숫값 중 앞의 30개 단어만 보여 주고 줄바꿈 문자는 모두 없애는 필터입니다.

```
{{ bio|truncatewords:30 }}
```

필터의 인자에 빈칸이 있는 경우는 따옴표로 묶어 줍니다. 만일 list가 ['a', 'b', 'c']라면 결과는 'a // b // c'가 됩니다.

```
{{ list|join:" // " }}
```

value 변숫값이 False이거나 없는 경우 'nothing'으로 보여 줍니다.

```
{{ value|default:"nothing" }}
```

value 변숫값의 길이를 반환합니다. value가 스트링이나 리스트인 경우에 동작합니다. 예를 들어 value가 ['a', 'b', 'c']이면 결과는 '3'이 됩니다. 정의가 되지 않은 변수라면 '0'을 표시합니다.

```
{{ value|length }}
```

value 변숫값에서 HTML 태그를 모두 없앱니다. 그러나 100% 보장하는 것은 아니므로 확실하게 적용하고 싶다면 bleach 패키지를 사용합시다.

```
{{ value|striptags }}
```

예제 3-12 results.html에서 사용하였던 복수 접미사 필터입니다.

```
{{ value|pluralize }}
```

value 변숫값이 1이 아니면 복수 접미사 s를 붙여 줍니다. 다른 복수 접미사 es 또는 ies를 붙일 때는 필터에 인자를 사용합니다.

```
walrus{{ value|pluralize:"es" }} 또는 cherr{{ value|pluralize:"y,ies" }}
```

다음은 더하기 필터입니다. 만일 value 변숫값이 4라면 다음 표현식의 최종 결과는 '6'이 됩니다. 이 필터는 데이터 타입에 따라 결과가 달라지므로 주의해야 합니다.

```
{{ value|add:"2" }}
```

처음에는 value 변숫값과 add 필터의 인자가 모두 integer 타입이라고 간주하고 덧셈을 시도합니다. 이 시도가 실패하면 타입이 허용하는 문법에 따라 더하기를 시도합니다. 이 시도는 성공할 수도 있고 실패할 수도 있는데 실패하는 경우는 빈 문자열을 반환합니다. 이해를 돕기 위해서 다음 예시의 결과를 살펴보겠습니다.

```
{{ first|add:second }}
```

- first="python", second="django"라면 결과는 'pythondjango'가 됩니다.
- first=[1, 2, 3], second=[4, 5, 6]이라면, 결과는 '[1, 2, 3, 4, 5, 6]'이 됩니다.
- first="5", second="10"이라면 결과는 '15'가 됩니다.

> **NOTE_** 장고는 앞서 설명한 필터를 포함하여 약 60여 가지의 필터를 제공합니다. 또한 사용자 정의 필터를 만들 수도 있습니다. 자세한 사항은 다음 URL을 참고 바랍니다.
>
> https://docs.djangoproject.com/en/4.0/ref/templates/builtins/

04

4.3.3 템플릿 태그

템플릿 태그는 {% tag %} 형식을 가지며 템플릿 변수나 필터에 비해 조금 더 복잡한 편입니다. 어떤 태그는 시작 태그와 끝 태그 둘 다 있어야 합니다. 텍스트 결과물을 만들기도 하고 템플릿 로직을 제어하기도 하며 외부 파일을 템플릿 내로 로딩하기도 합니다.

템플릿 태그 중 {% for %} 태그와 {% if %} 태그를 가장 많이 사용합니다. 여기에서는 가장 많이 사용되는 템플릿 태그와 폼 템플릿에서 많이 사용되는 {% csrf_token %} 태그 및 예제에서도 사용하고 있는 {% url %}, {% with %}, {% load %} 태그 등을 살펴보겠습니다.

| {% for %} 태그 |

{% for %} 태그를 사용하면 리스트에 담겨 있는 항목들을 순회하면서 출력할 수 있습니다.

```
<ul>
{% for athlete in athlete_list %}
    <li>{{ athlete.name }}</li>
{% endfor %}
</ul>
```

위 예제는 운동 선수 리스트(athlete_list)에 들어 있는 항목(athlete)을 순회하면서 각 운동 선수의 이름(athelete.name)을 보여 주는 문장입니다. 또한 {% for %} 태그를 사용하여 루프를 돌 때 사용할 수 있는 여러 가지 변수도 제공합니다.

표 4-1 for 태그에 사용되는 변수들

변수명	설명
forloop.counter	현재까지 루프를 실행한 루프 카운트(1부터 카운트함)
forloop.counter0	현재까지 루프를 실행한 루프 카운트(0부터 카운트함)
forloop.revcounter	루프 끝에서 현재가 몇 번째인지 카운트한 숫자(1부터 카운트함)
forloop.revcounter0	루프 끝에서 현재가 몇 번째인지 카운트한 숫자(0부터 카운트함)
forloop.first	루프에서 첫 번째 실행이면 True 값을 가짐
forloop.last	루프에서 마지막 실행이면 True 값을 가짐
forloop.parentloop	중첩된 루프에서 현재의 루프 바로 상위의 루프를 의미함

| {% if %} 태그 |

다음은 {% if %} 태그입니다. 변수를 평가하여 True이면 바로 아래의 문장이 표시됩니다.

```
{% if athlete_list %}
    Number of athletes: {{ athlete_list|length }}
{% elif athlete_in_locker_room_list %}
    Athletes should be out of the locker room soon!
{% else %}
    No athletes.
{% endif %}
```

만일 athlete_list 변수가 True이면 운동 선수의 수가 표시되고 athlete_in_locker_room_list 변수가 True이면 그 아래 문장이 화면에 나타납니다. 또한 두 조건 모두 아니라면 'No athletes.' 라는 문장이 나타납니다.

{% if %} 태그는 다음과 같은 문법도 가능합니다. 즉, {% if %} 태그에 필터와 연산자를 사용할 수 있다는 것입니다. 다만 주의할 점은 대부분의 필터가 스트링을 반환하므로 산술 연산이 안 되는데 length 필터는 예외적으로 가능합니다.

```
{% if athlete_list|length > 1 %}
```

또한 {% if %} 태그에는 아래와 같은 불린 연산자를 사용할 수 있다는 점도 알아 두기 바랍니다.

```
and, or, not, and not, ==, !=, <, >, <=, >=, in, not in
```

| {% csrf_token %} 태그 |

POST 방식의 ⟨form⟩을 사용하는 템플릿 코드에서는 CSRF Cross Site Request Forgery 공격을 방지하기 위해 {% csrf_token %} 태그를 사용해야 합니다. 이 태그를 통해 위조된 폼 요청인지 판별할 수 있기 때문입니다.

```
<form action="." method="post">{% csrf_token %}
```

위치는 〈form〉 엘리먼트의 첫 줄 다음에 넣어 주면 됩니다. 이 태그를 사용하면 장고는 내부적으로 CSRF 토큰값의 유효성을 검증합니다. 만일 CSRF 토큰값 검증에 실패하면 사용자에게 403 에러를 보여 줍니다. 주의할 점은 CSRF 토큰값이 유출될 수도 있으므로 외부 URL로 보내는 〈form〉에는 사용하지 않아야 한다는 것입니다.

NOTE_ CSRF 공격이란?

CSRF(Cross-Site Request Forgery)는 사이트 간 요청 위조 공격이라고도 표현합니다. 웹 사이트의 취약점을 공격하는 방식 중 하나로 특정 웹 사이트에서 이미 인증을 받은 사용자를 이용하여 공격을 시도합니다. 인증을 받은 사용자가 공격 코드가 삽입된 페이지를 열면 공격 대상이 되는 웹 사이트는 위조된 공격 명령이 믿을 수 있는 사용자로부터 발송된 것으로 판단하게 되어 공격을 받게 되는 방식입니다.

| {% url %} 태그 |

{% url %} 태그도 자주 사용합니다. 이 태그는 URLconf를 참조하여 적합한 URL을 만드는 기능을 합니다. **예제 3-8** detail.html 템플릿 파일에서 다음과 같은 코드를 사용하였습니다.

```
<form action="{% url 'polls:vote' question.id %}" method="post">
```

이 태그의 주 목적은 소스에 URL을 하드 코딩하는 것을 방지하기 위한 것입니다. 만일 이 태그를 사용하지 않는다면 다음과 같이 URL을 하드 코딩해야 할 것입니다.

```
<form action="/polls/3/vote/" method="post">
```

만일 위와 같이 코딩한다면, 예를 들어 /polls/라는 URL을 /blog/라고 변경하는 경우에 URLconf 뿐 아니라 모든 html을 찾아서 변경해야 하는 문제가 발생합니다. 또한 /3/이라는 숫자는 런타임에 따라 결정되어 항상 변하는 값이므로 그에 따라 변수 처리를 해야 하므로 이 또한 불편합니다.

이러한 이유 때문에 {% url %} 태그를 사용하여 하드 코딩을 피하는 것입니다. {% url %} 태그를 사용하면 URL이 변경되더라도 URLconf만 변경하고 템플릿 코드는 변경하지 않아도 됩니다.

태그의 사용 형식은 다음과 같습니다.

```
{% url 'namespace:view-name' arg1 arg2 %}
```

- **namespace** : urls.py 파일의 include() 함수 또는 app_name 변수에 정의한 이름 공간(namespace) 이름
- **view-name** : urls.py 파일에서 정의한 URL 패턴 이름
- **argN** : URL 스트링의 Path Converter 부분에 들어갈 인자로 없을 수도 있고 여러 개인 경우 빈칸으로 구분함

| {% with %} 태그 |

{% with %} 태그는 특정 값을 변수에 저장하는 기능을 합니다.

```
{% with total=business.employees.count %}
    {{ total }} employee{{ total|pluralize }}
{% endwith %}
```

위 문장에서 total 변수의 유효 범위는 with 구문 내, 즉 {% with %}에서 {% endwith %}까지입니다. 이 태그는 데이터베이스를 조회하는 것처럼 부하가 큰 동작의 결과를 저장하고 다시 동일한 동작이 필요한 경우에는 저장한 결과를 활용하여 부하를 줄일 때 사용됩니다.

이 태그는 다음과 같은 예전 버전의 문법을 사용해도 무방합니다.

```
{% with business.employees.count as total %}
    {{ total }} employee{{ total|pluralize }}
{% endwith %}
```

| {% load %} 태그 |

{% load %} 태그는 사용자 정의 태그 및 필터를 로딩합니다.

```
{% load somelibrary package.otherlibrary %}
{% load foo bar from somelibrary %}
```

태그 및 필터는 장고에서 기본적으로 제공하는 것 외에도 개발자가 필요에 따라 스스로 정의하여 사용할 수 있습니다. 이런 것을 사용자 정의 태그, 사용자 정의 필터라고 합니다. 사용자 정의 태그 및 필터를 사용하기 위해서는 사용하기 전에 로딩을 먼저 해야 합니다.

첫 번째 문장은 somelibrary.py 파일 및 package/otherlibrary.py 파일에 정의된 사용자 정의 태그 및 필터를 로딩합니다. 두 번째 문장은 somelibrary.py 파일에 있는 foo와 bar 태그(또는 필터)를 로딩합니다.

그 외에도 주석문과 관련된 태그, HTML 이스케이프와 관련된 태그 및 템플릿 상속과 관련된 태그 는 뒷부분에서 별도로 설명하겠습니다.

> **NOTE_** 장고는 앞서 설명한 태그를 포함하여 약 30여 가지의 태그를 제공하고 있습니다. 자세한 사항은 다음 URL을 참고 바랍니다.
>
> https://docs.djangoproject.com/en/4.0/ref/templates/builtins/

4.3.4 템플릿 주석

템플릿 코드에서도 주석문을 사용할 수 있습니다. 템플릿에 주석문를 사용하는 방법은 다음과 같이 2가지 문법이 있습니다.

첫 번째는 한 줄 주석문으로 다음처럼 {# #} 형식을 따릅니다. 한 문장의 전부 또는 일부를 주석 처리하는 방법입니다. 다음 예제에서 greeting은 주석 처리되고 hello 문구만 나타납니다.

```
{# greeting #}hello
```

다음과 같이 {# #} 주석문 내에 템플릿 코드가 들어 있어도 정상적으로 주석 처리됩니다.

```
{# {% if foo %}bar{% else %} #}
```

두 번째는 여러 줄의 주석문으로 다음처럼 {% comment %} 태그를 사용합니다.

```
{% comment "Optional note" %}
<p>Commented out text here</p>
{% endcomment %}
```

앞의 예제에서 "Optional note" 문구는 없어도 되지만, 이 위치에 왜 주석 처리를 하는지 사유를 기록하면 나중에 기억하기 편리합니다. 또한 {% comment %} 태그는 중첩하여 사용할 수 없다는 점도 함께 알아 두기 바랍니다.

4.3.5 HTML 이스케이프

템플릿 코드를 렌더링rendering하여 HTML 텍스트를 만들 때 주의해야 할 사항이 하나 있습니다. 만일 템플릿 변수에 HTML의 태그가 들어 있는 경우 그대로 렌더링하면 원하지 않는 결과가 나올 수도 있습니다. 문제가 되는 경우를 예로 들어 설명하겠습니다.

만일 name 변수에 HTML 태그가 들어 있는 상황에서

```
name = "<b>username"
```

템플릿 코드에 다음과 같은 문장을 사용하면

```
Hello, {{ name }}
```

그 결과는 다음과 같이 나타납니다.

```
Hello, <b>username
```

이 결과는 웹 브라우저에 표시될 때 〈b〉 태그 이후의 문장을 모두 볼드체로 바꿔 버리기 때문에 원하였던 Hello, 〈b〉username과는 다른 결과가 나타납니다. 참고로 이런 약점을 이용하여 XSS Cross Site Scripting 공격이 이루어집니다.

이처럼 사용자가 입력한 데이터를 그대로 렌더링하는 것은 위험할 수 있습니다. 그래서 장고는 앞의 예와 같은 결과를 방지하기 위해서 디폴트로 HTML에 사용되는 예약 문자들을 다음처럼 예약 의미를 제거한 문자로 변경하는 이스케이프 기능을 제공합니다.

```
< (less than) 문자는 &lt; 로 변경함
> (greater than) 문자는 &gt; 로 변경함
' (single quote) 문자는 &#x27; 로 변경함
" (double quote) 문자는 &quot; 로 변경함
& (ampersand) 문자는 &amp; 로 변경함
```

그러나 이와 같은 자동 HTML 이스케이프 기능을 비활성화해야 하는 경우도 있습니다. 예를 들어 HTML 태그를 그대로 출력하고 싶은 경우나, 이스케이프 문자가 들어 있는 이메일 메시지를 템플릿 파일에 출력하는 경우가 이에 해당됩니다.

장고의 자동 이스케이프 기능을 비활성화하는 방법은 다음과 같이 2가지가 있습니다.

첫 번째는 safe 필터를 사용하여 자동 이스케이프를 방지하는 방법입니다. safe 필터는 템플릿 변수에만 영향을 미칩니다.

```
This will not be escaped: {{ data|safe }}
```

두 번째는 {% autoescape %} 태그를 사용하여 자동 이스케이프를 방지하는 방법입니다. 이 경우는 템플릿 코드에서 범위를 정하여 이스케이프를 방지할 수 있습니다.

```
{% autoescape off %}
Hello {{ name }}
{% endautoescape %}
```

추가로 필터의 인자에 사용되는 스트링 리터럴literal에는 자동 이스케이프 기능이 적용되지 않는다는 사실도 알아 두기 바랍니다. 그래서 다음 예의 첫 번째 문장보다는 두 번째 문장을 사용하는 것이 좋습니다.

```
{{ data|default:"3 < 5" }}          // 스트링 리터럴에서는 자동 이스케이프가 안 됨
{{ data|default:"3 &lt; 5" }}
```

4.3.6 템플릿 상속

상속은 템플릿 문법 중에서 가장 복잡하지만, 그만큼 강력한 기능입니다. 템플릿 상속을 통해서 템플릿 코드를 재사용할 수 있고 사이트의 룩앤필을 일관성 있게 보여줄 수 있기 때문입니다. 부모 템플릿에 템플릿의 뼈대를 만들고 {% block %} 태그를 통해 하위로 상속할 부분을 지정하면 자식 템플릿에는 부모 템플릿의 뼈대는 그대로 재사용하고 {% block %} 부분만 채우면 됩니다.

예를 들어 다음처럼 부모 템플릿에 3개의 {% block %} 태그를 지정한 경우를 살펴보겠습니다. title 블록, sidebar 블록, content 블록 이렇게 3개입니다.

예제 4-14 템플릿 상속 - 부모 템플릿

```
<!DOCTYPE html>
<html lang="en">
<head>
    <link rel="stylesheet" href="style.css" />
    <title>{% block title %}My amazing site{% endblock %}</title>
</head>

<body>
    <div id="sidebar">
        {% block sidebar %}
```

```
        <ul>
            <li><a href="/">Home</a></li>
            <li><a href="/blog/">Blog</a></li>
        </ul>
        {% endblock %}
    </div>

    <div id="content">
        {% block content %}{% endblock %}
    </div>
</body>
</html>
```

자식 템플릿에서는 **예제 4-15**처럼 앞에서 언급한 3개의 {% block %} 태그 중에서 2개를 채웠습니다. 3개의 {% block %} 태그를 모두 채울 필요는 없습니다. sidebar 블록처럼 자식 템플릿에서 채우지 않으면 부모 템플릿 내용을 그대로 사용합니다.

또한 상속을 받는다는 사실을 표시하기 위해 {% extends %} 태그를 사용합니다.

예제 4-15 템플릿 상속 - 자식 템플릿

```
{% extends "base.html" %}

{% block title %}My amazing blog{% endblock %}
{% block content %}
{% for entry in blog_entries %}
    <h2>{{ entry.title }}</h2>
    <p>{{ entry.body }}</p>
{% endfor %}
{% endblock %}
```

다음은 자식 템플릿 결과 파일인데 부모 템플릿 코드로부터 상속을 받고 자식 템플릿 코드에서 렌더링한 결과입니다.

예제 4-16 템플릿 상속 - 템플릿 처리 결과

```
<!DOCTYPE html>
<html lang="en">
```

```
<head>
    <link rel="stylesheet" href="style.css" />
    <title>My amazing blog</title>
</head>

<body>
    <div id="sidebar">
        <ul>
            <li><a href="/">Home</a></li>
            <li><a href="/blog/">Blog</a></li>
        </ul>
    </div>

    <div id="content">
        <h2>Entry one</h2>
        <p>This is my first entry.</p>

        <h2>Entry two</h2>
        <p>This is my second entry.</p>
    </div>
</body>
</html>
```

부모 템플릿의 title 블록으로부터 상속받은 부분입니다. 자식 템플릿에서 정의한 내용으로 오버라이딩되었습니다.

부모 템플릿의 sidebar 블록으로부터 상속받은 부분입니다. 자식 템플릿에서 정의하지 않아 부모 템플릿 코드를 그대로 사용하였습니다.

부모 템플릿의 content 블록으로부터 상속받은 부분입니다. 자식 템플릿에서 정의한 내용으로 오버라이딩되었습니다.

이와 같이 템플릿 상속을 사용하면 템플릿 전체의 모습을 구조화할 수 있어 코드의 재사용이나 변경이 용이하고 무엇보다도 사이트 UI의 룩앤필을 일관되게 가져갈 수 있습니다. 사이트 전체적으로 조화로운 룩앤필을 유지하려면 일반적으로 템플릿 상속을 다음과 같이 3단계로 사용하는 것이 좋습니다.

- **1단계** : 사이트 전체의 룩앤필을 담고 있는 base.html을 만듭니다.
- **2단계** : 사이트 하위의 섹션별 스타일을 담고 있는 base_news.html, base_sports.html 등의 템플릿을 만듭니다. 물론 2단계 템플릿들은 1단계 base.html 템플릿을 상속받습니다.
- **3단계** : 개별 페이지에 대한 템플릿을 만듭니다. 3단계 템플릿들은 2단계 템플릿 중에서 적절한 템플릿을 상속받습니다.

템플릿 상속을 정의할 때는 다음 사항을 유의하여 사용하기 바랍니다.

- {% extends %} 태그는 사용하는 태그 중에서 가장 먼저 나와야 합니다.
- 템플릿의 공통 사항을 가능하면 많이 뽑아 1단계 부모 템플릿에 {% block %} 태그를 많이 넣으면 좋습니다.

- 부모 템플릿의 {% block %} 안에 있는 내용을 그대로 사용하고 싶다면 자식 템플릿에서 {{ block.super }} 변수를 사용하면 됩니다. 부모 템플릿의 내용을 그대로 사용하면서 자식 템플릿에서 내용을 추가하는 경우에 사용하는 방법입니다.

- 가독성을 높이기 위해 {% endblock content %}처럼 블록명을 기입해도 됩니다.

- {% block name %} 태그를 사용할 때 한 파일 내에서 name을 중복하여 사용할 수 없습니다.

4.4 폼 처리하기

우리는 3장에서 폼을 처리하는 과정을 간단히 살펴보았습니다. detail.html 템플릿에서 투표용 라디오 버튼을 보여 주는 폼을 작성하였고 vote() 뷰 함수에서 이 폼을 처리하는 로직을 작성한 바 있습니다.

장고에서는 이보다 조금 더 간편하게 폼을 처리할 수 있는 기능을 제공하는데 이제부터 장고의 폼 처리 기능에 관해 자세히 알아보겠습니다.

4.4.1 HTML에서의 폼

웹 사이트를 만들 때 사용자로부터 입력을 받기 위해 폼을 사용합니다. 다음과 같이 HTML로 ⟨form⟩ 태그를 작성하면 **그림 4-19**처럼 웹 브라우저 화면에 폼이 나타납니다.

예제 4-17 ⟨form⟩ 태그 예시 – polls\models.py

```
<form action="/url/" method="post">                          ❶
    <label for="your_name">Your name: </label>               ❷
    <input id="your_name" type="text" name="your_name">      ❸
    <input type="submit" value="OK">                         ❹
</form>
```

❶ action 속성으로 서버의 목적지 URL을 지정하고 method 속성으로 HTTP 메소드를 지정합니다. 속성값이 " " 또는 "."이면 현재 URL을 사용합니다.

❷ ⟨label⟩ 태그의 for 속성과 ⟨input⟩ 태그의 id 속성이 동일해야 서로 바인딩됩니다.

❸ type 속성(text, radio, checkbox 등)에 따라 〈input〉 태그의 역할이나 모양이 달라집니다(text, radio, checkbox 등).

❹ type="submit"이면 버튼 모양으로 보이고 이 버튼을 클릭하면 서버로 폼이 전송됩니다.

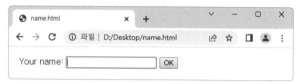

그림 4-19 사용자의 이름을 취득하기 위한 폼

폼에서 사용할 수 있는 HTTP 메소드는 GET과 POST뿐인데 서로 용도가 다릅니다. 서버 시스템의 상태를 바꾸는 요청, 예를 들어 데이터베이스의 내용을 변경하는 요청은 POST 방식을 사용하고, 시스템의 상태를 바꾸지 않는 요청은 GET 방식을 사용합니다.

또한 GET 방식은 비밀번호 폼에서는 사용하지 않는 편이 좋습니다. 그 이유는 URL이나 브라우저 히스토리, 서버의 로그에 비밀번호가 텍스트 형태로 노출될 수 있기 때문입니다. GET 방식은 폼 데이터양이 많거나 이미지와 같은 2진 데이터를 보내는 경우에도 부적합하고 보안에도 취약하기 때문에 위와 같은 경우에는 모두 POST 방식을 사용합니다. 반면 검색 폼 같은 경우에는 GET 방식이 적절한데 그 이유는 GET 방식의 데이터가 URL에 포함되므로 URL을 북마크하여 쉽게 공유하거나 재전송할 수 있기 때문입니다.

4.4.2 장고의 폼 처리 기능

장고에서의 폼 처리는 복잡한 과정이지만 일정한 규칙에 따라 진행됩니다. 처리 순서는 다음 그림과 같으며 **표 4-2**에 처리 순서를 요약하였습니다. 처리 순서별 자세한 설명은 표에 표시된 번호에 따라 본문에서 설명하겠습니다.

그림 4-20 장고의 폼 처리 과정

표 4-2 폼 처리 단계 요약

표 4-2 폼 처리 단계 요약

구분	처리 단계	상세 설명
사전 준비	Form 클래스 정의	(1) Form 클래스 정의
GET 처리	Form 객체 생성	(2) Form 객체 생성
	HTML 〈form〉 태그 생성	(3) 템플릿에 처리 위임
		(4) 템플릿에서 〈form〉 태그 생성
		(5) 클라이언트에게 응답
웹 브라우저	화면에 폼 출력	(6) 화면에 폼 출력
	데이터 입력 후 제출	(7) 데이터 입력 후 제출
POST 처리	유효성 검사 후 DB 저장	(8) 유효성 검사
		(9) 데이터 처리
	Redirect 응답	(10) Redirect 응답
	(새로운 요청과 응답 처리)	(11) 새로운 요청과 응답 처리

| Form 클래스 정의 |

장고는 Form 클래스를 통해 폼 처리를 하므로 Form 클래스를 사전에 정의해야 합니다. 아래와 같은 형식으로 Form 클래스를 정의하며 보통은 **forms.py** 파일에 코딩합니다.

```
class NameForm(forms.Form):
    your_name = forms.CharField(label='Your name', max_length=100)
```

| Form 객체 생성 |

장고의 폼 처리는 GET 요청을 수신한 시점에서 시작됩니다. 앞서 정의한 Form 클래스의 객체를 생성합니다. 이때 데이터를 넣어서 폼 객체를 생성할 수도 있고 빈 데이터로 폼 객체를 생성할 수도 있습니다. **views.py** 파일의 뷰에서 폼 처리를 할 때 폼 객체를 만들어 다음 예시처럼 form 변수에 폼 객체를 할당합니다.

```
form = NameForm() 또는 form = NameForm(data)
```

| 템플릿에 처리 위임 |

다음 코드를 사용하면 뷰는 폼 객체를 전달하면서 템플릿 엔진에 〈form〉 태그와 관련된 HTML을
생성하도록 요청합니다.

```
render(request, 'name.html', {'form': form})
```

| 템플릿에서 〈form〉 태그 생성 |

개발자가 다음과 같은 코드를 작성하면 템플릿 엔진은 자동으로 〈form〉 태그와 관련된 HTML을
생성합니다. {{ form }}과 {% csrf_token %} 부분이 자동으로 변환되는 부분이고 나머지는 개발
자가 직접 코딩해야 합니다. {{ form }} 변수에는 뷰가 전달한 폼 객체가 들어 있고 {% csrf_token
%} 템플릿 태그는 CSRF 공격을 방지하기 위한 token 값을 자동으로 생성합니다.

```
# 변환 전 코드
<form action="/url/" method="post">
    {% csrf_token %}
    {{ form }}
    <input type="submit" value="OK" />
</form>

# 변환 후 코드
<form action="/url/" method="post">
    <input type="hidden" value="xxxx1234yyyyzzzz" />
    <label for="your_name">Your name: </label>
    <input id="your_name" type="text" name="your_name" maxlength = "100">
    <input type="submit" value="OK" />
</form>
```

| 클라이언트에게 응답 |

템플릿 HTML 파일이 완성되면 장고는 클라이언트에게 HTML을 전송합니다. HTML에는 앞에서
설명한 〈form〉 태그가 들어 있습니다.

| 화면에 폼 출력 |

응답받은 웹 브라우저는 HTML의 〈form〉을 해석하여 화면에 폼을 출력합니다.

| 데이터 입력 후 제출 |

사용자가 폼에 데이터를 입력하고 제출^{submit} 버튼을 클릭하면 웹 브라우저는 POST 방식으로 폼 데이터를 서버로 전송합니다.

| 유효성 검사 |

웹 서버는 수신 데이터가 로직에 맞는 데이터인지 확인하는 유효성 검사를 수행합니다. is_valid() 함수가 유효성 검사를 수행하는 함수입니다. 데이터의 타입, 길이 등 원하는 로직으로 유효성 검사를 수행할 수 있습니다.

유효성 검사가 실패하면 클라이언트에게 HTML 폼을 다시 보내 사용자가 재입력하도록 요청합니다. 이 경우 보통 사용자가 마지막으로 입력한 데이터, 즉 유효성 검사에 실패한 데이터를 채워 폼을 다시 보냅니다.

| 데이터 처리 |

유효성 검사를 통과한 사용자 데이터는 cleaned_data 변수에 담기고 뷰는 이 데이터를 사용하여 원하는 처리를 합니다. 보통은 데이터베이스에 데이터를 저장하는 기능을 합니다.

| Redirect 응답 |

데이터 처리가 끝나면 클라이언트에게 성공 응답을 하는데 200 OK를 보낼 수도 있지만, 보통은 302 redirect 응답을 보냅니다. 302 응답을 받은 웹 브라우저는 응답의 Location 헤더에 들어 있는 URL로 서버에 새로운 요청을 보냅니다.

| 새로운 요청과 응답 처리 |

보통은 폼 처리의 결과로 '로그인이 성공하였습니다'와 같은 메시지를 화면에 보여 줍니다. 장고의 기능적 측면에서 보면 이 시점부터 Form 처리와는 무관한 별개의 요청이 됩니다. 이제 장고는 그 요청에 따른 처리를 합니다.

4.4.3 Form 클래스로 폼 정의

장고는 데이터베이스 테이블을 Model 클래스로 매핑해서 처리하는 것과 유사한 방식으로 HTML 의 〈form〉 태그를 Form 클래스로 매핑해서 처리합니다. Form 클래스의 각 필드는 HTML 폼의 〈input〉 엘리먼트에 해당합니다. 이런 Form 클래스를 통해서 HTML 〈form〉 태그의 동작과 모양을 기술하고 정의합니다.

다음과 같이 ContactForm이라는 Form 클래스를 정의한 경우를 살펴봅시다.

```python
from django import forms
from .validators import validate_com

class ContactForm(forms.Form):
    subject = forms.CharField(max_length=100)
    message = forms.CharField(widget=forms.Textarea)
    sender = forms.EmailField(validators=[validate_com])
    cc_myself = forms.BooleanField(required=False)
```

모든 폼 클래스는 django.forms.Form의 자식 클래스로 정의됩니다. 나중에 보게 될 Model Form 역시 django.forms.Form의 자식 클래스로 간주해도 무방합니다. ContactForm은 4개의 필드를 가지고 있으며 각 필드마다 필드명, 필드 타입, 필드 옵션 등을 정의하고 있습니다.

필드명은 데이터를 담는 변수 역할을 하며 〈input〉 태그의 name 속성에 매핑됩니다. 필드 타입은 예상되는 데이터 타입에 맞게 정의합니다. 예시 코드에서는 subject 필드를 문자열 타입 (CharField)으로 cc_myself 필드를 불린 타입(BooleanField)으로 정의하였습니다.

필드 모양은 widget 속성으로 결정하며 〈input〉 태그의 〈type〉 속성으로 매핑됩니다. 필드 타입마다 디폴트 위젯이 미리 정의되어 있습니다. CharField의 디폴트 위젯은 TextInput이지만 예시 코드의 message 필드처럼 Textarea 위젯으로 변경할 수도 있습니다.

required 속성은 디폴트 값이 True인데 cc_myself 필드는 False로 지정하였으므로 사용자가 입력하지 않아도 에러가 나지 않습니다.

앞에서 설명한 필드 타입이나 max_length와 같은 일부 옵션이 유효성 검사에 사용됩니다. 필요에 따라 유효성 검사 수행 방법을 추가로 정의할 수도 있습니다. 폼이 제출된 후에 sender 필드에 들어 있는 데이터는 2가지 유효성 검사를 통과해야 합니다. EmailField에 정의된 디폴트 검사인

validate_email과 개발자가 추가한 validate_com 검사입니다. 참고로 장고의 is_valid() 메소드가 유효성 검사를 수행하는 함수입니다.

4.4.4 ModelForm 클래스로 폼 정의

폼에 데이터를 입력하고 그 데이터로 테이블에 레코드를 생성, 수정, 삭제하는 일은 흔히 발생합니다. 그래서 폼과 테이블은 밀접한 연관이 있으며 서로 연계해서 처리하는 것이 효율적입니다. 장고에서 ModelForm 클래스를 사용하면 폼 처리를 할 때 Model 클래스와 연계할 수 있습니다.

만일 Model 클래스가 다음 코드처럼 정의되어 있다면

```python
from django.db import models
from .validators import validate_com

class Contact(models.Model):
    subject = models.CharField(max_length=100)
    message = models.CharField(max_length=200)
    sender = models.EmailField(validators=[validate_com])
    cc_myself = models.BooleanField(blank=True, null=True)
```

방금 살펴본 코드의 Model 클래스를 활용하여 Form 클래스를 다음 코드처럼 간단하게 정의할 수 있습니다.

```python
from django.forms import ModelForm
from .models import Contact

class ContactForm(ModelForm):
    class Meta:
        model = Contact
        fields = ['subject', 'message', 'sender']
        # exclude = ['cc_myself']
        # fields = '__all__'
```

이 코드에서는 Contact 모델 클래스를 활용하여 ContactForm 클래스를 정의하고 있습니다. Contact 모델에 정의된 4개 필드 중에서 subject, message, sender 3개 필드를 폼 필드로 사용

하고 있습니다. exclude 속성을 사용하여 cc_myself 필드만 제외해도 동일한 문장이 됩니다. __all__ 문구를 사용하면 Contact 모델에 있는 모든 필드를 폼 필드로 사용합니다.

모델 필드(models.CharField)와 폼 필드(forms.CharField)는 유사하지만 동일하지는 않으므로 서로 다른 클래스로 정의되어 있습니다. 이 두 클래스 사이의 변환을 장고가 알아서 해 줍니다.

ModelForm 클래스는 Form 클래스의 기능을 포함하고 있다는 사실을 명심하고 추가로 다음 사항도 유의 바랍니다.

- 모델폼은 instance 속성을 가지고 있으므로 모델폼에 연결된 모델 객체를 지칭할 수 있습니다.
- 모델폼은 save() 메소드를 가지고 있으므로 save() 메소드를 호출하면 모델폼의 데이터가 DB에 저장됩니다.
- 유효성 검사를 수행할 때 폼에 대한 유효성 검사와 더불어 모델에 대한 유효성 검사도 수행합니다.

> **NOTE_ 폼과 모델폼의 실습**
> 이 책에서는 폼 또는 모델폼을 활용한 코드는 다루지 않습니다. 폼을 활용한 코드를 개별적으로 실습하는 경우에 방금 살펴본 폼과 모델폼에 관한 설명을 다시 한번 살펴보고 실습합시다. 실무에서는 폼보다도 모델폼을 조금 더 자주 사용한다는 점도 참고 바랍니다.

4.4.5 뷰에서 Form 클래스 처리

앞에서 작성한 NameForm 폼 클래스와 name.html 템플릿을 사용하여 폼을 보여 주고 폼 데이터를 수신하여 처리하는 뷰를 작성하겠습니다. 폼을 처리하는 뷰는 2개가 필요합니다. 하나는 폼을 보여 주는 뷰이고, 다른 하나는 제출된 폼을 처리하는 뷰입니다. 2개의 뷰는 하나의 뷰로 통합하여 처리할 수 있는데 장고에서는 하나의 뷰로 통합하여 폼을 처리하는 것을 권장하고 있습니다.

이렇게 하나의 뷰에서 2가지 기능을 처리하려면 처음 사용자에게 보여 주는 폼과 사용자가 데이터를 입력한 후 제출된 폼을 구분하여 처리할 수 있어야 합니다. 장고에서는 이를 HTTP 메소드로 구분합니다. 즉, 뷰가 GET 방식으로 요청을 받은 경우에는 사용자에게 처음으로 폼을 보여 주도록 처리하고, 뷰가 POST 방식으로 요청을 받은 경우에는 데이터가 담긴 제출된 폼으로 간주하여 처리합니다.

다음의 뷰 함수 코드를 보면서 뷰의 처리 방식을 설명하겠습니다.

예제 4-18 뷰에서 폼 클래스를 처리하는 방식

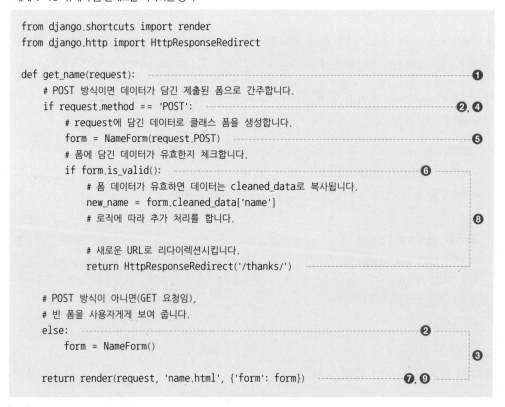

```
from django.shortcuts import render
from django.http import HttpResponseRedirect

def get_name(request):                                          ❶
    # POST 방식이면 데이터가 담긴 제출된 폼으로 간주합니다.
    if request.method == 'POST':                                ❷, ❹
        # request에 담긴 데이터로 클래스 폼을 생성합니다.
        form = NameForm(request.POST)                           ❺
        # 폼에 담긴 데이터가 유효한지 체크합니다.
        if form.is_valid():                                     ❻
            # 폼 데이터가 유효하면 데이터는 cleaned_data로 복사됩니다.
            new_name = form.cleaned_data['name']
            # 로직에 따라 추가 처리를 합니다.                        ❽

            # 새로운 URL로 리다이렉션시킵니다.
            return HttpResponseRedirect('/thanks/')

    # POST 방식이 아니면(GET 요청임),
    # 빈 폼을 사용자게게 보여 줍니다.
    else:                                                       ❷
        form = NameForm()                                       ❸

    return render(request, 'name.html', {'form': form})         ❼, ❾
```

소스를 라인별로 설명하겠습니다.

❶ 뷰 함수 이름은 get_name()이고 request 인자는 필수입니다.

❷ 요청 방식에 따라, 즉 GET 요청과 POST 요청을 구분하여 처리합니다.

❸ GET 요청이 도착하면 빈 폼 객체를 생성하고 렌더링을 위해 템플릿 시스템으로 전달합니다. 이 부분은 사용자가 해당 URL을 처음 방문할 때 일어납니다.

❹ 사용자가 폼에 데이터를 입력하고 제출하면 POST 요청으로 도착합니다.

❺ 폼이 POST 요청으로 제출되면 뷰는 다시 한 번 폼 객체를 생성하는데 이번에는 요청에 포함된 데이터로 폼을 채웁니다. 이러한 폼을 바운드 폼(bound form)이라고 부릅니다.

❻ 폼의 is_valid() 메소드를 호출해서 폼 데이터에 대한 유효성 검사를 실시합니다.

❼ True가 아니면 마지막 라인의 render() 함수를 호출합니다. 이때 템플릿 시스템으로 전달되는 컨텍스트 변수 'form'에는 직전에 제출된 폼 데이터가 들어 있습니다.

❽ 만일 True이면 유효한 폼 데이터가 cleaned_data 속성에 담기고 이 데이터를 사용하여 데이터베이스를 변경하거나 로직에 따라 다른 처리를 합니다. 그런 다음 웹 브라우저로 HTTP 리다이렉트를 전송하여 다음 페이지로 이동합니다.

❾ HTTPResponseRedirect()를 리턴하는 경우가 아니면 마지막 라인이 실행됩니다. render() 함수는 템플릿 코드 name.html에 컨텍스트 변수를 적용하여 사용자에게 보여 줄 최종 템플릿 파일을 만들고 이를 담아서 HttpResponse 객체를 반환합니다.

4.4.6 Form 클래스를 템플릿으로 변환

앞에서 NameForm 폼 클래스를 렌더링하여 name.html 템플릿으로 변환하는 과정을 살펴보았습니다. 폼 클래스를 템플릿으로 변환하기 위해서는 폼 객체를 생성해서 이를 템플릿 시스템에 넘겨주면 됩니다. 템플릿 시스템에서는 템플릿 문법 및 폼 객체를 해석해서 HTML 템플릿 파일을 만듭니다.

앞에서도 보았듯이 {{ form }} 구문은 HTML의 〈label〉과 〈input〉 엘리먼트 쌍으로 렌더링됩니다. HTML 〈label〉/〈input〉 쌍으로 변환 시 {{ form }} 이외에도 3가지 옵션이 더 있습니다.

- **{{ form.as_table }}** : 〈tr〉 태그로 감싸서 테이블 셀로 렌더링됩니다. {{form}}과 동일합니다.
- **{{ form.as_p }}** : 〈p〉 태그로 감싸도록 렌더링됩니다.
- **{{ form.as_ul }}** : 〈li〉 태그로 감싸도록 렌더링됩니다.

여기서도 〈label〉/〈input〉 태그 쌍을 감싸는 〈table〉 혹은 〈ul〉 태그는 개발자가 직접 추가해야 합니다. 물론 〈form〉 태그와 submit 컨트롤도 자동으로 추가되지 않으므로 개발자가 직접 작성해야 한다는 사실도 기억합시다.

예를 들어 다음과 같이 ContactForm 폼 클래스를 정의하고

예제 4-19 ContactForm 폼 클래스 정의

```python
from django import forms

class ContactForm(forms.Form):
    subject = forms.CharField(max_length=100)
    message = forms.CharField(widget=forms.Textarea)
    sender = forms.EmailField()
    cc_myself = forms.BooleanField(required=False)
```

{{ form.as_p }} 옵션으로 변환하는 경우 그 결과 템플릿 파일은 다음과 같은 내용이 됩니다.

예제 4-20 ContactForm 폼 클래스의 {{ form.as_p }} 렌더링 결과

```
<p><label for="id_subject">Subject:</label>
    <input id="id_subject" type="text" name="subject" maxlength="100" /></p>
<p><label for="id_message">Message:</label>
    <input type="text" name="message" id="id_message" /></p>
<p><label for="id_sender">Sender:</label>
    <input type="email" name="sender" id="id_sender" /></p>
<p><label for="id_cc_myself">Cc myself:</label>
    <input type="checkbox" name="cc_myself" id="id_cc_myself" /></p>
```

폼 클래스의 각 필드 타입에 따라 〈input type〉 태그 타입이 어떻게 변환되었는지 눈여겨보기 바랍니다.

〈label〉 태그에 나타나는 텍스트는 각 필드를 정의할 때 명시적으로 지정할 수 있습니다. 이 예제에서는 지정하지 않았기 때문에 디폴트 레이블 텍스트를 사용하였습니다. 디폴트 레이블 텍스트는 필드명에서 첫 글자를 대문자로 하고 밑줄(_)은 빈칸( )으로 변경하여 만듭니다. 〈input id〉 태그 속성도 각 필드의 필드명을 사용하여 **id_필드명** 형식으로 만듭니다. 이것은 〈label for〉 태그 속성에도 사용됩니다.

4.5 클래스형 뷰

뷰는 요청을 받아서 응답을 반환하는 호출 가능한 객체callable입니다. 장고에서는 뷰를 함수로도 작성할 수 있고 클래스로도 작성할 수 있습니다.

지금까지는 뷰를 함수로 작성하였지만, 사실 함수형 뷰보다 클래스형 뷰의 장점이 더 많습니다. 클래스형 뷰Class-based View를 사용하면 상속과 믹스인 기능을 바탕으로 코드를 재사용할 수 있고 뷰를 체계적으로 구성할 수도 있습니다. 또한 앞으로 살펴보게 될 제네릭 뷰 역시 클래스형 뷰로 작성되어 있습니다.

간단한 프로젝트는 함수형 뷰로 신속하게 개발할 수 있지만, 로직이 복잡하고 큰 프로젝트일수록

클래스형 뷰가 더 유용합니다. 또한 장고를 계속 사용하다 보면 여러 패키지에서 클래스형 뷰를 훨씬 많이 사용한다는 사실을 알게 될 것입니다. 그러므로 클래스형 뷰는 중급, 고급 개발자로 나아가기 위해 반드시 익혀야 할 기술입니다.

4.5.1 클래스형 뷰의 시작점

클래스형 뷰를 사용하기에 앞서 우선 URLconf에 함수형 뷰가 아니라 클래스형 뷰를 사용한다는 사실을 표시해야 합니다.

예를 들어 MyView라는 클래스형 뷰를 사용한다면 **URLconf**는 다음과 같은 모습이 됩니다.

예제 4–21 클래스형 뷰의 진입 메소드 as_view( ) – myapp/urls.py 코딩

```python
from django.urls import path
from myapp.views import MyView

urlpatterns = [
    path('about/', MyView.as_view()),
]
```

다른 내용은 차차 알아가기로 하고 우선 as_view( ) 메소드에 주목하기 바랍니다. 장고의 URL 해석기는 요청과 관련된 파라미터들을 클래스가 아니라 함수에 전달하므로 클래스형 뷰는 클래스로 진입하기 위한 as_view( ) 클래스 메소드를 제공합니다. 이 메소드를 진입 메소드라고 부르기도 합니다.

as_view( ) 진입 메소드의 역할은 클래스의 인스턴스를 생성하고 그 인스턴스의 dispatch( ) 메소드를 호출합니다. **dispatch**( ) 메소드는 요청을 검사해서 GET, POST 등의 어떤 HTTP 메소드로 요청되었는지를 알아낸 다음 인스턴스 내에서 해당 이름을 가진 메소드로 요청을 전달합니다. GET 메소드로 요청이 왔다면 get 메소드로, POST 메소드로 요청이 왔다면 post 메소드로 요청을 전달합니다. 만일 해당 메소드가 정의되어 있지 않으면 **HttpResponseNotAllowed** 익셉션을 발생시킵니다.

URLconf에서 MyView 클래스형 뷰를 사용한다고 하였으니 MyView 클래스를 코딩해야겠죠? 함수형 뷰와 동일하게 **views.py** 파일에 코딩하면 됩니다. 이러면 MyView 클래스는 다음과 같은 모습이 됩니다.

```python
from django.http import HttpResponse
from django.views.generic import View

class MyView(View):
    def get(self, request):
        # 뷰 로직 작성
        return HttpResponse('result')
```

위에서 언급한 as_view() 및 dispatch() 메소드는 장고에서 기본 제공하므로 개발자가 별도로 정의하지 않아도 됩니다.

조금 더 정확히 이야기하자면 MyView 클래스는 View 클래스를 상속받고 있으며 **View** 클래스에는 as_view() 메소드와 dispatch() 메소드가 정의되어 있습니다. 그래서 MyView 클래스에 이 메소드들을 정의하지 않아도 사용할 수 있습니다. 이런 상속 기능은 클래스형 뷰의 장점 중 하나입니다.

4.5.2 클래스형 뷰의 장점 – 효율적인 메소드 구분

함수형 뷰와 비교할 때 자주 이야기되는 클래스형 뷰의 장점 2가지를 소개하겠습니다. 클래스형 뷰는 함수형 뷰에 비해 다음과 같은 장점을 가지고 있습니다.

- GET, POST 등의 HTTP 메소드에 따른 처리 기능을 코딩할 때 if 문법을 사용하지 않고 메소드명으로 구분할 수 있으므로 코드의 구조가 깔끔해집니다.
- 다중 상속과 같은 객체 지향 기술이 가능하므로 클래스형 제네릭 뷰 및 믹스인 클래스 등을 사용할 수 있고 이는 코드의 재사용성이나 개발 생산성을 획기적으로 높입니다.

여기서는 우선 첫 번째 장점을 설명하고 **4.5.3 클래스형 뷰의 장점 – 상속 기능 사용 가능**에서는 클래스형 뷰의 상속 관련 기능의 장점을 살펴보겠습니다.

우선 HTTP 메소드, 즉 GET, POST, HEAD 등의 요청을 수신한 후 클래스형 뷰에서는 어떻게 처리하는지 그리고 함수형 뷰와 어떻게 다른지 비교하겠습니다.

함수형 뷰에서 GET 메소드를 처리하는 로직을 작성한다면 다음과 같이 코딩할 수 있습니다.

예제 4-23 함수형 뷰로 HTTP GET 메소드 코딩

```
from django.http import HttpResponse

def my_view(request):
    if request.method == 'GET':
        # 뷰 로직 작성
        return HttpResponse('result')
```

즉, 요청 request 객체의 method 속성을 체크하는 로직이 필요하므로 항상 if 조건의 체크 문장이 필요합니다. 반면 클래스형 뷰로 작성하면 다음과 같이 코드의 구조가 훨씬 깔끔해집니다.

예제 4-24 클래스형 뷰로 HTTP GET 메소드 코딩

```
from django.http import HttpResponse
from django.views.generic import View

class MyView(View):
    def get(self, request):
        # 뷰 로직 작성
        return HttpResponse('result')
```

차이점이 보이나요? 클래스형 뷰에서는 HTTP 메소드 이름으로 클래스 내에 메소드를 정의하면 됩니다. 단, 메소드명은 소문자여야 하므로 get(), post(), head() 등과 같이 이름을 지어 줍니다. 클래스형 뷰에는 내부적으로 dispatch() 메소드가 있어서 dispatch() 메소드가 GET, POST 등의 어떤 HTTP 메소드로 요청되었는지를 알아낸 다음 해당 이름을 가진 메소드로 요청을 중계합니다.

이번에는 GET, POST 이외의 다른 HTTP 메소드인 HEAD 메소드로 코딩하는 예제를 살펴보겠습니다. 다음 예제에서 HEAD HTTP 메소드는 온라인 서점 사이트에서 새롭게 출간된 책이 있는지를 서버에 문의하는 용도입니다. 최근 발간된 책이 없는데도 책 리스트를 서버로부터 받아 온다면 네트워크 대역폭이 낭비되므로 이를 방지하기 위해 GET 대신에 HEAD 메소드를 사용하였습니다. HTTP 프로토콜 규격에 따르면 HEAD 요청에 대한 응답은 바디 없이 헤더만 보내면 됩니다.

HEAD 요청을 처리하는 뷰 로직도 클래스형 뷰를 사용하면 됩니다. 클래스 내에 head() 메소드를 정의합니다.

예제 4-25 클래스형 뷰로 HTTP HEAD 메소드 코딩

```python
from django.http import HttpResponse
from django.views.generic import ListView
from books.models import Book

class BookListView(ListView):
    model = Book

    def head(self, *args, **kwargs):
        last_book = self.get_queryset().latest('publication_date')
        response = HttpResponse('')
        # RFC 1123 date 포맷
        response['Last-Modified'] = last_book.publication_date.strftime('%a, %d %b %Y
%H:%M:%S GMT')
        return response
```

지금까지 클래스형 뷰에서 HTTP 메소드에 따라 처리 로직을 구분하는 방법을 살펴보았습니다. 이어서 클래스형 뷰의 상속 기능을 살펴보겠습니다. 이 기능은 앞서 살펴본 기능보다 훨씬 더 강력한 장고의 특장점이며 또 자주 사용되므로 이 기능을 정확히 이해해야 합니다.

4.5.3 클래스형 뷰의 장점 - 상속 기능 사용 가능

이번에는 클래스형 뷰의 강력한 특징인 상속 기능에 관해 알아보겠습니다. 상속 기능을 이해하려면 그 전에 제네릭 뷰에 관해 알고 있어야 합니다. 왜냐하면 앞으로 작성할 클래스형 뷰의 대부분은 장고에서 제공하는 제네릭 뷰를 상속받기 때문입니다.

웹 애플리케이션을 프로그래밍하는 경우 반복되는 과정이 많이 발생합니다. 장고에서는 특히 모델, 뷰, 템플릿 개발 과정에서의 이러한 단순 반복 작업을 많이 없앴는데 제네릭 뷰가 바로 뷰 개발 과정에서 개발자의 단순 반복 작업을 덜어 주는 기능입니다. 즉, 제네릭 뷰란 뷰 개발 과정에서 공통적으로 사용할 수 있는 기능을 추상화하고 이를 미리 만들어 장고에서 기본으로 제공하는 클래스형 뷰를 말합니다. 제네릭 뷰에 관해서는 다음 부분에서 자세히 설명하겠습니다.

따라서 우리의 로직에 따라 클래스형 뷰를 작성할 때는 대부분 제네릭 뷰를 상속받아서 작성합니다. 뷰가 클래스이기 때문에 상속 기능을 사용할 수 있으며 우리가 작성한 클래스형 뷰를 상속받아서 또 다른 클래스형 뷰를 작성할 수 있으므로 확장성도 증가합니다.

자 그럼, 제네릭 뷰를 상속받아서 클래스형 뷰를 작성하는 예제를 살펴봅니다. 다음 예제는 만일 도움말 화면처럼 /about/이라는 URL로 웹 요청이 들어오면 단순하게 about.html 템플릿을 보여 준다는 가정하에 코딩하였습니다.

예제 4-26 클래스형 뷰 작성 - TemplateView 상속

```python
# some_app/urls.py
from django.urls import path
from some_app.views import AboutView

urlpatterns = [
    path('about/', AboutView.as_view()),
]
# - - - - - - - - - - - - - - - - - - - - - - - - - - - - - - - - -
# some_app/views.py
from django.views.generic import TemplateView

class AboutView(TemplateView):
    template_name = "about.html"
```

4.5.1 클래스형 뷰의 시작점에서 설명하였듯이 urls.py 파일에 클래스형 뷰의 as_view() 메소드를 호출하도록 하였습니다. views.py 파일의 소스를 보면 단 2줄로 로직을 완성하였습니다. 이것이 가능한 이유는 장고가 제공하는 **TemplateView**라는 제네릭 뷰를 상속받아 사용하고 있기 때문입니다. 요청 request 객체를 분석하고 템플릿 시스템에 넘겨줄 컨텍스트 변수를 구성하는 일은 모두 TemplateView 제네릭 뷰에서 처리합니다. 우리는 간단하게 about.html 템플릿 파일을 사용하라고만 알려 주면 됩니다.

조금 다른 방식으로 TemplateView 제네릭 뷰를 사용할 수도 있습니다. **urls.py** 파일에 about. html 템플릿 파일을 지정하면 views.py 파일에 클래스형 뷰를 작성하는 일도 불필요해집니다. 다음과 같이 URLconf만 작성하면 그만이기 때문입니다.

예제 4-27 클래스형 뷰 작성 - URLconf에 TemplateView 지정

```
from django.urls import path
from django.views.generic import TemplateView

urlpatterns = [
    path('about/', TemplateView.as_view(template_name="about.html")),
]
```

너무 간단한가요? 장고가 그만큼 강력한 기능을 가지고 있는 것입니다. 이처럼 TemplateView는 뷰에 특별한 로직이 없고 URL에 맞춰 해당 템플릿 파일의 내용만 보여 줄 때 사용하는 제네릭 뷰입니다.

한 가지 기억할 점은 예제 4-26과 예제 예제 4-27 2개의 예제에는 상속 기능과 더불어 중요한 기능으로 손꼽히는 오버라이딩 기능이 포함되어 있다는 것입니다. 예를 들어 template_name은 TemplateView 클래스에 정의되어 있는 클래스 속성입니다. 이런 클래스 속성을 필요에 따라 오버라이딩하여 변경할 수 있다는 말입니다. 즉, 하위 클래스인 AboutView 클래스에서 오버라이딩할 수도 있고(예제 4-26), as_view() 메소드를 통해서 오버라이딩할 수도 있습니다(예제 4-27). 상속과 그에 따른 오버라이딩 기능은 클래스형 뷰를 이해하는 데 필요한 개념이면서도 자주 사용되는 기능입니다.

4.5.4 클래스형 제네릭 뷰

장고에서는 웹 프로그래밍 시 공통적으로 사용할 수 있는 로직을 기본 클래스로 제공하고 있어서 이를 상속받아 사용하면 됩니다. URL 패턴으로부터 기본키와 같은 파라미터를 추출하고 그 파라미터로 데이터베이스를 검색하여 데이터를 추출한 다음 그 데이터를 템플릿 시스템으로 넘겨 템플릿 시스템에서 렌더링해서 최종 결과를 만드는 로직을 그 예로 들 수 있습니다. 장고에서는 이렇게 공통된 로직을 미리 개발해서 제공하는 뷰를 제네릭 뷰generic view라고 부릅니다. 제네릭 뷰는 클래스형 뷰로 구성되어 있습니다.

이미 앞에서 강조한 바 있지만, 클래스형 뷰를 제대로 사용하려면 제네릭 뷰를 이해하고 자유자재로 사용할 수 있어야 합니다. 장고에서 제공하는 제네릭 뷰에는 어떤 것이 있는지 그리고 어떤 용도로 사용하는지 알아봅시다.

장고에서 제공하는 제네릭 뷰는 다음과 같이 크게 4가지로 분류할 수 있습니다.

- **Base View** : 뷰 클래스를 생성하고 다른 제네릭 뷰의 부모 클래스를 제공하는 기본 제네릭 뷰입니다.
- **Generic Display View** : 객체의 리스트를 보여 주거나 특정 객체의 상세 정보를 보여 줍니다.
- **Generic Edit View** : 폼을 통해 객체를 생성, 수정, 삭제하는 기능을 제공합니다.
- **Generic Date View** : 날짜 기반 객체를 연/월/일 단위로 구분해서 보여 줍니다.

위 4가지 그룹별로 제공되는 제네릭 뷰와 각각의 역할을 다음 표에 정리하였습니다. 지면 관계상 모든 제네릭 뷰를 한 번에 설명할 수는 없지만, 앞으로 예제를 실습하면서 필요한 뷰가 나올 때마다 추가로 설명하겠습니다. 참고로 TemplateView는 **4.5.3 클래스형 뷰의 장점 – 상속 기능 사용 가능**에서 설명하였으니 참고 바랍니다.

표 4-3 장고의 제네릭 뷰 리스트(일부)

제네릭 뷰 분류	제네릭 뷰 이름	뷰의 기능 또는 역할
Base View	View	가장 기본이 되는 최상위 제네릭 뷰입니다. 다른 모든 제네릭 뷰는 View의 하위 클래스입니다.
	TemplateView	템플릿이 주어지면 해당 템플릿을 렌더링합니다.
	RedirectView	URL이 주어지면 해당 URL로 리다이렉트시킵니다.
Generic Display View	ListView	조건에 맞는 여러 개의 객체 리스트를 보여 줍니다.
	DetailView	객체 하나에 대한 상세한 정보를 보여 줍니다.
Generic Edit View	FormView	폼을 보여 주고 폼의 데이터를 처리합니다.
	CreateView	폼을 보여 주고 폼 데이터로 객체를 생성합니다.
	UpdateView	폼을 보여 주고 폼 데이터로 객체를 수정합니다.
	DeleteView	폼을 보여 주고 폼 데이터로 객체를 삭제합니다.
Generic Date View	ArchiveIndexView	조건에 맞는 여러 개의 객체 및 그 객체들에 관한 날짜 정보를 보여 줍니다
	YearArchiveView	연도가 주어지면 그 연도에 해당하는 객체들을 보여 줍니다.
	MonthArchiveView	연, 월이 주어지면 그에 해당하는 객체들을 보여 줍니다.
	WeekArchiveView	연도와 주차(week)가 주어지면 그에 해당하는 객체들을 보여 줍니다.
	DayArchiveView	연, 월, 일이 주어지면 그 날짜에 해당하는 객체들을 보여 줍니다.
	TodayArchiveView	오늘 날짜에 해당하는 객체들을 보여 줍니다.
	DateDetailView	연, 월, 일, 기본키(또는 슬러그)가 주어지면 그에 해당하는 특정 객체 하나에 관한 상세 정보를 보여 줍니다.

4.5.5 클래스형 뷰에서 폼 처리

앞에서 폼을 처리하는 과정을 살펴보았습니다. 그때는 GET, POST 메소드를 구분하여 폼 처리 과정을 2가지로 설명하였습니다. 이번에는 거기에 더해 POST 처리 과정에서 폼 데이터의 유효성을 검사하는 과정을 추가해서 다음과 같이 폼 처리 과정을 3가지로 구분하겠습니다.

- **최초의 GET** : 사용자에게 처음으로 폼(빈 폼 또는 초기 데이터로 채워진 폼)을 보여 줍니다.
- **유효한 데이터를 가진 POST** : 데이터를 처리합니다. 처리 후에는 보통 리다이렉트 응답을 보냅니다.
- **유효하지 않은 데이터를 가진 POST** : 보통은 에러 메시지와 함께 폼이 다시 출력됩니다.

이러한 폼 처리 과정을 함수형 뷰와 클래스형 뷰로 코딩하는 경우로 비교하여 설명하겠습니다. 또한 장고는 이러한 폼 처리 과정을 FormView라는 제네릭 뷰로 제공하는데 동일한 로직이지만 코딩 방식을 다르게 하면 어떻게 달라지는지 살펴봅시다. **예제 4-28, 4-29, 4-30** 순으로 코드가 점점 간결해진다는 사실을 알 수 있을 것입니다.

예제 4-28은 함수형 뷰로 폼을 처리하는 코드입니다.

예제 4-28 함수형 뷰로 폼을 처리

```
from django.http import HttpResponseRedirect
from django.shortcuts import render

from .forms import MyForm

def myview(request):
    if request.method == "POST":
        form = MyForm(request.POST)
        if form.is_valid():
            # cleaned_data로 관련 로직 처리
            return HttpResponseRedirect('/success/')
    else:
```

```
        form = MyForm(initial={'key': 'value'})

    return render(request, 'form_template.html', {'form': form})
```

앞에서 보았던 **예제 4-18** 코드와 거의 유사합니다. 즉, if 문장으로 HTTP의 GET 방식과 POST 방식을 구분하여 뷰가 GET 방식으로 요청을 받은 경우에는 사용자에게 처음으로 폼을 보여 주도록 처리하고, 뷰가 POST 방식으로 요청을 받은 경우에는 데이터가 담긴 제출된 폼으로 간주하여 처리하는 방식입니다.

그리고 form.is_valid() 메소드를 호출하면 폼 객체의 모든 필드에 대한 유효성 검사를 수행합니다. 만일 모든 필드가 유효하다면 is_valid() 메소드는 다음과 같은 2가지 일을 합니다.

- True를 반환합니다.
- form.cleaned_data 속성에 폼 데이터를 넣습니다.

동일한 로직을 클래스형 뷰로 코딩하면 **예제 4-29**와 같습니다.

예제 4-29 클래스형 뷰로 폼을 처리

```
from django.http import HttpResponseRedirect
from django.shortcuts import render
from django.views.generic import View

from .forms import MyForm
class MyFormView(View):
    form_class = MyForm
    initial = {'key': 'value'}
    template_name = 'form_template.html'

    def get(self, request, *args, **kwargs):  •······················ 최초의 GET
        form = self.form_class(initial=self.initial)
        return render(request, self.template_name, {'form': form})

    def post(self, request, *args, **kwargs):
        form = self.form_class(request.POST)
        if form.is_valid():
            # cleaned_data로 관련 로직 처리
```

```
return HttpResponseRedirect('/success/') •------------  유효한 데이터를 가진 POST

                                         ┌─────────────────┐
                                         │ 유효하지 않은 데이터를 │
return render(request, self.template_name, {'form': form}) •----  가진 POST
```

클래스형 뷰에서는 HTTP의 GET 방식과 POST 방식을 클래스 내의 메소드로 구분하여 처리함으로써 코드 구조가 깔끔해지고 읽기도 편해집니다. 또한 폼 처리 과정도 이해하기 쉽게 코드에 표현된 것을 확인할 수 있습니다.

앞 예제의 클래스형 뷰에서는 View 제네릭 뷰를 상속하여 작성하였지만, 폼 처리용 제네릭 뷰인 **FormView**를 상속받아 처리하면 코드가 훨씬 간결해집니다. **예제 4-30**을 살펴보겠습니다.

예제 4-30 FormView 제네릭 뷰로 폼을 처리

```python
from .forms import MyForm
from django.views.generic.edit import FormView

class MyFormView(FormView):
    form_class = MyForm
    template_name = 'form_template.html'
    success_url = '/thanks/'

    def form_valid(self, form):
        # cleaned_data로 관련 로직 처리
        return super().form_valid(form)
```

FormView 제네릭 뷰를 사용하면 FormView 클래스 내에 get(), post() 메소드가 정의되어 있으므로 이를 다시 정의할 필요가 없습니다. 다음과 같은 4가지 사항을 유의하여 나머지 부분을 코딩합니다.

- **form_class 속성** : 사용자에 보여 줄 폼을 정의한 forms.py 파일 내의 클래스명을 지정
- **template_name 속성** : 폼을 포함하여 렌더링할 템플릿 파일 이름을 지정
- **success_url 속성** : MyFormView 처리가 정상적으로 완료되었을 때 리다이렉트시킬 URL을 지정
- **form_valid() 메소드** : 폼 데이터가 유효한 경우 처리할 로직 코딩. super() 함수를 사용하면 success_url에 지정된 URL로 리다이렉션 처리됨

4.6 로그 남기기

장고의 로깅은 기본적으로 파이썬의 로깅 체계를 그대로 따르며 일부 기능만 추가되었습니다. 파이썬의 로깅 모듈을 보면 로거, 핸들러, 필터, 포맷터 4가지 주요 컴포넌트를 정의하고 있습니다. 각각의 주요 역할과 관계를 다음 그림에 표시하였습니다. 이 그림을 참고해서 각 컴포넌트의 기능을 설명하겠습니다. 로거Logger와 핸들러Handler가 메인이고 포맷터Formatter와 필터Filter가 보조 역할을 합니다.

또한 장고의 runserver나 웹 서버에 의해 장고가 실행될 때 장고는 settings.py 파일에 정의된 **LOGGING_CONFIG, LOGGING** 항목을 참고하여 로깅에 관련된 설정을 처리합니다. settings.py 파일에 관련 항목이 없더라도 디폴트 로깅 설정으로 처리됩니다. 따라서 장고의 로깅은 장고가 실행되는 시점부터 동작하며 로그를 출력합니다. 그리고 적절한 로거만 획득하면 우리가 원하는 로그를 기록할 수도 있습니다.

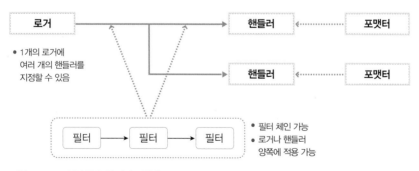

그림 4-21 로깅의 주요 컴포넌트 관계

4.6.1 로거

로거Logger는 로깅 시스템의 시작점으로 로그 메시지를 처리하기 위해 메시지를 담아 두는 저장소라고 할 수 있습니다. 모든 로거는 이름을 가지고 있습니다. 또한 로거는 로그 레벨을 가지는데 이는 로그 메시지의 중요도에 따라 자신이 어느 레벨 이상의 메시지를 처리할지에 대한 기준이 됩니다.

파이썬의 로그 레벨은 다음과 같습니다.

표 4-4 파이썬의 로그 레벨

로그 레벨	정수 값	설명
NOTSET	0	로그 레벨의 최하위 수준 로거 또는 핸들러가 생성될 때 별도 설정이 없으면 가지는 디폴트 로그 레벨
DEBUG	10	디버그 용도로 사용되는 정보
INFO	20	일반적이고 보편적인 정보
WARNING	30	문제점 중에서 덜 중요한 문제점 발생 시 이에 대한 정보
ERROR	40	문제점 중에서 주요 문제점 발생 시 이에 대한 정보
CRITICAL	50	치명적인 문제점 발생 시 이에 대한 정보. 로그 레벨의 최상위 수준

로거에 저장되는 메시지를 로그 레코드라고 하며 로그 레코드 역시 그 메시지의 심각성을 나타내는 로그 레벨을 가집니다. 로그 레코드는 로그 이벤트에 관한 메타 정보도 가질 수 있는데 일례로 스택 트레이스 정보나 에러 코드 등을 담을 수 있습니다.

메시지가 로거에 도착하면 로그 레코드의 로그 레벨과 로거의 로그 레벨을 비교합니다. 로그 레코드의 로그 레벨이 로거 자체의 로그 레벨과 같거나 그보다 높으면 메시지 처리를 계속 진행하고 더 낮으면 그 메시지는 무시됩니다. 이렇게 로그 레코드와 로거의 로그 레벨을 비교하여 메시지 처리를 진행하기로 결정되면 로거는 메시지를 핸들러에게 넘깁니다.

4.6.2 핸들러

핸들러는 로거에 있는 메시지에 무슨 작업을 할지 결정하는 엔진입니다. 즉, 메시지를 화면이나 파일 또는 네트워크 소켓 등 어디에 기록할 것인지와 같은 로그 동작을 정의합니다. 핸들러도 로거와 마찬가지로 로그 레벨을 가지고 있습니다. 로그 레코드의 로그 레벨이 핸들러의 로그 레벨보다 더 낮으면 핸들러는 메시지를 무시합니다.

로거는 핸들러를 여러 개 가질 수 있고 각 핸들러는 서로 다른 로그 레벨을 가질 수 있습니다. 이렇게 해서 메시지의 중요도에 따라 다른 방식의 로그 처리가 가능합니다. 예를 들어 ERROR 또는 CRITICAL 메시지는 표준 출력으로 보내는 핸들러를 하나 만들고 차후 분석을 위해 ERROR 및 CRITICAL 메시지를 포함한 모든 메시지를 파일에 기록하는 또 다른 핸들러를 만들 수도 있습니다.

4.6.3 필터

로그 레코드가 로거에서 핸들러로 넘겨질 때 필터를 사용해서 로그 레코드에 추가적인 제어를 할 수 있습니다. 기본 제어 방식은 로그 레벨을 지정하여 그 로그 레벨에 해당되면 관련 로그 메시지를 처리하는 것입니다. 그런데 필터를 적용하면 로그 처리 기준을 추가할 수 있습니다. 예를 들어 필터를 추가하여 ERROR 메시지 중에서 특정 소스로부터 오는 메시지만 핸들러로 넘길 수 있습니다.

필터를 사용하면 로그 레코드를 보내기 전에 수정하는 것도 가능합니다. 어떤 조건에 맞으면 ERROR 로그 레코드를 WARNING 로그 레벨로 낮춰 주는 필터를 만드는 것이 그 예입니다.

필터는 로거 또는 핸들러 어디에나 적용이 가능하고 여러 개의 필터를 체인 방식으로 동작시킬 수도 있습니다.

4.6.4 포맷터

로그 레코드는 최종적으로 텍스트로 표현되는데 포맷터는 텍스트로 표현 시 사용할 포맷을 지정합니다. 포맷터는 파이썬의 포맷 스트링을 사용하지만, 사용자 정의 포맷터도 만들 수 있습니다.

4.6.5 로거 사용 및 로거 이름 계층화

로그를 기록하기 위해서는 다음 예제와 같이 앞서 설명한 로거, 핸들러, 필터, 포맷터 등을 설정한 후 코드 내에서 로깅 메소드를 호출해야 합니다.

예제 4-31 로깅 설정 예시 – mysite/settings.py

```
LOGGING = {
    'version': 1,
    'disable_existing_loggers': False,
    'handlers': {
        'console': {
            'class': 'logging.StreamHandler',
        },
    },
    'loggers': {
        'mylogger': {
            'handlers': ['console'],
            'level': 'INFO'
        },
    },
}
```

장고에서 로깅 설정은 **settings.py** 파일에 작성합니다. **예제 4-31**처럼 작성하였다면 로그 메시지를 기록하기 위해 다음처럼 로거를 취득하고 적절한 위치에서 로깅 메소드를 호출합니다.

예제 4-32 로거 취득 및 로깅 메소드 호출 예시 – mysite/views.py 코딩

```
# 파이썬의 로깅 모듈을 임포트
import logging

# settings.py 파일에서 설정된 로거를 취득함
logger = logging.getLogger('mylogger')

def my_view(request, arg1, arg):
    # 필요한 로직
    if bad_mojo:
        # ERROR 레벨의 로그 레코드를 생성함
        logger.error('Something went wrong!')
```

logging.getLogger() 메소드를 호출하면 로거 객체를 얻을 수 있습니다. 로거 객체는 이름을 가지며 로거를 계층화할 때 이름으로 각 로거를 구분합니다. 앞의 예시에서는 mylogger라는 이름의 로거를 사용하였습니다.

관행적으로 로거 이름에 **__name__** 구문을 사용하는데 이는 이 구문이 있는 파일의 파이썬 모듈 경로를 말합니다. 만일 ch99/polls/views.py 파일에서 이 구문을 사용하고 있다면 __name__ 변숫값은 **polls.views**가 됩니다. 로깅 호출을 모듈 단위로 처리할 수 있어 많이 사용하는 구문입니다. 이렇게 모듈 단위로 로그를 기록하고 싶다면 로거를 구분하는 이름을 다음처럼 도트(.) 방식으로 명명하면 됩니다.

```
# 로거 이름으로 계층화
logger = logging.getLogger('project.interesting.stuff')
```

도트 방식의 로거 이름은 계층화를 이룹니다. 즉, project.interesting.stuff 로거의 부모는 project.interesting 로거이고 project.interesting 로거의 부모는 project 로거가 됩니다. 참고로 로거의 이름을 빈 문자열(' ')로 지정하면 파이썬의 최상위 로거(루트 로거)가 됩니다.

로거의 계층화가 왜 중요할까요? 로깅 호출은 부모 로거에게 전파되기 때문입니다. 이렇게 하면 로거 트리의 최상위 로거에서 핸들러 하나만을 만들어도 하위 로거의 모든 로깅 호출을 잡을 수 있습니다. 앞의 예시에서 project 이름 공간에 정의된 로그 핸들러는 project.interesting 로거 및 project.interesting.stuff 로거가 보내는 모든 로그 메시지를 잡을 수 있습니다. 이러한 로깅 호출의 전파는 로거 단위로 제어할 수 있는데 특정 로거에서 상위 로거로 전파되는 것을 원하지 않으면 전파 기능을 비활성화할 수도 있습니다.

로거 객체는 각 로그 레벨별로 로깅 호출 메소드를 가지고 있습니다.

- **logger.debug()** : DEBUG 레벨의 로그 레코드를 생성합니다.
- **logger.info()** : INFO 레벨의 로그 레코드를 생성합니다.
- **logger.warning()** : WARNING 레벨의 로그 레코드를 생성합니다.
- **logger.error()** : ERROR 레벨의 로그 레코드를 생성합니다.
- **logger.critical()** : CRITICAL 레벨의 로그 레코드를 생성합니다.

이외에 2가지 로깅 메소드를 추가로 사용할 수 있습니다.

- **logger.log()** : 원하는 로그 레벨을 정해서 로그 메시지를 생성합니다.
- **logger.exception()** : 익셉션 스택 트레이스 정보를 포함하는 ERROR 레벨의 로그 메시지를 생성합니다.

4.6.6 장고의 디폴트 로깅 설정

로깅 메소드를 호출하였을 때 로그 메시지를 원하는 대로 기록하기 위해서는 당연히 로거, 핸들러, 필터, 포맷터 등을 설정해야 합니다. 파이썬의 로깅 라이브러리는 다양한 설정 방식을 제공하고 있는데 장고는 그중에서 사전형 설정^{dictConfig} 방식을 디폴트로 사용합니다. 이 방식은 settings.py 파일의 LOGGING 항목에 로그 속성을 사전 형식으로 정의합니다. 이러한 설정에는 로거, 핸들러, 필터, 포맷터에 대한 정의뿐 아니라 각 컴포넌트의 로그 레벨과 같은 속성도 포함됩니다.

장고에서 할 수 있는 로깅 설정은 3가지로 구분할 수 있습니다. 만약 settings.py 파일에 LOGGING 항목을 지정하지 않으면 장고는 디폴트 로깅 설정을 사용합니다. 반면 LOGGING 항목을 지정하여 개발자 스스로 로깅 설정을 할 수도 있는데 디폴트 로깅 설정을 유지할 수도 있고 디폴트 설정을 무시하고 새로운 로깅 설정을 할 수도 있습니다.

이번 절에서는 우선 장고의 디폴트 로깅 설정 내용을 알아보겠습니다. 장고의 로깅 방식이 기본적으로 어떻게 동작하는지 알 수 있으며 무엇보다 디폴트 설정 내용을 참고해서 로깅을 설정하는 경우가 많기 때문입니다. 다음은 디폴트 로깅 설정 파일의 위치와 설정 내용입니다.

예제 4-33 디폴트 로깅 설정 – site-packages/django/utils/log.py

```
DEFAULT_LOGGING = {
    'version': 1, ─────────────────────────────────────── ❶
    'disable_existing_loggers': False, ──────────────────── ❷
    'filters': { ───────────────────────────────────────── ❸
        'require_debug_false': { ──────────────────────────┐
            '()': 'django.utils.log.RequireDebugFalse',     ❹
        }, ────────────────────────────────────────────────┘
        'require_debug_true': { ──────────────────────────┐
            '()': 'django.utils.log.RequireDebugTrue',      ❺
        }, ────────────────────────────────────────────────┘
    },
    'formatters': { ────────────────────────────────────── ❻
```

```
            'django.server': {
                '()': 'django.utils.log.ServerFormatter',
                'format': '[%(server_time)s] %(message)s',
            }
        },
    'handlers': {                                                          ❽
        'console': {
            'level': 'INFO',
            'filters': ['require_debug_true'],                             ❾
            'class': 'logging.StreamHandler',
        },
        'django.server': {
            'level': 'INFO',
            'class': 'logging.StreamHandler',                             ❿
            'formatter': 'django.server',
        },
        'mail_admins': {
            'level': 'ERROR',
            'filters': ['require_debug_false'],                           ⓫
            'class': 'django.utils.log.AdminEmailHandler'
        }
    },
    'loggers': {                                                          ⓬
        'django': {
            'handlers': ['console', 'mail_admins'],                       ⓭
            'level': 'INFO',
        },
        'django.server': {
            'handlers': ['django.server'],
            'level': 'INFO',                                              ⓮
            'propagate': False,
        },
    }
}
```

❼

라인별 의미는 다음과 같습니다.

❶ 설정이 dictConfig version 1 형식인데 현재는 버전이 하나뿐입니다.

❷ 기존의 로거들을 비활성화하지 않습니다. 이전 버전과의 호환성을 위한 항목으로 디폴트는 True이며 True로 유지하면 기존 로거들을 비활성화합니다. 비활성화의 의미는 로거들을 삭제하는 것이 아니라 로깅 동작만을 중지시키는 것이므로 혼동의 여지가 있습니다. 따라서 장고에서는 이 항목을 False로 사용하도록 권장합니다.

❸ 필터 2개를 정의합니다.

❹ require_debug_false 필터는 DEBUG=False인 경우만 핸들러가 동작하도록 합니다. 특별키 ( )는 필터 객체를 생성하기 위한 클래스를 파이썬의 기본 클래스와는 다르게 장고에서 별도로 정의하였다는 사실을 의미합니다.

❺ require_debug_true 필터는 DEBUG=True인 경우만 핸들러가 동작하도록 합니다. 특별키 ( )의 의미는 ❹와 동일합니다.

❻ 포맷터 1개를 정의합니다.

❼ django.server 포맷터는 로그 생성 시각과 로그 메시지만을 출력합니다. 특별키 ( )는 포맷터 객체를 생성하기 위한 클래스를 별도로 정의하였다는 사실을 의미합니다.

❽ 3개의 핸들러를 정의합니다.

❾ console 핸들러는 INFO 레벨 및 그 이상의 메시지를 표준 에러로 출력하는 StreamHandler 클래스를 사용합니다. 이 핸들러는 require_debug_true 필터를 사용합니다.

❿ django.server 핸들러는 INFO 레벨 및 그 이상의 메시지를 표준 에러로 출력하는 StreamHandler 클래스를 사용합니다. 이 핸들러는 django.server 포맷터를 사용합니다. ⓮에서 설명하는 django.server 로거에서 이 핸들러를 사용합니다.

⓫ mail_admins 핸들러는 ERROR 및 그 이상의 로그 메시지를 사이트 관리자에게 이메일로 보내는 AdminEmailHandler 클래스를 사용합니다. 이 핸들러는 require_debug_false 필터를 사용합니다.

⓬ 2개의 로거를 정의합니다.

⓭ django 로거는 INFO 및 그 이상의 로그 메시지를 console 및 mail_admins 핸들러에 보냅니다. django.*, 계층 django 패키지의 최상위 로거입니다.

⓮ django.server 로거는 INFO 레벨 및 그 이상의 메시지를 django.server 핸들러에 보냅니다. 상위 로거로 로그 메시지를 전파하지 않습니다. 이 로거는 장고의 개발용 웹 서버인 runserver에서 사용하는 로거입니다. 5XX 응답은 ERROR 메시지로, 4XX 응답은 WARNING 메시지로, 그 외는 INFO 메시지로 출력됩니다.

디폴트 설정 내용을 살펴보면 다음과 같은 사항을 알 수 있습니다.

- 만일 DEBUG = True이면 django.* 계층에서 발생하는 로그 레코드는 INFO 레벨 이상일 때 콘솔로 보내집니다.
- 만일 DEBUG = False이면 django.* 계층에서 발생하는 로그 레코드는 ERROR 레벨 이상일 때 관리자에게 이메일 전송됩니다.
- django.server 로거는 DEBUG 값에 무관하게 로그 레코드가 INFO 레벨 이상이면 콘솔로 보냅니다. django.* 계층의 다른 로거들과는 다르게 django 로거로 전파하지 않습니다.

4.6.7 장고의 로깅 추가 사항 정리

앞에서 설명한 내용 이외에도 장고 패키지에는 몇 가지 로그 관련 기능이 더 추가되었습니다. 이에 관해 알아보겠습니다. 다음은 장고에 추가된 로거들입니다.

- **django 로거** : 앞에서 설명하였습니다.
- **django.request 로거** : 요청 처리와 관련된 메시지를 기록합니다. 5XX 응답은 ERROR 메시지로 4XX 응답은 WARNING 메시지로 발생합니다. 이 로거에 담기는 메시지는 2개의 추가적인 메타 항목을 가집니다.
  - **status_code** : HTTP 응답 코드
  - **request** : 로그 메시지를 생성하는 요청 객체
- **django.server 로거** : 앞에서 설명하였습니다.
- **django.template 로거** : 템플릿을 렌더링하는 과정에서 발생하는 로그 메시지를 기록합니다.
- **django.db.backends 로거** : 데이터베이스와 관련된 메시지를 기록합니다. 예를 들어 애플리케이션에서 사용하는 모든 SQL 문장이 이 로거에 DEBUG 레벨로 기록됩니다. 이 로거에 담기는 메시지는 다음처럼 메타 항목을 추가로 가집니다. 성능상의 이유로 SQL 로깅은 settings.DEBUG 항목이 True인 경우만 활성화됩니다.
  - **duration** : SQL 문장을 실행하는 데 걸린 시간
  - **sql** : 실행된 SQL 문장
  - **params** : SQL 호출에 사용된 파라미터
- **django.security.* 로거** : 사용자가 보안 측면에서 해를 끼칠 수 있는 동작을 실행한 경우 이에 관한 메시지를 기록합니다. 예를 들어 HTTP Host 헤더가 ALLOWED_HOSTS에 없다면 장고는 400 응답을 리턴하고 에러 메시지가 django.security.DisallowedHost 로거에 기록됩니다.
- **django.db.backends.schema 로거** : 데이터베이스의 스키마 변경 시 사용된 SQL 쿼리를 기록합니다.

장고에 추가된 핸들러는 1개입니다.

- **AdminEmailHandler** : 앞에서 설명하였습니다.

또한 장고에는 필터 3개가 추가되었습니다.

- **CallBackFilter** : 이 필터는 콜백 함수를 지정해서 필터를 통과하는 모든 메시지에 대해 콜백 함수를 호출합니다. 콜백 함수의 리턴값이 False이면 메시지 로깅은 더 이상 처리하지 않습니다.
- **RequireDebugFalse** : 앞에서 설명하였습니다.
- **RequireDebugTrue** : 앞에서 설명하였습니다.

4.6.8 개발자 로깅 설정 – 디폴트 설정 유지

장고는 항상 로깅이 가능한 상태이므로 로그가 필요한 시점에 로거를 취득하고 로깅 메소드를 호출하면 됩니다. 앞에서는 장고에서 제공하는 로거를 살펴보았는데 이들 로거를 그대로 사용하는 경우는 많지 않습니다. 왜냐하면 이들 로거는 장고 패키지의 구성에 맞춰 사용되고 있는 것이므로 지금 만들고 있는 애플리케이션에 사용할 별도의 로거가 필요하기 때문입니다.

따라서 필요한 로거를 추가 설정하고 이 로거를 취득하여 사용하면 됩니다. 로거는 **settings.py** 파일의 LOGGING에서 추가할 수 있습니다. LOGGING 항목에는 새로운 로거를 추가하는 것도 가능하고, 기존의 디폴트로 설정된 로거들을 오버라이딩하여 핸들러, 필터, 포맷터 등의 동작을 변경하는 것도 가능합니다.

다음은 로깅 설정 예시입니다.

예제 4-34 로깅 디폴트 설정 유지 예시 – mysite/settings.py

```
LOGGING_CONFIG = 'logging.config.dictConfig'              # 생략 가능 ──────────❶
LOGGING = {  ──────────────────────────────────────────────────────────────────❷
    'version': 1,
    'disable_existing_loggers': False,                                          ❸
    'formatters': {
        'verbose': {
            'format' : "[%(asctime)s] %(levelname)s [%(name)s:%(lineno)s] %(message)s",
            'datefmt' : "%d/%b/%Y %H:%M:%S"                                      ❹
        },
    },
    'handlers': {
        'file': {
            'level': 'DEBUG',
            'class': 'logging.FileHandler',
            'filename': BASE_DIR / 'logs' / 'mysite.log',                        ❺
            'formatter': 'verbose'
        },
    'loggers': {  ─────────────────────────────────────────────────────────────❻
        'django': {
            'handlers': ['file'],
            'level': 'DEBUG',                                                    ❼
        },
```

```
        'mysite': {
            'handlers': ['file'],
            'level': 'DEBUG',
        },
    },
}
```
❽

라인별 의미는 다음과 같습니다.

❶ LOGGING_CONFIG는 로깅 설정에 사용하는 함수를 지정하는 항목입니다. 이 항목의 디폴트 값이 dictConfig이므로 이 라인은 생략해도 됩니다.

❷ 개발자가 로깅을 설정할 때는 LOGGING 항목을 사용합니다.

❸ 앞에서 설명한 내용과 동일합니다.

❹ verbose 포맷터를 추가로 정의합니다. verbose 포맷터는 [로그 메시지를 기록한 시간], 로그 레벨 이름, [로거 이름:라인번호], 로그 메시지 순서로 출력합니다. 로그 메시지를 기록한 시간에 대한 포맷은 날짜/월축약형/연도 시(24시 기준):분:초 형식으로 출력합니다.

❺ file 핸들러를 추가로 정의합니다. file 핸들러는 DEBUG 및 그 이상의 메시지를 파일로 출력하는 FileHandler 클래스를 사용합니다. FileHandler 클래스에 의해서 로그가 기록되는 파일 이름은 C:\RedBook\ch99\ logs\mysite.log입니다. 또한 위에서 정의한 verbose 포맷터를 사용합니다.

❻ 2개의 로거를 설정합니다.

❼ django 로거는 디폴트로 설정되어 있는 로거인데 핸들러와 로거 레벨을 오버라이딩하여 동작 방식을 변경하고 있습니다. 참고로 디폴트로 설정된 django_server 로거는 별도로 오버라이딩하지 않았으므로 원래대로 동작합니다.

❽ mysite 로거를 새롭게 정의하고 있습니다. 이 로거는 DEBUG 및 그 이상의 메시지를 file 핸들러에게 보냅니다. 즉, 로그 메시지를 파일에 기록합니다. 로거에서 level을 정의하면 이는 핸들러에서 정의한 level을 오버라이딩합니다.

이번에 설명한 로깅 설정 예시는 장고의 디폴트 설정을 유지하면서 개발자 로깅을 설정한 것입니다. 즉, 장고에서 제공하는 로거들이 모두 동작하도록 설정하였습니다. 다만 동작하는 방식은 오버라이딩으로 일부 변경하였습니다.

반면 장고의 디폴트 설정을 모두 무시하고 새롭게 로깅 방식을 설정할 수도 있는데 이는 다음 부분에서 이어서 살펴보겠습니다.

4.6.9 개발자 로깅 설정 - 디폴트 설정 무시

만일 파이썬의 로깅 시스템에 익숙한 독자라면 장고의 디폴트 설정을 무시하고 자신만의 로깅 방식으로 설정할 수도 있습니다. 또는 장고의 로깅 설정이 장황하다고 생각해서 간단하게 설정하고자 할 때도 기존의 디폴트 설정을 무시할 수 있습니다.

장고에서 이미 정의한 로깅 동작들을 사용하지 않고 새롭게 로깅 동작을 설정할 때는 **mysite/settings.py**에 다음과 같이 작성합니다.

```
LOGGING_CONFIG = None
LOGGING = {
    (원하는 내용으로 로깅 컴포넌트들을 설정함)
}

import logging.config
logging.config.dictConfig(LOGGING)
```

라인별 의미는 다음과 같습니다.

❶ LOGGING_CONFIG=None이면 장고가 기본적으로 수행하는 **DEFAULT_LOGGING** 설정 과정을 건너뜁니다. 그래서 디폴트 로깅 설정이 이루어지지 않습니다.

❷ 개발자가 원하는 내용으로 로거, 핸들러, 필터, 포맷터들을 정의합니다.

❸ dictConfig() 함수를 사용하기 위해 해당 모듈을 임포트합니다.

❹ 직접 dictConfig() 함수를 호출하여 사전형 방식으로 LOGGING 항목에 정의된 내용을 설정합니다. dictConfig() 함수가 이 시점에 바로 호출됩니다.

파이썬 로그 기능을 제대로 공부하고 싶다면 처음 시작하는 사람도 간단하게 따라할 수 있는 다음 코드를 사용해서 로그 기능을 먼저 경험한 후 차근차근 배워 갑시다. 두 방식 중 하나를 선택하여 경험하면 됩니다.

```
import logging
# 로그 기록을 원하는 라인에서 다음 코드 입력
logging.warning("this is test log message.")
```

```
import logging
logging.basicConfig(filename='example.log', encoding='utf-8', level=logging.INFO)
# 로그 기록을 원하는 라인에서 다음 코드 입력
logging.info("this is test log message.")
```

04

실습 예제 확장

chapter 05

실습 예제 확장

3장에서 장고 프로젝트와 애플리케이션을 설명하면서 간단한 실습 예제를 만들었습니다. ch99 프로젝트 하위에 polls 애플리케이션을 코딩하면서 프로젝트 뼈대를 만들고 MVT 패턴에 맞춰 애플리케이션을 만들었습니다. 3장에서는 뷰 작성 원리를 우선 설명하기 위해 함수형 뷰를 사용하였습니다. 4장에서 설명하였듯이 함수형 뷰보다는 클래스형 뷰의 장점이 더 많으므로 클래스형 뷰로 애플리케이션을 작성하는 것이 좋습니다.

5장에서는 3장의 예제를 확장하여 클래스형 뷰를 사용하는 애플리케이션을 만들겠습니다. 우선 books라는 새로운 애플리케이션을 만들면서 클래스형 뷰의 사용법을 익히고 그 다음에 함수형 뷰로 되어 있는 기존의 polls 애플리케이션을 클래스형 뷰로 변경하겠습니다.

5.1 새로운 애플리케이션 만들기

이번 장에서는 books라는 새로운 애플리케이션을 만듭니다. books 애플리케이션은 책을 출판하는 데 필요한 책, 저자, 출판사에 대한 정보를 관리하는 웹 애플리케이션입니다. 새로운 애플리케이션을 만들려면 그 상위에 프로젝트를 먼저 만들어야 합니다.

프로젝트는 3장에서 사용한 ch99를 그대로 사용하고 그 하위에 books 애플리케이션을 만들겠습니다. 물론 이와 다른 방식으로 프로젝트를 만들어도 상관없습니다. '웹 사이트를 어떻게 구성할 것인가'라는 문제는 설계 단계에서 결정할 사항입니다.

3.3.6 MVT 코딩 순서에서 설명한 것처럼 클래스형 뷰의 코딩이 간단한 점을 고려하여 다음 순서로 진행하겠습니다.

- 애플리케이션 설계하기
- 프로젝트 뼈대 만들기
- 애플리케이션 만들기 - Model 코딩하기
- 애플리케이션 만들기 - URLconf 코딩하기
- 애플리케이션 만들기 - View 코딩하기
- 애플리케이션 만들기 - Template 코딩하기

5.1.1 애플리케이션 설계하기

books 애플리케이션은 책, 저자, 출판사의 정보를 관리하는, 즉 정보를 보여 주고 입력, 수정, 삭제할 수 있는 웹 애플리케이션입니다. 다음과 같이 UI, 테이블, 뷰의 흐름을 설계하였습니다. 책, 저자, 출판사 정보를 관리하는 기능이 필요한데 다음 그림은 그중에서 책 정보 관리 위주로 설계된 내용을 보여 줍니다. 저자, 출판사 관리 기능에 대한 화면 UI 및 뷰 흐름의 설계 내용도 책 정보 설계 내용과 거의 유사합니다.

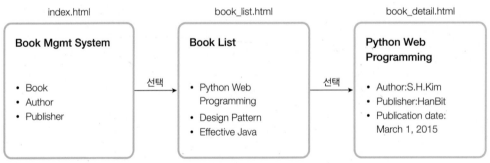

그림 5-1 books 애플리케이션 - UI 설계

NOTE_ List → Detail 순서의 로직

웹 프로그래밍을 처음 할 때는 **그림 5-1**처럼 먼저 객체의 리스트[List]를 보여 주고 특정 객체를 클릭하면 그 객체의 상세 정보[Detail]를 보여 주는 방식으로 로직을 설계합시다. 이러면 코딩을 쉽게 할 수 있으며 이해하기 쉬운 코드를 만들 수 있습니다.

표 5-1 books 애플리케이션 - Book 테이블 설계

컬럼명	타입	제약조건	설명
id	integer	NotNull, PK, AutoIncrement	Primary Key
title	varchar(100)	NotNull	책 제목
authors	integer	NotNull, MTM (Author), index	Auther 테이블과 N:N 관계
publisher	Integer	NotNull, FK (Publisher), index	Publisher 테이블과 N:1 관계
publication_date	date	NotNull	책 출판일

표 5-2 books 애플리케이션 - Author 테이블 설계

컬럼명	타입	제약조건	설명
id	integer	NotNull, PK, AutoIncrement	Primary Key
salutation	varchar(100)	NotNull	저자 인사말
name	varchar(50)	NotNull	저자 성명
email	email	NotNull	저자 이메일

표 5-3 books 애플리케이션 - Publisher 테이블 설계

컬럼명	타입	제약조건	설명
id	integer	NotNull, PK, AutoIncrement	Primary Key
name	varchar(50)	NotNull	출판사 이름
address	varchar(200)	NotNull	출판사 주소
website	url	NotNull	출판사 홈페이지

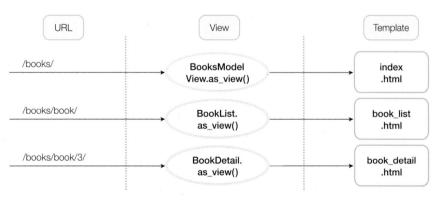

그림 5-2 books 애플리케이션 - 뷰 흐름 설계

5.1.2 프로젝트 뼈대 만들기 – 애플리케이션 추가

이번 예제에서는 mysite라는 기존의 프로젝트를 사용하므로 프로젝트 뼈대를 새로 만들 필요는 없습니다. 거기에 books 애플리케이션만 추가하면 됩니다. 다음 명령을 실행하여 애플리케이션을 생성합니다.

```
C:\Users\shkim>cd C:\RedBook\ch99
C:\RedBook\ch99>python manage.py startapp books
```

그러면 예상대로 장고가 books라는 애플리케이션 디렉터리를 만들고 그 하위에 필요한 파일들을 자동으로 생성합니다.

```
2018-05-19   오전 10:21   <DIR>           .
2018-05-19   오전 10:21   <DIR>           ..
2018-05-19   오전 10:21              66 admin.py
2018-05-19   오전 10:21              90 apps.py
2018-05-19   오전 10:21   <DIR>           migrations
2018-05-19   오전 10:21              60 models.py
2018-05-19   오전 10:21              63 tests.py
2018-05-19   오전 10:21              66 views.py
2018-05-19   오전 10:21               0 __init__.py
                 6개 파일              345 바이트
              3개 디렉터리  194,563,874,816 바이트 남음

C:\RedBook\ch5>
```

그림 5-3 startapp 명령 실행 후 디렉터리 모습 - books 애플리케이션

프로젝트에 포함되는 모든 애플리케이션을 설정 파일에 등록해야 합니다. 따라서 방금 생성한 books 애플리케이션도 **settings.py** 파일에 등록합니다. **예제 5-1**처럼 INSTALLED_APPS 항목에 모듈명 books를 등록합니다. 3장에서처럼 애플리케이션 설정 클래스인 books.apps.BooksConfig를 등록해도 됩니다.

예제 5-1 mysite/settings.py 파일에 books 애플리케이션 등록

```
C:\Users\shkim>cd C:\RedBook\ch99\mysite
C:\RedBook\ch99\mysite>notepad settings.py

# 위에 내용 동일
INSTALLED_APPS = [
    'polls.apps.PollsConfig',
    'books',                       # 추가
```

```
    'django.contrib.admin',
    'django.contrib.auth',
    'django.contrib.contenttypes',
    'django.contrib.sessions',
    'django.contrib.messages',
    'django.contrib.staticfiles',
]
# 아래 내용 동일
```

5.1.3 애플리케이션 만들기 - Model 코딩하기

데이터베이스 관련 작업은 다음과 같은 순서로 진행합니다.

```
>notepad models.py                      // 테이블을 정의함
>notepad admins.py                      // 정의된 테이블이 Admin 화면에 보이게 함
>python manage.py makemigrations        // 데이터베이스에 변경이 필요한 사항을 추출함
>python manage.py migrate               // 데이터베이스에 변경 사항을 반영함
>python manage.py runserver             // 현재까지의 작업을 개발용 웹 서버로 확인함
```

각 코드에 관한 설명은 3장과 거의 유사하므로 복습한다는 생각으로 3장의 설명을 참고하면서 공부하기 바랍니다.

우선 테이블 설계 내용에 따라 **models.py** 파일에 테이블을 정의합니다.

예제 5-2 테이블 정의   소스제공: ch5₩books₩models.py

```
C:₩Users₩shkim>cd C:₩RedBook₩ch99₩books
C:₩RedBook₩ch99₩books>notepad models.py

from django.db import models

class Book(models.Model):
    title = models.CharField(max_length=100)
    authors = models.ManyToManyField('Author')
    publisher = models.ForeignKey('Publisher', on_delete=models.CASCADE)
    publication_date = models.DateField()
```

```
    def __str__(self):
        return self.title

class Author(models.Model):
    name = models.CharField(max_length=50)
    salutation = models.CharField(max_length=100)
    email = models.EmailField()

    def __str__(self):
        return self.name

class Publisher(models.Model):
    name = models.CharField(max_length=50)
    address = models.CharField(max_length=100)
    website = models.URLField()

    def __str__(self):
        return self.name
```

> **NOTE_** 컬럼을 정의할 때는 장고에서 제공하는 필드를 알아야 합니다. 다양한 필드 타입이 있으므로 필요할 때
> 마다 적절한 필드 타입을 선택하기 바랍니다. 자세한 사항은 다음 URL을 참고 바랍니다.
>
> https://docs.djangoproject.com/en/4.0/ref/models/fields/

테이블 간 관계를 나타내는 필드는 ForeignKey, ManyToManyField, OneToOneField 3가지가 있으며 각각 N:1, N:N, 1:1 관계를 정의합니다.

다음 라인은 Book 테이블과 Author 테이블 간 관계를 N:N으로 정의하고 있습니다. 즉, 여러 권의 Book과 여러 명의 Author가 관계를 맺는 방식입니다. 풀어서 이야기하면 한 권의 Book에 여러 명의 Author가 존재할 수 있고 한 명의 Author는 여러 권의 Book을 쓸 수 있는 관계입니다.

```
class Book(models.Model):
    . . .
    authors = models.ManyToManyField('Author')
```

아래 라인은 Book 테이블과 Publisher 테이블 간 관계를 N:1로 정의하고 있습니다. 즉 ,여러 권의 Book과 하나의 Publisher가 관계를 맺는 방식입니다. 풀어서 이야기하면 한 권의 Book은

하나의 Publisher에만 관련되지만, 하나의 Publisher는 여러 권의 Book과 관련될 수 있는 관계입니다.

```
class Book(models.Model):
    . . .
    publisher = models.ForeignKey('Publisher', on_delete=models.CASCADE)
```

ForeignKey 필드를 사용할 때는 on_delete 옵션을 필수로 지정해야 합니다. 상대 테이블의 레코드가 삭제될 때 본 테이블에서의 동작을 지정하는 옵션입니다. CASCADE 옵션값의 의미는 Publisher 테이블의 특정 레코드를 삭제하면 그 레코드에 연결된 Book 테이블의 레코드도 삭제된다는 의미입니다.

Admin 사이트에 테이블이 보이도록 테이블을 **admin.py** 파일에도 등록합니다.

예제 5-3 테이블 등록   소스제공: ch5₩books₩admin.py

```
C:₩Users₩shkim>cd C:₩RedBook₩ch99₩books
C:₩RedBook₩ch99₩books>notepad admin.py

from django.contrib import admin
from books.models import Book, Author, Publisher

admin.site.register(Book)
admin.site.register(Author)
admin.site.register(Publisher)
```

다음 명령으로 방금 정의한 테이블을 데이터베이스에 반영합니다.

```
C:₩Users₩shkim>cd C:₩RedBook₩ch99
C:₩RedBook₩ch99>python manage.py makemigrations books
C:₩RedBook₩ch99>python manage.py migrate
```

지금까지의 작업을 확인하고 싶다면 다음 명령으로 runserver를 실행하고

```
C:₩Users₩shkim>cd C:₩RedBook₩ch99
C:₩RedBook₩ch99>python manage.py runserver 0.0.0.0:8000
```

Admin 사이트에 접속해서 테이블이 보이는지 확인하면 됩니다.

```
https://127.0.0.1:8000/admin/
```

5.1.4 애플리케이션 만들기 - URLconf 코딩하기

앞서 **그림 5-2**에서 살펴본 뷰 흐름의 내용을 참고해서 URLconf를 정의합니다. URLconf는 mysite/urls.py와 books/urls.py 2개의 파일에 코딩합니다. 먼저 기존의 **mysite/urls.py** 파일에 books 애플리케이션의 URL 설정을 불러오는 내용을 추가합니다.

예제 5-4 books 애플리케이션 　　　　　　　　　　　　　　　　　　　 소스제공: ch5₩mysite₩urls.py

```
C:₩Users₩shkim>cd C:₩RedBook₩ch99₩mysite
C:₩RedBook₩ch99₩mysite>notepad urls.py

from django.contrib import admin
from django.urls import path, include

urlpatterns = [
    path('admin/', admin.site.urls),
    path('polls/', include('polls.urls')),
    path('books/', include('books.urls')),          # 추가
]
```

다음은 **books/urls.py**입니다. **그림 5-3**에서는 /book/ URL만 대표로 보여 주었는데 books/ urls.py 파일에는 /book/과 동일한 형식으로 /author/ 및 /publisher/ URL도 같이 정의해야 합니다.

예제 5-5 books 애플리케이션 　　　　　　　　　　　　　　　　　　　 소스제공: ch5₩books₩urls.py

```
C:₩Users₩shkim>cd C:₩RedBook₩ch99₩books
C:₩RedBook₩ch99₩books>notepad urls.py

from django.urls import path
from . import views
```

```
app_name = 'books'
urlpatterns = [
    # /books/
    path('', views.BooksModelView.as_view(), name='index'),

    # /books/book/
    path('book/', views.BookList.as_view(), name='book_list'),

    # /books/author/
    path('author/', views.AuthorList.as_view(), name='author_list'),

    # /books/publisher/
    path('publisher/', views.PublisherList.as_view(), name='publisher_list'),

    # /books/book/99/
    path('book/<int:pk>/', views.BookDetail.as_view(), name='book_detail'),

    # /books/author/99/
    path('author/<int:pk>/', views.AuthorDetail.as_view(), name='author_detail'),

    # /books/publisher/99/
    path('publisher/<int:pk>/', views.PublisherDetail.as_view(), name='publisher_detail'),
]
```

7개의 URL을 정의하였고 그에 해당하는 클래스형 뷰 역시 7개를 정의하였습니다. 그리고 함수
형 뷰가 아니라 클래스형 뷰로 정의하기 위해 각 URL에 따른 뷰 클래스 및 as_view() 메소드를
지정하였습니다. 다음 부분에서 살펴보겠지만 템플릿 파일도 각각 하나씩 총 7개가 필요합니다.
참고로 하나의 뷰에서 여러 개의 html 파일을 사용할 수 있고 반대로 동일한 html 파일을 여러 개
의 뷰에서 사용할 수 있습니다. 즉, 뷰와 템플릿의 개수가 항상 1:1 관계를 가지는 건 아닙니다.

5.1.5 애플리케이션 만들기 - 클래스형 View 코딩하기

앞에서 URLconf를 코딩하면서 뷰를 클래스형 뷰로 정의하기 위해 각 URL에 따른 해당 클래스
및 as_view() 메소드를 지정하였습니다. 이제 URLconf에서 지정한 클래스형 뷰를 코딩하겠습
니다. 이미 여러 번 강조하였듯이 클래스형 뷰 또는 클래스형 제네릭 뷰는 장고 사용 시 매우 중요
한 기능이며 이번 장의 핵심 내용입니다. 다음 예제를 이해하는 것뿐 아니라 여러분 나름대로 예제
를 수정하면서 클래스형 뷰에 익숙해지기를 바랍니다.

books/views.py 파일에 다음 내용을 입력합니다.

예제 5-6 클래스형 뷰 코딩　　　　　　　　　　　　　　　소스제공: ch5₩books₩views.py

```
C:₩Users₩shkim>cd C:₩RedBook₩ch99₩books
C:₩RedBook₩ch99₩books>notepad views.py


from django.views.generic.base import TemplateView
from django.views.generic import ListView                               ❶
from django.views.generic import DetailView
from books.models import Book, Author, Publisher                        ❷

#--- TemplateView
class BooksModelView(TemplateView):                                     ❸
    template_name = 'books/index.html'                                  ❹

    def get_context_data(self, **kwargs):
        context = super().get_context_data(**kwargs)                    ❺
        context['model_list'] = ['Book', 'Author', 'Publisher']         ❻
        return context                                                  ❼

#--- ListView                                                           ❽
class BookList(ListView):
    model = Book                                                        ❾

class AuthorList(ListView):
    model = Author                                                      ❿
class PublisherList(ListView):
    model = Publisher                                                   ⓫

#--- DetailView                                                         ⓬
class BookDetail(DetailView):
    model = Book                                                        ⓭

class AuthorDetail(DetailView):
    model = Author                                                      ⓮

class PublisherDetail(DetailView):
    model = Publisher                                                   ⓯
```

위 소스를 라인별로 설명하겠습니다.

❶ 클래스형 제네릭 뷰를 사용하기 위해 TemplateView, ListView, DetailView 클래스를 임포트합니다.

❷ 테이블 조회를 위해 모델 클래스들을 임포트합니다.

❸ BooksModelView는 books 애플리케이션의 첫 화면을 보여 주는 뷰입니다. 특별한 로직이 없고 템플릿 파일만을 렌더링하는 경우에는 이처럼 **TemplateView** 제네릭 뷰를 상속받아 사용하면 편리합니다. TemplateView를 사용하는 경우에는 반드시 **template_name** 클래스 변수를 오버라이딩해서 지정해야 합니다. 템플릿 시스템으로 넘겨줄 컨텍스트 변수가 있는 경우에는 **get_context_data()** 메소드를 오버라이딩해서 정의하면 됩니다.

❹ books 애플리케이션의 첫 화면을 보여 주는 템플릿 파일을 books/index.html로 지정하였습니다.

❺ get_context_data() 메소드를 정의할 때는 반드시 첫 줄에 super() 메소드를 호출해야 한다는 사실을 알아 두기 바랍니다.

❻ books 애플리케이션의 첫 화면에 테이블 리스트를 보여 주기 위해 컨텍스트 변수 model_list에 담아서 템플릿 시스템에 넘겨줍니다.

❼ return 문장도 필수입니다.

❽ 다음 3개의 클래스는 모두 **ListView** 제네릭 뷰를 사용하고 있습니다. ListView를 상속받는 경우는 객체가 들어 있는 리스트를 구성해서 이를 컨텍스트 변수로 템플릿 시스템에 넘겨줍니다. 만일 이런 리스트를 테이블에 들어 있는 모든 레코드를 가져와 구성하는 경우에는 테이블명, 즉 모델 클래스명만 지정하면 됩니다.

그리고 명시적으로 지정하지 않아도 장고에서 디폴트로 알아서 지정하는 속성이 2가지 있습니다. 첫 번째는 컨텍스트 변수로 **object_list**를 사용하는 것이고, 두 번째는 템플릿 파일을 모델명 소문자_list.html 형식의 이름으로 지정하는 것입니다.

❾ Book 테이블로부터 모든 레코드를 가져와 object_list라는 컨텍스트 변수를 구성합니다. 템플릿 파일은 디폴트로 books/book_list.html 파일이 됩니다.

❿ Author 테이블로부터 모든 레코드를 가져와 object_list라는 컨텍스트 변수를 구성합니다. 템플릿 파일은 디폴트로 books/author_list.html 파일이 됩니다.

⓫ Publisher 테이블로부터 모든 레코드를 가져와 object_list라는 컨텍스트 변수를 구성합니다. 템플릿 파일은 디폴트로 books/publisher_list.html 파일이 됩니다.

⓬ 다음 3개의 클래스는 모두 **DetailView** 제네릭 뷰를 사용하고 있습니다. DetailView를 상속받는 경우는 특정 객체 하나를 컨텍스트 변수에 담아서 템플릿 시스템에 넘겨줍니다. 만일 테이블에서 Primary Key로 조회해서 특정 객체를 가져오는 경우에는 테이블명, 즉 모델 클래스명만 지정하면 됩니다. 조회 시 사용할 Primary Key 값은 URLconf에서 추출하여 뷰로 넘어온 파라미터를 사용합니다. 즉 URL이 /books/book/99/라면 99가 Primary Key입니다.

그리고 명시적으로 지정하지 않아도 장고에서 디폴트로 알아서 지정하는 속성이 2가지 있습니다. 첫 번째는 컨텍스트 변수로 **object**를 사용하는 것이고, 두 번째는 템플릿 파일을 모델명 소문자_detail.html 형식의 이름으로 지정하는 것입니다.

⓭ Book 테이블로부터 특정 레코드를 가져와 object라는 컨텍스트 변수를 구성합니다. 템플릿 파일은 디폴트로 books/book_detail.html 파일이 됩니다. 테이블 조회 조건에 사용되는 Primary Key 값은 URLconf에서 넘겨받는데 이에 대한 처리는 DetailView 제네릭 뷰에서 알아서 합니다.

⓮ Author 테이블로부터 특정 레코드를 가져와 object라는 컨텍스트 변수를 구성합니다. 템플릿 파일은 디폴트로 books/author_detail.html이 됩니다.

⓯ Publisher 테이블로부터 특정 레코드를 가져와 object라는 컨텍스트 변수를 구성합니다. 템플릿 파일은 디폴트로 books/publisher_detail.html이 됩니다.

지금까지 제네릭 뷰에 관해 살펴보았습니다. 제네릭 뷰의 강력함이 보이나요? 특히 데이터베이스 객체의 리스트를 보여 주거나 특정 객체의 상세 내용을 보여 주는 작업을 코딩할 때 제네릭 뷰의 장점이 확실히 드러납니다. 만일 동일한 로직을 직접 코딩한다면 테이블에 접속하고 쿼리 조건을 지정하여 테이블로부터 가져온 결과를 컨텍스트 변수에 담아 템플릿 시스템에 넘겨야 합니다. 이러한 복잡한 로직을 장고에서 모두 처리해 주므로 단 2줄로 코딩을 완료하였습니다. 또한 코딩 과정에서의 버그 발생 가능성도 크게 줄였습니다. 이것이 바로 장고의 장점입니다.

5.1.6 애플리케이션 만들기 – Template 코딩하기

템플릿 파일도 7개가 필요합니다. 파일의 위치는 4장에서 설명하였듯이 C:\RedBook\ch99 \books\templates\books 디렉터리입니다. URL/뷰/템플릿 매핑을 표로 정리하면 다음과 같습니다.

표 5-4 books 애플리케이션 - URL/뷰/템플릿 매핑

URL 패턴	뷰 클래스명	템플릿 파일명	템플릿 설명
/books/	BooksModelView	Index.html	books 애플리케이션 첫 화면
/books/book/	BookList	book_list.html	책 리스트를 보여 줌
/books/author/	AuthorList	author_list.html	저자 리스트를 보여 줌
/books/publisher/	PublisherList	publisher_list.html	출판사 리스트를 보여 줌
/books/book/99/	BookDetail	book_detail.html	특정 책의 상세 정보를 보여 줌
/books/author/99/	AuthorDetail	author_detail.html	특정 저자의 상세 정보를 보여 줌
/books/publisher/99/	PublisherDetail	publisher_detail.html	특정 출판사의 상세 정보를 보여 줌

※ URL 패턴에서 99는 예시로 테이블 레코드의 Primary Key가 채워지는 자리입니다.

각 템플릿 파일은 상속 기능을 사용합니다. 부모 템플릿 역할을 하는 base.html 및 base_books.html 템플릿은 **5.1.7 애플리케이션 만들기 – Template 상속 기능 추가**에서 살펴보기로 하고 우선 books 애플리케이션의 첫 화면을 보여 주는 index.html 템플릿 파일을 살펴보겠습니다. 그 다음에 각 모델의 레코드 리스트를 보여 주는 xxx_list.html과 특정 레코드의 상세 정보를 보여 주는 xxx_detail.html 템플릿 파일을 살펴보겠습니다.

index.html 템플릿에 다음과 같은 내용을 입력합니다.

예제 5-7 index.html 템플릿   **소스제공:** ch5₩books₩templates₩books₩index.html

```
C:₩Users₩shkim>cd C:₩RedBook₩ch99₩books
C:₩RedBook₩ch99₩books>mkdir templates
C:₩RedBook₩ch99₩books>mkdir templates₩books
C:₩RedBook₩ch99₩books>cd templates₩books
C:₩RedBook₩ch99₩books₩templates₩books>notepad index.html

{% extends "base_books.html" %}

{% block content %}
    <h2>Books Management System</h2>
    <ul>
        {% for modelname in model_list %}
{% with "books:"|add:modelname|lower|add:"_list" as urlvar %}
            <li><a href="{% url urlvar %}">{{ modelname }}</a></li>
{% endwith %}
        {% endfor %}
    </ul>
{% endblock content %}
```

위 index.html 템플릿에서는 base_books.html 템플릿을 상속받아서 content 블록만을 재정의하였고 나머지 블록은 부모 템플릿 내용을 그대로 사용합니다.

뷰로부터 model_list 컨텍스트 변수를 전달받아서 model_list에 들어 있는 모델명modelname들을 순회하면서 화면에 하나씩 보여 주고 있습니다. 또한 모델명 클릭 시 접속할 URL을 추출하기 위해 {% url urlvar %} 템플릿 태그를 사용하였고 urlvar 인자는 {% with %} 태그를 사용하여 다음과 같이 정의하였습니다.

05

```
{% with "books:"|add:modelname|lower|add:"_list" as urlvar %}
```

이 문장은 add 및 lower 템플릿 필터를 사용하여 모델명을 소문자로 변환하고 필요한 문자열을 붙이는 역할을 합니다. 예를 들어 모델명이 Author라면 urlvar는 books:author_list가 됩니다.

예제 5-8~예제 5-10은 책, 저자, 출판사의 리스트를 보여 주는 템플릿 파일들입니다. 내용은 거의 동일합니다. 공통적으로 base_books.html 템플릿을 상속받으며 뷰로부터 object_list 컨텍스트 변수를 전달받아서 object_list에 들어 있는 객체들을 순회하면서 하나씩 보여 줍니다. 상속을 받는 하위 템플릿 파일에서는 {% block content %} 블록만 재정의하고 나머지 부분은 부모 base_books.html 템플릿 내용을 그대로 사용합니다.

예제 5-8 book_list.html 템플릿　　　　소스제공: ch5\books\templates\books\book_list.teml

```
C:\Users\shkim>cd C:\RedBook\ch99\books\templates\books
C:\RedBook\ch99\books\templates\books>notepad book_list.html

{% extends "base_books.html" %}

{% block content %}
    <h2>Book List</h2>
    <ul>
        {% for book in object_list %}
            <li><a href="{% url 'books:book_detail' book.id %}">{{ book.title }}</a></li>
        {% endfor %}
    </ul>
{% endblock content %}
```

다음 문장은 화면에 book 객체의 title 속성(book.title)을 표시하고 해당 텍스트를 클릭하는 경우 〈a href〉 태그 기능에 의해 books:book_detail URL 패턴으로 웹 요청을 보낸다는 의미입니다. {% url %} 태그는 **4.3.3 템플릿 태그**에서 자세히 설명하였으므로 생략합니다.

```
<li><a href="{% url 'books:book_detail' book.id %}">{{ book.title }}</a></li>
```

다음의 author_list.html 템플릿 파일은 화면에 표시하는 내용이 {{ author.name }}이란 점만 다르고 나머지는 book_list.html 템플릿과 동일합니다.

예제 5-9 author_list.html 템플릿　　　소스제공: ch5₩books₩templates₩books₩author_list.html

```
C:₩Users₩shkim>cd C:₩RedBook₩ch99₩books₩templates₩books
C:₩RedBook₩ch99₩books₩templates₩books>notepad author_list.html


{% extends "base_books.html" %}


{% block content %}
    <h2>Author List</h2>
    <ul>
        {% for author in object_list %}
            <li><a href="{% url 'books:author_detail' author.id %}">{{ author.name }}</a></li>
        {% endfor %}
    </ul>
{% endblock content %}
```

다음의 publisher_list.html 템플릿 파일 역시 앞서 살펴본 2개의 템플릿 파일과 거의 같습니다. {{ publisher.name }}을 화면에 보여 준다는 점만 다릅니다.

예제 5-10 publisher_list.html 템플릿　　　소스제공: ch5₩books₩templates₩books₩publisher_list.html

```
C:₩Users₩shkim>cd C:₩RedBook₩ch99₩books₩templates₩books
C:₩RedBook₩ch99₩books₩templates₩books>notepad publisher_list.html


{% extends "base_books.html" %}

{% block content %}
    <h2>Publisher List</h2>
    <ul>
        {% for publisher in object_list %}
            <li><a href="{% url 'books:publisher_detail' publisher.id %}">{{ publisher.
name }}</a></li>
        {% endfor %}
    </ul>
{% endblock content %}
```

예제 5-11~예제 5-13은 책, 저자, 출판사 테이블의 특정 레코드에 관한 상세 정보를 보여 주는 템플릿 파일입니다. 이 3개의 파일도 거의 유사하게 구성되어 있습니다.

공통적으로 base_books.html 템플릿을 상속받으며 특정 레코드를 object라는 컨텍스트 변수로 전달받아서 object 객체, 즉 레코드에 들어 있는 컬럼값들을 보여 줍니다. 상속받는 하위 템플릿 파일에서는 {% block content %} 블록만 재정의하고 나머지 부분은 부모 base_books.html 템플릿 내용을 그대로 사용하고 있습니다.

예제 5-11 book_detail.html 템플릿   소스제공: ch5₩books₩templates₩books₩book_detail.html

```
C:₩Users₩shkim>cd C:₩RedBook₩ch99₩books₩templates₩books
C:₩RedBook₩ch99₩books₩templates₩books>notepad book_detail.html


{% extends "base_books.html" %}


{% block content %}
<h1>{{ object.title }}</h1>
<br>
<ul>
    <li>Authors:
        {% for author in object.authors.all %}
            {{ author }}
            {% if not forloop.last %},{% else %}{% endif %}
        {% endfor %}
    </li>
    <li>Publisher: {{ object.publisher }}</li>
    <li>Publication date: {{ object.publication_date }}</li>
</ul>
{% endblock content %}
```

첫 번째 템플릿은 Book 테이블에 들어 있는 특정 레코드, 즉 특정 책의 상세 정보를 표시합니다. object.authors.all() 구문은 object에 연결된 모든 authors라는 의미로 object는 뷰에서 넘어온 특정 Book 객체를 지칭합니다. 템플릿 문법상 메소드 호출을 의미하는 ()는 사용하지 않습니다. 또한 책의 저자가 여러 명일 수 있으므로 다음과 같이 공동 저자인 경우 저자 이름 뒤에 콤마 (,)를 출력하는 로직이 추가되었습니다.

```
{% if not forloop.last %},{% else %}{% endif %}
```

예제 5-12 author_detail.html 템플릿 　　소스제공: ch5₩books₩templates₩books₩author_detail.html

```
C:₩Users₩shkim>cd C:₩RedBook₩ch99₩books₩templates₩books
C:₩RedBook₩ch99₩books₩templates₩books>notepad author_detail.html

{% extends "base_books.html" %}

{% block content %}
<h1>{{ object.name }}</h1>
<ul>
    <li>{{ object.salutation }}</li>
    <li>Email: {{ object.email }}</li>
</ul>
{% endblock content %}
```

예제 5-13 publisher_detail.html 템플릿 　　소스제공: ch5₩books₩templates₩books₩publisher_detail.html

```
C:₩Users₩shkim>cd C:₩RedBook₩ch99₩books₩templates₩books
C:₩RedBook₩ch99₩books₩templates₩books>notepad publisher_detail.html

{% extends "base_books.html" %}

{% block content %}
<h1>{{ object.name }}</h1>
<ul>
    <li>{{ object.website }}</li>
    <li>Address: {{ object.address }}</li>
</ul>
{% endblock content %}
```

5.1.7 애플리케이션 만들기 - Template 상속 기능 추가

이제 부모 템플릿인 base.html 및 base_books.html 템플릿을 작성하겠습니다. **예제 5-14** base.html 템플릿에는 상속용으로 {% block title %}, {% block sidebar %}, {% block content %} 3개의 블록이 정의됩니다.

그 다음의 base_books.html 템플릿에는 base.html 템플릿을 상속받아 이 중 title 블록과 sidebar 블록을 재정의합니다. 또한 앞에서 이미 보았듯이 각 xxx_list.html과 xxx_detail.html

및 index.html 템플릿에는 content 블록만을 재정의합니다. 결과적으로 다음 그림처럼 장고에서 권고하는 3단계 템플릿 상속 구조를 따르고 있습니다.

그림 5-4 템플릿 상속 구조

앞에서 2개의 템플릿은 각 템플릿의 부모 템플릿 역할을 하고 있으며 개별 애플리케이션 템플릿이 아니라 공통 템플릿입니다. 그러므로 다음의 디렉터리에 생성합니다. 다만 base_books.html 파일은 books 애플리케이션에 종속된 것으로 보고 books 앱 템플릿 디렉터리에 두기도 합니다.

```
C:₩RedBook₩ch99₩templates
```

이 디렉터리의 위치는 **settings.py** 파일에서 다음처럼 TEMPLATES 항목으로 정의한 것이라는 사실에 유의 바랍니다.

```
TEMPLATES = [
    . . .
    'DIRS': [BASE_DIR / 'templates')],
    . . .
```

예제 5-14 템플릿 상속 - base.html 템플릿 　　　　　　　　　　　　　　　　소스제공: ch5₩templates₩base.html

```
C:₩Users₩shkim>cd C:₩RedBook₩ch99₩templates
C:₩RedBook₩ch99₩templates>notepad base.html
{% load static %}
<!DOCTYPE html>
<html lang="en">
<head>
    <link rel="stylesheet" href="{% static 'admin/css/base.css' %}" />
    <title>{% block title %}My Amazing Site{% endblock %}</title>
</head>

<body>
    <div id="sidebar">
```

```
        {% block sidebar %}
        <ul>
            <li><a href="/">Project_Home</a></li>
            <li><a href="/admin/">Admin</a></li>
        </ul>
        {% endblock %}
        <br>
    </div>

    <div id="content">
        {% block content %}{% endblock %}
    </div>
</body>
</html>
```

{% load static %} 템플릿 태그는 static이라는 사용자 정의 태그를 로딩한 다음 {% static %} 사용자 정의 태그를 통해 admin/css/base.css 파일을 찾습니다. 이러면 Admin 사이트의 스타일시트를 사용하여 웹 사이트의 룩앤필을 통일할 수 있습니다.

이어서 **base_books.html** 템플릿 파일을 다음과 같이 작성합니다.

예제 5-15 템플릿 상속 - base_books.html 템플릿　　　　　　　　　　소스제공: ch5₩templates₩base_books.html

```
C:₩Users₩shkim>cd C:₩RedBook₩ch99₩templates
C:₩RedBook₩ch99₩templates>notepad base_books.html

{% extends "base.html" %}

<title>{% block title %}Books Application Site{% endblock %}</title>

{% block sidebar %}
{{ block.super }}
<ul>
    <li><a href="/books/">Books_Home</a></li>
</ul>
{% endblock %}
```

base_books.html 템플릿은 base.html 템플릿을 상속받아서 이 중 title 블록과 sidebar 블록을 재정의합니다. **{{ block.super }}** 템플릿 변수의 의미는 부모 base.html 템플릿에서 정의한 내용을 하위 base_books.html 템플릿에서 재사용한다는 의미입니다. 즉, sidebar 블록은 최종적으로 다음과 같은 모습을 가집니다.

예제 5-16 템플릿 상속 - sidebar 블록의 최종 코드

```
{% block sidebar %}
<ul>
    <li><a href="/">Project_Home</a></li>
    <li><a href="/admin/">Admin</a></li>
</ul>
<ul>
    <li><a href="/books/">Books_Home</a></li>
</ul>
{% endblock %}
```

5.1.8 지금까지의 작업 확인하기

지금까지 클래스형 제네릭 뷰를 사용하여 books 애플리케이션을 만들었습니다. 이제까지의 작업이 정상적으로 완료되었는지 확인하기 위해 우선 실습에 필요한 데이터를 입력하겠습니다.

runserver를 실행하고 브라우저로 Admin 사이트에 접속합니다. 다음처럼 Admin 사이트의 첫 화면이 나오면 Books, Authors, Publishers 항목의 [Add] 버튼을 클릭하여 테이블에 데이터를 입력합니다.

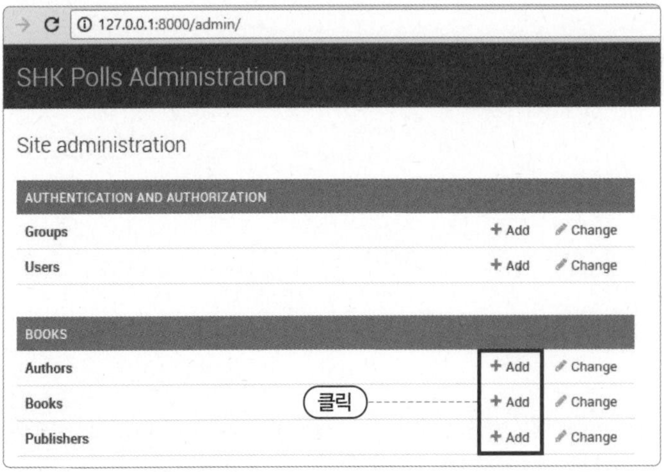

그림 5-5 books 애플리케이션 – Admin 첫 화면

Book, Author, Publisher 테이블에 다음과 같이 각각 3개의 레코드를 입력합니다.

표 5-5 Book 테이블에 입력할 데이터

Title	Authors	Publisher	Publication date
Python Web Programming	Kim Seok Hun	Hanbit Media, Inc.	2015-04-01
Design Patterns	Eric Gamma	O'Reilly	2005-12-25
Effective Java	Joshua Bloch	Pearson Education, Inc.	2008-09-02

표 5-6 Author 테이블에 입력할 데이터

Name	Salutation	Email
Kim Seok Hun	I'm a python programmer	shkshya@daum.net
Eric Gamma	Welcome to Gang of Four	ericgamma@gmail.com
Joshua Bloch	Java Great Programmer	joshua@gmail.com

표 5-7 Publisher 테이블에 입력할 데이터

Name	Address	Website
Hanbit Media, Inc.	Seoul, Korea	https://www.hanbit.co.kr/
O'Reilly	Sanfrancisco, US	https://www.oreilly.com/
Pearson Education, Inc.	United States	https://www.pearson.com/

데이터를 모두 입력하였다면 books 애플리케이션에 접속하겠습니다.

```
https://127.0.0.1:8000/books/
```

books 애플리케이션의 첫 화면이 나타납니다. 정상 동작하고 있다는 사실을 알 수 있습니다.

그림 5-6 books 애플리케이션 - 첫 화면

계속해서 Book, Author, Publisher 테이블을 클릭해 보고 다음에 나타나는 레코드 리스트 화면
에서도 각 항목을 클릭해서 상세 정보 화면도 확인해 봅니다. 또한, 위에 있는 내비게이션 항목도
클릭해서 정상적으로 해당 화면으로 이동하는지 확인해 봅니다.

다음 그림은 정상적으로 처리되었을 때의 화면들을 보여 주고 있으니 이 그림과 실습 결과를 비교
하기 바랍니다.

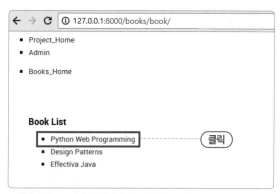

그림 5-7 books 애플리케이션 – 책 리스트 화면

그림 5-8 books 애플리케이션 – 책 상세 정보 화면

그런데 위에 있는 내비게이션 항목 중에서 Admin, Books_Home 항목은 잘 동작하지만, Project_
Home 항목을 클릭하면 다음과 같은 에러 메시지가 나타납니다. 아직 이 기능을 만들지 않았기
때문입니다. 이 에러는 다음 절에서 수정하겠습니다.

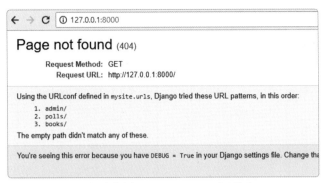

그림 5-9 books 애플리케이션 - Project_Home 에러 화면

5.2 프로젝트 첫 페이지 만들기

지금까지 mysite라는 프로젝트 하위에 polls 애플리케이션과 books 애플리케이션을 만들었습니다. 이 2개의 애플리케이션을 만들면서 각 애플리케이션의 첫 페이지인 /polls/ 및 /books/ URL에 대한 처리 로직은 개발하였지만, 정작 프로젝트의 첫 페이지인 루트(/) URL에 대한 처리 로직은 개발하지 못한 상태입니다.

여기서는 프로젝트 첫 페이지인 루트(/) URL 처리 로직을 코딩하겠습니다.

5.2.1 프로젝트 첫 페이지 설계하기

5.1.8 지금까지의 작업 확인하기에서 화면의 내비게이션 항목 중 Project_Home 항목을 클릭하였을 때 에러가 발생한 이유도 바로 루트(/) URL 처리 로직이 없었기 때문입니다. 코딩에 들어가기 전에 개발할 로직을 설계하면 다음 그림과 같습니다. 테이블은 변경 사항이 없으므로 화면 UI 및 뷰의 흐름만 설계하면 됩니다.

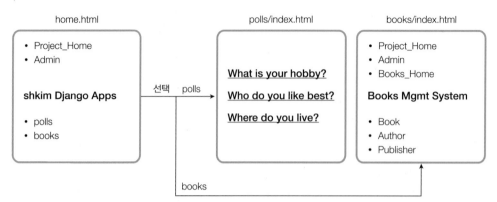

그림 5-10 프로젝트 첫 페이지 - UI 설계

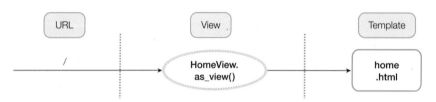

그림 5-11 프로젝트 첫 페이지 - 뷰 흐름 설계

5.2.2 URLconf 코딩하기

테이블의 변경 사항이 없으므로 모델 코딩은 필요 없습니다. 바로 URLconf 코딩부터 시작하겠습니다. 역시 앞에서 설계된 뷰 흐름의 내용을 참고해서 URLconf를 정의하면 됩니다. 애플리케이션에 대한 URL이 아니라 프로젝트에 대한 URL이므로 **mysite/urls.py** 파일에 루트(/) URL 및 임포트 문장 두 줄만 추가합니다. 뷰 이름은 HomeView라고 정의하였습니다.

예제 5-17 프로젝트 첫 페이지 – URLconf 코딩하기 　　　　소스제공: ch5₩mysite₩urls.py

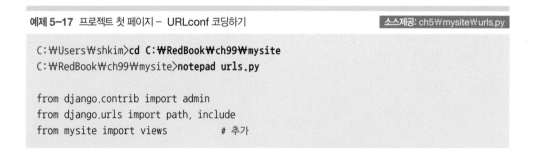

```
C:₩Users₩shkim>cd C:₩RedBook₩ch99₩mysite
C:₩RedBook₩ch99₩mysite>notepad urls.py

from django.contrib import admin
from django.urls import path, include
from mysite import views          # 추가
```

```
urlpatterns = [
    path('admin/', admin.site.urls),
    path('', views.HomeView.as_view(), name='home'),      # 추가
    path('polls/', include('polls.urls')),
    path('books/', include('books.urls')),
]
```

5.2.3 View 코딩하기

뷰 이름은 앞에서 URLconf를 코딩하면서 HomeView라고 정의하였습니다. 파일의 위치는 어디가 좋을까요? 애플리케이션이 아니라 프로젝트와 관련된 뷰이므로 **mysite/views.py** 파일에 코딩하는 것이 적절합니다. 다음과 같이 내용을 입력합니다.

예제 5-18 프로젝트 첫 페이지 – View 코딩하기 　　　　　　　　소스제공: ch5₩mysite₩views.py

```
C:₩Users₩shkim>cd C:₩RedBook₩ch99₩mysite
C:₩RedBook₩ch99₩mysite>notepad views.py

from django.views.generic.base import TemplateView ─────────────❶

#--- TemplateView
class HomeView(TemplateView): ──────────────────────────────❷
    template_name = 'home.html' ────────────────────────────❸

    def get_context_data(self, **kwargs):
        context = super().get_context_data(**kwargs) ───────────❹
        context['app_list'] = ['polls', 'books'] ───────────────❺
        return context ─────────────────────────────────────❻
```

HomeView 내용은 **예제 5-6**에서 본 books 애플리케이션의 BooksModelView와 거의 유사합니다. 특별한 로직 없이 템플릿만 렌더링하는 로직이므로 TemplateView 제네릭 뷰를 상속받습니다. 이 소스를 라인별로 설명하면 다음과 같습니다.

❶ 클래스형 제네릭 뷰를 사용하기 위해 TemplateView 클래스를 임포트합니다.

❷ TemplateView 제네릭 뷰를 상속받아 사용합니다. TemplateView를 사용하는 경우에는 반드시 template_name 클래스 변수를 오버라이딩해서 지정해야 합니다. 템플릿 시스템으로 넘겨줄 컨텍스트 변수가 있는 경우에는 get_context_data() 메소드를 오버라이딩해서 정의합니다.

❸ mysite 프로젝트의 첫 화면을 보여 주는 템플릿 파일을 home.html로 지정하였습니다. 템플릿 파일이 위치하는 디렉터리는 settings.py 파일의 TEMPLATES 항목에 리스트 요소로 추가하였습니다.

❹ get_context_data() 메소드를 정의할 때는 반드시 첫 줄에 super() 메소드를 호출해야 합니다.

❺ mysite 프로젝트 하위에 있는 애플리케이션들의 리스트를 보여 주기 위해 컨텍스트 변수 app_list에 담아서 리스트를 템플릿 시스템에 넘겨주고 있습니다.

❻ return 문장도 필수입니다.

5.2.4 Template 코딩하기

home.html 템플릿은 개별 애플리케이션 템플릿이 아니라 프로젝트 템플릿이므로 상속에 사용하는 부모 템플릿의 위치와 동일하게 다음 디렉터리에 생성합니다.

C:\RedBook\ch99\templates

home.html 템플릿에서는 base_books.html 템플릿이 아니라 base.html 템플릿을 상속받고 있다는 사실에 유의하기 바랍니다.

예제 5-19 프로젝트 첫 페이지 – Template 코딩하기   소스제공: ch5\templates\home.html

```
C:\Users\shkim>cd C:\RedBook\ch99\templates
C:\RedBook\ch99\templates>notepad home.html

{% extends "base.html" %}

{% block content %}
    <h2>shkim Django Applications</h2>
    <ul>
        {% for appname in app_list %}
{% with appname|add:":index" as urlvar %}
            <li><a href="{% url urlvar %}">{{ appname }}</a></li>
{% endwith %}
        {% endfor %}
    </ul>
{% endblock content %}
```

앞서 살펴본 코드는 뷰로부터 app_list 컨텍스트 변수를 전달받아 app_list에 들어 있는 애플리케이션명(appname)을 하나씩 순회하면서 화면에 보여 줍니다. 또한 애플리케이션명 클릭 시 접속할 URL을 추출하기 위해 {% url urlvar %} 템플릿 태그를 사용하였고 urlvar 인자는 {% with %} 태그를 사용하여 다음과 같이 정의하였습니다.

```
{% with appname|add:":index" as urlvar %}
```

이 문장은 add 템플릿 필터를 사용하여 애플리케이션명에 필요한 문자열을 붙여 주는 역할을 합니다. 예를 들어 애플리케이션명이 books라면 urlvar는 books:index가 됩니다.

5.2.5 지금까지의 작업 확인하기

프로젝트 첫 페이지를 만들었으니 이제 결과를 확인하겠습니다. runserver를 실행한 후 브라우저를 통해 루트(/) URL로 접속합니다.

```
https://127.0.0.1:8000/
```

다음과 같이 나타나면 정상입니다. 계속해서 화면을 이동한 후 내비게이션 항목의 Project_Home 항목을 클릭합니다. 프로젝트 첫 화면으로 이동해서 다음 화면이 나타나는지 확인하기 바랍니다.

그림 5-12 프로젝트 첫 페이지 – Project_Home 성공 화면

5.2.6 apps.py 활용 맛보기

프로젝트의 전반적인 항목들을 설정하는 곳은 settings.py 파일이고 각 애플리케이션마다 필요한 항목을 설정하는 곳은 apps.py 파일입니다. 장고 공식 문서를 보면 apps.py 파일의 용도로 애플리케이션 이름에 대한 별칭(verbose_name)을 정의하거나 시그널(signal) 수신자를 등록하는 예시를 보여 주고 있습니다.

하지만 장고 입문자가 apps.py 파일을 활용하는 경우는 많지 않아서 이 파일의 용도를 파악하기가 쉽지 않습니다. 그래서 이번 절에서는 애플리케이션의 별칭을 부여하는 예제를 통해 apps.py 파일의 기능과 활용 방법을 맛보기 정도로 간단히 설명하겠습니다.

예제 5-18의 ❺를 보면 polls, books라는 애플리케이션 이름을 소스에 하드 코딩하고 있는데 apps.py 파일을 활용하면 하드 코딩한 부분을 개선할 수 있습니다. 3개의 파일을 변경하면 되는데 먼저 **books\apps.py** 파일을 다음과 같이 수정합니다.

예제 5-20 app.py 활용 맛보기

```
C:\RedBook\ch99\books>notepad apps.py

# 위의 내용 동일
class BooksConfig(AppConfig):
    default_auto_field = 'django.db.models.BigAutoField'
    name = 'books'
    verbose_name = 'Book-Author-Publisher App'        # 추가
```

이 예제는 books 애플리케이션의 설정 클래스 BooksConfig의 속성 중 하나인 verbose_name을 정의하고 있습니다. 이외에도 path, label 등의 속성이 있는데 이들을 활용하는 코드를 **mysite\views.py** 파일에 다음과 같이 작성합니다.

예제 5-21 BooksConfig 속성 활용 코드

```
C:\RedBook\ch99\mysite>notepad views.py

from django.views.generic.base import TemplateView
from django.apps import apps                      # 추가
```

```
#--- TemplateView
class HomeView(TemplateView):
    template_name = 'home.html'

    def get_context_data(self, **kwargs):
        context = super().get_context_data(**kwargs)
        # context['app_list'] = ['polls', 'books']    # 이 라인 대신 아래 5라인 추가
        dictVerbose = {}
        for app in apps.get_app_configs():──────────────────────────── ❶
            if 'site-packages' not in app.path:─────────────────────── ❷
                dictVerbose[app.label] = app.verbose_name───────────── ❸
        context['verbose_dict'] = dictVerbose───────────────────────── ❹
        return context
```

추가한 라인의 의미는 다음과 같습니다.

❶ 장고가 제공하는 apps 객체의 get_app_configs() 메소드를 호출하면 settings.py 파일의 INSTALLED_ APPS에 등록된 각 애플리케이션의 설정 클래스를 담은 리스트를 반환합니다. for 문장으로 각 설정 클래스를 순회 합니다.

❷ app은 각 애플리케이션의 설정 클래스를 의미하므로 app.path는 각 설정 클래스의 path 속성으로 애플리케이 션 디렉터리의 물리적 경로를 뜻합니다. 예를 들어 books 앱의 물리적 경로는 C:\RedBook\ch99\books입 니다. 물리적 경로에 site-packages 문자열이 들어 있으면 외부 라이브러리 애플리케이션을 의미하므로 if 문 장에서 이런 애플리케이션을 제외합니다.

❸ 설정 클래스의 label 속성값을 키(key)로 verbose_name 속성값을 값(value)으로 해서 dictVerbose 사전 에 담습니다. books 앱의 경우 label은 books이고 verbose_name은 Book-Author-Publisher App 입니다.

❹ for 문장이 완료된 후에 verbose_dict 컨텍스트 변수에 dictVerbose 사전을 대입합니다.

마지막으로 **templates/home.html**을 다음과 같이 수정합니다.

예제 5-22 home.html 수정

```
C:\RedBook\ch99\templates>notepad home.html


    # 위의 내용 동일
    # <ul>. . .</ul> 부분을 아래와 같이 변경
    <ul>
        {% for key, value in verbose_dict.items %}──────────────── ❶
```

```
            <li><a href="{% url key|add:':index' %}">{{ value }}</a></li>  ------------ ❷
        {% endfor %}
    </ul>
{% endblock content %}
```

변경된 라인의 의미는 다음과 같습니다.

❶ 뷰로부터 전달 받은 컨텍스트 변수 verbose_dict 사전을 순회하기 위해 items( ) 메소드를 호출합니다. 템플릿 문법에서는 함수 호출을 의미하는 ( )를 사용하지 않으므로 주의합니다. key에는 설정 클래스의 label 속성값이, value에는 설정 클래스의 verbose_name 속성값이 들어 있습니다. 즉, HomeView에서 넣은 값들입니다.

❷ {{ value }}, 즉 애플리케이션의 별칭 클릭 시 접속할 URL을 만들기 위해 {% url %} 템플릿 태그 및 add 템플릿 필터를 사용합니다. 예제 5-19에서 설명한 내용입니다.

파일 수정이 완료되면 runserver를 실행하고 브라우저로 루트(/) URL에 접속하여 첫 페이지 화면을 확인합니다. 그림 5-13을 보면 Books-Author-Publisher App이라는 애플리케이션의 별칭이 잘 표시된다는 사실을 알 수 있습니다.

지금까지 apps.py 파일의 BooksConfig 클래스가 제공하는 get_app_configs( ) 메소드 및 path, label, verbose_name 속성을 활용하여 애플리케이션의 별칭을 하드 코딩하지 않고도 표시하는 과정을 설명하였습니다.

한 가지 과정을 더 비교하겠습니다. 앞에서 수정한 **apps.py** 파일에 다음처럼 한 줄 더 추가하고 실행합니다.

예제 5-23 apps.py 수정

```
C:\RedBook\ch99\books>notepad apps.py

from django.apps import AppConfig

class BooksConfig(AppConfig):
    default_auto_field = 'django.db.models.BigAutoField'
    name = 'books'
    verbose_name = 'Book-Author-Publisher App'
    default = False          # 추가
```

애플리케이션 설정 클래스의 default 속성을 False로 지정하면 **그림 5-14**와 같이 books 애플리케이션의 별칭이 Book-Author-Publisher App 대신에 Books로 보입니다. 이는 BooksConfig.default 값이 False이므로 이 클래스를 사용하지 않고 장고가 제공하는 기본 설정 클래스인 AppConfig를 사용하기 때문입니다.

참고로 apps.py 파일에 여러 개의 설정 클래스가 있는 경우에는 default 값이 True인 클래스를 설정 클래스로 사용합니다. 보통은 apps.py 파일에 default 속성 없이 AppConfig를 상속받는 클래스 하나만 있으므로 False도 True도 아니게 됩니다. 이때는 하나 있는 그 클래스를 설정 클래스로 사용합니다.

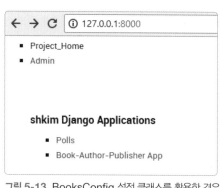

그림 5-13 BooksConfig 설정 클래스를 활용한 경우

그림 5-14 AppConfig.default 속성이 False인 경우

NOTE_ apps.py 파일에 관한 자세한 설명은 다음 URL을 참고 바랍니다.
https://docs.djangoproject.com/en/4.0/ref/applications/

5.3 polls 애플리케이션을 클래스형 뷰로 변경하기

앞서 3장에서 mysite 프로젝트와 polls 애플리케이션을 개발한 바 있습니다. 처음으로 장고의 프로젝트 및 애플리케이션을 만드는 과정이었기 때문에 비교적 이해하기 쉬운 함수형 뷰로 코딩하였습니다. 또한 **5.2 프로젝트 첫 페이지 만들기**에서는 클래스형 뷰를 사용하여 books 애플리케이션을 만들었습니다. 이번에는 이러한 경험을 바탕으로 polls 애플리케이션을 클래스형 뷰로 변경하여 개발하겠습니다. 이번 실습을 통해서 클래스형 뷰에 조금 더 친숙해지고 함수형 뷰와 클래스형 뷰의 차이점에 관한 이해도 깊어질 것입니다.

polls 애플리케이션에 대한 설계는 3장에서 진행하였던 내용을 참고하면 되므로 설계 단계는 생략하고 바로 코딩으로 들어갑니다. 설계 내용에 조금 달라지는 부분이 있지만, 사소한 것이므로 그 부분에 대해서는 코딩하면서 설명하겠습니다. 이번 실습 역시 테이블에는 변경 사항이 없으므로 모델 코딩은 필요하지 않고 바로 URLconf 코딩부터 시작하면 됩니다.

5.3.1 URLconf 코딩하기

URLconf에 관한 코딩은 기존에 URL 패턴별 함수형 뷰로 매핑하였던 사항을 다음 표처럼 클래스형 뷰로 변경해서 매핑하면 됩니다.

표 5-8 polls 애플리케이션 변경 - URL과 클래스형 뷰 매핑

URL 패턴	기존 뷰 이름 (함수형 뷰)	새로운 뷰 이름 (클래스형 뷰)	변경 사항(템플릿 파일명은 동일함)
/polls/	index( )	IndexView	뷰와 템플릿 모두 변경함(index.html)
/polls/99/	detail( )	DetailView	뷰와 템플릿 모두 변경함(detail.html)
/polls/99/results/	results( )	ResultsView	뷰와 템플릿 모두 변경함(results.html)
/polls/99/vote/	vote( )	vote( )	뷰와 템플릿 모두 변경 사항 없음

polls/urls.py 파일을 다음과 같이 수정합니다.

예제 5-24 polls 애플리케이션 변경　　　　　　　　　　　　　소스제공: ch5₩polls₩urls.py

```
C:₩Users₩shkim>cd C:₩RedBook₩ch99₩polls
C:₩RedBook₩ch99₩polls>notepad urls.py

from django.urls import path
from polls import views

app_name = 'polls'
urlpatterns = [
```

```
    # /polls/
    path('', views.IndexView.as_view(), name='index'),

    # /polls/99/
    path('<int:pk>/', views.DetailView.as_view(), name='detail'),    ❶

    # /polls/99/results/                                             ❷
    path('<int:pk>/results/', views.ResultsView.as_view(), name='results'),

    # /polls/99/vote/
    path('<int:question_id>/vote/', views.vote, name='vote'),
]
```

기존 소스 대비 변경된 라인은 다음과 같습니다.

❶ 뷰 이름이 클래스형 뷰로 변경되었습니다.

❷ URL 패턴의 파라미터 이름이 〈pk〉로 변경되었습니다. 이는 DetailView 제네릭 뷰의 동작 방식 때문입니다. 즉, 테이블의 특정 레코드를 조회하는 경우 Primary Key로 검색을 하는데 Primary Key를 담는 변수명을 pk라고 사용하기 때문입니다.

5.3.2 View 코딩하기

URLconf 또는 템플릿 변경 사항은 그리 많지 않지만, 함수형 뷰에서 클래스형 뷰로 변경되는 사항은 그보다 많은 편입니다. 그런데 클래스형 제네릭 뷰를 상속받을 것이므로 코딩양은 오히려 줄어듭니다.

클래스형 뷰를 코딩할 때 가장 먼저 고려해야 할 사항은 어떤 제네릭 뷰를 사용할지 결정하는 일입니다. 개발하고자 하는 애플리케이션의 로직을 분석해서 가장 적합한 제네릭 뷰를 찾아야 합니다. 예제의 polls 애플리케이션은 간단한 로직이므로 어려운 편은 아닙니다. 다음 표와 같이 제네릭 뷰를 선택하여 사용하겠습니다.

표 5-9 polls 애플리케이션 변경 - 제네릭 뷰 선택

URL 패턴	기존 뷰 이름 (함수형 뷰)	새로운 뷰 이름 (클래스형 뷰)	제네릭 뷰 선택
/polls/	index( )	IndexView	질문 리스트를 보여 주는 로직이므로 ListView를 사용함 (테이블에서 복수의 레코드를 가져오는 경우임)

/polls/99/	detail( )	DetailView	질문 하나의 세부 정보를 보여 주는 로직이므로 DetailView를 사용함(테이블에서 특정 레코드를 가져오는 경우임)
/polls/99/results/	results( )	ResultsView	투표 결과도 각 질문의 세부 정보에 해당하므로 DetailView를 사용함(테이블에서 특정 레코드를 가져오는 경우임)
/polls/99/vote/	vote( )	vote( )	함수형 뷰를 그대로 사용하므로 변경 사항 없음

polls/views.py 파일을 다음과 같이 변경합니다.

예제 5-25 polls 애플리케이션 변경 소스제공: ch5₩polls₩views.py

```
C:₩Users₩shkim>cd C:₩RedBook₩ch99₩polls
C:₩RedBook₩ch99₩polls>notepad views.py

from django.shortcuts import get_object_or_404, render
from django.http import HttpResponseRedirect
from django.urls import reverse
from django.views import generic ──────────────────── ❶

from polls.models import Choice, Question

#--- Class-based GenericView
class IndexView(generic.ListView): ───────────────── ❷
    template_name = 'polls/index.html' ─────────────── ❸
    context_object_name = 'latest_question_list' ───── ❹
    def get_queryset(self): ────────────────────────── ❺
        """최근 생성된 질문 5개를 반환함"""
        return Question.objects.order_by('-pub_date')[:5]

class DetailView(generic.DetailView): ──────────────── ❻
    model = Question ───────────────────────────────── ❼
    template_name = 'polls/detail.html' ────────────── ❽
class ResultsView(generic.DetailView): ─────────────── ❾
    model = Question ───────────────────────────────── ❿
    template_name = 'polls/results.html' ───────────── ⓫

#--- Funtion-based View ─────────────────────────────── ⓬
def vote(request, question_id):
    question = get_object_or_404(Question, pk=question_id)
    try:
```

```
        selected_choice = question.choice_set.get(pk=request.POST['choice'])
    except (KeyError, Choice.DoesNotExist):
        # 설문 투표 폼을 다시 보여 준다
        return render(request, 'polls/detail.html', {
            'question': question,
            'error_message': "You didn't select a choice.",
        })
    else:
        selected_choice.votes += 1
        selected_choice.save()
        # POST 데이터를 정상적으로 처리하였으면,
        # 항상 HttpResponseRedirect를 반환하여 리다이렉션 처리함
        return HttpResponseRedirect(reverse('polls:results', args=(question.id,)))
```

기존 소스 대비 변경된 라인은 다음과 같습니다.

❶ 클래스형 제네릭 뷰를 사용하기 위해 generic 모듈을 임포트합니다.

❷ IndexView 클래스는 ListView 제네릭 뷰를 사용합니다. ListView를 상속받는 경우는 객체가 들어 있는 리스트를 구성해서 이를 컨텍스트 변수로 템플릿 시스템에 넘겨줍니다. 만일 이런 리스트를 테이블에 들어 있는 모든 레코드를 가져와 구성하는 경우에는 테이블명, 즉 모델 클래스명만 지정합니다. 그렇지 않은 경우에는 get_queryset() 메소드를 오버라이딩으로 정의하여 원하는 리스트를 구성합니다.

템플릿 파일명과 컨텍스트 변수명은 디폴트 값을 사용할 수도 있고 명시적으로 지정할 수도 있습니다.

❸ 템플릿 파일명을 디폴트로 사용하지 않고 polls/index.html로 지정합니다.

❹ 컨텍스트 변수명을 디폴트로 사용하지 않고 latest_question_list로 지정합니다. 참고로 ListView 사용 시 디폴트 컨텍스트 변수명은 object_list와 모델명 소문자를 사용한 question_list, 둘 다 가능합니다.

❺ 처리 대상 객체 리스트를 구성하기 위해 get_queryset() 메소드를 오버라이딩해서 정의합니다. Question 테이블에서 pub_date 컬럼 기준으로 최신 5개를 조회하여 리스트를 구성하였습니다.

❻ DetailView 클래스는 DetailView 제네릭 뷰를 사용합니다. DetailView를 상속받는 경우는 특정 객체 하나를 컨텍스트 변수에 담아서 템플릿 시스템에 넘겨줍니다. 만일 특정 객체를 테이블에서 Primary Key로 조회해서 가져오는 경우에는 테이블명, 즉 모델 클래스명만 지정합니다.

테이블 조회 조건에 사용되는 Primary Key 값은 URLconf에서 pk라는 파라미터 이름으로 넘겨받는데 이에 대한 처리는 DetailView 제네릭 뷰에서 알아서 처리합니다.

컨텍스트 변수명과 템플릿 파일명은 디폴트 값을 사용할 수도 있고 명시적으로 지정할 수도 있습니다.

❼ Question 테이블로부터 특정 레코드를 가져와 컨텍스트 변수를 구성합니다. 컨텍스트 변수명은 디폴트 값을 사용하며 object와 모델명 소문자인 question, 둘 다 가능합니다.

❽ 템플릿 파일명을 디폴트로 사용하지 않고 polls/detail.html로 지정합니다.

➒ ResultsView 클래스는 DetailView 제네릭 뷰를 사용합니다. DetailView에 관한 설명은 위와 동일합니다. 유의할 점은 템플릿 시스템에 넘겨주는 객체는 Choice 객체가 아니라 Question 객체라는 점입니다. 즉, 특정 Question 객체를 구해서 해당 객체와 ForeignKey로 연결된 Choice 객체들을 구하는 로직입니다. 이 로직은 results.html 템플릿 파일에 question.choice_set.all() 구문으로 구현되어 있습니다.

➓ Question 테이블로부터 특정 레코드를 가져와 컨텍스트 변수를 구성합니다. 컨텍스트 변수명은 디폴트 값을 사용하며 object와 모델명 소문자인 question, 둘 다 가능합니다.

⑪ 템플릿 파일명을 디폴트로 사용하지 않고 polls/results.html로 지정합니다.

⑫ 이하는 기존 소스와 동일합니다.

vote() 뷰 함수도 제네릭 뷰로 변경할 수 있지만, 폼을 처리하는 로직은 다소 어려운 편입니다. 그러므로 클래스형 제네릭 뷰에 익숙해졌다고 생각되면 직접 한번 시도해 봅시다. 분명 좋은 공부가 될 것입니다.

5.3.3 Template 코딩하기

템플릿의 주요 변경 사항은 3장에서는 사용하지 않았던 상속 기능의 추가입니다. 이미 books 애플리케이션을 개발할 때 부모 템플릿이 되는 base.html을 코딩하였기 때문에 이를 상속받는 base_polls.html 템플릿 파일을 만들고 기존 각 템플릿 파일에서 base_polls.html 템플릿을 상속받으면 됩니다.

먼저 base_polls.html 템플릿을 다음 예제처럼 코딩합니다. **예제 5-15**의 base_books.html 템플릿과 거의 유사합니다. 파일의 위치는 이제 알겠죠? 맞습니다. base_books.html 파일 위치와 동일한 디렉터리입니다.

예제 5-26 polls 애플리케이션 변경　　　　　소스제공: ch5₩templates₩base_polls.html

```
C:₩Users₩shkim>cd C:₩RedBook₩ch99₩templates
C:₩RedBook₩ch99₩templates>notepad base_polls.html

{% extends "base.html" %}
<title>{% block title %}Polls Application Site{% endblock %}</title> ----------➊

{% block sidebar %}
{{ block.super }}
```

```
<ul>
    <li><a href="/polls/">Polls_Home</a></li>                    ─────── ❷
</ul>
{% endblock %}
```

이 파일은 polls 애플리케이션을 위해 새로 추가된 것입니다. 이해하기 쉽도록 base_books.html 템플릿 파일과 비교해서 라인별로 다른 점을 살펴보면 다음과 같습니다.

❶ 페이지 타이틀이 변경되었습니다.

❷ 내비게이션에 사용되는 문구를 Polls_Home으로, 링크 URL을 /polls/로 정하였습니다. 참고로 {% url %} 태그를 사용하여 URL을 하드 코딩하지 않는 것이 좋습니다.

05

다음으로 각 페이지별 템플릿 파일에 대한 수정 사항을 코딩하겠습니다. 먼저 **polls/index.html** 템플릿 파일을 다음과 같이 변경합니다.

예제 5-27 polls 애플리케이션 변경 　　　　　　　**소스제공:** ch5₩polls₩templates₩polls₩index.html

```
C:₩Users₩shkim>cd C:₩RedBook₩ch99₩polls₩templates₩polls
C:₩RedBook₩ch99₩polls₩templates₩polls>notepad index.html


{% extends "base_polls.html" %}                              ─────── ❶


{% block content %}                                          ─────── ❷


<h2>Polls Question List</h2>                                 ─────── ❸
{% if latest_question_list %}
    <ul>
    {% for question in latest_question_list %}
        <li><a href="{% url 'polls:detail' question.id %}">{{ question.
question_text }}</a></li>
    {% endfor %}                                                        ❹
    </ul>
{% else %}
    <p>No polls are available.</p>
{% endif %}


{% endblock %}
```

기존 소스 대비 변경된 라인은 다음과 같습니다.

❶ base_polls.html 템플릿을 상속받습니다.

❷ content 블록을 재정의합니다.

❸ 페이지 제목의 크기를 〈h2〉로 지정합니다.

❹ 이하는 기존 소스와 동일합니다.

이어서 **polls/detail.html** 템플릿 파일을 다음과 같이 변경합니다.

예제 5-28 polls 애플리케이션 변경
소스제공: ch5\polls\templates\polls\detail.html

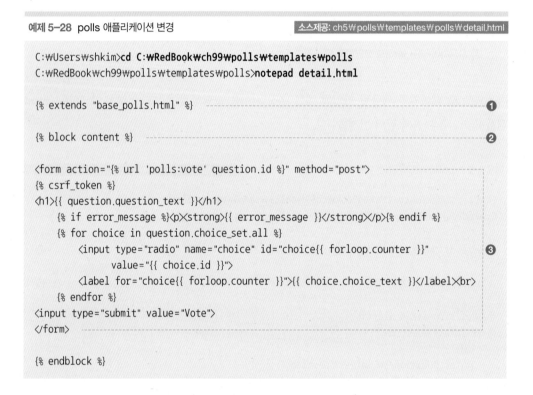

```
C:\Users\shkim>cd C:\RedBook\ch99\polls\templates\polls
C:\RedBook\ch99\polls\templates\polls>notepad detail.html

{% extends "base_polls.html" %} ---------------------------------------------- ❶

{% block content %} --------------------------------------------------------- ❷

<form action="{% url 'polls:vote' question.id %}" method="post">
{% csrf_token %}
<h1>{{ question.question_text }}</h1>
    {% if error_message %}<p><strong>{{ error_message }}</strong></p>{% endif %}
    {% for choice in question.choice_set.all %}
        <input type="radio" name="choice" id="choice{{ forloop.counter }}"            ❸
                value="{{ choice.id }}">
        <label for="choice{{ forloop.counter }}">{{ choice.choice_text }}</label><br>
    {% endfor %}
<input type="submit" value="Vote">
</form>

{% endblock %}
```

기존 소스 대비 변경된 라인은 다음과 같습니다.

❶ base_polls.html 템플릿을 상속받습니다.

❷ content 블록을 재정의합니다.

❸ 이하는 기존 소스와 동일합니다. 단 〈fieldset〉과 〈legend〉 태그는 편의상 삭제하였습니다.

마지막으로 **polls/results.html** 템플릿 파일을 다음과 같이 변경합니다.

예제 5-29 polls 애플리케이션 변경 소스제공: ch5\polls\templates\polls\results.html

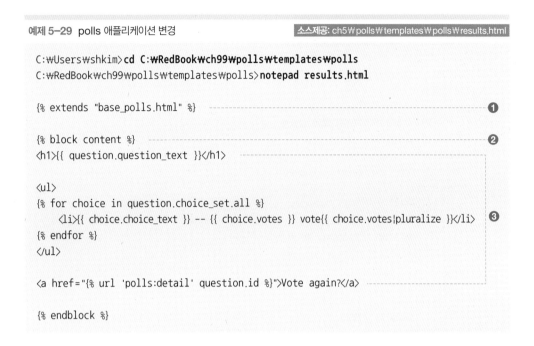

```
C:\Users\shkim>cd C:\RedBook\ch99\polls\templates\polls
C:\RedBook\ch99\polls\templates\polls>notepad results.html

{% extends "base_polls.html" %} ─────────────────────────── ❶

{% block content %} ─────────────────────────────────────── ❷
<h1>{{ question.question_text }}</h1>

<ul>
{% for choice in question.choice_set.all %}
    <li>{{ choice.choice_text }} -- {{ choice.votes }} vote{{ choice.votes|pluralize }}</li> ❸
{% endfor %}
</ul>

<a href="{% url 'polls:detail' question.id %}">Vote again?</a>

{% endblock %}
```

기존 소스 대비 변경된 라인은 다음과 같습니다.

❶ base_polls.html 템플릿을 상속받습니다.

❷ content 블록을 재정의합니다.

❸ 이하는 기존 소스와 동일합니다.

5.3.4 로그 추가하기

4장에서 공부한 로깅 시스템을 적용하여 로그가 정상적으로 기록되는지 확인하겠습니다. 로그를 남기기 위해서는 우선 settings.py 파일에 로깅 설정을 추가해야 합니다. 그리고 나서 로거를 취득하고 로그 기록을 원하는 지점에서 로거의 메소드를 호출합니다.

로깅 설정 추가를 위해 **mysite/settings.py** 파일의 끝에 다음 사항을 추가합니다.

예제 5-30 mysite/settings.py에 로깅 설정 추가

```
C:₩Users₩shkim>cd C:₩RedBook₩ch99₩mysite
C:₩RedBook₩ch99₩mysite>notepad settings.py

STATIC_URL = '/static/'
# 위의 내용 동일


# 장고의 디폴트 설정을 유지하면서 로깅 설정함
LOGGING = {
    'version': 1,
    'disable_existing_loggers': False,
  'formatters': {
        'verbose': {
            'format' : "[%(asctime)s %(levelname)s [%(name)s:%(lineno)s] %(message)s",
            'datefmt' : "%d/%b/%Y %H:%M:%S"
        },
    },
    'handlers': {
        'file': {
            'level': 'DEBUG',
            'class': 'logging.FileHandler',
            'filename': BASE_DIR / 'logs' / 'mysie.log',
            'formatter': 'verbose'
        },
    'loggers': {
        'polls': {
            'handlers': ['file'],
            'level': 'DEBUG',
        },
    },
}
```

위 소스는 **4.6.8 개발자 로깅 설정 – 디폴트 설정 유지**에서 설명한 소스와 유사합니다. 다른 점은 2가지입니다. 하나는 django 로거를 오버라이딩하지 않은 점입니다. 즉, 장고의 디폴트 설정 그대로 django 로거를 사용하고 있습니다.

또 다른 하나는 mysite 로거 이름 대신에 polls라는 로거 이름을 사용한다는 점입니다. 이는 다음에 설명하는 views.py 파일에서 __name__ 변수로 로거를 취득하기 위함입니다. 나머지 설명은 **4.6.8**을 참고 바랍니다.

로그를 기록하기 위한 사전 작업으로 **polls/views.py** 파일에 다음 사항을 추가합니다.

예제 5-31 polls/views.py에 로거 사용

```
C:\Users\shkim>cd C:\RedBook\ch99\polls
C:\RedBook\ch99\polls>notepad views.py

from polls.models import Choice, Question
# 위의 내용 동일
# logging 추가
import logging                                                    ①
logger = logging.getLogger(__name__)                              ②


# 중간 내용 생략

def vote(request, question_id):
    logger.debug(f"vote().question_id: {question.id}")    # 추가   ③
    question = get_object_or_404(Question, pk=question_id)
# 아래 내용 동일
```

소스를 라인별로 설명하면 다음과 같습니다.

❶ 로깅을 위해 파이썬의 logging 모듈을 임포트합니다.

❷ getLogger(_name__) 메소드를 호출하여 polls.views 로거 객체를 취득합니다. __name__은 모듈 경로를 담고 있는 파이썬 내장 변수입니다. 즉, views.py 파일의 모듈 경로는 polls.views이고 이것이 사용하고자 하는 로거 객체의 이름입니다. 이 로거에서 생산한 로그 레코드는 상위 polls 로거에게 전파되고 polls 로거에서 메시지를 기록합니다. 이 동작을 위해 settings.py 파일에 polls 로거를 설정하였습니다.

❸ 로거 객체의 debug( ) 메소드를 호출하여 로거에게 DEBUG 수준으로 로그 레코드를 생성하도록 요청합니다. 로거는 앞에서 수정한 settings.py 파일의 로깅 설정에 따라 file 핸들러를 사용하여 C:\RedBook\ch99\logs\mysite.log 파일에 로그 메시지를 기록합니다.

만일 logs 디렉터리가 없다면 다음 명령을 실행하여 디렉터리를 만듭니다.

```
C:\Users\shkim>cd C:\RedBook\ch99
C:\RedBook\ch99>mkdir logs
```

5.3.5 지금까지의 작업 확인하기

수고하셨습니다. 이제 polls 애플리케이션을 포함한 mysite 프로젝트를 다 만들었습니다. 전체 프로젝트가 정상적으로 동작하는지 확인하겠습니다.

runserver를 실행한 후 브라우저를 통해 루트(/) URL로 접속합니다.

```
https://127.0.0.1:8000/
```

각 화면에 나오는 링크를 클릭하면서 polls 및 books 애플리케이션, Admin 사이트까지 이동해 보기 바랍니다. 또한 앞 절에서 추가한 로그 기능 동작을 확인하기 위해서 polls 애플리케이션에서 투표도 진행해 보기 바랍니다.

다음 완성된 화면과 실습 결과물을 비교하면서 화면이 이상하거나 혹은 버그가 발생하지는 않는지 확인하기 바랍니다. 버그 발생 시 이를 수정하거나 더 나아가 지금까지의 예제를 자신이 원하는 기능으로 개선하는 과정까지 연습한다면 장고의 강력함을 실감할 수 있을 뿐 아니라 여러분의 실력은 훨씬 더 향상될 것입니다.

그림 5-15 mysite 프로젝트 첫 화면

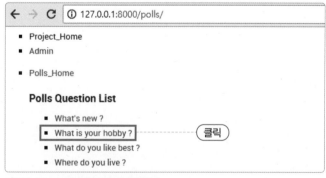

그림 5-16 polls 애플리케이션 첫 화면

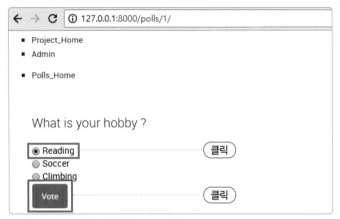

그림 5-17 polls 애플리케이션 - 투표 화면

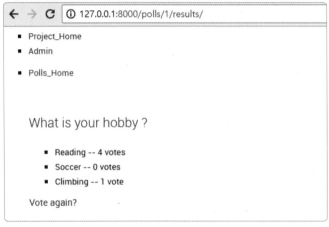

그림 5-18 polls 애플리케이션 - 투표 결과 화면

```
C:\RedBook\ch99>type logs\mysite.log
[15/May/2022 16:28:47] DEBUG [polls.views:34] vote().question_id: 1
[15/May/2022 16:32:36] DEBUG [polls.views:34] vote().question_id: 3
[15/May/2022 16:32:49] DEBUG [polls.views:34] vote().question_id: 2

C:\RedBook\ch99>
```

그림 5-19 polls 애플리케이션 - 로그 결과

Django의 웹 서버 연동 원리

Django의 웹 서버 연동 원리

장고를 사용하여 웹 애플리케이션을 만든 후 이를 실제로 서비스하기 위해서는 프로그램을 운영 환경에 배포하고 그 환경에서 실행해야 합니다. 이렇게 개발 환경에서 운영 환경으로 옮겨가기 위해서는 지금까지 작성한 코드에서 설정 사항 몇 가지를 변경해야 합니다. 또한 운영 환경의 웹 서버에서도 우리가 만든 애플리케이션을 인식할 수 있도록 설정 사항을 변경해야 합니다.

6장에서는 오래전부터 가장 많이 사용되어 온 웹 서버인 Apache와 차세대 웹 서버로 알려진 NGINX 그리고 PythonAnywhere 클라우드 웹 서버에서 장고 애플리케이션을 실행하기 위해 필요한 사항을 설명하겠습니다. 개발 환경과 운영 환경의 차이점을 이해하고 이에 따라 설정 사항을 변경하는 작업이 6장의 핵심 내용입니다.

이 책에서는 장고 프로그램을 PC, 즉 윈도우 또는 맥 OS에서 만들고, 소스 배포는 별도의 리눅스 운영 서버에 한다고 가정하여 설명합니다. 일반적으로 개발이나 운영 환경 모두 가상 환경을 필수로 구성합니다. 이 책의 5장까지는 초보자가 쉽게 실습할 수 있도록 가상 환경을 사용하지 않았지만, 7장부터는 가상 환경을 사용합니다. 또한 운영 서버는 리눅스를 많이 사용하므로 리눅스(이 책에서는 Ubuntu, Amazon Linux, CentOS) 명령으로 배포 과정을 설명합니다.

> **NOTE_ 배포에 사용하는 FTP 프로그램**
>
> 개발 서버에서 운영 서버로 소스를 복사하는 작업을 배포(Deploy)라고 합니다.
>
> GitHub나 별도의 소스 관리 서버가 있다면 해당 서버의 기능을 활용하여 소스를 배포할 수도 있지만, 가장 일반적인 방법은 FTP를 사용하는 것입니다. 많이 쓰는 FTP 프로그램으로는 Xftp, WinSCP, FileZilla, Transmit, FileFTP 등이 있으며 사용 방법은 인터넷에서도 쉽게 찾을 수 있어서 이 책에서는 따로 설명하지 않습니다.

6.1 장고의 wsgi.py 파일

3장에서 장고 프로젝트의 뼈대를 만들 때 다음 명령을 실행하였습니다.

```
>django-admin startproject mysite
```

이 명령으로 여러 가지 장고의 기본 파일과 함께 mysite/wsgi.py 파일을 만들 수 있습니다. 이 모듈이 바로 장고와 웹 서버를 연결하는 데 필요한 파일입니다. WSGI 규격에 따라 이 모듈에는 호출 가능한 애플리케이션 객체가 정의되어 있습니다. 객체명은 반드시 **application**이어야 합니다. 그래서 장고의 wsgi.py 파일에는 application 객체가 다음과 같이 정의되어 있습니다. 이 라인에 관한 자세한 설명은 다음 절을 참고하기 바랍니다.

```
application = get_wsgi_application()
```

application 객체는 Apache와 같은 운영 웹 서버뿐 아니라 장고의 개발용 웹 서버인 runserver에서도 사용되는 객체입니다. 다만 application 객체의 위치를 지정하는 방식에 차이가 있습니다. Apache나 NGINX/uWSGI에서는 설정 파일, 즉 httpd.conf 설정 파일의 WSGI ScriptAlias 지시자 또는 uwsgi.ini 설정 파일의 module 항목으로 지정하고 개발용 runserver에서는 settings 모듈(mysite/settings.py)의 **WSGI_APPLICATION** 변수로 지정합니다.

웹 서버는 이 application 객체를 호출하여 장고의 애플리케이션을 실행합니다. application 객체를 호출하기 전에 현재 장고 프로젝트 및 프로젝트에 포함된 모든 애플리케이션에 관한 설정 정보를 로딩하는 작업이 필요합니다. 이 설정 정보를 담고 있는 settings 모듈의 위치를 다음과 같이 **wsgi.py** 파일에 지정합니다.

```
# settings 모듈의 위치를 mysite/wsgi.py 파일에 지정함
import os
os.environ.setdefault("DJANGO_SETTINGS_MODULE", "mysite.settings")
```

추가로 개발용 runserver는 다음과 같이 실행 옵션을 지정할 수 있습니다. 물론 이 옵션을 지정하지 않으면 방금 설명한 wsgi.py 파일을 참조합니다.

```
# 개발용 runserver에는 실행 옵션도 지정 가능함
$ python manage.py runserver --settings=mysite.settings
```

6.2 장고의 WSGI 인터페이스

운영 환경에서는 NGINX와 같은 웹 서버 프로그램이 클라이언트 요청을 수신하므로 요청을 수신한 웹 서버가 uWSGI와 같은 WAS 서버를 통해 장고 웹 애플리케이션을 호출할 수 있어야 합니다. 이쯤에서 1장에서 설명한 그림을 다시 보면서 용어를 정리합시다.

그림 6-1 애플리케이션 서버 방식의 요청 처리

- **웹 서버** : Apache httpd 또는 NGINX와 같은 웹 서버 프로그램
- **웹 애플리케이션 서버** : uWSGI, Gunicorn과 같은 WAS 서버 프로그램
- **애플리케이션** : 장고 프레임워크를 사용하여 만드는 파이썬 프로그램

NOTE_ uWSGI 용어

WSGI 규격에서는 웹 서버와 애플리케이션 중간에 위치한다고 해서 uWSGI와 같은 프로그램을 미들웨어라고 부릅니다. 그런데 미들웨어라는 용어는 소프트웨어, 하드웨어, 미들웨어라고 부르는 것처럼 조금 더 일반적인 의미로 시작된 용어입니다. 따라서 이 책에서는 프로그램의 역할에 맞춰 WAS 서버 또는 파이썬의 WSGI 규격을 구현하였으므로 WSGI 서버라고 부르겠습니다.

이러한 관점에서 장고는 파이썬 웹 애플리케이션을 만드는 프레임워크라고 볼 수 있습니다. 그래서 장고로 만든 프로그램은 WAS 서버가 호출할 수 있도록 WSGI 규격을 준수해야 하는데 장고의 startproject 명령을 실행하면 자동으로 생성되는 wsgi.py 파일이 규격을 준수할 수 있게 해 줍니다.

wsgi.py 파일의 기능을 살펴보기 위해 간단히 소스를 분석하겠습니다. 다음 소스를 보면 wsgi 모듈이 실행되는 시점에 WSGIHandler 객체가 생성되어 application 변수에 할당된다는 사실을 알 수 있습니다. 바로 이 application 객체, 즉 WSGIHandler 객체를 WAS 서버가 호출하는 것입니다.

```python
# mysite/wsgi.py 파일 내용 일부
application = get_wsgi_application()

# ~/site-packages/django/core/wsgi.py 파일 내용 일부
def get_wsgi_application():
    return WSGIHandler()
```

WAS 서버 측면에서 WAS 서버가 장고 애플리케이션의 wsgi.py 파일을 실행하여 WSGIHandler 객체를 얻은 다음에 이 객체를 다시 호출하여 최종 응답을 생성하고 이를 웹 서버에 돌려준다고 볼 수 있습니다.

이번에는 **WSGIHandler** 객체의 역할을 파악하기 위해 소스를 살펴보겠습니다.

```python
# ~/site-packages/django/core/handlers/wsgi.py 파일의 주요 라인만 발췌함

class WSGIHandler(base.BaseHandler):  ──────────────────────────────────── ❶

    def __init__(self, *args, **kwargs):

    def __call__(self, environ, start_response):  ─────────────────────── ❷
        response = self.get_response(request)  ─────────────
        status = '%d %s' % (response.status_code, response.reason_phrase)
        response_headers = list(response.items())
                                                                          ❸
        start_response(status, response_headers)

        return response  ───────────────────────────────────
```

주요 라인의 의미는 다음과 같습니다.

❶ WSGI 규격에서 정의한 애플리케이션의 역할을 수행하는 클래스입니다. 참고로 부모 클래스인 BaseHandler 에는 장고의 settings.py 파일에 등록된 MIDDLEWARE에 대한 처리 기능도 포함되어 있습니다.

❷ WSGI 서버에서 WSGIHandler 객체를 호출할 때, 즉 application(environ, start_response)처럼 호출할 때 __call__() 메소드가 실행됩니다. application 변수가 WSGIHandler 객체인 점에 유의 바랍니다.

❸ __call__() 메소드가 바로 WSGI 규격의 애플리케이션 스펙을 구현한 내용입니다. WSGI 서버를 설명할 때 사용한 예제 2-16의 my_app() 함수와 매우 유사합니다. 메소드의 처리 과정에 관한 설명은 **2.4.3 WSGI 서버의 애플리케이션 처리 과정**을 참고 바랍니다.

정리하면 장고는 웹 애플리케이션을 만드는 프레임워크이고 WSGI 규격의 애플리케이션 스펙을 구현하기 위해 wsgi.py 파일을 제공합니다. 규격에 따라 WSGI 서버에서는 application 호출자^{callable}를 호출하는데 wsgi.py 파일에서 이 호출자를 정의합니다. 장고에서는 이 호출자를 WSGIHandler 클래스로 정의합니다.

더 알아 두어야 할 사항은 웹 서버 또는 WAS 서버가 장고 애플리케이션을 실행하기 위해서는 application 호출자의 위치를 알아야 합니다. 그래서 Apache, NGINX, uWSGI 등의 웹/WAS 서버의 설정 파일에는 application 호출자 또는 wsgi.py 파일의 경로가 정의되어야 합니다.

참고로 장고의 개발용 웹 서버인 runserver도 WSGI 규격에 따라 application 호출자를 호출하는데 **settings.py** 파일에 정의된 다음 항목으로 호출자의 경로를 파악합니다.

```
WSGI_APPLICATION = 'mysite.wsgi.application'
```

6.3 운영 서버 적용 전 장고의 설정 변경 사항

NGINX 등과 같은 웹 서버와 연동하는 시점은 장고의 애플리케이션 개발이 완료되고 개발용 웹 서버인 runserver에서 정상적으로 동작하는 것을 확인한 이후 시점입니다. 즉, 지금까지는 개발 모드 환경에 맞춰 설정하였는데 운영 서버에 적용하기 위해서는 보안, 성능 등을 고려하여 운영 환경에 맞는 설정으로 변경해야 합니다. 지금부터 무엇을 변경해야 하는지 알아봅시다.

> **NOTE_** 이번 절에서 설명한 내용에 관한 실습은 8장에서 자세히 다룹니다.

다음에 설명할 내용을 포함해서 운영 서버에서 필요한 항목들이 제대로 설정되었는지 체크하는 명령이 있습니다. 즉, 운영 서버에 배포한 이후에는 다음 명령으로 설정 파일을 확인할 수 있습니다.

```
$ python manage.py check --deploy
```

SECRET_KEY는 개발 모드에서는 settings.py 파일에 하드 코딩되어 있습니다. 이 항목은 프로젝트 내에서 암호화가 필요할 때 사용되는 항목으로 외부에 노출되어서는 안 됩니다. 따라서 운영 모드에서는 환경 변수에 저장하거나 파일에 저장한 후 **settings.py** 파일에서 다음과 같은 코드로 읽어 들이는 것이 좋습니다.

```
import os
SECRET_KEY = os.environ['SECRET_KEY']
# 또는
with open('/etc/secret_key.txt') as f:
    SECRET_KEY = f.read().strip()
```

개발 모드에서는 에러 발생 시 디버그를 위해 브라우저에 여러 가지 정보를 출력하여 보여 줍니다. 이런 디버그 정보는 프로젝트에 관련된 중요 정보들이므로 운영 모드에서는 settings 모듈의 DEBUG 설정값을 False로 지정하여 디버그 정보가 노출되지 않도록 해야 합니다.

```
DEBUG = False
```

DEBUG = False로 설정하였다면 반드시 settings 모듈의 ALLOWED_HOSTS 항목도 설정해야 합니다. 악의적인 공격자가 HTTP Host 헤더를 변조하여 CSRF Cross Site Request Forgery 공격을 할 수 있는데 이를 방지하기 위함입니다. 다음과 같이 장고가 실행되는 서버의 IP 주소나 도메인명을 등록합니다. 참고로 DEBUG = True인 경우 ALLOWED_HOSTS = [ ]라고 설정되어 있어도 ['localhost', '127.0.0.1']로 간주합니다.

```
ALLOWED_HOSTS = ['192.168.56.101', 'localhost', '127.0.0.1']
```

개발 서버에서는 이미지, Javascript, CSS 등의 정적 파일을 알아서 찾아 주었지만, 운영 모드에서는 Apache와 같은 웹 서버에게 정적 파일이 어디에 있는지 알려 주어야 합니다. settings 모듈의 STATIC_ROOT 항목을 다음과 같이 지정합니다.

```
STATIC_ROOT = BASE_DIR / 'www_dir' / 'static'
```

STATIC_ROOT 항목은 장고의 collectstatic 명령 실행 시 정적 파일을 한곳에 모으는 디렉터리를 정의하는 부분입니다. 이 예시는 /home/shkim/pyBook/ch6/www_dir/static 디렉터리에 정적 파일을 모으는 예시입니다.

이 디렉터리는 웹 서버의 설정 파일에도 등록해야 합니다. NGINX의 nginx.conf인 경우 location/static/ 항목으로 등록하는데 321쪽 **예제 8-4**를 참고 바랍니다.

collectstatic 명령은 다음과 같이 실행합니다. 이 명령 사용 시 주의할 점은 settings 모듈의 STATICFILES_DIRS 항목에 STATIC_ROOT 항목에서 정의한 디렉터리가 포함되면 안 된다는 것입니다. **STATICFILES_DIRS** 항목에 정의한 디렉터리에서 정적 파일을 찾아 **STATIC_ROOT** 디렉터리로 복사하기 때문입니다.

```
$ python manage.py collectstatic
```

개발 모드에서는 runserver를 실행시킨 사용자 권한으로 데이터베이스 파일이나 로그 파일에 액세스합니다. 그러나 운영 모드에서는 웹 서버 프로세스의 소유자(예: nginx) 권한으로 해당 파일들에 액세스할 수 있어야 합니다. 이를 위해 settings 모듈의 DATABASES 항목에서 NAME 속성값의 경로를 다음과 같이 **db/db.sqlite3**로 변경합니다.

```
DATABASES = {
    . . .
    'NAME': BASE_DIR / 'db' / 'db.sqlite3',
```

그리고 해당 디렉터리 및 파일의 액세스 권한을 다음 명령을 입력하여 변경합니다. 이는 SQLite 데이터베이스 파일의 위치를 옮기고 SQLite 데이터베이스가 있는 디렉터리 및 파일에 nginx 사용자가 접근/읽기/쓰기 가능하도록 설정하는 명령입니다.

```
$ cd /home/shkim/pyBook/ch8
$ mkdir db
$ mv db.sqlite3 db/
$ chmod 777 db/
$ chmod 666 db/db.sqlite3
```

settings 모듈의 LOGGING 항목에 로깅 관련 사항이 정의되어 있고 여기에 로그 파일의 위치가 설정되어 있습니다. 다음은 로그 파일에 웹 서버 프로세스를 소유한 사용자가 읽기/쓰기 가능하도록 설정하는 명령입니다.

```
$ cd /home/shkim/pyBook/ch8
$ chmod 777 logs/                 // 777 대신 755도 가능
$ chmod 666 logs/mysite.log
```

웹 환경에서는 캐시 서버와 데이터베이스 서버도 자주 사용됩니다. 이 서버들은 웹 서버보다는 보안 기능이 취약하므로 외부에서 직접 액세스하는 것은 바람직하지 않습니다. 그래서 이 서버들에 연결되는 것은 웹 서버 또는 WAS 서버로 제한하는 게 좋습니다. 또한 데이터베이스의 접속 비밀번호도 개발 모드에서는 settings.py 파일에 하드 코딩되어 있는데 운영 모드에서는 앞에서 설명한 SECRET_KEY처럼 다른 곳에 저장하기를 권장합니다.

만일 여러분의 사이트에 메일 발송 기능이 있다면 장고는 발신자 주소를 디폴트로 root@local host(에러 발생 시 발신자) 및 webmaster@localhost(그 외 사항에 대한 메일 발신자)로 지정합니다. 메일 서버에 따라서는 보안상의 이유로 이를 허용하지 않으므로 **SERVER_EMAIL** 및 **DEFAULT_FROM_EMAIL** 설정 항목을 사용해서 발신자 주소를 변경하기 바랍니다.

NOTE_ 운영 서버 설정 확인

보안 강화, 성능 향상, 에러 발생 시 알려 주는 방법, HTTPS 설정 등 운영 서버 적용 전 확인 사항에 관한 자세한 내용은 다음 URL을 참고 바랍니다.

https://docs.djangoproject.com/en/4.0/howto/deployment/checklist/

6.4 리눅스 배포 환경 선택

운영 서버, 즉 배포 환경으로 대부분 리눅스를 사용합니다. 같은 리눅스라도 배포판이나 하드웨어에 따라 사용하는 명령이 조금씩 다릅니다. 그래서 이 책에서는 여러분의 실습 환경에 따라서 적절한 방식을 선택할 수 있도록 리눅스 환경을 조금씩 다르게 구성해서 설명합니다. 여기서 설명하는 실습 환경을 참고해서 여러분에게 맞는 실습 환경 하나를 선택해서 공부하기 바랍니다.

리눅스 배포 환경을 편의상 다음과 같이 분류하였습니다.

6.4.1 하드웨어에 따른 배포 환경

개발자 PC에서 실습할 수 있습니다. 실제 상용 서비스에는 사용할 수 없으므로 리눅스 배포 환경 공부용으로만 사용합니다. 개발자 PC가 윈도우라면 WSL2 또는 VirtualBox, VMware 프로그램을 설치한 후 실습하면 됩니다.

클라우드 서버를 사용합니다. AWS, Heroku, PythonAnywhere 등 다양한 클라우드 서비스 중 하나를 선택하면 됩니다. 별도의 서버 하드웨어를 구매하지 않아도 되므로 비용이 절감되고 서버 유지보수도 조금 더 편리합니다. 이런 장점으로 클라우드 서버 사용이 점점 증가하는 추세입니다.

리눅스가 탑재된 서버 하드웨어를 사용합니다. 주변에 서버 하드웨어가 있다면 선택의 고민 없이 그 하드웨어와 하드웨어에 탑재된 리눅스로 실습하면 됩니다. 보통의 경우 비용을 절약하기 위해 클라우드 서버로 배포 환경을 구축해서 서버를 운영하다가 사용자가 늘고 대용량 트래픽이 예상되는 시점에 자체 서버 하드웨어를 구축합니다. 서버 구축과 운용에 따른 비용 및 인력이 필요합니다.

6.4.2 리눅스 배포판에 따른 배포 환경

CentOS, RHEL, Debian, Ubuntu, SUSE, Fedora 등 다양한 리눅스 배포판이 존재합니다.

이 중 데스크톱 환경에서 가장 많이 사용하는 **Ubuntu**와 서버 환경에서 가장 많이 사용하는 **CentOS**를 바탕으로 설명하겠습니다. CentOS는 유료 배포판인 RHEL^{RedHat Enterprise Linux}의 무료 버전입니다.

다만 CentOS 정책이 CentOS Stream으로 바뀌면서 CentOS 사용에 제약이 생겨 AWS 클라우드 서버에서는 Amazon Linux 사용이 증가하고 있습니다. Amazon Linux는 CentOS 기반으로 클라우드 서비스에 맞게 최적화된 OS입니다. 그러므로 이 책에서는 Amazon Linux도 함께 설명합니다.

6.4.3 Web/WAS 서버 프로그램에 따른 배포 환경

Web 서버 프로그램은 Apache와 NGINX가 양분하고 있습니다. 가장 오래된 **Apache**가 여전히 많이 사용되고 있으며, **NGINX**가 그 뒤를 빠르게 쫓고 있습니다. 최근에는 NGINX가 Apache의 점유율을 추월하였다는 통계도 나오고 있습니다.

NGINX를 사용하는 경우 WAS 프로그램으로는 Gunicorn이나 uWSGI를 많이 사용합니다. 예전에는 **Gunicorn**은 간편하고, **uWSGI**는 성능이 좋다는 평이 많았는데 최근에는 간편한데 성능까지 개선된 Gunicorn을 더 많이 사용하는 추세입니다.

WAS 프로그램은 root 권한이나 일반 user 권한으로 실행할 수 있습니다. 다만 Web 서버 프로그램인 NGINX와 httpd 프로그램은 root 권한으로만 실행 가능합니다. 그리고 NGINX-WAS 연동 방법을 HTTP 방식 또는 소켓 방식 중에서 선택할 수 있습니다.

6.4.4 이 책의 배포 환경

이 분류에 따라서 이 책에서는 다음과 같이 배포 실습 환경을 구성하였습니다. 배포 실습 환경은 여러분의 실습 환경에 맞게 이 중 하나를 선택해서 구성하면 됩니다. 학습을 위해 배포 실습 환경을 모두 구성해도 좋습니다.

CHAPTER 7 Cloud 서버에 Django 배포하기에서는 다음과 같이 실습 환경을 구성합니다.

- PythonAnywhere 클라우드 서버를 사용합니다.
- Ubuntu 배포판 v20.04 버전을 사용하나 이 책에서는 명령어 대신 메뉴를 많이 사용합니다. 따라서 배포판에 따라 명령이 달라지는 부분은 없으므로 다른 배포판을 사용해도 무방합니다.
- 웹 서버는 PythonAnywhere의 자체 웹 서버를 사용하므로 이에 관한 설정 방법을 설명합니다.

CHAPTER 8 NGINX-Gunicorn 연동에서는 다음과 같이 실습 환경을 구성합니다.

- 윈도우에 WSL2 프로그램을 설치합니다.
- Ubuntu 배포판 v22.04 버전을 사용합니다.
- nginx v1.22.0, gunicorn v20.1.0 버전을 사용합니다.
- 8.3.2에서는 gunicorn 명령을 user 권한으로 nginx와 소켓 방식으로 연동하는 방법을 설명합니다.
- 8.4.2에서는 gunicorn 명령을 root 권한으로 nginx와 소켓 방식으로 연동하는 방법을 설명합니다.
- 8.4.3에서는 gunicorn 명령을 root 권한으로 nginx와 HTTP 방식으로 연동하는 방법을 설명합니다.

CHAPTER 9 NGINX-uWSGI 연동에서는 다음과 같이 실습 환경을 구성합니다.

- AWS EC2 클라우드 서버와 Amazon Linux 2 배포판 v5.10 버전을 사용합니다.
- nginx v.1.20.0, uwsgi v2.0.20 버전을 사용합니다.
- 9.3.2에서는 uwsgi 명령을 user 권한으로 nginx와 소켓 방식으로 연동하는 방법을 설명합니다.
- 9.4.2에서는 uwsgi 명령을 root 권한으로 nginx와 소켓 방식으로 연동하는 방법을 설명합니다.
- 9.4.3에서는 uwsgi 명령을 root 권한으로 nginx와 HTTP 방식으로 연동하는 방법을 설명합니다.

CHAPTER 10 Apache 웹 서버와 연동에서는 다음과 같이 실습 환경을 구성합니다.

- 윈도우에 VirtualBox 프로그램을 설치합니다.
- CentOS 배포판 v7.9 버전을 사용합니다.
- httpd v2.4.6, mod_wsgi v4.9.3 버전을 사용합니다.
- 10.4에서는 mod_wsgi 모듈을 내장(Embedded) 모드로 설정해서 실행합니다.
- 10.5에서는 mod_wsgi 모듈을 데몬(Daemon) 모드로 설정해서 실행합니다.

Cloud 서버에 Django 배포

Cloud 서버에 Django 배포

한 번쯤 클라우드 서버 또는 클라우드 서비스란 말을 들어 보았을 겁니다. 쉽게 이야기하면 클라우드 서비스는 인터넷에 있는 서버를 빌려 사용하는 것을 의미합니다. 유료인 경우도 있고 무료인 경우도 있습니다. 클라우드 서비스는 보통 필요한 만큼 서버 자원을 빌려 쓰고 쓴 만큼 비용을 지불하는 방식을 채택하고 있습니다.

만일 여러분이 장고 웹 프로그램을 만든 후 다른 사람들에게 오픈할 예정이라면 운영 서버를 준비하고 여러분이 개발한 프로그램을 배포해야 합니다. 이 경우 여러분의 주변에 서버 하드웨어가 있다면 그 하드웨어를 사용하면 되고 만일 없다면 클라우드 서버를 사용하면 됩니다.

이러한 클라우드 서비스를 제공하는 사이트는 AWS$^{\text{Amazon Web Service}}$, Digital Ocean, Heroku, PythonAnywhere 등 상당히 많은 편입니다. 이 책에서는 무료이면서 사용하기도 쉬워 파이썬 개발자들이 많이 사용하는 PythonAnywhere 사이트를 활용합니다. 다만 상용 웹 사이트를 운영할 예정이라면 조금 더 안정적인 유료 클라우드 서비스를 선택하기 바랍니다.

> **NOTE_ 클라우드 서버에서 리눅스 실습**
>
> 대부분의 클라우드 서버는 리눅스를 사용합니다. 또한 클라우드 서버에서는 배포뿐 아니라 개발까지도 가능합니다. 이 책에서는 누구나 쉽게 실습할 수 있도록 윈도우 환경에서 개발하는 방식으로 설명하였습니다. 하지만 클라우드 서버가 준비되었다면 3~5장의 예제를 리눅스에서도 동일하게 실습할 수 있습니다. 리눅스에서 장고를 공부하고자 한다면 이번 장에서 설명하는 PythonAnywhere 클라우드 서버에서 3~5장의 예제를 실습하기 바랍니다.

7.1 PythonAnywhere 사이트 가입하기

PythonAnywhere 클라우드 서버를 사용하기 위해 먼저 **www.pythonanywhere.com** 사이트로 접속합니다. 그런 다음 우상단에 있는 Log in을 클릭합니다.

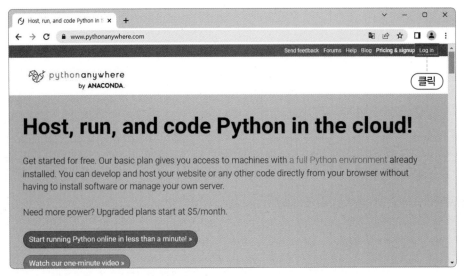

그림 7-1 PythonAnywhere 사이트 첫 화면

다음과 같은 로그인 화면이 나타나면 Username 아래의 Sign up here!를 클릭하여 가입을 시작합니다.

그림 7-2 PythonAnywhere 로그인 화면

가입 절차가 시작되면 무료로 사용하기 위해 Beginner 계정을 선택합니다. Beginner 계정은 도메인명을 바꿀 수 없고 장고 애플리케이션도 하나만 실행할 수 있습니다. 또한 처리할 수 있는 트래픽양도 제한적입니다. 만일 조금 더 고급 정책을 사용하고자 한다면 Hacker, Web dev 등의 유료 계정을 선택해야 합니다.

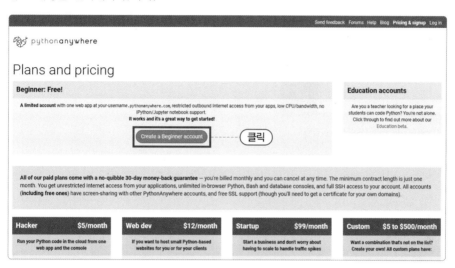

그림 7-3 PythonAnywhere 가격 정책 선택

계정 정보를 입력하고 [Register] 버튼을 클릭합니다. Email은 계정 생성을 컨펌하기 위해 필요합니다. 비밀번호는 Email에 관한 비밀번호가 아니라 Username에 관한 비밀번호입니다. 또한 Username으로 도메인명이 결정된다는 사실도 알아 두기 바랍니다. 즉, 다음과 같이 입력하면 도메인명은 shkim.pythonanywhere.com이 됩니다.

Create your account

Username:	shkim
Email:	shkshya@daum.net
Password:	••••••
Password (again):	••••••

☑ I agree to the Terms and Conditions and the Privacy and Cookies Policy

[Register] ---- 클릭

We promise not to spam or pass your details on to anyone else.

그림 7-4 PythonAnywhere 계정 생성 화면

가입이 완료되면 다음 그림처럼 Welcome 화면이 나오고 사이트 기능 설명을 볼 것인지 묻습니다. 원한다면 [Next] 버튼을 클릭하여 기능을 살펴봅시다.

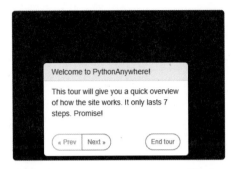

그림 7-5 PythonAnywhere Welcome 화면

[End tour] 버튼을 클릭하면 Dashboard 화면이 나타납니다. 이는 로그인 성공 시에도 보게 되는 첫 화면입니다. 상단의 Warning 메시지는 가입 시 등록한 이메일로 발송된 인증 메일을 처리하면 나타나지 않습니다.

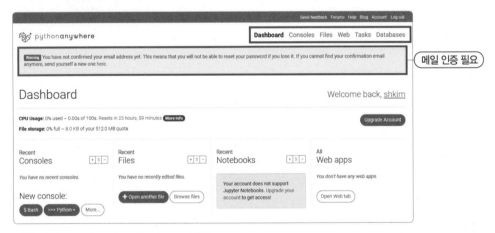

그림 7-6 PythonAnywhere Dashboard 화면

우상단 메뉴의 기능은 다음과 같습니다.

- **Dashboard** : CPU 사용량 등 리소스의 전체 현황을 보여 줍니다.
- **Consoles** : Bash 셸이나 파이썬 셸 기능이 있는 터미널 창을 엽니다.
- **Files** : 파일과 디렉터리를 보거나 새로 만들 수 있습니다. 파일 업로드도 가능합니다.
- **Web** : 장고 애플리케이션을 실행하기 위해 필요한 항목을 설정할 수 있습니다.

- **Tasks :** 리눅스 cron 명령처럼 주기적인 태스크를 실행하기 위한 메뉴입니다. 이 책에서는 이 메뉴를 사용하지 않습니다.

- **Databases :** MySQL 데이터베이스를 사용하기 위한 메뉴입니다. 유료 계정인 경우 PostgreSQL 데이터베이스도 사용할 수 있습니다. 이 책에서는 SQLite3를 사용하므로 이 메뉴도 사용하지 않습니다.

7.2 장고 소스 가져오기

5장까지 윈도우 환경에서 개발한 C:₩RedBook₩ch99 디렉터리의 장고 소스를 PythonAny-where 서버에 배포하겠습니다. 장고 소스를 미리 zip 파일로 압축하고 이를 PythonAnywhere 서버로 업로드합니다.

> **NOTE_ GitHub에서 장고 소스 가져오기**
> 만일 GitHub를 사용하고 있다면 git 명령으로 장고 소스를 가져올 수 있습니다. GitHub는 인터넷 소스 저장소로 개발자라면 거의 필수로 사용하는 사이트입니다. 다만 소스를 가져오는 기능만 본다면 PythonAnywhere 사이트의 업로드 기능이 조금 더 간단하므로 이 책에서는 직접 업로드 기능을 활용합니다.

PC의 파일 탐색기에서 C:₩RedBook₩ch99 디렉터리를 압축합니다. 압축 파일명은 ch99.zip으로 정하였습니다.

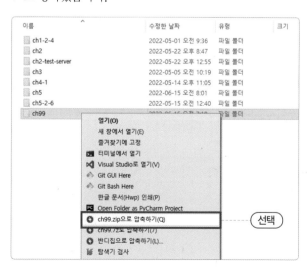

그림 7-7 파일 탐색기에서 장고 소스 압축하기

압축한 파일을 업로드하기 위해 PythonAnywhere 서버에서 Files 메뉴로 이동합니다. 홈 디렉터리(/home/shkim) 하위에 pyBook 디렉터리, 그 하위에 ch7 디렉터리를 만들고 ch7 디렉터리에 ch99.zip 파일을 업로드합니다. 그림에 표시된 순서대로 진행해서 압축 파일 업로드를 완료합니다(홈 디렉터리는 /home/Username 형태로 사용자에 따라 다릅니다).

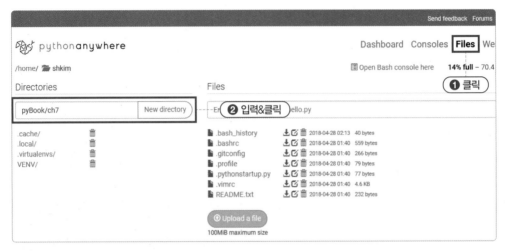

그림 7-8 홈 디렉터리 하위에 새로운 디렉터리 추가하기

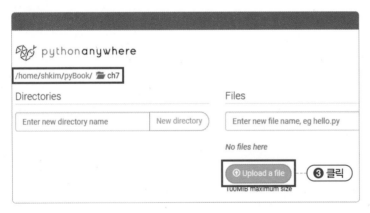

그림 7-9 소스 압축 파일 업로드하기

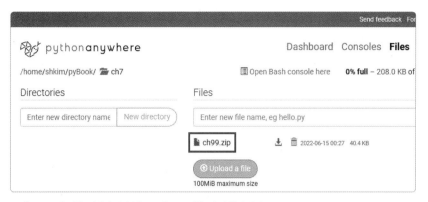

그림 7-10 추가한 디렉터리에 업로드된 소스 압축 파일 확인하기

> **NOTE_ 실습 환경을 윈도우에서 리눅스로 변경**
>
> 7장부터는 리눅스 명령을 다루게 되는데 윈도우에 비해 리눅스는 조금 더 어렵게 느껴질 수 있습니다. 리눅스는 마우스보다는 키보드로 입력하는 명령을 주로 사용하기 때문입니다. 즉, 리눅스 명령을 암기하고 있어야 합니다. 개발자에게 리눅스 명령에 익숙해지는 일은 필수라고 할 수 있으므로 이 책에 나오는 간단한 명령부터 시작해서 리눅스 사용법을 익혀 가길 바랍니다.
>
> 또한 PC의 C:₩RedBook₩ch99 폴더에서 PythonAnywhere 리눅스 서버의 /home/Username/pyBook/ch7/ 디렉터리로 실습 공간이 변경되었음을 유의 바랍니다.

7.3 리눅스 명령으로 압축 풀기

장고 소스를 가져왔으니 압축을 풀고 PythonAnywhere 서버에서 필요한 소스 작업을 추가로 진행하겠습니다. 소스 작업은 Consoles 메뉴에서 터미널 창을 열고 진행합니다. 다음 그림처럼 Consoles 메뉴를 클릭해서 나오는 화면에서 Bash 링크를 클릭합니다.

그림 7-11 PythonAnywhere 서버에서 Bash 터미널 창 열기

Bash 터미널 창이 열리면 여기서 리눅스 명령으로 장고 프로그래밍을 할 수 있습니다. 몇 가지 자주 쓰는 리눅스 명령을 실습하겠습니다. Bash 창이 나타나면 다음과 같은 리눅스 명령으로 ch99.zip 파일이 존재한다는 사실을 확인합니다.

```
# 현재 디렉터리의 경로를 확인합니다
$ pwd

# ch7 디렉터리로 이동합니다
$ cd /home/shkim/pyBook/ch7

# ch7 디렉터리 하위에 ch99.zip 파일이 있는지 확인합니다
$ ls -al
```

Bash 창에서 명령을 실행한 결과는 다음과 같습니다.

```
Bash console 24656729
02:51 ~ $
02:51 ~ $ pwd
/home/shkim
02:51 ~ $
02:51 ~ $ cd pyBook/ch7
02:52 ~/pyBook/ch7 $ ls -al
total 56
drwxrwxr-x 2 shkim registered_users  4096 Jun 15 02:51 .
drwxrwxr-x 4 shkim registered_users  4096 Jun 15 02:50 ..
-rw-rw-r-- 1 shkim registered_users 41366 Jun 15 02:51 ch99.zip
02:52 ~/pyBook/ch7 $
02:52 ~/pyBook/ch7 $ python -V
Python 3.9.5
02:52 ~/pyBook/ch7 $
02:52 ~/pyBook/ch7 $
```

그림 7-12 Bash 창에서 파일 확인

다음 명령으로 장고 ch7 프로젝트의 디렉터리 및 파일들이 담긴 압축 파일을 해제합니다.

```
$ cd /home/shkim/pyBook/ch7
$ unzip ch99.zip
$ tree -L 2
```

이 명령 중 tree는 디렉터리와 파일 목록을 트리 구조로 보여 주는 명령입니다. tree 명령을 입력한 결과를 보면 다음과 같습니다.

그림 7-13 tree 명령으로 본 압축 해제 결과

7.4 파이썬 가상 환경 만들기

장고 프로젝트뿐 아니라 파이썬 프로젝트는 일반적으로 가상 환경을 만들어서 개발합니다. 가상 환경이 필요한 이유는 서로 다른 파이썬 프로젝트가 동일한 패키지를 사용하는 상황에서 특정 프로젝트만 다른 패키지 버전을 사용하면서 발생하는 충돌을 방지하기 위함입니다.

예를 들어 파이썬 프로젝트 A와 B가 있고 각각 다음과 같은 패키지와 버전을 사용한다면 3개의 패키지가 필요합니다. 이런 상황에서 B 프로젝트가 나중에 개발되어 관련 패키지도 나중에 설치되었다고 가정합시다.

표 7-1 서로 다른 파이썬 버전을 사용하는 프로젝트 예시

A 프로젝트	django (v4.1), django-taggit (v2.1)
B 프로젝트	django (v4.1), django-taggit (v3.0)

만일 가상 환경을 안 만들고 3개의 패키지를 모두 디폴트 환경, 즉 시스템 환경에 설치한다면 다음 그림의 왼쪽 구성과 같은 모습이 됩니다. 이 경우 **django-taggit** 패키지는 나중에 설치된 버전이 덮어씌워져 설치될 것이므로 3.0 버전만 시스템 환경에 남게 됩니다. 이 시점에서 B 프로젝트는 잘 동작하겠지만, A 프로젝트는 오동작할 수 있습니다. django-taggit 패키지가 2.1 버전이 아니기 때문입니다. 이런 상황을 패키지 충돌(라이브러리 충돌) 또는 **의존성 충돌**이라고 합니다.

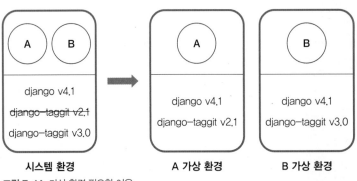

그림 7-14 가상 환경 필요한 이유

의존성 충돌을 해결하려면 방금 살펴본 그림의 오른쪽 구성처럼 프로젝트마다 별도의 가상 환경을 만들어야 합니다. 필요한 패키지를 프로젝트별 가상 환경에 설치하면 다른 가상 환경에는 영향을 주지 않기 때문입니다. 또한 가상 환경별로 파이썬 버전을 다르게 구성할 수 있으므로 여러 버전의 파이썬을 사용할 수 있는 이점도 있습니다.

이 책의 5장까지는 초심자가 쉽게 실습을 할 수 있도록 가상 환경을 만들지 않았지만, 앞과 같은 이유로 7장에서는 가상 환경을 만들어서 실습합니다. 다음과 같은 명령으로 가상 환경을 모아 둘 **VENV 디렉터리**를 만들고 그 하위에 **v3PyBook**이라는 가상 환경을 만듭니다. 그리고 그 가상 환경으로 진입합니다. 참고로 8장부터는 가상 환경 디렉터리 위치가 달라집니다.

다음 명령으로 가상 환경을 모아 둘 디렉터리 VENV를 만들고 그 디렉터리로 이동합니다

```
$ cd /home/shkim/pyBook/
$ mkdir VENV
$ cd VENV
```

가상 환경 이름은 v3PyBook로 정하겠습니다. 그런 다음 v3PyBook 가상 환경 안으로 진입합니다.

```
$ python -m venv v3PyBook
$ source /home/shkim/pyBook/VENV/v3PyBook/bin/activate
```

가상 환경 내에 있다는 사실을 알려주기 위해 프롬프트에 가상 환경 이름, 즉 (v3PyBook)이 표시됩니다. 가상 환경에서 사용하는 파이썬 버전을 확인합니다. 집필 시점에서의 PythonAnywhere의 디폴트 파이썬 버전은 3.9 입니다.

```
(v3PyBook) $ python -V
```

다음 명령을 통해 가상 환경에서 빠져나옵니다. 이렇게 가상 환경을 빠져나오면 프롬프트에 표시되던 (v3PyBook)가 사라집니다.

```
(v3PyBook) $ deactivate
$
```

가상 환경을 만들었습니다. 이후의 작업은 모두 가상 환경 내에서 진행합니다. 이제 가상 환경 내에 장고 프로그램을 설치하겠습니다.

v3PyBook 가상 환경으로 다시 진입한 다음 장고 최신 버전을 설치합니다.

```
$ source /home/shkim/pyBook/VENV/v3PyBook/bin/activate
(v3PyBook) $ pip install Django
```

v3PyBook 가상 환경에 설치된 패키지 리스트를 확인한 후 **django-admin** 명령을 통해 장고 최신 버전을 확인합니다. 집필 시점에서의 장고 최신 버전은 4.0.5 입니다.

```
(v3PyBook) $ pip list
(v3PyBook) $ django-admin --version
```

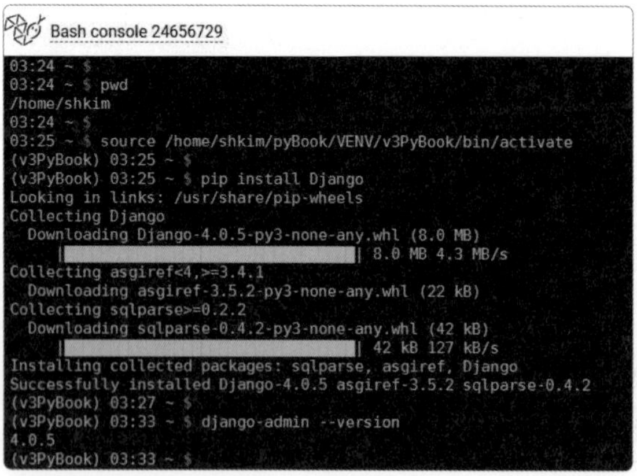

그림 7-15 가상 환경에 파이썬 설치하기

7.5 PythonAnywhere 서버에서 장고 설정 변경하기

PythonAnywhere 서버도 운영 서버의 하나로 PythonAnywhere에서 제공하는 웹 서버가 실행되고 있습니다. 따라서 PythonAnywhere 서버에서 장고 프로그램을 실행하기 위해서는 **6.3 운영 서버 적용 전 장고의 설정 변경 사항**에서 설명한 내용을 반영해야 합니다. 다만 여기서는 PythonAnywhere 서버가 에러 없이 동작할 정도로만 장고 설정 사항을 변경하겠습니다.

> **NOTE_ 리눅스의 텍스트 에디터 vi**
> vi는 대표적인 리눅스의 텍스트 에디터입니다. 필자는 리눅스의 키보드 철학(?)이 좋아서 오래 전부터 vi를 사용하고 있지만, 독자 여러분은 자신에게 맞는 에디터를 사용하면 됩니다. 리눅스가 처음이라면 vi 에디터보다 쉬운 nano 에디터로 시작하는 것도 좋은 선택입니다.

우선 vi 에디터 명령 몇 가지를 소개합니다. 문자 하나로 명령이 실행되는 특징이 있습니다.

- vi 편집기에 들어오면 명령 모드로 시작합니다.
- **a** : 편집 모드로 바꾸면서 글자를 커서 뒤에 추가하는 명령입니다(append).
- **i** : 편집 모드로 바꾸면서 글자를 커서 앞에 삽입하는 명령입니다(insert).
- Esc : 편집 모드에서 명령 모드로 전환하는 명령입니다.
- **x** : 커서 위치에 있는 글자 하나를 삭제합니다.
- **dd** : 커서가 있는 라인을 삭제합니다(delete line).
- **:wq** Enter : 현재까지의 작업을 저장하고 편집기를 나옵니다(write and quit). 명령 모드에서 실행합니다.
- **:q!** Enter : 현재까지의 작업을 저장하지 않고, 즉 작업을 취소하고 편집기를 나옵니다. 명령 모드에서 실행합니다.
- **:help** Enter : 도움말 파일로 들어갑니다. 명령 모드에서 실행합니다.

아래처럼 **settings.py** 파일에서 2가지만 수정합니다.

예제 7-1 창고 설정 변경 – mysite/settings.py

```
$ cd /home/shkim/pyBook/ch7/mysite
$ vi settings.py

# 위의 내용 동일
ALLOWED_HOSTS = ['shkim.pythonanywhere.com', 'localhost', '127.0.0.1']   # 변경

# 중간 내용 동일

STATIC_URL = 'static/'
STATIC_ROOT = BASE_DIR / 'www_dir' / 'static'                        # 추가
# 아래 내용 동일
```

설정 파일을 변경한 후에는 정적 파일을 모으기 위해 collectstatic 명령을 실행합니다. 여전히 가상 환경 내에서 명령을 실행해야 한다는 사실을 잊지 마세요. 명령 결과로 www_dir과 static 폴더가 생성됩니다.

```
$ cd /home/shkim/pyBook/ch7
$ source /home/shkim/pyBook/VENV/v3PyBook/bin/activate
(v3PyBook) $ python manage.py collectstatic
```

```
       Bash console 24656729
(v3PyBook) 05:41 ~/pyBook/ch7 $
(v3PyBook) 05:41 ~/pyBook/ch7 $ python manage.py collectstatic

128 static files copied to '/home/shkim/pyBook/ch7/www_dir/static'.
(v3PyBook) 05:42 ~/pyBook/ch7 $ ls -al
total 256
drwxrwxr-x 8 shkim registered_users   4096 Jun 15 05:42 .
drwxrwxr-x 4 shkim registered_users   4096 Jun 15 02:56 ..
drwxrwxr-x 5 shkim registered_users   4096 May 15 07:25 books
-rw-rw-r-- 1 shkim registered_users  41366 Jun 15 00:27 ch99.zip
-rw-rw-r-- 1 shkim registered_users 180224 May 15 16:32 db.sqlite3
drwxrwxr-x 2 shkim registered_users   4096 May 15 15:45 logs
-rw-rw-r-- 1 shkim registered_users    684 Jun 15  2022 manage.py
drwxrwxr-x 3 shkim registered_users   4096 Jun 15 05:40 mysite
drwxrwxr-x 5 shkim registered_users   4096 May 15 07:25 polls
drwxrwxr-x 3 shkim registered_users   4096 May 15 15:50 templates
drwxrwxr-x 3 shkim registered_users   4096 Jun 15 05:42 www_dir
(v3PyBook) 05:42 ~/pyBook/ch7 $ ls -al www_dir
total 12
drwxrwxr-x 3 shkim registered_users 4096 Jun 15 05:42 .
drwxrwxr-x 8 shkim registered_users 4096 Jun 15 05:42 ..
drwxrwxr-x 3 shkim registered_users 4096 Jun 15 05:42 static
(v3PyBook) 05:42 ~/pyBook/ch7 $
(v3PyBook) 05:42 ~/pyBook/ch7 $ ls -al www_dir/static/
total 12
drwxrwxr-x 3 shkim registered_users 4096 Jun 15 05:42 .
drwxrwxr-x 3 shkim registered_users 4096 Jun 15 05:42 ..
drwxrwxr-x 6 shkim registered_users 4096 Jun 15 05:42 admin
(v3PyBook) 05:43 ~/pyBook/ch7 $
```

그림 7-16 Bash 창에서 collectistatic 명령 실행

7.6 PythonAnywhere 웹 서버 설정하기

PythonAnywhere 서버 하드웨어에도 웹 서버가 실행되고 있습니다. 이 웹 서버가 장고 프로그램을 인식할 수 있도록 웹 서버의 설정을 변경해야 합니다. PythonAnywhere 웹 서버의 설정 작업을 위해 Web 메뉴를 클릭합니다. 이 화면에서 [Add a new web app] 버튼을 클릭하면 설정 마법사가 시작됩니다.

그림 7-17 PythonAnywhere Web 화면

도메인명을 알려 주는 팝업이 뜨면 [Next] 버튼을 클릭합니다. 앞서 설명한 것처럼 도메인명은 Username을 사용하므로 이 책에서는 shkim.pythonanywhere.com이 됩니다.

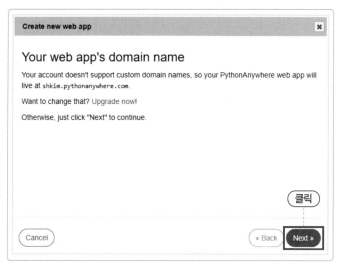

그림 7-18 설정 마법사 – 도메인명 확인

파이썬 프레임워크를 선택하는 화면입니다. 이 책에서는 가상 환경을 사용하므로 Django를 선택하지 않고 [Manual configuration]을 선택합니다. 참고로 가상 환경을 사용하지 않으면서 신규 장고 프로젝트를 만드는 경우에만 [Django]를 선택합니다.

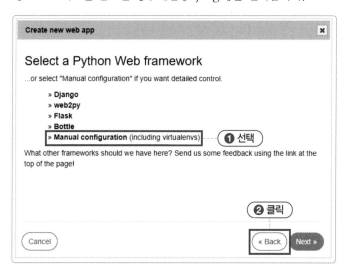

그림 7-19 설정 마법사 – 파이썬 프레임워크 선택

파이썬 버전을 선택하는 화면입니다. 가상 환경에서 사용하는 버전과 일치해야 합니다. 가상 환경 v3PyBook을 만들 때 지정한 파이썬 3.9 버전을 선택합니다. 마지막으로 [Next]를 클릭하면 마법사가 종료되고 설정 사항이 웹 서버에 적용됩니다.

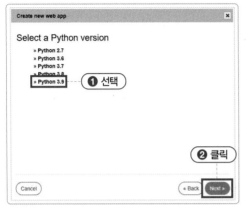 

그림 7-20 설정 마법사 – 파이썬 버전 선택 및 마침

설정 마법사가 종료되면 다음 화면이 나타납니다. 초록색 재시작(Reload) 버튼과 노란색 만료일 연장 버튼이 보입니다. 무료 계정이므로 3개월마다 연장해야 합니다. 그 외에도 자동으로 등록된 PythonAnywhere 웹 서버의 설정 사항이 여러 개 보입니다.

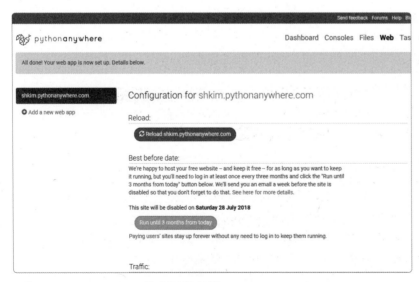

그림 7-21 PythonAnywhere 웹 서버의 설정 사항

유의할 점은 이 단계에 도달하면 이미 PythonAnywhere 웹 서버가 기동되고 있다는 것입니다. 그래서 브라우저로 해당 사이트로 접속하면 페이지가 나타나는 것을 확인할 수 있습니다. 설정 작업을 조금 더 진행하겠습니다.

지금까지 개발한 장고 프로그램을 실행하기 위해서는 설정 마법사에 의해 등록된 내용을 수정해야 합니다. 설정 사항 중 Code, Virtualenv, Static files 등 3개 섹션의 내용을 지금까지 개발한 장고 프로젝트에 맞춰 수정합니다.

PythonAnywhere Web 화면에서 스크롤을 내리면 나타나는 Code 섹션에서는 WSGI configu-ration file의 내용만 수정하면 됩니다. 수정을 위해 해당 파일명을 클릭합니다. 또한 그 아래에 있는 Python version이 가상 환경의 파이썬 버전과 일치하는지 확인합니다.

그림 7-22 PythonAnywhere Web 화면의 Code 섹션

Username_pythonanywhere_com_wsgi.py 파일이 열리면 기존 내용을 모두 지우고 다음 내용을 작성한 후 우상단의 [Save] 버튼을 클릭하여 저장합니다.

예제 7-2 PythonAnywhere 웹 서버 설정 변경

```
import os
import sys
                        ┌─── 사용자의 Username ───┐

# 프로젝트의 루트(베이스) 디렉터리를 지정합니다
path = '/home/shkim/pyBook/ch7'
if path not in sys.path:
    sys.path.append(path)

os.environ['DJANGO_SETTINGS_MODULE'] = 'mysite.settings'

from django.core.wsgi import get_wsgi_application
application = get_wsgi_application()
```

Virtualenv 섹션에는 앞서 만든 가상 환경을 등록합니다. Enter path to a virtualenv, if desired 를 클릭한 후 v3PyBook 가상 환경의 루트 디렉터리인 /home/shkim/pyBook/VENV/ v3PyBook을 입력하고 체크 버튼을 클릭합니다.

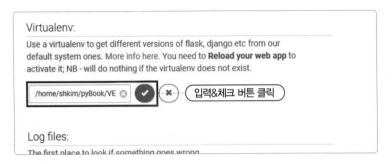

그림 7-23 PythonAnywhere Web 화면의 Virtualenv 섹션

Static files 섹션에는 settings.py 파일에 정의된 내용을 그대로 기입합니다. 즉, URL란에는 STATIC_URL 설정 항목의 값을, Directory란에는 STATIC_ROOT 설정 항목의 값을 등록합니다.

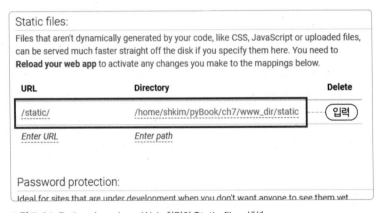

그림 7-24 PythonAnywhere Web 화면의 Static files 섹션

모든 설정을 완료하면 PythonAnywhere Web 화면 상단의 초록색 Reload 버튼을 클릭하여 새로운 설정으로 PythonAnywhere 웹 서버를 시작합니다.

7.7 지금까지의 작업 확인하기

PythonAnywhere 웹 서버 설정을 완료하였고 그 과정에서 웹 서버가 자동으로 기동된 상태입니다. 브라우저로 PythonAnywhere 사이트에 접속하겠습니다.

```
http://shkim.pythonanywhere.com          #shkim 대신 실제 Username을 입력
```

다음과 같이 프로젝트의 첫 화면이 나타나면 정상입니다.

그림 7-25 프로젝트 첫 화면

PythonAnywhere 웹 서버는 로그도 제공하는데 Web 메뉴의 Log files 섹션에서 확인할 수 있습니다. 원하는 로그 파일을 클릭하면 내용을 볼 수 있습니다.

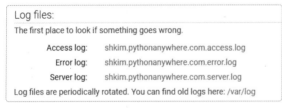

그림 7-26 PythonAnywhere Web 화면의 Log files 섹션

예를 들어 access.log를 보면 루트(/) URL에 대한 GET 요청에 응답 코드 200으로 성공 응답을 보냈다는 사실을 알 수 있습니다.

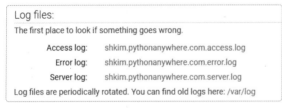

그림 7-27 access.log 파일 내용

NGINX–Gunicorn 연동

chapter **08**

NGINX-Gunicorn 연동

2004년에 발표된 NGINX는 러시아의 이고르 시셰프[Igor Sysoev]가 만든 무료 오픈소스 웹 서버로 Apache 웹 서버의 단점으로 지적된 동시 처리 능력을 높이고 메모리를 적게 사용하는 방향으로 설계되었습니다. 특히 이벤트 기반 처리 방식을 채택하고 있어 프로세스/스레드 방식의 Apache 에 비해 성능이 좋다고 평가되고 있습니다.

새로 구축하는 사이트는 Apache보다 NGINX를 더 많이 사용하는 추세이고 점유율이 Apache 를 넘어섰다는 몇몇 통계도 있습니다. 오랜 세월동안 사용되면서 누적되어 온 복잡한 Apache의 설정 파일에 비해 단순하고 쉬운 설정 방식도 NGINX의 장점입니다.

이 장에서는 NGINX의 설치 방법과 장고 프로그램을 실행하기 위한 설정 방법을 알아보겠습니다. 장고 프로그램을 실행하기 위해서는 NGINX 이외에도 WAS 서버 역할을 하는 Gunicorn 또는 uWSGI 프로그램을 같이 설치해야 합니다. 8장에서는 Gunicorn을 사용하고 uWSGI는 9장에서 사용합니다. 먼저 운영 환경에 맞게 장고 설정부터 변경하겠습니다.

8.1 Ubuntu 가상 환경 구성 및 장고 설정 변경하기

서버 운영 환경으로 윈도우보다는 리눅스를 많이 사용합니다. 이번 장에서는 리눅스 명령 및 애 플리케이션을 실행할 수 있는 윈도우 하위 시스템 환경에서 실습을 진행합니다. 즉, WSL[Window Subsystem for Linux] 2 환경에서 리눅스 배포판 중 하나인 Ubuntu를 사용합니다.

먼저 파이썬 가상 환경을 구축하고 운영 환경에 맞게 장고 설정도 변경하겠습니다.

5장까지의 예제는 파이썬 3.x 버전에서 동작하므로 만일 운영 서버에 파이썬 3.x가 설치되어 있지 않다면 Ubuntu에 파이썬 3.x를 먼저 설치한 다음 가상 환경을 구성합시다.

8.1.1 Ubuntu 가상 환경 생성

가상 환경 구성 방법은 **7.4 파이썬 가상 환경 만들기**를 참고하면 됩니다. 다만 7.4절에서는 VENV 디렉터리 하위에 v3PyBook이라는 가상 환경을 만들었는데 이번 장에서는 ch8 프로젝트 하위에 venv라는 가상 환경을 만든다는 차이점이 있습니다. 즉, 운영 환경에서는 프로젝트별로 가상 환경을 구성하는 편이 좋습니다. 그 이유는 운영 환경에 들어간 프로젝트는 오랜 기간 유지될 것이고 그에 맞춰 가상 환경의 라이브러리를 계속 변경해야 하기 때문입니다.

3장부터 5장까지 3개 장에 거쳐 만들었던 프로젝트가 담긴 ch99 폴더를 Ubuntu 폴더로 복사하여 작업하겠습니다. WSL2 환경에서는 리눅스 디렉터리와 윈도우 디렉터리(폴더)를 모두 액세스할 수 있습니다. 윈도우의 C 드라이브는 /mnt/c 디렉터리에 마운트되어 있습니다. 그런데 리눅스 디렉터리와 윈도우 /mnt 디렉터리 간 상호 작업은 가능하지만 속도가 떨어지거나 접근 권한이 없는 등의 제약 사항이 있습니다. 그래서 이 책에서는 /mnt/c 폴더 아래의 ch99 폴더를 그대로 사용하지 않고 이 폴더를 Ubuntu 폴더로 복사하여 작업합니다.

> **NOTE_ SSH 및 FTP 프로그램 설치 필요**
> WSL2 프로그램에서 Ubuntu 가상 서버를 만들고 그 서버에 SSH로 접속하는 과정에 관한 설명은 지면의 한계로 생략하였습니다. 크게 어렵지 않은 내용이므로 인터넷 자료를 참고 바랍니다. 또한 ch99.zip 파일을 FTP로 가져오는 과정도 설명을 생략하였습니다. 즐겨 사용하는 프로그램이 없다면 Xftp를 설치해서 사용하길 바랍니다. 필자는 Xshell(ssh 접속용)과 Xftp(FTP용) 프로그램을 사용합니다.

다음 명령을 입력하여 WSL2의 디렉터리 체계를 확인합니다. WSL2에서는 윈도우에서 작업한 폴더가 **/mnt/c/** 폴더에 있습니다.

```
$ df
```

필자가 설치한 WSL2 Ubuntu의 디폴트 파이썬 버전은 3.10입니다. 그러므로 python 명령은 동작하지 않고 **python3** 명령만 동작합니다.

```
$ python3 -V
```

다음 명령을 입력하여 홈 디렉터리(/home/shkim/)로 이동한 다음 임의 디렉터리(pyBook)를 만들고 그 하위에 ch99 폴더를 복사하겠습니다.

```
$ cd
$ mkdir pyBook
$ cp -r /mnt/c/RedBook/ch99/pyBook/
```

그리고 다음 명령으로 프로젝트 이름을 ch99에서 ch8로 변경합니다.

```
$ cd pyBook/
$ mv ch99/ ch8/
```

ch8 프로젝트 폴더 하위에 venv 가상 환경을 만듭니다. 폴더명은 편의상 venv로 설정하였지만, 원하는 이름으로 설정해도 무방합니다. 다만 실습에 계속 사용하므로 가상 환경 이름을 기억해야 합니다. 다음은 가상 환경을 만드는 명령입니다.

```
$ cd ch8/
$ python3 -m venv venv
```

다음의 명령을 입력하여 venv 가상 환경 안으로 진입하면 가상 환경 내에 있다는 사실을 알려 주기 위해 프롬프트에 (venv)가 표시됩니다.

```
$ source /home/shkim/pyBook/ch8/venv/bin/activate
(venv) $
```

다음의 명령을 입력하여 가상 환경에서 사용하는 파이썬 버전을 확인합니다.

```
(venv) $ python -V
```

다음은 가상 환경에서 빠져나오는 명령입니다. 이 명령을 실행하면 프롬프트에 (venv)라는 표시가 사라지면서 가상 환경 밖으로 나왔다는 사실을 알려 줍니다

```
(venv) $ deactivate
$
```

가상 환경을 만들었으므로 이후 작업은 모두 가상 환경 내에서 진행합니다. 다음으로 장고 프로그램을 가상 환경 내에 설치하겠습니다. 다음의 명령을 입력하여 venv 가상 환경으로 진입합니다.

```
$ source /home/shkim/pyBook/ch8/venv/bin/activate
```

이제 장고 최신 버전을 설치하고 venv 가상 환경에 있는 패키지 리스트를 확인합니다.

```
(venv) $ pip install Django
(venv) $ pip list
```

장고 패키지가 설치되었다면 이제 **django-admin** 명령을 사용할 수 있습니다. 해당 명령을 통해 장고의 버전을 확인합니다. 집필 시점에서 장고의 최신 버전은 4.0.5 입니다.

```
(venv) $ django-admin --version
```

8.1.2 Gunicorn 서버 연동을 위한 장고 설정 변경

가상 환경을 구성하였다면 웹 서버와 장고 프로그램을 연동하기 위해 장고의 몇 가지 설정을 변경해야 합니다. **6.3 운영 서버 적용 전 장고의 설정 변경 사항**에서 설명한 내용을 참고하여 다음 사항을 반영하겠습니다. **collectstatic** 명령을 실행한 후에 SECRET_KEY 작업을 하는 것이 편리합니다. collectstatic 명령의 결과로 www_dir 폴더가 자동으로 생성되기 때문입니다.

❶ settings.py 파일의 DEBUG 변경

❷ settings.py 파일의 ALLOWED_HOSTS 변경

❸ settings.py 파일의 STATIC_ROOT 추가

❹ settings.py 파일의 CSRF_TRUSTED_ORIGINS 추가

❺ collectstatic 명령 실행(가상 환경에 진입 후 실행해야 함)

❻ vi /etc/django/secret_key.txt 파일 생성 및 SECRET_KEY 저장

❼ settings.py 파일의 SECRET_KEY 변경

❽ db.sqlite3 파일의 위치 및 권한 변경

❾ 로그 파일의 권한 변경

NOTE_ 실습 디렉터리명 변경

8장에서 실습하는 디렉터리 이름을 ch8로 표기하였습니다. 이는 5장 실습을 완료한 후 ch99 디렉터리를 장 번호에 맞춰서 ch8로 이름을 변경한 것입니다. 이후 9장에서도 동일한 방법으로 디렉터리명을 변경하고 진행합니다.

자, 그럼 **settings.py** 파일 수정부터 시작하겠습니다. Ubuntu에서 IP 주소는 다음 명령으로 확인할 수 있습니다. 참고로 필자의 IP 주소는 172.18.0.235 입니다.

```
$ ip addr 또는 $ ip addr show eth0
```

다만 WSL2 Ubuntu에서의 IP 주소는 실행할 때마다 변경됩니다. 그러므로 설정 변경 후 테스트는 127.0.0.1로 진행하는 편이 편리합니다.

예제 8-1 mysite/settings.py 수정

```
$ cd /home/shkim/pyBook/ch8/mysite
$ vi settings.py

# 위의 내용 동일
DEBUG = False # 변경

ALLOWED_HOSTS = ['172.18.0.235', 'localhost', '127.0.0.1'] # 변경

# 중간 내용 동일
```

```
STATIC_URL = '/static/'
STATIC_ROOT = BASE_DIR / 'www_dir' / 'static' # 추가

# 중간 내용 동일
DEFAULT_AUTO_FIELD = 'django.db.models.BigAutoField'

# 4개 라인 추가
CSRF_TRUSTED_ORIGINS = [
        'http://127.0.0.1:8080', 'http://127.0.0.1',
        'http://localhost:8080', 'http://localhost',
]

# logging
# 아래 내용 동일
```

설정 파일을 변경한 후에는 정적 파일을 모으기 위해 **collectstatic** 명령을 실행합니다. 물론 가상 환경 내에서 명령을 실행해야 한다는 사실을 잊지 말기 바랍니다. 명령의 결과로 STATIC_ROOT 에 정의된 www_dir 디렉터리가 생성됩니다.

```
$ cd /home/shkim/pyBook/ch8
$ source /home/pyBook/venv/bin/activate
(venv) $ python manage.py collectstatic
```

SECRET_KEY가 노출되지 않도록 별도의 파일에 저장합니다. 장고에서 자동 생성한 SECRET_ KEY 문자열을 복사한 후 다음처럼 **secret_key.txt** 파일에 저장합니다.

예제 8-2 SECRET_KEY 저장 – Secret_key.txt 생성

```
$ sudo mkdir /etc/django/
$ sudo vi /etc/django/secret_key.txt
d+xt$out(j=iiotv*&v)n^0w(9ig!rfw7frhv@e5=vq68f+3ni
```

그리고 **settings.py** 파일에서 기존의 SECRET_KEY가 작성되어 있는 행을 삭제하고 secret_ key.txt 파일에서 SECRET_KEY를 읽어 오는 코드를 추가합니다.

예제 8-3 settings.py 파일의 SECRET_KEY 변경

```
$ cd /home/shkim/pyBook/ch8/mysite
$ vi settings.py
# SECURITY WARNING: keep the secret key used in production secret!
with open('/etc/django/secret_key.txt') as f: # 두 라인 추가
    SECRET_KEY = f.read().strip()
```

다음은 SQLite3의 DB 데이터가 들어 있는 db.sqlite3 파일의 위치 및 권한을 변경합니다. 이 작업은 SQLite3 데이터베이스를 사용하는 경우에만 필요하고 MySQL, PostgreSQL, Oracle 등의 데이터베이스를 사용하는 경우에는 필요 없습니다.

우선 **settings.py** 파일의 DATABASES 항목을 다음처럼 수정합니다.

```
DATABASES = {
    #중간 내용 생략
    'NAME': BASE_DIR / 'db' / 'db.sqlite3',      # 변경
```

그리고 디렉터리 및 파일의 액세스 권한을 다음 명령을 이용하여 변경합니다.

```
$ cd /home/shkim/pyBook/ch8
$ mkdir db
$ mv db.sqlite3 db/
$ chmod 777 db/
$ chmod 666 db/db.sqlite3
```

마지막으로 다음 명령을 입력하여 로그 파일의 액세스 권한을 변경합니다.

```
$ cd /home/shkim/pyBook/ch8
$ chmod 777 logs/
$ chmod 666 logs/mysite.log
```

8.2 Ubuntu에 NGINX 구성하기

NGINX는 웹 서버 역할을 수행하는 프로그램입니다. 장고 웹 사이트에 사용하는 경우 NGINX는 주로 정적 요청을 처리하고 동적 요청은 WAS 서버로 처리를 위임합니다. NGINX의 설치와 설정은 root 또는 sudo 권한으로 진행해야 합니다.

8.2.1 Ubuntu에 NGINX 설치

NGINX의 설치 방법은 솔루션명, 서버 OS, 사용할 저장소에 따라 조금씩 다릅니다. NGINX는 2개의 공식 사이트가 있는데 하나는 상용 공식 사이트(www.nginx.com)이고, 다른 하나는 개발자용 커뮤니티 사이트(www.nginx.org)입니다. 설치 방법은 상용 공식 사이트의 상단 메뉴 [Resources] - [Resources Quick Links] - [Documentation]을 클릭한 다음 [NGINX Plus] - [Admin Guide] - [Installing NGINX and NGINX Plus] 버튼을 차례대로 클릭해서 확인할 수 있습니다.

위 사이트의 내용과 다음과 같은 필자의 선택을 참고해서 NGINX를 설치하면 됩니다.

표 8-1 NGINX 설치 시 선택 항목

선택 항목	필자의 선택	가능한 다른 선택 사항들
솔루션명(Products)	NGINX Open Source	NGINX Plus(유료)
버전(Version)	Stable	Mainline(시험용 기능도 포함)
컴파일 여부	Prebuilt(컴파일 이미 완료됨)	Compiling from Source(컴파일 필요)
서버 OS	Ubuntu(8장), CentOS(9장)	Debian, Alpine, SUSE 등
저장소(Repository)	NGINX 공식저장소 신규 등록	OS 제공 저장소 또는 다른 저장소 사용

Ubuntu에 NGINX를 설치할 때 앞서 설명하였던 개발자용 커뮤니티 사이트의 설치 명령을 copy and paste 방식으로 설치를 진행하겠습니다.

우선 개발자용 커뮤니티 사이트(www.nginx.org)에 접속합니다. 그런 다음 오른쪽 메뉴 목록에서 [documentation]을 클릭하고 다시 [Installing nginx]를 클릭합니다. 화면이 바뀌면 Installation on Linux 아래의 [packages] - [Ubuntu]를 클릭합니다.

그러면 설치 방법이 나타나는데 지금부터 하나씩 살펴보겠습니다. 명령은 root 또는 sudo 권한으로 실행합니다. 여기서는 sudo 권한을 사용합니다. 먼저 필수 라이브러리를 설치합니다.

```
$ sudo apt install curl gnupg2 ca-certificates lsb-release ubuntu-keyring
```

다음으로 패키지의 변조 여부를 확인하기 위해 공식 서명키를 가져옵니다. 가져온 서명키는 **nginx-archive-keyring.gpg** 파일에 저장합니다.

```
$ curl https://nginx.org/keys/nginx_signing.key | gpg --dearmor \
    | sudo tee /usr/share/keyrings/nginx-archive-keyring.gpg > /dev/null
```

이제 파일에 저장된 서명키를 출력합니다.

```
$ gpg --dry-run --quiet --import --import-options import-show /usr/share/keyrings/nginx-archive-keyring.gpg
```

출력에서 지문(573BFD6B3D8FBC641079A6ABABF5BD827BD9BF62)이 맞는지 확인합니다. 혹시 지문이 다르면 위조된 것이므로 파일을 삭제하고 패키지 진위를 다시 살펴봅시다.

NGINX stable 버전용 apt 저장소를 등록합니다(Mainline 버전은 명령이 다릅니다).

```
$ echo "deb [signed-by=/usr/share/keyrings/nginx-archive-keyring.gpg] \
http://nginx.org/packages/ubuntu `lsb_release -cs` nginx" \
    | sudo tee /etc/apt/sources.list.d/nginx.list
```

배포판의 기본 저장소보다 방금 등록한 NGINX 저장소를 우선 사용하도록 설정합니다.

```
$ echo -e "Package: *\nPin: origin nginx.org\nPin: release o=nginx\nPin-Priority: 900\n" \
    | sudo tee /etc/apt/preferences.d/99nginx
```

마지막으로 NGINX를 설치합니다.

```
$ sudo apt update
$ sudo apt install nginx
```

설치가 완료된 후에는 NGINX를 기동하고 잘 접속되는지 확인합니다. 우선 NGINX를 기동하겠습니다.

```
$ sudo nginx
```

curl 명령으로 root(/) url로 접속합니다. 여기서 사용된 옵션 -I(대문자 아이)는 응답의 헤더를 보여 줍니다.

```
$ curl -I 127.0.0.1
HTTP/1.1 200 OK
(아래 내용 생략)
```

NOTE_ NGINX 명령

본격적으로 NGINX를 설정하기에 앞서 다음과 같은 기본 명령을 익혀두기 바랍니다. 해당 명령어는 모두 root 또는 sudo 권한으로 실행합니다. 그리고 WSL2 Ubuntu에서는 service 명령은 사용할 수 있지만, systemctl 명령은 사용할 수 없습니다.

```
# service nginx start 또는 # nginx              // NGINX 기동
# service nginx stop 또는 # nginx -s stop        // NGINX 정지
# service nginx reload 또는 # nginx -s reload     // NGINX 재기동
# service nginx configtest 또는 # nginx -t        // NGINX 설정 파일 테스트
# nginx -h                                       // NGINX 도움말
```

8.2.2 Ubuntu에 NGINX 설정

NGINX 프로그램이 정상적으로 설치되었다면 이제 장고 프로그램을 실행하기 위한, 정확히 말하자면 WSGI 규격을 따르는 Gunicorn 프로그램과의 연동을 위한 설정 작업이 필요합니다.

설정은 다음과 같이 파일로 작성합니다. 설정 파일은 /etc/nginx/conf.d 디렉터리에 위치하는데 이는 /etc/nginx/nginx.conf 파일에서 conf.d 디렉터리를 참조하기 때문입니다.

예제 8-4 NGINX 설정 – ch9_nginx.conf 작성

```
$ sudo vi /etc/nginx/conf.d/ch9_nginx.conf
server {                                                                    ❶
        listen 8080;                                                        ❷
        server_name localhost;                                              ❸

        # access_log /var/log/nginx/ host.access.log main;;                 ❹

        error_page    500 502 503 504   /50x.html;                          ❺
         location = /50x.html {
                root   /usr/share/nginx/html;                               ❻
        }

        location = /favicon.ico { access_log off; log_not_found off; }      ❼

        location /static/ {
                root /home/shkim/pyBook/ch8/www_dir;                        ❽
                # alias /home/shkim/pyBook/ch8/www_dir/static/;             ❾
        }
        location / {                                                        ❿
                proxy_pass http://unix:/tmp/gunicorn.sock; # uwsgi_pass     ⓫
                # proxy_pass http://127.0.0.1:8081;                         ⓬
        }
}

$ sudo mv /etc/nginx/conf.d/default.conf /etc/nginx/conf.d/default.conf.bak ⓭
```

각 라인의 의미를 설명하면 다음과 같습니다.

❶ server { } 블록을 정의하여 가상 서버를 만듭니다.

❷ 8080 포트를 리슨합니다. 웹 서버는 보통 80 포트를 사용하는데 여기서는 테스트용으로 8080 포트를 사용하였습니다. port 대신 ip:port 형식으로 적어도 됩니다.

❸ 서버의 도메인명을 적습니다. 도메인명이 없으면 localhost를 적습니다.

❹ 참고로 access_log, error_log 파일 경로는 이미 /etc/nginx/nginx.conf 파일에 지정되어 있습니다.

❺ 500, 502, 503, 504 에러가 발생한 경우 /50x.html URL 처리를 합니다.

❻ URL이 /50x.html인 경우 처리할 내용입니다. 50x.html 파일이 있는 곳의 디렉터리를 지정합니다.

❼ URL이 /favicon.ico인 경우 처리할 내용을 정의합니다. 액세스 로그에 기록하지 않도록 하고 파일을 찾지 못할 경우에도 로그를 기록하지 않습니다.

❽ URL이 /static/으로 시작하는 경우 처리할 내용입니다. 정적 파일이 저장된 곳의 루트 디렉터리를 지정합니다. 장고의 STATIC_ROOT 항목의 상위 디렉터리입니다.

❾ alias 디렉티브를 사용할 수도 있습니다. 이 경우는 path 끝에 /(슬래시)를 붙여 줍니다. 장고의 STATIC_ROOT 항목에 정의된 디렉터리로 지정합니다. collectstatic 명령에 의해 이곳에 정적 파일들이 모입니다.

❿ 위에서 정의한 URL 이외의 URL에 대한 처리 방법을 정의합니다.

⓫ proxy_pass 지시자는 NGINX에서 Gunicorn 프로그램으로 처리를 위임합니다. 웹 서버와 WAS 서버가 동일한 H/W에서 실행되는 경우 유닉스 도메인 소켓을 사용하는 편이 더 빠릅니다. 소켓 파일의 경로를 지정합니다.

⓬ 소켓 방식이 아니라 HTTP 방식으로 연동할 WAS 서버의 ip:port를 지정합니다. HTTP 방식은 웹 서버와 WAS 서버가 동일해도 되고 서로 다른 하드웨어에서 실행되어도 사용 가능합니다.

⓭ 샘플로 있던 default.conf 파일을 사용하지 않도록 이름을 변경합니다.

NOTE_ NGINX의 sites-available 디렉터리

Ubuntu에서는 NGINX를 설치할 때 sites-available 디렉터리를 활용할 수도 있는데 이는 필수 사항은 아닙니다. 이 책에서는 sites-available 디렉터리가 존재하지 않아 사용하지 않았으니 참고 바랍니다.

8.3 user 권한 Gunicorn 구성하기

Gunicorn은 root 권한으로 시스템 전역에 설치할 수도 있고, user 권한으로 로컬에 설치할 수도 있습니다. 운영 환경을 만들 때는 일반적으로 root 권한으로 시스템 전역에 설치하는데 우선 조금 더 쉬운 방식인 user 권한의 설치 방법부터 설명하겠습니다.

로컬 설치는 **8.3.1 user 권한으로 Gunicorn 설치**에서, 전역 설치는 **8.4.1 root 권한으로 Gunicorn 설치**에서 설명합니다. 필요에 따라 한 쪽을 선택하면 됩니다.

8.3.1 user 권한으로 Gunicorn 설치

사용자의 홈 디렉터리 내에 있는 가상 환경에 Gunicorn 패키지를 설치하겠습니다. 이 방식을 사용하면 가상 환경마다 다른 버전의 Gunicorn 패키지를 설치할 수 있다는 장점이 있습니다.

먼저 venv 가상 환경에 진입한 후 패키지를 설치합니다.

```
$ source /home/shkim/pyBook/ch8/venv/bin/activate
(venv) $ pip install gunicorn
```

설치가 제대로 되었는지 확인합니다.

```
(venv) $ pip list
```

직접 명령을 입력하거나 설정 파일을 통해 Gunicorn을 실행할 수 있습니다. 다음과 같이 직접 명령을 실행해도 되지만, 설정 파일로 실행하는 것이 다양한 명령 옵션을 줄 수 있어 많이 사용하는 방법입니다. 명령을 통한 실행 방법을 먼저 알아본 후 설정 파일로 실행하는 방법을 알아보겠습니다.

우선 가상 환경에 진입한 후 프로젝트 루트 디렉터리로 이동합니다.

```
$ source /home/shkim/pyBook/ch8/venv/bin/activate
(venv) $ cd /home/shkim/pyBook/ch8
```

이제 Gunicorn을 실행하겠습니다. --bind 옵션은 NGINX의 설정과 맞춰 줍니다. 즉, Gunicorn이 NGINX 설정에서 지정한 소켓을 사용하도록 설정합니다. 앱 이름은 :application을 빼고 mysite.wsgi라고 해도 됩니다. 참고로 Gunicorn 실행을 중지할 때는 Ctrl + C 를 누릅니다.

08

```
(venv) $ gunicorn --bind unix:/tmp/gunicorn.sock mysite.wsgi:appliction
```

> **NOTE_ 홈 디렉터리의 액세스 권한(permission)**
> WSL2 Ubuntu에서는 기본 사용자 홈 디렉터리 권한이 754(drwxr-x---)입니다. NGINX 프로그램과 Gunicorn 프로그램의 사용자가 홈 디렉터리에 액세스할 수 있도록 다음 명령으로 권한을 변경해야 합니다.
>
> ```
> $ chmod 755 /home/shkim    // drwxr-xr-x 로 변경됨
> ```

8.3.2 user 권한으로 Gunicorn 설정

Gunicorn 프로그램에 대한 설정 파일은 일반 파이썬 파일입니다. 그래서 파이썬 문법을 준수해야 합니다. 파일의 위치와 파일명은 임의로 정해도 됩니다. 이 책에서는 user/pyBook/ch8/www_dir 디렉터리에 **ch8_gunicorn.conf.py**라는 파일명으로 다음과 같이 설정 파일을 작성하겠습니다.

예제 8-5 user 권한 Gunicorn 설정 – ch8_gunicorn.conf.py 작성

```
$ cd /home/shkim/pyBook/ch8/www_dir
$ vi ch8_gunicorn.conf.py

# gunicorn config for ch8 project ───────────────────────────────── ❶
wsgi_app = 'mysite.wsgi' ───────────────────────────────────────── ❷
# bind = '0:8081' ─────────────────────────────────────────────── ❸
bind = 'unix:/tmp/gunicorn.sock' ─────────────────────────────── ❹
daemon = True ─────────────────────────────────────────────────── ❺
accesslog = '/home/shkim/pyBook/ch8/logs/access.log' ──────────── ❻
errorlog = '/home/shkim/pyBook/ch8/logs/error.log' ────────────── ❼
```

각 라인의 의미는 다음과 같습니다.

❶ 파이썬 파일이므로 주석은 #로 시작합니다.

❷ ~/mysite/wsgi.py 파일의 application 객체를 지정합니다. 그러므로 'mysite.wsgi:application'이라고 작성해도 됩니다.

❸ 웹 서버와 HTTP 방식으로 연동하는 경우입니다. 'ip:port' 형식으로 지정합니다. ip 자리에 0을 입력하면 서버의 ip address가 무엇이든 요청을 받습니다.

❹ 웹 서버와 소켓 방식으로 연동하는 경우입니다. 'unix:소켓 파일의 위치' 형식으로 지정합니다.

❺ Gunicorn 프로그램을 데몬 프로세스로 기동합니다. 즉, 백그라운드에서 실행됩니다.

❻ 액세스 로그 기록 위치를 지정합니다. 웹 서버로부터 요청을 받을 때마다 지정한 위치에 액세스 로그가 기록됩니다.

❼ 에러 로그 기록 위치를 지정합니다. 지정한 파일에는 에러가 발생한 경우의 로그만 기록됩니다.

8.4 root 권한 Gunicorn 구성하기

지금까지 user 권한으로 Gunicorn을 설치하고 설정하는 방법을 알아봤습니다. 이번에는 운영 환경에서 조금 더 많이 사용하는 시스템 전역 설치 방법을 설명합니다. Gunicorn을 시스템 디렉터리에 설치하고 root나 sudo 권한으로 명령을 실행하는 것이 핵심입니다.

8.4.1 root 권한으로 Gunicorn 설치

다음과 같이 Ubuntu의 시스템 디렉터리에 Gunicorn 패키지를 설치합니다. 가상 환경에 진입하지 않고 명령을 실행합니다. 이 책에서는 Gunicorn 패지키가 /usr/bin/gunicorn 위치에 설치되었습니다

```
$ sudo apt update && sudo apt upgrade
$ sudo apt install gunicorn
```

설치가 제대로 되었는지 확인합시다.

```
$ which gunicorn
```

8.4.2 root 권한으로 소켓 방식의 Gunicorn 설정

설정 파일로 Gunicorn 프로그램을 실행하기 위해 시스템 디렉터리에 설정 파일을 작성합니다. 파일은 보통 /etc/gunicorn 디렉터리에 임의로 정한 파일명으로 작성합니다. 이 책에서는 파일명을 ch8_gunicorn.conf.py라고 정하겠습니다. Gunicorn의 설정 파일은 일반 파이썬 파일입니다. 그래서 파이썬 문법을 준수해서 작성해야 합니다.

예제 8-6 root 권한 Gunicorn 설정(소켓 방식) – ch8_gunicorn.conf.py 작성

```
$ sudo mkdir /etc/gunicorn
$ sudo vi /etc/gunicorn/ch8_gunicorn.conf.py

# gunicorn config for ch8 project
wsgi_app = 'mysite.wsgi'
# bind = '0:8081'
bind = 'unix:/tmp/gunicorn.sock'                                      ❶
chdir = '/home/shkim/pyBook/ch8'                                      ❷
pythonpath = '/home/shkim/pyBook/ch8/venv/lib/python3.10/site-packages'  ❸
user = 'nginx'                                                        ❹
group = 'nginx'                                                       ❺
workers = 3                                                           ❻
daemon = True                                                        ❼
```

```
accesslog = '/var/log/gunicorn/access.log' ─────────────────────────── ❽
errorlog = '/var/log/gunicorn/error.log' ───────────────────────────── ❾
```

각 라인의 의미는 다음과 같습니다.

❶ 여기까지는 8.3.2 user 권한으로 Gunicorn 설정의 설명과 동일합니다.

❷ Gunicorn 명령 실행 전에 이동할 디렉터리로 프로젝트의 루트 디렉터리를 지정합니다.

❸ import 경로(sys.path)에 추가할 디렉터리로 ch8 프로젝트가 사용하는 가상 환경의 site-packages 디렉터리를 지정합니다.

❹ Gunicorn 프로세스의 주인이 될 사용자를 지정합니다. 필자는 NGINX와 Gunicorn 프로세스의 주인을 동일하게 nginx로 지정하였습니다. www-data 사용자를 Gunicorn 프로세스의 주인으로 사용하기도 합니다.

❺ Gunicorn 프로세스가 속할 그룹을 지정합니다. 보통은 ❹번의 프로세스 사용자와 동일하게 지정합니다.

❻ Gunicorn 프로세스를 몇 개 실행할지 지정합니다. 여기서 말하는 프로세스는 마스터 프로세스와 워커 프로세스 중 워커 프로세스입니다. 마스터 프로세스는 항상 1개입니다.

❼ Gunicorn 프로그램을 데몬 프로세스로 기동합니다. 즉, Gunicorn 프로세스가 백그라운드에서 실행됩니다.

❽ 액세스 로그를 기록할 위치를 지정합니다. 웹 서버로부터 요청을 받을 때마다 지정한 위치에 액세스 로그가 기록됩니다. /var/log 디렉터리에 gunicorn 디렉터리가 없다면 자동으로 해당 디렉터리를 만듭니다. 전역인 경우 보통 /var/log/gunicorn 디렉터리를 많이 사용합니다.

❾ 에러 로그를 기록할 위치를 지정합니다. 지정한 위치에는 에러가 발생한 경우의 로그만 기록됩니다. /var/log 디렉터리에 gunicorn 디렉터리가 없다면 자동으로 해당 디렉터리를 만듭니다. 전역인 경우 보통 /var/log/gunicorn 디렉터리를 많이 사용합니다.

NOTE_ SQLite3 디렉터리 액세스 권한

SQLite3에서 쓰기 동작(INSERT, UPDATE, DELETE, DROP)을 하는 경우 데이터베이스 파일뿐 아니라 파일이 존재하는 디렉터리에도 다음과 같이 쓰기 권한을 부여해야 합니다. nginx 사용자에게 db 디렉터리 및 db.sqlite3 파일에 대한 쓰기 권한을 주는 명령입니다.

```
$ cd /home/shkim/pyBook/ch8/
$ chmod 777 db                    // drwxrwxrwx 로 변경됨
$ chmod 666 db/db.sqlite3         // -rw-rw-rw- 로 변경됨
```

8.4.3 root 권한으로 HTTP 방식의 Gunicorn 설정

이번에는 root 권한을 사용하지만, 소켓 방식이 아니라 HTTP 방식으로 웹 서버와 WAS 서버를 연동합니다. 이 방식은 웹 서버와 WAS 서버가 각각 별도의 하드웨어에서 실행되는 경우에도 사용 가능합니다.

NGINX와 Gunicon의 설정 파일 양쪽을 수정합니다. 웹 서버와 WAS 서버 간 연동 방식을 변경하는 것이므로 서로 설정을 맞추기 위해 양쪽을 수정하는 것입니다. 수정 순서는 무관하지만, 이 책에서는 NGINX 설정 파일을 먼저 수정하겠습니다.

예제 8-7 root 권한 NGINX 설정(HTTP 방식) – ch8_nginx.conf 수정

```
$ sudo mkdir /etc/gunicorn
$ sudo vi /etc/nginx/conf.d/ch8_nginx.conf

# Gunicorn config for ch8 project
# 위의 내용 동일
location / {
    proxy_pass http://127.0.0.1:8081;  ----------------------------❶
    # proxy_pass http://unix:/tmp/gunicorn.sock;  ------------------❷
}
# 아래 내용 동일
```

8.2.2 Ubuntu에 NGINX 설정과 비교해서 한 항목만 다르고 나머지는 동일합니다.

    ❶ 웹 서버와 WAS 서버 간 HTTP 방식으로 연동하는 경우입니다. 'ip:port' 형식으로 지정합니다. ip는 gunicorn 프로그램이 동작하는 서버의 IP 주소입니다. nginx와 gunicorn 프로그램이 동일한 하드웨어에서 동작한다면 127.0.0.1 또는 localhost라고 기입합니다.

    ❷ 8.2.2 Ubuntu에 NGINX 설정에서 사용한 소켓 방식입니다. 여기서는 사용하지 않으므로 주석으로 처리하였습니다.

다음은 Gunicorn 프로그램의 설정 파일을 작성합니다. **8.4.2 root 권한으로 소켓 방식의 Gunicorn 설정**의 코드와 비교하면 ❶번을 사용하고 ❷번을 주석 처리한다는 점만 다릅니다. 그외 부분은 동일하므로 설명은 생략하겠습니다.

예제 8-8 root 권한 Gunicorn 설정(HTTP 방식) – ch8_gunicorn.conf.py 수정

```
$ sudo mkdir /etc/gunicorn
$ sudo vi /etc/gunicorn/ch8_gunicorn.conf.py

# 위의 내용 동일
bind = '0:8081' ---------------------------------------------------------❶
# bind = 'unix:/tmp/gunicorn.sock' --------------------------------------❷
chdir = '/home/shkim/pyBook/ch8'
pythonpath = '/home/shkim/pyBook/ch8/venv/lib/python3.10/site-packages'
user = 'nginx'
group = 'nginx'
workers = 3
daemon = True
accesslog = '/var/log/gunicorn/access.log'
errorlog = '/var/log/gunicorn/error.log'
```

8.5 실행 테스트하기

이제 NGINX와 Gunicorn을 실행하면서 장고 프로젝트가 정상 동작하는지 확인하겠습니다. NGINX 명령은 root 권한으로 실행해야 하는 데 반해, Gunicorn 명령은 root 권한뿐 아니라 user 권한으로도 실행할 수 있습니다.

8.5.1 user 권한으로 Gunicorn 실행

8.3 user 권한 Gunicorn 구성하기의 내용을 바탕으로 설정한 경우의 실행 테스트 과정부터 알아보겠습니다. NGINX 명령은 root 권한으로 실행하고, Gunicorn 명령은 user 권한으로 실행합니다.

다음은 NGINX 기동 명령입니다.

```
$ sudo service nginx start      // NGINX 기동
$ ps -ef | grep nginx           // 기동 확인
```

```
shkim@DESKTOP-4TGNLOS: ×    + ∨                                                          –   □   ×

shkim@DESKTOP-4TGNLOS:~$
shkim@DESKTOP-4TGNLOS:~$ cd /home/shkim/pyBook/ch8/
shkim@DESKTOP-4TGNLOS:~/pyBook/ch8$
shkim@DESKTOP-4TGNLOS:~/pyBook/ch8$ sudo service nginx start
[sudo] password for shkim:
shkim@DESKTOP-4TGNLOS:~/pyBook/ch8$ ps -ef | grep nginx
root      2822  2792  0 15:53 ?        00:00:00 nginx: master process /usr/sbin/nginx -c /etc/nginx/nginx.conf
nginx     2823  2822  0 15:53 ?        00:00:00 nginx: worker process
nginx     2824  2822  0 15:53 ?        00:00:00 nginx: worker process
nginx     2825  2822  0 15:53 ?        00:00:00 nginx: worker process
nginx     2826  2822  0 15:53 ?        00:00:00 nginx: worker process
shkim     2828  2793  0 15:54 pts/7    00:00:00 grep --color=auto nginx
shkim@DESKTOP-4TGNLOS:~/pyBook/ch8$
```

그림 8-1 NGINX 기동 및 확인

다음은 Gunicorn 기동 명령입니다. 가상 환경 내에서 명령을 실행합니다. 테스트 후에 Gunicorn을 중지할 때는 **pkill** 명령을 사용합니다.

```
$ cd /home/shkim/pyBook/ch8/
$ source /home/shkim/pyBook/ch8/venv/bin/activate
(venv) $ gunicorn --config www_dir/ch8_gunicorn.conf.py      // Gunicorn 기동
(venv) $ ps -ef | grep gunicorn                              // 기동 확인
(venv) $ ls -al /tmp                                         // 소켓 파일 생성 확인
(venv) $ pkill gunicorn                                      // Gunicorn 중지
```

```
shkim@DESKTOP-4TGNLOS: ×    + ∨                                                          –   □   ×

shkim@DESKTOP-4TGNLOS:~/pyBook/ch8$
shkim@DESKTOP-4TGNLOS:~/pyBook/ch8$ source venv/bin/activate
(venv) shkim@DESKTOP-4TGNLOS:~/pyBook/ch8$
(venv) shkim@DESKTOP-4TGNLOS:~/pyBook/ch8$ gunicorn --config www_dir/ch8_gunicorn.conf.py
(venv) shkim@DESKTOP-4TGNLOS:~/pyBook/ch8$
(venv) shkim@DESKTOP-4TGNLOS:~/pyBook/ch8$ ps -ef | grep gunicorn
shkim      2853  2792  0 16:08 ?        00:00:00 /home/shkim/pyBook/ch8/venv/bin/python3 /home/shkim/
pyBook/ch8/venv/bin/gunicorn --config www_dir/ch8_gunicorn.conf.py
shkim      2854  2853  0 16:08 ?        00:00:00 /home/shkim/pyBook/ch8/venv/bin/python3 /home/shkim/
pyBook/ch8/venv/bin/gunicorn --config www_dir/ch8_gunicorn.conf.py
shkim      2857  2793  0 16:08 pts/7    00:00:00 grep --color=auto gunicorn
(venv) shkim@DESKTOP-4TGNLOS:~/pyBook/ch8$
(venv) shkim@DESKTOP-4TGNLOS:~/pyBook/ch8$ ls -al /tmp
total 8
drwxrwxrwt  2 root  root  4096 Jul  3 16:08 
drwxr-xr-x 19 root  root  4096 Jul  3 06:46 ..
srwxrwxrwx  1 shkim shkim    0 Jul  3 16:08 gunicorn.sock
-rw-r--r--  1 shkim shkim    0 Jun 12 22:17 remote-wsl-loc.txt
-rw-------  1 shkim shkim    0 Jun 25 17:38 wgunicorn-3s5mg1xx
-rw-------  1 shkim shkim    0 Jun 25 17:39 wgunicorn-cuis3bbz
-rw-------  1 shkim shkim    0 Jun 25 17:40 wgunicorn-w7i5f6mf
(venv) shkim@DESKTOP-4TGNLOS:~/pyBook/ch8$
```

그림 8-2 Gunicorn 기동 및 확인(user 권한)

NGINX와 Gunicorn을 모두 기동한 후에 브라우저를 통해 root(/) URL로 접속합니다. NGINX 설정 파일에 8080번 포트를 지정하였으므로 https://127.0.0.1:8080/을 입력합니다.

다음과 같이 프로젝트의 첫 화면이 나타나면 정상입니다.

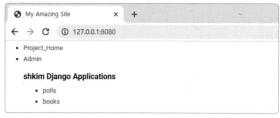

그림 8-3 NGINX 및 Gunicorn(user 권한) 실행 - 프로젝트 첫 화면

로그를 보려면 다음 명령을 입력합니다. 만일 tail 대신에 tail -f 옵션을 사용하면 터미널 화면을
계속 유지하면서 로그가 출력됩니다.

```
$ tail /var/log/nginx/*.log                     // NGINX 로그 보기
$ tail /home/shkim/pyBook/ch8/logs/*.log        // Gunicorn 로그 보기
```

```
shkim@DESKTOP-4TGNLOS:  ×   + ˅                                      –  □  ×
shkim@DESKTOP-4TGNLOS:~/pyBook/ch8$
shkim@DESKTOP-4TGNLOS:~/pyBook/ch8$ tail -3 /var/log/nginx/access.log
127.0.0.1 - - [03/Jul/2022:17:11:24 +0900] "GET / HTTP/1.1" 200 597 "-" "Mozilla/5.0 (Windows NT 10.
0; Win64; x64) AppleWebKit/537.36 (KHTML, like Gecko) Chrome/103.0.0.0 Safari/537.36" "-"
127.0.0.1 - - [03/Jul/2022:17:11:40 +0900] "GET /admin/ HTTP/1.1" 302 0 "http://127.0.0.1:8080/" "Mo
zilla/5.0 (Windows NT 10.0; Win64; x64) AppleWebKit/537.36 (KHTML, like Gecko) Chrome/103.0.0.0 Safa
ri/537.36" "-"
127.0.0.1 - - [03/Jul/2022:17:11:40 +0900] "GET /admin/login/?next=/admin HTTP/1.1" 200 2222 "http:
//127.0.0.1:8080/" "Mozilla/5.0 (Windows NT 10.0; Win64; x64) AppleWebKit/537.36 (KHTML, like Gecko)
 Chrome/103.0.0.0 Safari/537.36" "-"
shkim@DESKTOP-4TGNLOS:~/pyBook/ch8$ tail -3 /var/log/nginx/error.log
2022/07/03 15:53:59 [notice] 2822#2822: start worker process 2824
2022/07/03 15:53:59 [notice] 2822#2822: start worker process 2825
2022/07/03 15:53:59 [notice] 2822#2822: start worker process 2826
shkim@DESKTOP-4TGNLOS:~/pyBook/ch8$
```

그림 8-4 NGINX 및 Gunicorn(user 권한) 실행 – NGINX 로그

```
shkim@DESKTOP-4TGNLOS:  ×   + ˅                                      –  □  ×
(venv) shkim@DESKTOP-4TGNLOS:~/pyBook/ch8$
(venv) shkim@DESKTOP-4TGNLOS:~/pyBook/ch8$ tail -3 logs/access.log
 - - [03/Jul/2022:17:45:11 +0900] "POST /polls/1/vote/ HTTP/1.0" 302 0 "http://127.0.0.1:8080/polls/
1/" "Mozilla/5.0 (Windows NT 10.0; Win64; x64) AppleWebKit/537.36 (KHTML, like Gecko) Chrome/103.0.0
.0 Safari/537.36"
 - - [03/Jul/2022:17:45:11 +0900] "GET /polls/1/results/ HTTP/1.0" 200 656 "http://127.0.0.1:8080/po
lls/1/" "Mozilla/5.0 (Windows NT 10.0; Win64; x64) AppleWebKit/537.36 (KHTML, like Gecko) Chrome/103
.0.0.0 Safari/537.36"
 - - [03/Jul/2022:17:45:20 +0900] "GET /polls/ HTTP/1.0" 200 800 "http://127.0.0.1:8080/polls/1/resu
lts/" "Mozilla/5.0 (Windows NT 10.0; Win64; x64) AppleWebKit/537.36 (KHTML, like Gecko) Chrome/103.0
.0.0 Safari/537.36"
(venv) shkim@DESKTOP-4TGNLOS:~/pyBook/ch8$ tail -3 logs/error.log
[2022-07-03 17:44:41 +0900] [3030] [INFO] Listening at: unix:/tmp/gunicorn.sock (3030)
[2022-07-03 17:44:41 +0900] [3030] [INFO] Using worker: sync
[2022-07-03 17:44:41 +0900] [3031] [INFO] Booting worker with pid: 3031
(venv) shkim@DESKTOP-4TGNLOS:~/pyBook/ch8$
(venv) shkim@DESKTOP-4TGNLOS:~/pyBook/ch8$ tail -3 logs/mysite.log
[03/Jul/2022 14:28:06] DEBUG [polls.views:34] vote().question_id: 1
[03/Jul/2022 17:39:59] DEBUG [polls.views:34] vote().question_id: 1
[03/Jul/2022 17:45:11] DEBUG [polls.views:34] vote().question_id: 1
(venv) shkim@DESKTOP-4TGNLOS:~/pyBook/ch8$
```

그림 8-5 NGINX 및 Gunicorn(user 권한) 실행 – Gunicorn 로그

8.5.2 root 권한으로 Gunicorn 실행

8.4.2 root 권한으로 소켓 방식의 Gunicorn 설정의 내용에 따라 설정한 경우의 실행 테스트 방법입니다. NGINX 명령과 Gunicorn 명령 모두 root 권한이나 sudo 권한으로 실행해야 합니다.

다음은 NGINX 기동 명령입니다. 8.5.1 user 권한으로 Gunicorn 실행에서 사용한 명령과 동일합니다.

```
$ sudo service nginx start     // NGINX 기동
$ ps -ef | grep nginx          // 기동 확인
```

다음은 Gunicorn 기동 명령입니다. 가상 환경 밖에서 sudo 권한으로 명령을 실행합니다.

```
$ sudo gunicorn --config /etc/gunicorn/ch8_gunicorn.conf.py     // Gunicorn 기동
$ ps -ef | grep gunicorn                                        // 기동 확인
$ ls -al /tmp                                                    // 소켓 파일 생성 확인
$ sudo pkill gunicorn                                            // Gunicorn 중지
```

```
● shkim@DESKTOP-4TGNLOS:  ×   + ∨                                              –   □   ×
(venv) shkim@DESKTOP-4TGNLOS:~/pyBook/ch8$ pkill gunicorn
(venv) shkim@DESKTOP-4TGNLOS:~/pyBook/ch8$
(venv) shkim@DESKTOP-4TGNLOS:~/pyBook/ch8$ deactivate
shkim@DESKTOP-4TGNLOS:~/pyBook/ch8$
shkim@DESKTOP-4TGNLOS:~/pyBook/ch8$ sudo gunicorn --config /etc/gunicorn/ch8_gunicorn.conf.py
[sudo] password for shkim:
shkim@DESKTOP-4TGNLOS:~/pyBook/ch8$ ps -ef | grep gunicorn
root      2899  2792  0 16:54 ?      00:00:00 /usr/bin/python3 /usr/bin/gunicorn --config /etc/gun
icorn/ch8_gunicorn.conf.py
nginx     2900  2899  1 16:54 ?      00:00:00 /usr/bin/python3 /usr/bin/gunicorn --config /etc/gun
icorn/ch8_gunicorn.conf.py
nginx     2901  2899  1 16:54 ?      00:00:00 /usr/bin/python3 /usr/bin/gunicorn --config /etc/gun
icorn/ch8_gunicorn.conf.py
nginx     2902  2899  1 16:54 ?      00:00:00 /usr/bin/python3 /usr/bin/gunicorn --config /etc/gun
icorn/ch8_gunicorn.conf.py
shkim     2904  2793  0 16:55 pts/7  00:00:00 grep --color=auto gunicorn
shkim@DESKTOP-4TGNLOS:~/pyBook/ch8$
shkim@DESKTOP-4TGNLOS:~/pyBook/ch8$ ls -al /tmp
total 8
drwxrwxrwt  2 root  root  4096 Jul  3 16:54 
drwxr-xr-x 19 root  root  4096 Jul  3 06:46 ..
srwxrwxrwx  1 nginx nginx    0 Jul  3 16:54 gunicorn.sock
-rw-r--r--  1 shkim shkim    0 Jun 12 22:17 remote-wsl-loc.txt
-rw-------  1 shkim shkim    0 Jun 25 17:38 wgunicorn-3s5mg1xx
-rw-------  1 shkim shkim    0 Jun 25 17:39 wgunicorn-cuis3bbz
-rw-------  1 shkim shkim    0 Jun 25 17:40 wgunicorn-w7i5f6mf
shkim@DESKTOP-4TGNLOS:~/pyBook/ch8$
```

그림 8-6 Gunicorn 기동 및 확인(sudo 권한)

NGINX와 Gunicorn을 모두 기동한 후에 브라우저를 통해 root(/) URL로 접속합니다. NGINX 설정 파일에 8080번 포트를 지정하였으므로 http://127.0.0.1:8080/을 입력합니다.

프로젝트의 첫 화면뿐 아니라 다음 그림과 같이 admin 로그인이 잘 되는지도 확인합니다.

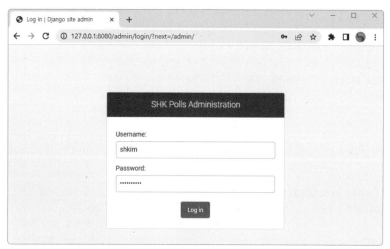

그림 8-7 NGINX 및 Gunicorn(sudo 권한) 실행 - admin 사이트의 로그인 화면

로그를 살펴보려면 다음 명령을 실행합니다. 만일 tail 대신에 tail -f 옵션을 사용하면 터미널 화면을 계속 유지하면서 로그가 출력됩니다.

```
$ tail /var/log/nginx/*.log          // NGINX 로그 보기
$ tail /var/log/gunicorn/*.log       // Gunicorn 로그 보기
```

```
shkim@DESKTOP-4TGNLOS: ~/pyBook/ch8$
shkim@DESKTOP-4TGNLOS: ~/pyBook/ch8$ tail -3 /var/log/nginx/access.log
127.0.0.1 - - [03/Jul/2022:17:11:24 +0900] "GET / HTTP/1.1" 200 597 "-" "Mozilla/5.0 (Windows NT 10.
0; Win64; x64) AppleWebKit/537.36 (KHTML, like Gecko) Chrome/103.0.0 Safari/537.36" "-"
127.0.0.1 - - [03/Jul/2022:17:11:40 +0900] "GET /admin/ HTTP/1.1" 302 0 "http://127.0.0.1:8080/" "Mo
zilla/5.0 (Windows NT 10.0; Win64; x64) AppleWebKit/537.36 (KHTML, like Gecko) Chrome/103.0.0 Safa
ri/537.36" "-"
127.0.0.1 - - [03/Jul/2022:17:11:40 +0900] "GET /admin/login/?next=/admin/ HTTP/1.1" 200 2222 "http:
//127.0.0.1:8080/" "Mozilla/5.0 (Windows NT 10.0; Win64; x64) AppleWebKit/537.36 (KHTML, like Gecko)
 Chrome/103.0.0 Safari/537.36" "-"
shkim@DESKTOP-4TGNLOS: ~/pyBook/ch8$ tail -3 /var/log/nginx/error.log
2022/07/03 15:53:59 [notice] 2822#2822: start worker process 2824
2022/07/03 15:53:59 [notice] 2822#2822: start worker process 2825
2022/07/03 15:53:59 [notice] 2822#2822: start worker process 2826
shkim@DESKTOP-4TGNLOS: ~/pyBook/ch8$
```

그림 8-8 NGINX 및 Gunicorn(sudo 권한) 실행 – NGINX 로그

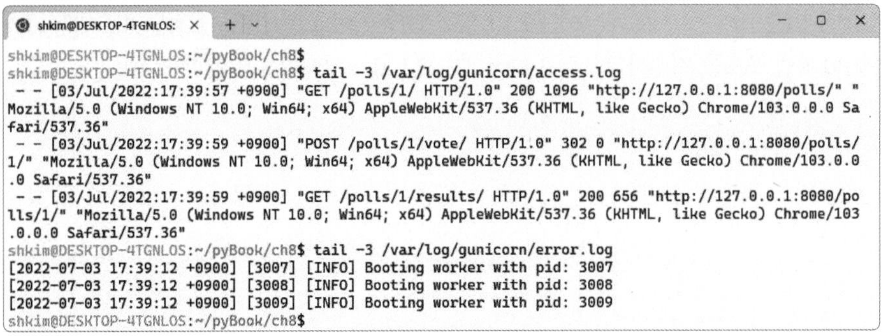

그림 8-9 NGINX 및 Gunicorn(sudo 권한) 실행 – Gunicorn 로그

8.5.3 root 권한으로 HTTP 방식의 Gunicorn 실행

8.4.3 root 권한으로 HTTP 방식의 Gunicorn 설정의 내용으로 설정한 경우입니다. NGINX 명령과 Gunicorn 명령 모두 root 권한 또는 sudo 권한으로 실행합니다. 8.5.2 root 권한으로 Gunicorn 실행의 내용과 비교해서 소켓 파일이 생성되지 않는 점만 다릅니다.

다음은 NGINX 기동 명령입니다.

```
$ sudo service nginx start          // NGINX 기동
$ ps -ef | grep nginx               // 기동 확인
```

다음은 Gunicorn 기동 명령입니다. 가상 환경 밖에서 sudo 권한으로 실행합니다. 8.5.2와 비슷하지만 이번에는 소켓 파일을 생성하지 않는다는 차이가 있습니다.

```
$ sudo gunicorn --config /etc/gunicorn/ch8_gunicorn.conf.py    // Gunicorn 기동
$ ps -ef | grep gunicorn                                       // 기동 확인
$ ls -al /tmp                                                   // 소켓 파일 생성 안됨
$ sudo pkill gunicorn                                          // Gunicorn 중지
```

NGINX와 Gunicorn을 모두 기동한 후에 브라우저를 통해 root(/) URL로 접속합니다. NGINX 설정 파일에 8080번 포트를 지정하였으므로 http://127.0.0.1:8080/을 입력합니다.

화면이 뜨면 여러 가지 메뉴를 클릭하면서 정상 동작하는지 확인합니다.

로그를 볼 때는 다음 명령을 실행합니다. 앞에서 설명한 것처럼 tail -f 명령을 사용할 수도 있습니다.

```
$ tail /var/log/nginx/*.log          // NGINX 로그 보기
$ tail /var/log/gunicorn/*.log       // Gunicorn 로그 보기
```

NGINX-uWSGI 연동

NGINX-uWSGI 연동

8장의 NGINX-Gunicorn 설명에 이어 9장에서는 NGINX 웹 서버와 uWSGI WAS 서버를 연동해서 장고 애플리케이션을 실행하는 방법을 설명합니다. 이번 작업은 AWS EC2 클라우드 서버의 Amazon Linux 환경에서 진행합니다. Amazon Linux는 CentOS를 클라우드 서버에 맞게 개량한 것이므로 CentOS의 명령과 거의 유사한 명령을 사용합니다.

09

9.1 Amazon Linux 가상 환경 구성 및 장고 설정 변경하기

운영 환경으로 윈도우 서버보다는 리눅스 서버를 많이 사용하고 가상 환경도 거의 필수적으로 구성합니다. 또한 5장까지의 예제들이 파이썬 3.x에서 동작하므로 만일 운영 서버에 파이썬 3.x 버전이 없다면, 파이썬 3.x를 먼저 설치한 후에 가상 환경을 구성합니다.

9.1.1 Amazon Linux 가상 환경 생성

가상 환경 구성 방법은 **7.4 파이썬 가상 환경 만들기**를 참고 바랍니다. 다만 한 가지 다른 점이 있습니다. 7.4절에서는 VENV 디렉터리 하위에 v3PyBook이라는 가상 환경을 만들었는데 이번에는 ch9 프로젝트 하위에 venv라는 가상 환경을 만들 것입니다. 그 이유는 운영에 들어간 프로젝트는 오랜 기간 유지될 것이므로 운영 환경에서는 프로젝트별로 가상 환경을 구성하는 것이 관리하기 쉽기 때문입니다.

본격적인 가상 환경을 구축하기에 앞서 파이썬 버전을 업데이트해야 합니다. 집필 시점에서 제공되는 Amazon Linux 2에는 python(버전 2.7.8) 명령과 python3(버전 3.7.10) 명령이 설치되어 있습니다. 장고 4.x를 사용하려면 파이썬 3.8 이상이어야 합니다.

Amazon Linux 2의 특이한 점은 패키지 저장소를 별도로 관리하고 이 저장소와 yum 명령을 연계하는 별도의 amazon-linux-extras 명령을 제공한다는 것입니다. 즉, 자주 사용하는 패키지는 extras 저장소(AWS에서는 라이브러리라고 합니다)에 미리 준비되어 있어서 amazon-linux-extras 명령으로 쉽게 설치할 수 있습니다. amazon-linux-extras 명령은 가상 환경 밖에서 실행해야 한다는 점을 주의합시다.

> **NOTE_ SSH 및 FTP 프로그램 설치 필요 사항**
>
> AWS EC2 서비스에서 Amazon Linux 2 인스턴스를 만들고 그 인스턴스에 SSH로 접속하는 과정에 관한 설명은 지면의 한계로 생략하였습니다. 크게 어렵지 않은 내용이므로 인터넷에서 'aws ssh 접속' 정도로 검색을 해서 진행하기 바랍니다.
>
> 또한 ch99.zip 파일을 FTP로 가져오는 과정에 관한 설명도 생략하였습니다. 평소에 사용하는 FTP 프로그램이 있다면 그것을 사용하면 됩니다. 즐겨 사용하는 프로그램이 없다면 Xftp를 설치해서 사용하길 바랍니다. 필자는 Xshell(ssh 접속용)과 Xftp(FTP용) 프로그램을 사용하고 있으니 참고 바랍니다.

우선 시스템의 패키지들을 업데이트한 다음 시스템용 개발 툴을 설치합니다.

```
$ sudo yum udate -y
$ sudo yum groupinstall "Development Tools"
```

python3 버전을 확인합니다. 필자의 버전은 3.7.10입니다.

```
$ python3 -V
```

amazon-linux-extras 명령이 설치되어 있지 않다면 다음의 명령으로 설치합니다.

```
$ sudo yum install -y amazon-linux-extras
```

설치 가능한 파이썬 패키지를 확인하고 파이썬 최신 버전을 설치합니다. 집필 시점의 최신 버전은 3.8이므로 해당 버전의 패키지를 설치합니다.

```
$ amazon-linux-extras ¦ grep python
$ sudo amazon-linux-extras install python3.8
```

마지막으로 파이썬 3.8 버전용 개발 툴을 설치합니다.

```
$ sudo yum install python38-devel
```

이제 파이썬 3.8 버전을 사용하여 가상 환경을 만듭니다. 가상 환경은 ch9 프로젝트 폴더 하위에 위치시키고 이름은 venv로 정하겠습니다. 그리고 이 책의 3~5장에서 만든 ch99 폴더를 압축(ch99.zip)한 다음 FTP를 이용하여 리눅스 서버로 가져와 ch9 프로젝트를 구성하겠습니다.

먼저 ch99.zip 파일을 FTP를 이용하여 **/home/ec2-user/**로 가져옵니다. 그런 다음 Amazon Linux 2의 홈 디렉터리(/home/ec2-user/)로 이동한 후에 장고 프로젝트용 폴더를 만듭니다(pyBook 폴더 하위에 ch9 폴더를 만듭니다).

```
$ cd
$ mkdir -p pyBook/ch9/
```

ch99 프로젝트 파일을 ch9 폴더에 압축 해제합니다.

```
$ cd pyBook/ch9/
$ unzip /home/ec2-user/ch99.zip
```

ch9 프로젝트 폴더 하위에 venv 가상 환경을 만듭니다(앞서 설치한 python3.8 명령을 사용합니다).

```
$ cd /home/ec2-user/pyBook/ch9/
$ python3.8 -m venv venv
```

venv 가상 환경 안으로 진입합니다

```
$ source /home/ec2-user/pyBook/ch9/venv/bin/activate
```

가상 환경 내에 있다는 사실을 알려 주기 위해 프롬프트에 (venv)가 표시됩니다. 가상 환경에서
사용하는 파이썬 버전을 확인합니다. **deactivate** 명령을 사용하면 가상 환경을 빠져나올 수 있다
는 사실을 기억합시다.

```
(venv) $ python -V
```

이제 가상 환경에서 작업을 이어가겠습니다. 가상 환경 내에 장고 프로그램을 설치하겠습니다.
deactivate 명령으로 가상 환경을 빠져나왔다면 다음의 명령으로 venv 가상 환경으로 다시 진입
합니다.

```
$ source /home/shkim/pyBook/ch8/venv/bin/activate
```

파이썬 패키지 툴을 업그레이드하고 장고 최신 버전을 설치합니다.

```
(venv) $ pip install pip setuptools wheel --upgrade
(venv) $ pip install Django
```

venv 가상 환경에 설치된 패키지 리스트를 확인합니다. 장고 패키지가 무사히 설치되었다면
django-admin 명령을 사용할 수 있습니다. 이 명령으로 장고 버전을 확인합니다.

```
(venv) $ pip list
(venv) $ django-admin --version
```

9.1.2 uWSGI 서버 연동을 위한 장고 설정 변경

8장과 마찬가지 운영 환경에서 NGINX 웹 서버(정확히는 uWSGI WAS 서버)와 장고 애플리케이션을 연동하기 위해서는 장고의 몇 가지 설정을 변경해야 합니다. 작업 내용은 Gunicorn 연동 작업과 동일합니다. 8.1절에서 작업한 내용과 동일하게 장고 설정 변경 작업을 수행합니다.

❶ (ch9 프로젝트 내에 venv 가상 환경을 이미 만든 상태임)

❶ settings.py 파일의 DEBUG 변경

❷ settings.py 파일의 ALLOWED_HOSTS 변경

❸ settings.py 파일의 STATIC_ROOT 추가

❹ settings.py 파일의 CSRF_TRUSTED_ORIGINS 추가

❺ collectstatic 명령 실행 (가상 환경에 진입 후 실행해야 함)

❻ vi /etc/django/secret_key.txt 파일 생성 및 SECRET_KEY 저장

❼ settings.py 파일의 SECRET_KEY 변경

❽ db.sqlite3 파일의 위치 및 권한 변경

❾ 로그 파일의 권한 변경

NOTE_ SQLite 에러 발생 시 9.6절 참고

장고의 manage.py 명령 실행 중에 다음과 같은 에러가 발생할 수 있습니다. 파이썬과 기존 SQLite 버전이 안 맞아서 나는 에러인데 만약 이 에러가 발생한다면 **9.6 SQLite3 에러 조치 방법**을 참고해서 에러를 해결합시다.

```
(venv) $ cd /home/ec2-user/pyBook/ch9/
(venv) $ python manage.py check

( 위의 에러 내용 생략 )
File "<frozen importlib._bootstrap_external>", line 783, in exec_module
  File "<frozen importlib._bootstrap>", line 219, in _call_with_frames_removed
    File "/home/ec2-user/pyBook/ch9/venv/lib64/python3.8/site-packages/django/db/
backends/sqlite3/base.py", line 72, in <module>
    check_sqlite_version()
    File "/home/ec2-user/pyBook/ch9/venv/lib64/python3.8/site-packages/django/db/
backends/sqlite3/base.py", line 67, in check_sqlite_version
    raise ImproperlyConfigured(
django.core.exceptions.ImproperlyConfigured: SQLite 3.9.0 or later is required
(found 3.7.17).
```

9.2 Amazon Linux에 NGINX 구성하기

Amazon Linux에서는 extras 저장소와 amazon-linux-extras 명령을 제공합니다. 이를 통해 Amazon Linux에 최적화되고 종속성 문제가 해결된 NGINX와 같은 주요 패키지를 쉽게 설치할 수 있습니다.

9.2.1 Amazon Linux에 NGINX 설치

8.2.1 Ubuntu에 NGINX 설치에서는 www.nginx.org 사이트의 문서를 참고해서 표준화된 명령으로 NGINX를 설치하였습니다. 그런데 Amazon Linux 2에는 NGINX 패키지가 미리 준비되어 있으므로 이번에는 extras 저장소를 활용해서 간단하게 설치하겠습니다.

우선 extras 저장소에 NGINX 패키지 존재 여부와 함께 topic을 확인합니다.

```
$ amazon-linux-extras | grep nginx
```

topic 이름으로 설치를 진행합니다. 필자의 경우 topic 이름이 nginx1입니다.

```
$ sudo amazon-linux-extras install -y nginx1
```

NGINX가 설치된 것을 확인합니다. 집필 시점에서는 nginx/1.20.0이 설치되었습니다.

```
$ nginx -V
```

설치가 완료된 후에는 NGINX를 기동하고 잘 접속되는지 확인합니다. 리눅스 **curl** 명령으로 EC2 내부에서 NGINX 서버로 접속합니다.

```
$ sudo nginx
$ curl -I 127.0.0.1

HTTP/1.1 200 OK
(아래 내용 생략)
```

EC2 외부에서 NGINX 서버로 웹 접속도 시도합시다. 브라우저의 주소창에 http://3.39. 230.32 를 입력합니다. https가 아니라 http입니다. 서버의 공인 IP 주소는 www.aws.com에 접속한 다음 [EC2] - [EC2 대시보드] - [인스턴스(실행 중)] - [인스턴스 ID]를 클릭하면 나오는 화면의 '퍼블릭 IPv4 주소' 항목에서 확인할 수 있습니다.

다음은 외부 접속이 성공한 경우 표시되는 화면입니다.

그림 9-1 외부에서 NGINX 접속 성공 화면

만일 내부 접속은 성공하고(ip가 127.0.0.1인 경우) 외부 접속은 실패한다면(ip가 3.39.230.32 인 경우) EC2 인스턴스의 보안 설정에 있는 인바운드 규칙에서 다음 그림처럼 HTTP(80 포트) 항목의 '소스'에 0.0.0.0/0 설정이 등록되어 있는지 확인해야 합니다.

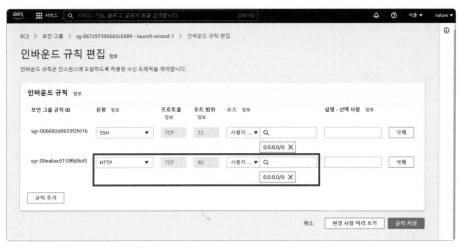

그림 9-2 EC2 인바운드 규칙 편집 화면

9.2.2 Amazon Linux에 NGINX 설정

지금부터 WSGI 규격을 따르는 uWSGI 프로그램과의 연동을 위한 설정 작업을 진행하겠습니다.

8.2.2 Ubuntu에 NGINX 설정에서 하였던 것처럼 설정 파일을 /etc/nginx/conf.d에 작성합니다. 다만 nginx.conf 파일에서 conf.d 디렉터리를 참조하는 라인의 위치가 다르므로 주의합시다.

예제 9-1 ch9-nginx.conf 수정 – ch9_nginx.conf 작성

```
$ sudo vi /etc/nginx/conf.d/ch9-nginx.conf

server {                                                          ❶
    listen      80;                                              ❷
    server_name  _;                                             ❸

    # access_log  /var/log/nginx/access.log;
    # error_log   /var/log/nginx/error.log;                     ❹

    error_page 404 /404.html;                                   ❺
    location = /404.html {
        root    /usr/share/nginx/html;                          ❻
    }

    error_page   500 502 503 504   /50x.html;                   ❼
    location = /50x.html {
        root    /usr/share/nginx/html;                          ❽
    }
```

```
    location = /favicon.ico { access_log off; log_not_found off; } ─────────── ❾

    location /static/ { ───────────────────────────────────────────── ❿
        root /home/ec2-user/pyBook/ch9/www_dir; ───────────────────── 
        # alias /home/ec2-user/pyBook/ch9/www_dir/static/; ──────────── ⓫
    }

    location / { ─────────────────────────────────────────────────── ⓬
        include /etc/nginx/uwsgi_params; ─────────────────────────── ⓭
        uwsgi_pass unix:///run/django/ch9-uwsgi.sock; ──────────────── ⓮
        # uwsgi_pass 127.0.0.1:8081; ───────────────────────────────── ⓯
    }

}

$ sudo mv /etc/nginx/conf.d/default.conf /etc/nginx/conf.d/default.conf.bak ─── ⓰
```

각 라인의 의미는 아래와 같습니다.

❶ server { } 블록을 정의하여 가상 서버를 만듭니다. 여러 개의 server { } 블록을 정의할 수 있습니다.

❷ 80 포트를 리슨합니다. ip:port 형식으로 기입합니다. 이 라인이 없으면 자동으로 *:80으로 인식합니다.

❸ 서버의 도메인명을 기입합니다. 도메인이 없으면 localhost라고 기입해도 됩니다. Host 헤더값과 매칭하는 항목입니다. server_name 항목보다 listen 항목을 먼저 매칭한다는 사실에 주의하길 바랍니다. 그리고 모든 도메인을 의미할 때는 * 가 아니라 _ 를 사용합니다.

❹ 참고로 access_log, error_log 파일 경로는 이미 /etc/nginx/nginx.conf 파일에 지정되어 있습니다.

❺ 404 에러가 발생한 경우 /404.html URL 처리를 합니다.

❻ URL이 /404.html인 경우 처리할 내용입니다. 404.html 파일이 있는 곳의 디렉터리를 지정합니다.

❼ 500, 502, 503, 504 에러가 발생한 경우 /50x.html URL 처리를 합니다.

❽ URL이 /50x.html인 경우 처리할 내용입니다. 50x.html 파일이 있는 디렉터리를 지정합니다.

❾ URL이 /favicon.ico인 경우 처리할 내용을 정의합니다. 액세스 내역과 파일을 찾지 못한 경우의 로그는 기록되지 않습니다.

❿ URL이 /static/으로 시작하는 경우 처리할 내용입니다. 정적 파일이 저장된 곳의 루트 디렉터리를 지정합니다. 장고의 STATIC_ROOT 항목의 상위 디렉터리입니다.

⓫ alias 디렉티브를 사용할 수도 있습니다. 이 경우는 path 끝에 /(슬래시)를 붙여 줍니다. 장고의 STATIC_ROOT 항목에 정의된 디렉터리로 지정합니다. collectstatic 명령에 의해 이곳에 정적 파일들이 모입니다.

⓬ 위에서 정의한 URL 이외의 URL에 대한 처리 방법을 정의합니다.

⑬ uWSGI 서버에 넘겨줄 파라미터가 정의된 파일을 지정합니다. uwsgi_params 파일은 NGINX 패키지를 설치할 때 같이 생성됩니다.

⑭ uwsgi_pass 지시자는 NGINX에서 uWSGI 프로그램으로 처리를 위임합니다. 웹 서버와 WAS 서버가 동일한 하드웨어에서 실행되는 경우는 유닉스 도메인 소켓을 사용하는 것이 더 빠릅니다. uWSGI에서 지정한 소켓 파일의 경로에 맞춥니다.

⑮ 소켓 방식이 아니라 HTTP 방식으로 연동할 WAS 서버의 ip:port를 지정합니다. HTTP 방식은 웹 서버와 WAS 서버가 서로 다른 하드웨어에서 실행되어도 사용 가능합니다.

⑯ default.conf 파일이 있으면 이 명령을 수행합니다. 이 책에서 사용하는 Amazon Linux에는 이 파일이 없으므로 이 명령을 수행하지 않습니다.

9.3 user 권한 uWSGI 구성하기

uWSGI 역시 Gunicorn과 마찬가지로 root와 user 권한으로 설치할 수 있습니다. 그 중에서도 user 권한 설치 방법이 조금 더 쉬우므로 이를 먼저 설명합니다. user 권한으로 설치하면 사용자 홈 디렉터리 내부만 고려하고 시스템 디렉터리의 위치, 역할, 권한 등을 고려하지 않아도 되므로 설치가 편리합니다. 전역 설치는 **9.4 root 권한 uWSGI 구성하기**에서 설명합니다. 필요에 따라 한 쪽을 선택해서 설치하면 됩니다.

9.3.1 user 권한으로 uWSGI 설치

다음과 같이 사용자의 홈 디렉터리 내에 있는 가상 환경에 uWSGI 패키지를 설치합니다. 이 방식은 가상 환경마다 다른 버전의 uWSGI 패키지를 설치할 수 있다는 장점이 있습니다.

본격적으로 uWSGI 패키지를 설치하기 전에 가상 환경을 만들 때 실행한 개발 툴 명령을 다시 한 번 살펴봅시다. 혹시 미처 입력하지 못한 명령이 있다면 지금 실행합니다.

```
$ sudo yum udate -y
$ sudo yum groupinstall "Development Tools"
$ sudo yum install python38-devel
```

이제 venv 가상 환경에 진입한 다음 패키지를 설치합니다.

```
$ source /home/ec2-user/pyBook/ch8/venv/bin/activate
(venv) $ pip install uwsgi
```

설치가 제대로 되었는지 확인합니다.

```
(venv) $ pip list
```

직접 명령을 입력하거나 설정 파일로 uWSGI을 실행할 수 있습니다. 우선 명령을 통한 실행 방법부터 알아보겠습니다.

NOTE_ uwsgi 명령

본격적으로 uWSGI를 설정하기에 앞서 다음과 같은 기본 명령을 익혀두기 바랍니다. pidfile은 보통 /tmp/xxx.pid 파일로 존재합니다.

```
$ uwsgi                              // uWSGI 기동
$ uwsgi --stop pidfile 또는 $ pkill uwsgi   // uWSGI 중지
$ uwsgi --reload pidfile             // uWSGI 재기동
$ uwsgi -help                        // uWSGI 도움말
```

uwsgi 명령 대신 service 또는 systemctl 명령을 사용할 수도 있습니다. 우선은 해당 명령만 먼저 익힌 다음 어느 정도 실력이 쌓이면 systemd(system daemon)에 관해 공부하기 바랍니다.

9.3.2 user 권한으로 uWSGI 설정

이제 uwsgi 명령에 필요한 설정 파일을 작성합니다. 설정 파일은 보통 *.ini 확장자를 가지는 텍스트 파일로 작성하지만, 확장자를 추후에 변경할 수도 있습니다.

예제 9-2 ch9-uwsgi.ini 작성

```
$ cd /home/shkim/pyBook/ch9/www_dir
$ vi ch9-uwsgi.ini

[uwsgi]
# uwsgi config for ch9 project ------------------------------------------- ①
chdir = /home/ec2-user/pyBook/ch9 ------------------------------------ ②
```

```
home = /home/ec2-user/pyBook/ch9/venv ─────────────── ❸
module = mysite.wsgi:application ─────────────────── ❹
# socket = :8081 ──────────────────────────────────── ❺
socket = /home/ec2-user/pyBook/ch9/www_dir/ch9-uwsgi.sock ─── ❻
daemonize = /home/ec2-user/pyBook/ch9/logs/ch9.log ─── ❼
pidfile = /tmp/ch9-uwsgi.pid ─────────────────────── ❽
```

각 라인의 의미는 다음과 같습니다.

❶ 주석은 #으로 시작합니다.

❷ 장고 프로젝트의 루트 디렉터리(베이스 디렉터리)입니다. 모듈 임포트를 위한 경로입니다.

❸ 가상 환경의 루트 디렉터리를 지정합니다. 가상 환경을 사용하지 않으면 이 라인은 생략합니다.

❹ wsgi.py 파일의 모듈 경로 및 application 변수명입니다. :application 부분은 생략해도 됩니다.

❺ 웹 서버와 통신할 소켓의 포트 번호를 지정합니다. 이는 NGINX 설정 파일에 있는 uwsgi_pass 항목의 포트 번호와 동일해야 합니다.

❻ 웹 서버와 유닉스 도메인 소켓을 사용하여 통신할 때의 소켓 파일 경로입니다. NGINX 설정 파일의 소켓 파일 경로와 동일해야 합니다.

❼ 백그라운드에서 프로세스가 실행되도록 데몬화하고 데몬에서 사용할 로그 파일의 경로를 지정합니다. 지정한 로그 파일은 자동으로 생성됩니다.

❽ 마스터 프로세스 ID를 저장하는 파일입니다.

uWSGI 서버는 옵션이 꽤 많기에 한 번에 모든 것을 파악하기는 어렵습니다. 기본 설정부터 시작하여 차츰 더 많은 옵션을 익혀 나갑시다. **9.4 root 권한 uWSGI 구성하기**에서 더 많은 옵션을 사용합니다.

NOTE_ uWSGI 공식 문서

uWSGI 공식 문서에는 uWSGI 프로그램의 전반적인 내용과 함께 NGINX-uWSGI-Django 프로그램 연동 방법을 예제로 설명하고 있습니다.

공식 문서의 URL을 첨부하였으니 지금까지 공부한 내용을 정리한다는 마음으로 한 번 읽어보기 바랍니다.

https://uwsgi-docs.readthedocs.io/en/latest/tutorials/Django_and_nginx.html

---

9.4 root 권한 uWSGI 구성하기

이번에는 운영 환경에서 조금 더 많이 사용하는 시스템 전역 설치 방법을 설명합니다. Gunicorn 과 마찬가지로 uWSGI 프로그램을 시스템 디렉터리에 설치하고 root나 sudo 권한으로 명령을 실행하는 것이 핵심입니다.

9.4.1 root 권한으로 uWSGI 설치

Amazon Linux 2의 시스템 디렉터리에 uWSGI 패키지를 설치한 후 가상 환경에 진입하지 않고 다음 명령을 실행합니다. 다음 명령의 결과로 패키지가 설치되는 위치는 /usr/local/bin/uwsgi 입니다.

다음의 개발 툴 설치 명령 중 미처 입력하지 못한 명령이 있다면 실행합니다.

```
$ sudo yum udate -y
$ sudo yum groupinstall "Development Tools"
$ sudo yum install python38-devel
```

먼저 pip 툴을 업데이트합니다. 필자의 경우 시스템에 파이썬 2.7, 파이썬 3.7, 파이썬 3.8 총 3개 버전이 존재하는데 그중에서 파이썬 3.8 기준의 pip 툴을 업데이트하고 uwsgi 패키지를 설치하 겠습니다.

```
$ sudo python3.8 -m pip install pip setuptools wheel --upgrade
$ sudo python3.8 -m pip install uwsgi
```

제대로 설치가 되었는지 확인합니다.

```
$ sudo python3.8 -m pip list
```

uWSGI 프로그램의 실행은 직접 명령을 입력해도 되고, 설정 파일로 할 수도 있습니다. 설정 파일 로 실행하는 것이 명령에 다양한 옵션을 추가할 수 있어 많이 사용하는 방법입니다. 이는 다음 부 분에서 설명합니다.

9.4.2 root 권한으로 Emperor 모드의 uWSGI 설정

이제 root 권한으로 명령을 실행하겠습니다. 전역으로 uWSGI 명령을 실행할 때는 보통 Emperor 모드에서 실행합니다. Emperor는 하위 설정 파일 디렉터리(vassals)에 수정 사항이 발견되면 자동으로 해당 프로세스를 재기동하는 모드입니다. 여기서 vassals는 자식 프로세스를 뜻하는 uWSGI 용어입니다.

Emperor 모드를 사용하려면 우선 Emperor용 ini 파일과 Vassals용 ini 파일 2개를 작성해야 합니다. 물론 ini 파일 대신에 명령행 옵션으로 실행하는 것도 가능합니다. 먼저 Emperor용 ini 파일을 작성합니다.

예제 9-3 emperor-uwsgi.ini 작성

```
$ sudo mkdir /etc/uwsgi
$ sudo vi /etc/uwsgi/emperor-uwsgi.ini

[uwsgi]
# uwsgi config for emperor mode ──────────────────────────── ❶
emperor = /etc/uwsgi/vassals ───────────────────────────── ❷
uid = nginx ─────────────────────────────────────────┐
gid = nginx ─────────────────────────────────────────┴ ❸
master= True ────────────────────────────────────────── ❹
pidfile = /tmp/emperor.pid ────────────────────────────── ❺
vacuum = True ─────────────────────────────────────────── ❻
daemonize = /var/log/uwsgi/emperor.log ────────────────── ❼

$ sudo mkdir /var/log/uwsgi ──────────────────────────────┐
$ sudo touch /var/log/uwsgi/emperor.log ──────────────────┴ ❽
$ sudo chmod 644 /var/log/uwsgi/emperor.log ───────────────── ❾
$ sudo chown nginx:nginx /var/log/uwsgi/emperor.log ──────── ❿
```

각 라인의 의미를 설명하면 다음과 같습니다.

❶ 주석은 #으로 시작합니다.

❷ 하위 설정 파일이 있는 Vassals 디렉터리를 지정합니다. 이 디렉터리는 Emperor 프로세스가 감시하는 대상이 됩니다. Emperor 프로세스가 Vassals 프로세스를 생성합니다.

❸ Emperor 프로세스의 주인이 될 사용자 아이디와 그룹 아이디를 지정합니다. 여기서 지정한 uid/gid는 Vassals 프로세스에도 적용됩니다. www-data도 많이 사용하나 이 책에서 사용하는 시스템에는 www-data 아이디가 없으므로 nginx로 지정하였습니다.

❹ 별도의 마스터 프로세스가 동작하도록 지정합니다.

❺ Emperor의 마스터 프로세스 ID를 저장할 파일입니다.

❻ 프로세스 종료 시 소켓 파일을 포함하여 환경 변수를 클리어합니다.

❼ 백그라운드에서 프로세스가 실행되도록 데몬화하고 데몬에서 사용할 로그 파일의 경로를 지정합니다.

❽ 설정 파일에서 지정한 로그 파일을 생성합니다.

❾ Emperor 프로세스가 쓰기 작업을 할 수 있도록 로그 파일의 모드를 644로 변경합니다. 여기서는 소유자만 쓰기 작업을 할 수 있도록 변경하였습니다(-rw-r--r--).

❿ Emperor 프로세스가 쓰기 작업을 할 수 있도록 로그 파일의 소유자와 그룹을 ❸번의 uid, gid와 동일하게 변경합니다.

이어서 Vassals용 ini 파일을 작성합니다. Vassals용 ini 파일은 장고 프로젝트별로 하나씩 작성해야 합니다. 다음은 ch9 프로젝트용 uWSGI 설정 파일 작성 예시입니다.

예제 9-4 ch9-uwsgi.ini 작성

```
$ sudo mkdir /etc/uwsgi/vassals
$ sudo vi /etc/uwsgi/vassals/ch9-uwsgi.ini

[uwsgi]
# uwsgi config for ch9 project ──────────────────────── ❶
chdir = /home/ec2-user/pyBook/ch9 ──────────────────── ❷
home = /home/ec2-user/pyBook/ch9/venv ──────────────── ❸
module = mysite.wsgi:application ────────────────────── ❹
# socket = :8081 ─────────────────────────────────── ❺
socket = /run/django/ch9-uwsgi.sock ─────────────────── ❻
chmod-socket = 666 ─────────────────────────────────── ❼
master= True ──────────────────────────────────────── ❽
processes = 3 ──────────────────────────────────────── ❾
vacuum = True ─────────────────────────────────────── ❿
max-requests = 5000 ───────────────────────────────── ⓫
daemonize = /var/log/uwsgi/ch9.log ─────────────────── ⓬

$ sudo mkdir /var/log/uwsgi
$ sudo touch /var/log/uwsgi/ch9.log ──────────────────── ⓭
$ sudo chmod 644 /var/log/uwsgi/ch9.log ──────────────── ⓮
$ sudo chown nginx:nginx /var/log/uwsgi/ch9.log ───────── ⓯

$ sudo mkdir /run/django ──────────────────────────── ⓰
$ sudo chmod 777 /run/django ──────────────────────── ⓱
```

각 라인의 의미는 다음과 같습니다.

❶ 주석은 #으로 시작합니다.

❷ 장고 프로젝트의 루트 디렉터리입니다. 모듈 임포트를 위한 경로입니다.

❸ 가상 환경을 사용하고 있다면 가상 환경의 루트 디렉터리를 지정합니다. 가상 환경을 사용하지 않는 경우에는 해당 내용은 생략합니다.

❹ wsgi.py 파일의 모듈 경로 및 application 변수명입니다. :application 부분은 생략해도 됩니다.

❺ 웹 서버와 HTTP 방식으로 통신할 포트 번호를 지정합니다. 이때 포트 번호는 NGINX 설정 파일에 있는 uwsgi_pass 항목의 포트 번호와 동일해야 합니다. 여기서 설정한 포트 번호는 **9.4.3 root 권한으로 HTTP 방식 연동의 uWSGI 설정**에서 사용합니다.

❻ 웹 서버와 유닉스 도메인 소켓을 사용하여 통신할 때의 소켓 파일 경로입니다. NGINX 설정 파일에 있는 uwsgi_pass 항목의 소켓 경로와 동일해야 합니다.

❼ NGINX 및 uWSGI 프로세스가 쓰기 작업을 할 수 있도록 소켓 파일을 666 모드로 생성합니다.

❽ 별도의 마스터 프로세스가 동작하도록 지정합니다.

❾ 자식 프로세스인 vassals 프로세스를 3개 생성합니다.

❿ 프로세스 종료 시 소켓 파일을 포함하여 환경 변수를 클리어합니다.

⓫ 현 프로세스에서 처리할 최대 요청 개수를 지정합니다. 요청이 지정된 개수를 초과하면 별도의 프로세스를 기동합니다.

⓬ 백그라운드에서 프로세스가 실행되도록 데몬화하고 데몬에서 사용할 로그 파일의 경로를 지정합니다.

⓭ 설정 파일에서 지정한 로그 파일을 생성합니다.

⓮ Vassals 프로세스가 쓰기 작업을 할 수 있도록 로그 파일의 모드를 644로 변경합니다. 여기서는 소유자만 쓰기 작업을 할 수 있도록 변경하였습니다(-rw-r--r--).

⓯ Vassals 프로세스가 쓰기 작업을 할 수 있도록 로그 파일의 소유자와 그룹을 Emperor 설정 파일에 있는 ❸번의 uid와 gid 동일하게 변경합니다.

⓰ 소켓 파일이 존재할 디렉터리를 생성합니다. 소켓 파일은 vassals 프로세스가 자동으로 생성합니다. Amazon Linux 에서는 /tmp 디렉터리에 보안이 적용되어 프로세스 간 통신이 불가합니다. 그래서 /tmp 대신에 /run/django 디렉터리를 사용합니다.

⓱ NGINX 및 uWSGI 프로세스가 액세스 및 쓰기 작업을 할 수 있도록 소켓 디렉터리의 모드를 777로 변경합니다.

9.4.3 root 권한으로 HTTP 방식 연동의 uWSGI 설정

이번에는 root 권한을 사용하지만, 소켓 방식이 아니라 HTTP 방식으로 웹 서버와 WAS 서버를 연동하겠습니다. 이 방식은 웹 서버와 WAS 서버가 각각 별도의 하드웨어에서 실행되는 경우에도 사용 가능합니다.

NGINX와 uWSGI의 설정 파일 양쪽을 수정합니다. 웹 서버와 WAS 서버 간 연동 방식을 변경하는 것이므로 서로 설정을 맞추기 위해 양쪽을 수정하는 것입니다. 수정 순서는 무관하지만 이 책에서는 NGINX 설정 파일을 먼저 수정하겠습니다.

예제 9-5 ch9_nginx.conf 수정

```
$ sudo vi /etc/nginx/conf.d/ch9_nginx.conf

# uWSGI config for ch9 project
# 위의 내용 동일
location / {
    # uwsgi_pass unix:///run/django/ch9-uwsgi.sock; ──────────────❶
    uwsgi_pass 127.0.0.1:8081; ─────────────────────────────❷
}
# 아래 내용 동일
```

9.2.2 Amazon Linux에 **NGINX** 설정과 비교해서 한 항목만 다르고 나머지는 동일합니다.

❶ **9.2.2 Amazon Linux**에 **NGINX** 설정에서 사용한 소켓 방식입니다. 여기서는 사용하지 않으므로 주석으로 처리하였습니다.

❷ 웹 서버와 WAS 서버 간에 HTTP 방식으로 연동하는 경우입니다. Gunicorn을 설정할 때와는 달리 http://를 붙여서는 안됩니다.

다음은 uWSGI 프로그램의 설정 파일을 작성합니다. emperor.ini 파일은 수정할 필요 없고 ch9-uwsgi.ini 파일만 수정하면 됩니다. **9.4.2 root 권한으로 Emperor 모드의 uWSGI** 설정에서 다루었던 내용과 비교해서 ❶, ❷번의 내용만 다르므로 설명은 생략합니다.

예제 9-6 ch9-uwsgi.ini수정

```
$ sudo mkdir /etc/uwsgi/vassals
$ sudo vi /etc/uwsgi/vassals/ch9-uwsgi.ini

# 위의 내용 동일
socket : :8081 ──────────────────────────────────────❶
# socket = /run/django/ch9-uwsgi.sock ────────────────────❷
# 아래 내용 동일
```

9.5 실행 테스트하기

이어서 NGINX와 uWSGI 두 프로그램을 실행해서 장고 프로젝트가 정상 동작하는지 확인하겠습니다. uWSGI 명령은 root뿐 아니라 user 권한으로도 실행할 수 있다는 사실을 기억합시다.

9.5.1 user 권한으로 uWSGI 실행

9.3.2 user 권한으로 uWSGI 설정의 내용을 따라 설정한 경우의 실행 테스트 방법을 알아보겠습니다. NGINX 명령은 root 권한으로 실행하고, uWSGI 명령은 user 권한으로 실행합니다.

다음은 NGINX 기동 명령입니다.

```
$ sudo service nginx start          // NGINX 기동
$ ps -ef | grep nginx               // 기동 확인
```

```
[ec2-user@ip-172-31-44-158 ch9]$
[ec2-user@ip-172-31-44-158 ch9]$ sudo service nginx start
Redirecting to /bin/systemctl start nginx.service
[ec2-user@ip-172-31-44-158 ch9]$
[ec2-user@ip-172-31-44-158 ch9]$ ps -ef | grep nginx
root     17935     1  0 11:53 ?        00:00:00 nginx: master process /usr/sbin/nginx
nginx    17936 17935  0 11:53 ?        00:00:00 nginx: worker process
ec2-user 17948 17288  0 11:54 pts/2    00:00:00 grep --color=auto nginx
[ec2-user@ip-172-31-44-158 ch9]$
```

그림 9-3 NGINX 기동 및 확인

다음은 uWSGI 기동 명령입니다. 가상 환경 내에서 명령을 실행합니다. 테스트 후에 uWSGI를 중지할 때는 uwsgi --stop 명령을 사용합니다.

```
$ cd /home/ec2-user/pyBook/ch9/
$ source /home/ec2-user/pyBook/ch9/venv/bin/activate
(venv) $ uwsgi --ini www_dir/ch9-uwsgi.ini       // uWSGI 기동
(venv) $ ps -ef | grep uwsgi                      // 기동 확인
(venv) $ ls -al www_dir                           // 소켓 파일 생성 확인
(venv) $ ls -al /tmp                              // pid 파일 생성 확인
(venv) $ uwsgi --stop /tmp/ch9-uwsgi.pid          // uWSGI 중지
```

```
●1 AmazonLinux-EC2   ×   ●2 AmazonLinux-EC2   ×   ●3 AmazonLinux-EC2   +
(venv) [ec2-user@ip-172-31-44-158 ch9]$
(venv) [ec2-user@ip-172-31-44-158 ch9]$ uwsgi --ini www_dir/ch9-uwsgi.ini
[uWSGI] getting INI configuration from www_dir/ch9-uwsgi.ini
(venv) [ec2-user@ip-172-31-44-158 ch9]$
(venv) [ec2-user@ip-172-31-44-158 ch9]$ ps -ef | grep uwsgi
ec2-user 18142     1  3 12:12 ?        00:00:00 uwsgi --ini www_dir/ch9-uwsgi.ini
ec2-user 18145 17288  0 12:12 pts/2    00:00:00 grep --color=auto uwsgi
(venv) [ec2-user@ip-172-31-44-158 ch9]$
(venv) [ec2-user@ip-172-31-44-158 ch9]$ ls -al www_dir
total 4
drwxrwxr-x  3 ec2-user ec2-user  63 Jul 17 12:12 .
drwxrwxr-x 10 ec2-user ec2-user 129 Jul 13 11:25 ..
-rw-rw-r--  1 ec2-user ec2-user 352 Jul 17 12:00 ch9-uwsgi.ini
srwxrwxrwx  1 ec2-user ec2-user   0 Jul 17 12:12 ch9-uwsgi.sock
drwxrwxr-x  3 ec2-user ec2-user  19 Jul  9 20:59 static
(venv) [ec2-user@ip-172-31-44-158 ch9]$
(venv) [ec2-user@ip-172-31-44-158 ch9]$ ls -al /tmp
total 8
drwxrwxrwt  9 root     root     289 Jul 17 12:12 .
dr-xr-xr-x 18 root     root     257 Jul  9 11:02 ..
-rw-rw-rw-  1 ec2-user ec2-user   6 Jul 17 12:12 ch9-uwsgi.pid
-rw-rw-rw-  1 root     root       6 Jul 13 21:41 emperor.pid
drwxrwxrwt  2 root     root       6 Jul  9 11:02 font-unix
```

그림 9-4 uWSGI 기동 및 확인(user 권한)

NGINX와 uWSGI를 모두 동작시킨 후 브라우저를 통해 root(/) URL로 접속합니다. NGINX 설정 파일에서 포트를 80번으로 지정하였으므로 다음과 같이 서버IP:포트 자리에 ':80'을 입력합니다.

```
https://3.39.230.32:80/          // :80 포트 번호 생략 가능
```

서버의 IP는 AWS EC2 인스턴스의 퍼블릭Public, 공인 IP로 aws.com에 접속해서 우상단에 있는 서울 리전을 클릭한 다음 [서비스] − [컴퓨팅] - [EC2] - [EC2 대시보드] - [인스턴스(실행 중)] - [인스턴스 ID] 메뉴로 접속하여 확인할 수 있습니다.

그림 9-5 EC2 메뉴에서 공인 IP 찾는 화면

퍼블릭 IP를 제대로 입력하였다면 브라우저에 다음과 같이 프로젝트 첫 화면이 나타납니다.

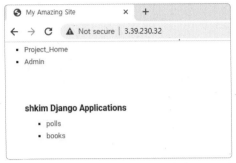

그림 9-6 NGINX 및 uWSGI (user 권한) 실행 - 프로젝트 첫 화면

로그를 보려면 다음의 명령을 입력합니다. 만일 tail 대신에 tail -f 옵션을 사용하면 터미널 화면을 계속 유지하면서 로그가 출력됩니다.

```
$ sudo tail /var/log/nginx/error.log      // NGINX 에러 로그 보기
$ sudo tail /var/log/nginx/access.log     // NGINX 접속 로그 보기
$ tail /home/ec2-user/pyBook/ch9/logs/ch9.log    // uWSGI 로그 보기
```

```
● 1 AmazonLinux-EC2    ● 2 AmazonLinux-EC2    ● 3 AmazonLinux-EC2    +
(venv) [ec2-user@ip-172-31-44-158 ch9]$
(venv) [ec2-user@ip-172-31-44-158 ch9]$ sudo tail -n1 /var/log/nginx/error.log
2022/07/17 12:10:24 [crit] 18107#18107: *4 connect() to unix:///home/ec2-user/pyBook/ch9/www_dir/ch9-uwsgi.sock
necting to upstream, client: 135.125.244.48, server: localhost, request: "GET /.env HTTP/1.1", upstream: "uwsgi:
uwsgi.sock:", host: "3.39.230.32"
(venv) [ec2-user@ip-172-31-44-158 ch9]$
(venv) [ec2-user@ip-172-31-44-158 ch9]$ sudo tail -n1 /var/log/nginx/access.log
128.134.206.149 - - [17/Jul/2022:12:56:20 +0900] "GET /polls/ HTTP/1.1" 200 800 "http://3.39.230.32/" "Mozilla/5
7.36 (KHTML, like Gecko) Chrome/103.0.0.0 Safari/537.36" "-"
(venv) [ec2-user@ip-172-31-44-158 ch9]$
```

그림 9-7 NGINX 및 uWSGI (user 권한) 실행 – NGINX 로그

```
● 1 AmazonLinux-EC2    ● 2 AmazonLinux-EC2    ● 3 AmazonLinux-EC2    +
(venv) [ec2-user@ip-172-31-44-158 ch9]$
(venv) [ec2-user@ip-172-31-44-158 ch9]$ tail -n2 logs/*.log
==> logs/ch9.log <==
[pid: 18173|app: 0|req: 9/9] 128.134.206.149 () {46 vars in 959 bytes} [Sun Jul 17 12
ers in 207 bytes (1 switches on core 0)
[pid: 18173|app: 0|req: 10/10] 128.134.206.149 () {44 vars in 932 bytes} [Sun Jul 17
) 6 headers in 207 bytes (1 switches on core 0)

==> logs/mysite.log <==
[13/Jul/2022 22:05:54] DEBUG [polls.views:34] vote().question_id: 1
[13/Jul/2022 22:27:03] DEBUG [polls.views:34] vote().question_id: 1
(venv) [ec2-user@ip-172-31-44-158 ch9]$
```

그림 9-8 NGINX 및 uWSGI (user 권한) 실행 – uWSGI 로그

9.5.2 root 권한으로 Emperor 모드의 uWSGI 실행

9.4.2 root 권한으로 Emperor 모드의 uWSGI 설정의 내용을 바탕으로 uWSGI를 설정한 경우의 실행 테스트를 진행하겠습니다. NGINX 명령과 uWSGI 명령 모두 root나 sudo 권한으로 실행해야 한다는 사실에 주의합시다.

다음은 NGINX 기동 명령으로 **9.5.1 user 권한으로 uWSGI 실행**과 동일합니다.

```
$ sudo service nginx start              // NGINX 기동
$ ps -ef | grep nginx                   // 기동 확인
```

다음은 uWSGI 기동 명령입니다. 가상 환경 밖에서 sudo 권한으로 명령을 실행합니다.

```
$ sudo uwsgi --ini /etc/uwsgi/emperor-uwsgi.ini      // uWSGI Emperor 모드 기동
$ ps -ef | grep uwsgi                                // 기동 확인
$ ls -al /run/django                                 // 소켓 파일 생성 확인
$ ls -al /tmp                                         // emperor.pid 파일 생성 확인
$ sudo uwsgi --stop /tmp/emperor.pid                 // uWSGI 중지
```

```
● 1 AmazonLinux-EC2  ×   ● 2 AmazonLinux-EC2  ×   ● 3 AmazonLinux-EC2  ×   +
[ec2-user@ip-172-31-44-158 ch9]$
[ec2-user@ip-172-31-44-158 ch9]$ sudo uwsgi --ini /etc/uwsgi/emperor-uwsgi.ini
[uWSGI] getting INI configuration from /etc/uwsgi/emperor-uwsgi.ini
[ec2-user@ip-172-31-44-158 ch9]$
[ec2-user@ip-172-31-44-158 ch9]$ ps -ef | grep uwsgi
nginx      18643     1  0 13:15 ?        00:00:00 uwsgi --ini /etc/uwsgi/emperor-uwsgi.ini
nginx      18644 18643  0 13:15 ?        00:00:00 uwsgi --ini /etc/uwsgi/emperor-uwsgi.ini
nginx      18645 18644  2 13:15 ?        00:00:00 /usr/local/bin/uwsgi --ini ch9-uwsgi.ini
nginx      18647 18645  0 13:15 ?        00:00:00 /usr/local/bin/uwsgi --ini ch9-uwsgi.ini
nginx      18648 18645  0 13:15 ?        00:00:00 /usr/local/bin/uwsgi --ini ch9-uwsgi.ini
nginx      18649 18645  0 13:15 ?        00:00:00 /usr/local/bin/uwsgi --ini ch9-uwsgi.ini
ec2-user   18651 17288  0 13:16 pts/2    00:00:00 grep --color=auto uwsgi
[ec2-user@ip-172-31-44-158 ch9]$
[ec2-user@ip-172-31-44-158 ch9]$ ls -al /run/django/
total 0
drwxrwxrwx  2 root  root    60 Jul 13 21:41 .
drwxr-xr-x 31 root  root  1060 Jul 17 13:08 ..
srw-rw-rw-  1 nginx nginx    0 Jul 13 21:41 ch9-uwsgi.sock
[ec2-user@ip-172-31-44-158 ch9]$
[ec2-user@ip-172-31-44-158 ch9]$ ls -al /tmp
total 8
drwxrwxrwt  9 root     root      289 Jul 17 13:16 .
dr-xr-xr-x 18 root     root      257 Jul  9 11:02 ..
-rw-rw-rw-  1 ec2-user ec2-user    6 Jul 17 12:18 ch9-uwsgi.pid
-rw-rw-rw-  1 root     root        6 Jul 17 13:15 emperor.pid
```

그림 9-9 uWSGI 기동 및 확인 (sudo 권한, Emperor 모드)

NGINX와 uWSGI를 모두 기동한 다음 브라우저에서 root(/) URL로 접속합니다. NGINX 설정
파일에서 포트 번호를 80번으로 지정하였으므로 다음과 같이 서버IP:포트의 자리에 ':80'을 입력
합니다. EC2 인스턴스 서버의 퍼블릭 IP를 찾는 방법은 **9.5.1**을 참고 바랍니다.

```
http://3.39.230.32:80/          // :80 포트 번호 생략 가능
```

프로젝트의 첫 화면뿐 아니라 다음 그림과 같이 admin 로그인이 잘 되는지도 확인합니다.

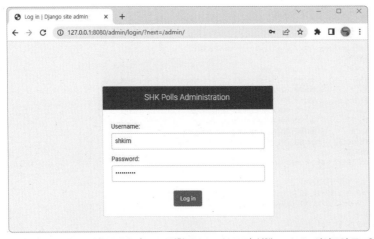

그림 9-10 NGINX 및 uWSGI (sudo 권한, Emperor 모드) 실행 - admin 사이트의 로그인 화면

로그를 살펴보려면 다음 명령을 실행합니다. 만일 tail 대신에 tail -f 옵션을 사용하면 터미널 화면
을 계속 유지하면서 로그가 출력됩니다.

```
$ sudo tail /var/log/nginx/error.log          // NGINX 에러 로그 보기
$ sudo tail /var/log/nginx/access.log         // NGINX 접속 로그 보기
$ tail /var/log/uwsgi/*.log                    // uWSGI 로그 보기
```

```
● 1 AmazonLinux-EC2  ×  ● 2 AmazonLinux-EC2  ×  ● 3 AmazonLinux-EC2  ×  +
(venv) [ec2-user@ip-172-31-44-158 ch9]$
(venv) [ec2-user@ip-172-31-44-158 ch9]$ sudo tail -n1 /var/log/nginx/error.log
2022/07/17 12:10:24 [crit] 18107#18107: *4 connect() to unix:///home/ec2-user/pyBook/ch9/www_dir/ch9-uwsgi.sock
necting to upstream, client: 135.125.244.48, server: localhost, request: "GET /.env HTTP/1.1", upstream: "uwsgi:
uwsgi.sock:", host: "3.39.230.32"
(venv) [ec2-user@ip-172-31-44-158 ch9]$
(venv) [ec2-user@ip-172-31-44-158 ch9]$ sudo tail -n1 /var/log/nginx/access.log
128.134.206.149 - - [17/Jul/2022:12:56:20 +0900] "GET /polls/ HTTP/1.1" 200 800 "http://3.39.230.32/" "Mozilla/5
7.36 (KHTML, like Gecko) Chrome/103.0.0.0 Safari/537.36" "-"
(venv) [ec2-user@ip-172-31-44-158 ch9]$
```

그림 9-11 NGINX 및 uWSGI (sudo 권한, Emperor 모드) 실행 – NGINX 로그

```
● 1 AmazonLinux-EC2  ×  ● 2 AmazonLinux-EC2  ×  ● 3 AmazonLinux-EC2  ×  +
[ec2-user@ip-172-31-44-158 uwsgi]$
[ec2-user@ip-172-31-44-158 uwsgi]$ tail /var/log/uwsgi/*.log -n2
==> /var/log/uwsgi/ch9.log <==
[pid: 18826|app: 0|req: 1/5] 128.134.206.149 () {44 vars in 938 bytes} [Sun Jul 17
) 9 headers in 334 bytes (1 switches on core 0)
announcing my loyalty to the Emperor...

==> /var/log/uwsgi/emperor.log <==
Sun Jul 17 13:38:01 2022 - [emperor] vassal ch9-uwsgi.ini is now loyal
Sun Jul 17 13:38:05 2022 - [emperor] vassal ch9-uwsgi.ini is now loyal
[ec2-user@ip-172-31-44-158 uwsgi]$
```

그림 9-12 NGINX 및 uWSGI (sudo 권한, Emperor 모드) 실행 - uWSGI 로그

9.5.3 root 권한으로 HTTP 방식 연동의 uWSGI 실행

마지막으로 **9.4.3 root 권한으로 HTTP 방식 연동의 uWSGI** 설정 내용을 바탕으로 설정한 uWSGI를
실행하겠습니다. Emperor 모드 때와 마찬가지로 NGINX와 uWSGI 명령 모두 root나 sudo 권
한으로 실행해야 합니다. **9.5.2 root 권한으로 Emperor 모드의 uWSGI 실행**에서 다루었던 내용과
거의 유사한 방식으로 실행하며 차이점으로 소켓 파일이 생성되지 않는다는 것밖에 없습니다. 그
러므로 별도의 실행 결과 화면은 첨부하지 않겠습니다.

NGINX를 동작시킨 다음 uWSGI를 동작시킵니다. uWSGI는 가상 환경 밖에서 sudo 권한으로
실행해야 한다는 사실에 주의합시다.

```
(venv) $ deactivate
$ sudo service nginx start                              // NGINX기동
$ ps -ef | grep nginx                                   // 기동 확인
$ sudo uwsgi --ini /etc/uwsgi/emperor-uwsgi.ini         // uWSGI Emperor 모드 기동

// sudo uwsgi 명령 에러가 발생한다면 358쪽을 참고합시다.

$ ps -ef | grep uwsgi                                   // 기동 확인
$ ls -al /run/django                                    // 소켓 파일 생성 안됨
$ ls -al /tmp                                           // emperor.pid 파일 생성 확인

$ sudo uwsgi --stop /tmp/emperor.pid                    // uWSGI 중지
```

NGINX와 uWSGI를 모두 동작시킨 다음 브라우저에서 root(/) URL로 접속합니다. NGINX 설정 파일에 80번 포트를 지정하였으므로 다음과 같이 서버IP:포트를 입력합니다. EC2 인스턴스 서버의 퍼블릭 IP를 찾는 방법은 **9.5.1**을 참고 바랍니다. 브라우저에서 프로젝트의 첫 화면뿐 아니라 admin 로그인이 잘 되는지 확인합니다.

```
http://3.39.230.32:80/          // :80 포트번호 생략 가능
```

로그를 볼 때는 다음 명령을 실행합니다. 만일 tail 대신에 tail -f 옵션을 사용하면 터미널 화면을 계속 유지하면서 로그가 출력됩니다.

```
$ sudo tail /var/log/nginx/error.log        // NGINX 에러 로그 보기
$ sudo tail /var/log/nginx/access.log       // NGINX 접속 로그 보기
$ tail /var/log/uwsgi/*.log                 // uWSGI 로그 보기
```

9.6 SQLite3 에러 조치 방법

실습 진행 과정에서 다음과 같은 SQLite3 버전 에러가 발생할 수 있는데 소스 코드 변경과 환경 변수로 문제를 해결하는 방법을 설명합니다.

```
(venv) $ python manage.py check
```

```
(위의 에러 내용 생략)
File "<frozen importlib._bootstrap_external>", line 783, in exec_module
   File "<frozen importlib._bootstrap>", line 219, in _call_with_frames_removed
    File "/home/ec2-user/pyBook/ch9/venv/lib64/python3.8/site-packages/django/db/backends/
sqlite3/base.py", line 72, in <module>
     check_sqlite_version()
    File "/home/ec2-user/pyBook/ch9/venv/lib64/python3.8/site-packages/django/db/backends/
sqlite3/base.py", line 67, in check_sqlite_version
     raise ImproperlyConfigured(
django.core.exceptions.ImproperlyConfigured: SQLite 3.9.0 or later is required (found
3.7.17).
```

이 문제는 파이썬에서 바라보는 SQLite3 버전이 낮아서 발생하는 것입니다. 보통 운영 환경에서는 SQLite3 보다는 MySQL, PostgreSQL를 데이터베이스로 많이 사용하므로 별 문제가 없습니다. 하지만 SQLite3는 사용하기 간편해서 학습용으로 많이 사용되므로 이에 관한 해결 방법을 설명하겠습니다.

먼저 이 문제를 근본부터 해결하는 방법을 알아봅시다. 다음과 같이 SQLite3 최신 버전을 설치한 후에 다시 파이썬을 빌드하여 설치하면 해당 문제를 해결할 수 있습니다. 파이썬 빌드 과정에서 최신 버전의 SQLite3가 매핑됩니다.

- SQLite3를 소스를 가져옵니다.
- 소스를 빌드하고 시스템 전역에 설치합니다.
- 원하는 파이썬 버전의 소스를 가져옵니다.
- 파이썬을 빌드하고 시스템 전역에 다시 설치합니다.

이 과정이 어렵고 거추장스럽다면 임시 해결 방법으로 다음 2가지 방법을 시도할 수 있습니다. 우선 SQLite3를 다시 빌드하지만, 파이썬은 다시 빌드하지 않고 SQLite3 매핑만 변경하는 방법이 있습니다. 이 방법은 인터넷을 검색하면 가장 많이 볼 수 있는 방법입니다.

하지만 실제로 이 방법을 적용하면 일부 문제는 해결되지만, uWSGI 실습 과정에서 또 다른 에러가 발생할 수도 있어 **9.6.1 소스 코드 변경으로 에러 해결**에서 설명하는 임시 해결책을 권장합니다.

9.6.1 소스 코드 변경으로 에러 해결

임시 해결책으로 권장하는 방법은 에러를 발생시키는 소스 코드를 수정하는 것입니다. 소스 코드를 수정하는 것이라 조심스럽지만, 이 문제를 해결하는 가장 간단한 방법이기도 하고 해당 코드가 장고 기능에 영향을 미치지 않으므로 코드를 수정하겠습니다. 다음과 같이 가상 환경 내에 있는 SQLite3 base.py의 2개 라인을 수정합니다.

```
$ cd /home/ec2-user/pyBook/ch9/venv/lib64/python3.8/site-packages/django/db/backends/sqlite3
$ vi base.py

# 65번 부근 라인을 수정합니다.
def check_sqlite_version():
    # if Database.sqlite_version_info < (3, 9, 0):        # 원래 코드
    if Database.sqlite_version_info < (3, 7, 0):          # 변경 코드
        raise ImproperlyConfigured(
            "SQLite 3.9.0 or later is required (found %s)." % Database.sqlite_version
        )

# 206번 부근 라인을 수정합니다.
    @async_unsafe
    def get_new_connection(self, conn_params):
        conn = Database.connect(**conn_params)
        create_deterministic_function = functools.partial(
            conn.create_function,
            # deterministic=True,                          # 원래 코드
            deterministic=False,                           # 변경 코드
        )
```

9.6.2 환경 변수로 에러 해결

이어서 환경 변수를 사용해서 에러를 해결하는 방법을 알아보겠습니다. 다음과 같이 SQLite 패키지를 3.9 버전 이상으로 설치한 다음 LD_LIBRARY_PATH 환경 변수를 사용해서 관련 라이브러리를 파이썬과 맞춰 줍니다.

우선 SQLite 최신 버전을 내려받습니다(집필 시점에서 최신 버전은 3.39.0). 다음처럼 여러 명령을 세미콜론(;)으로 연결할 수도 있습니다.

```
$ cd; mkdir imsi; cd imsi
$ wget https://sqlite.org/2022/sqlite-autoconf-3390000.tar.gz
$ tar xf sqlite-autoconf-3390000.tar.gz
$ cd sqlite-autoconf-3390000
```

이어서 패키지를 빌드하고 설치합니다. 이때 &&로 여러 명령을 연결할 수 있는데 이렇게 연결하면 앞 명령이 성공해야 뒤 명령이 실행됩니다.

```
$ ./configure --prefix=/usr/local && make
$ sudo make install
```

설치 경로를 확인합니다. 결과는 /usr/local/bin/sqlite3으로 나와야 합니다.

```
$ which sqlite3
```

라이브러리 경로를 새로 설치한 라이브러리 폴더로 변경합니다.

```
$ export LD_LIBRARY_PATH="/usr/local/lib/"
```

파이썬에서 새로운 SQLite3 라이브러리를 임포트하는지 확인합니다. 집필 시점에서 최신 버전은 3.39.0이므로 결과로 '3.39.0'이 나왔습니다. SQLite3의 최신 버전은 www.sqlite.org 에서 확인할 수 있습니다.

```
$ source /home/ec2-user/pyBook/ch9/venv/bin/activate
(venv) $ python
>>> import sqlite3
>>> sqlite3.sqlite_version
```

NOTE_ export 명령

리눅스의 export 명령은 환경 변수를 지정하는 명령입니다. 그런데 이 명령은 현재 터미널에서만 적용되므로 로그아웃하거나 터미널을 닫으면 환경 변수 지정이 무효화됩니다. LD_LIBRARY_PATH라는 환경 변수를 영구적으로 지정하려면 .bashrc 파일에 다음과 같이 입력합니다.

```
$ vi /home/ec2-user/.bashrc
export LD_LIBRARY_PATH="/usr/local/lib/"
```

Apache 웹 서버와 연동

chapter 10

Apache 웹 서버와 연동

Apache 웹 서버의 프로그램명은 httpd입니다. 1995년에 팀 버너스 리[Tim Berners Lee]가 만들으며 현재는 Apache 소프트웨어 재단[Apache Software Foundation]에서 관리하고 있습니다. 출시된 지 오랜 기간이 지났지만, 지금까지도 계속 기능을 개선하고 있어 전 세계에서 가장 많이 사용되고 있는 웹 서버입니다. 모듈 방식으로 기능을 확장할 수 있으며 다양한 환경에 맞게 설정을 확장할 수 있다는 장점과 리눅스뿐 아니라 윈도우에서도 운용 가능하다는 장점이 있습니다.

10장에서는 Apache 웹 서버에 장고 프로그램을 연동하기 위해 사용하는 mod_wsgi 프로그램의 설정 및 실행 방법을 알아봅니다. 먼저 가상 환경을 구축한 다음 운영 환경에 맞게 장고 설정을 변경하겠습니다.

10.1 CentOS 가상 환경 구성 및 장고 설정 변경하기

일반적으로 서버 운영 환경으로 윈도우보다는 리눅스를 많이 사용합니다. 대부분의 경우 가상 환경을 구성해서 사용합니다. 이에 이번 장에서는 리눅스 배포판 중 하나인 CentOS로 가상 환경을 구축하겠습니다.

5장까지의 예제를 웹에 배포합니다. 5장까지의 예제들은 파이썬 3.x 버전에서 동작하므로 만일 운영 서버에 파이썬 3.x 버전이 없다면 파이썬 3.x를 먼저 설치한 후에 가상 환경을 구성합니다.

10.1.1 CentOS 가상 환경 생성

가상 환경 구성 방법은 **7.4 파이썬 가상 환경 만들기**를 참고 바랍니다. 다만 한 가지 다른 점이 있습니다. 7.4절에서는 VENV 디렉터리 하위에 v3PyBook이라는 가상 환경을 만들었는데 이번에는 ch10 프로젝트 하위에 venv라는 가상 환경을 구성합니다. 그 이유는 운영 환경에 들어간 프로젝트는 오랜 기간 유지될 것이므로 운영 환경에서는 프로젝트별로 가상 환경을 구성하는 것이 관리가 쉽기 때문입니다.

이 책의 CentOS에는 python(버전 2.7) 명령과 python3(버전 3.7) 명령이 설치되어 있습니다. 장고 4.x 버전을 사용하려면 Python 3.8 버전 이상이어야 합니다. 그리고 SQLite3 버전이나 OpenSSL 버전이 낮으면 Python 3.10 버전 이상을 설치할 때 에러가 발생하므로 미리 업데이트 해야 합니다.

> **NOTE_ SSH 및 FTP 프로그램 설치 필요**
>
> VirtualBox 프로그램에서 CentOS 가상 서버를 만들고 그 서버에 SSH로 접속하는 과정이 필요합니다. 또한 ch99.zip 파일을 FTP로 가져오는 과정도 필요합니다. 만약 즐겨 사용하는 프로그램이 없다면 필자가 사용하는 Xshell(ssh 접속용)과 Xftp(FTP용) 프로그램을 추천하니 설치해서 사용하기 바랍니다.

우선 시스템의 패키지를 업데이트한 다음 시스템용 개발 툴을 설치합니다.

```
$ sudo yum udate -y
$ sudo yum groupinstall "Development Tools" -y
$ sudo yum install gcc openssl-devel libffi-devel bzip2-devel -y
```

SQLite3 버전을 확인합니다.

```
$ python3 -c "import sqlite3; print(sqlite3.sqlite_version)"
```

설치되어 있는 SQLite3의 버전이 3.9 미만이거나 설치가 되어 있지 않다면 다음 명령을 통해 최신 버전을 설치합시다. 최신 버전의 링크는 sqlite.org/download.html 사이트에서 확인할 수 있습니다. 참고로 리눅스에서는 여러 명령을 세미콜론(;)으로 연결하여 입력할 수도 있습니다.

```
$ wget https://sqlite.org/2022/sqlite-autoconf-3390000.tar.gz
$ tar xvfz sqlite-autoconf-3390000.tar.gz
$ cd sqlite-autoconf-3390000
```

SQLite 패키지를 빌드한 후에 설치합니다. 다음처럼 여러 명령을 &&로도 연결할 수 있습니다. &&으로 명령을 연결하였다면 앞 명령이 정상적으로 실행되어야 뒤 명령이 실행됩니다.

```
$ ./configure --prefix=/usr/local && make
$ sudo make install
```

설치를 끝낸 다음 SQLite3 버전을 확인합니다. 집필 시점에서의 최신 버전은 3.39.0입니다.

```
$ python3 -c "import sqlite3; print(sqlite3.sqlite_version)"
```

이어서 OpenSSL 버전을 확인합니다.

```
$ python3 -c "import ssl; print(ssl.OPENSSL_VERSION)"
```

만약 OpenSSL 버전이 1.1.1 미만이거나 설치가 되어 있지 않다면 최신 버전을 설치합니다. 다음은 EPEL Extra Packages for Enterprise Linux 저장소에서 OpenSSL v1.1.1을 설치하는 명령입니다.

```
$ sudo yum install epel-release
$ sudo yum install openssl11 openssl11-devel -y
```

다음으로 파이썬의 버전을 확인합니다.

```
$ python3 -V
```

만약 버전이 3.8 미만이거나 아직 파이썬이 설치되어 있지 않다면 최신 버전을 설치합니다. 집필 시점에서의 최신 버전은 3.10.5입니다. 파이썬 최신 버전은 http://python.org/downloads/source에서 확인할 수 있습니다. 우선 파이썬 최신 버전을 내려받은 다음 압축을 해제합니다.

```
$ cd; cd imsi
$ wget https://www.python.org/ftp/python/3.10.5/Python-3.10.5.tgz
$ tar xf Python-3.10.5.tgz
$ cd Python-3.10.5
```

이어서 파이썬 빌드 옵션에 openssl11 라이브러리를 링크합니다. 링크할 때 --enable-optimizations 옵션은 빼고 **--enable-shared** 옵션은 추가합니다.

```
$ export CFLAGS=$(pkg-config --cflags openssl11)
$ export LDFLAGS="$(pkg-config --libs openssl11) -Wl,-rpath /usr/local/lib"
$ ./configure --enable-shared
$ make
```

기존에 설치하였던 파이썬 패키지를 그대로 유지하기 위해 **altinstall** 명령으로 파이썬을 설치합니다.

```
$ sudo make altinstall
```

파이썬 설치가 끝났습니다. 파이썬 버전을 확인합시다. 그런 다음 설치한 파이썬에 OpenSSL의 최신 버전이 제대로 연결되었는지 확인합니다.

```
$ python3.10 -V
$ python3.10 -c "import ssl; print(ssl.OPENSSL_VERSION)"
```

3.8 버전 미만의 파이썬이 설치된 상황에서 파이썬 최신 버전을 내려받았다면 다음 명령으로 사용할 파이썬 버전을 구 버전에서 최신 버전으로 변경해야 합니다.

```
$ cd /usr/local/bin
$ sudo rm python3 pip3
$ sudo ln -s python3.10 python3
$ sudo ln -s pip3.10 pip3
```

이제 파이썬 3.10을 사용하여 가상 환경을 만듭니다. 가상 환경은 ch10 프로젝트 폴더 하위에 venv라는 이름으로 만들겠습니다. 그전에 ch10 프로젝트 폴더에 3~5장에서 만든 프로젝트가 담긴 ch99 폴더를 압축해서(ch99.zip) CentOS로 가져와야 합니다.

먼저 ch99.zip 파일을 FTP를 이용하여 **/home/shkim/**로 가져옵니다. 그런 다음 CentOS에서 홈 디텍토리로 이동한 후 장고 프로젝트용 폴더를 만듭니다(pyBook 폴더 하위에 ch10 폴더를 만듭니다).

```
$ cd
$ mkdir -p pyBook/ch10/
```

ch99 프로젝트 파일을 ch10 폴더에 압축 해제합니다.

```
$ cd pyBook/ch10/
$ unzip /home/shkim/ch99.zip
```

앞서 설치한 최신 버전의 파이썬 명령으로 ch10 프로젝트 폴더 하위에 venv 가상 환경을 만듭니다. 집필 시점에서의 최신 버전은 python3.10이므로 이 책에서는 해당 파이썬 명령을 사용합니다.

```
$ cd /home/shkim/pyBook/ch10/
$ python3 -m venv venv
```

venv 가상 환경 안으로 진입합니다

```
$ source venv/bin/activate
```

가상 환경 내에 있다는 사실을 알려주기 위해 프롬프트에 (venv)가 표시됩니다. 가상 환경에서 사용하는 파이썬 버전을 확인합니다.

```
(venv) $ python -V
$
```

가상 환경을 무사히 만들었습니다. 이후 작업은 모두 가상 환경 내에서 진행합니다. 이제 가상 환경 내에 장고 프로그램을 설치하겠습니다. 만약 가상 환경에서 빠져나왔다면 다음 명령으로 venv 가상 환경으로 재진입합니다.

```
$ source /home/shkim/pyBook/ch8/venv/bin/activate
```

파이썬 패키지 툴을 업그레이드한 후 장고 최신 버전을 설치합니다.

```
(venv) $ pip install pip setuptools wheel --upgrade
(venv) $ pip install Django
```

venv 가상 환경에 설치된 패키지 리스트를 확인합니다. 장고 패키지가 설치되었다면 **django-admin** 명령으로 장고 버전을 확인합니다.

```
(venv) $ pip list
(venv) $ django-admin --version
```

10.1.2 장고 설정 변경

운영 환경에서 Apache 웹 서버와 장고 애플리케이션을 연동하려면 장고의 몇 가지 설정을 변경해야 합니다. 작업 내용은 8장에서 하였던 것과 동일합니다. **8.2 Ubuntu에 NGINX 구성하기**에서 작업한 내용과 동일하게 장고 설정 변경 작업을 수행합니다.

❶ (ch10 프로젝트 내에 venv 가상 환경을 이미 만든 상태임)

❶ settings.py 파일의 DEBUG 변경

❷ settings.py 파일의 ALLOWED_HOSTS 변경

❸ settings.py 파일의 STATIC_ROOT 추가

❹ settings.py 파일의 CSRF_TRUSTED_ORIGINS 추가

❺ collectstatic 명령 실행 (가상 환경에 진입 후 실행해야 함)

❻ vi /etc/django/secret_key.txt 파일 생성 및 SECRET_KEY 저장

❼ settings.py 파일의 SECRET_KEY 변경

❽ db.sqlite3 파일의 위치 및 권한 변경

❾ 로그 파일의 권한 변경

10.2 httpd 웹 서버와 mod_wsgi 확장 모듈

Apache는 추가 기능을 모듈로 만들어 동적 로딩 방식으로 기능을 확장할 수 있는 특징이 있습니다. 클라이언트 요청 URL을 서버 내 디렉터리로 매핑하는 mod_alias, 사용자 인증을 위한 mod_auth, 톰캣 연동에 사용되는 mod_jk, 프록시 기능을 제공하는 mod_proxy, URL rewrite를 지원하는 mod_rewrite, PHP 및 Perl 스크립트를 실행할 수 있는 mod_php, mod_perl 등의 수많은 확장 모듈이 Apache에 준비되어 있습니다. 이번 장에서 설명하는 mod_wsgi도 파이썬 웹 애플리케이션을 실행할 수 있는 확장 모듈 중 하나입니다.

범용 웹 서버인 httpd와 장고 웹 애플리케이션을 연결하는 mod_wsgi는 WAS 역할을 하므로 WSGI^Web Server Geaway Interface 스펙을 준수합니다. WSGI 스펙은 파이썬 표준 규격인 PEP^Python Enhancement Proposals 3333에 자세히 정의되어 있습니다.

httpd와 mod_wsgi 프로그램을 연동할 때는 내장 모드^embedded mod와 데몬 모드^daemon mod 2가지 방식으로 mod_wsgi 프로그램을 실행할 수 있습니다. mod_wsgi 프로세스에서 장고 웹 애플리케이션(WSGI 애플리케이션)을 호출하는 구조이므로 mod_wsgi 프로그램을 데몬 모드로 실행한다는 말은 장고 애플리케이션을 데몬 모드로 실행하는 말과 같은 의미입니다. 장고 소프트웨어 재단에서는 안정성을 고려하여 내장 모드보다는 데몬 모드 실행을 권장합니다.

내장 모드는 httpd 프로세스 내에서 일반적인 자식 프로세스처럼 실행되는 방식이며 기존의 mod_python 실행 방식과 유사합니다. 이 모드의 단점은 정적 애플리케이션과 동적 애플리케이션을 구분하지 않고 동일한 자식 프로세스에서 실행한다는 점과 WSGI 애플리케이션의 소스가 변경되어 다시 적용하려면 Apache 전체를 재기동해야 한다는 점입니다. 재기동을 하게되면 그 영향이 다른 서비스에도 미치게 되고 경우에 따라서는 httpd 재기동 권한이 없어 불편함이 따릅니다.

데몬 모드는 유닉스 기반의 Apache 2.0 버전 이상에서 사용할 수 있으며 윈도우에서는 사용할 수 없습니다. 이 모드는 WSGI 애플리케이션의 전용 프로세스에서 애플리케이션이 실행된다는 점에서 FCGI ^{Fast CGI}/SCGI ^{Simple CGI}와 유사합니다. 차이점은 WSGI 애플리케이션을 실행할 때 별도의 프로세스 관리자나 WSGI 어댑터가 필요하지 않으며 모든 작업 처리를 mod_wsgi가 관리한다는 점입니다. WSGI 애플리케이션이 데몬 모드로 동작하면 일반적인 Apache 자식 프로세스와는 다른 별도의 프로세스에서 동작합니다. 그래서 정적인 파일을 서비스하는 프로세스나 PHP, Perl 등의 Apache 모듈로 서비스하는 다른 애플리케이션에 미치는 영향은 미미합니다. 또한 필요하다면 WSGI 애플리케이션 간에도 서로 영향을 주지 않도록 실행 유저를 달리하여 데몬 프로세스를 작동시킬 수도 있습니다.

mod_wsgi는 C 언어로 구현되어 있으며 mod_wsgi를 사용하면 Apache가 파이썬 API와 내부적으로 직접 연결되어 동작하므로 상대적으로 적은 메모리를 사용합니다. 이러한 구현 방식 덕분에 mod_wsgi은 Apache의 내장 파이썬 인터프리터가 동작하는 방식이나 CGI의 개선된 형태인 FCGI/SCGI에 비해 좋은 성능을 보입니다.

또한 위에서 설명한 내장 모드와 데몬 모드의 동작 방식은 다르지만, 대용량 웹 애플리케이션에서의 처리 성능은 크게 다르지 않습니다. 만일 처리 성능에 문제가 있다면 동작 방식보다는 애플리케이션 자체의 문제이거나 데이터베이스 처리로 인한 문제일 가능성이 큽니다.

10.3 mod_wsgi 설치하기

리눅스에서는 mod_wsgi 프로그램을 pip로 설치할 수도 있고 소스를 직접 컴파일해서 설치할 수도 있습니다. 여기서는 조금 더 간편한 pip로 설치하는 방법을 소개합니다.

또한 설치 과정에서 명시적으로 표현되지는 않지만, mod_wsgi 프로그램을 컴파일할 때 사용하는 파이썬 버전과 장고 애플리케이션을 실행하는 파이썬 버전이 동일해야 한다는 사실도 알아 두기 바랍니다.

NOTE_ 맥 OS 또는 윈도우에서 mod_wsgi 설치

맥 OS나 윈도우에서도 pip로 mod_wsgi 프로그램을 설치할 수 있습니다. 그런데 설치 과정이 리눅스와는 조금 다르며 설치할 때의 유의 사항이 다수 있으므로 만약 부득이하게 맥 OS나 윈도우에 mod_wsgi를 설치해야 한다면 다음 URL을 참고하면서 설치하기 바랍니다.

https://modwsgi.readthedocs.io/en/develop/installation.html
https://pypi.org/project/mod_wsgi/

10.3.1 httpd 설치 확인

mod_wsgi 프로그램을 설치하기 전에 Apache httpd 프로그램을 먼저 설치합니다. CentOS를 설치할 때 httpd도 같이 설치되는 경우가 있으므로 다음 명령으로 httpd 설치 여부를 먼저 확인합니다.

```
$ httpd -v
```

만일 httpd 프로그램이 설치되어 있지 않았다면 CentOS 기준으로 다음 명령을 입력하여 간단하게 httpd 프로그램을 설치할 수 있습니다.

```
$ sudo yum install httpd
$ sudo yum install httpd-devel
```

10.3.2 pip로 mod_wsgi 설치

pip로 설치할 때는 시스템 전역이 아니라 가상 환경 내에 mod_wsgi 프로그램을 설치하는 것이 편리합니다. 그러므로 가상 환경에 mod_wsgi 프로그램을 설치하겠습니다. 가상 환경은 앞서 만든 venv 가상 환경을 사용하면 됩니다. 다음 명령을 실행하여 가상 환경으로 진입한 후 mod_wsgi 프로그램을 설치합니다. 이후 설명하는 명령들 역시 가상 환경 내에서 실행합니다.

```
$ source /home/shkim/pyBook/ch10/venv/bin/activate
(venv) $ pip install mod_wsgi
```

10.3.3 mod_wsgi-express 명령으로 설치 확인

mod_wsgi 프로그램이 정상적으로 설치되었다면 관리용 **mod_wsgi-express** 명령과 테스트 용 **Apache 웹 서버**가 같이 설치됩니다. 잘 동작하는지 확인하기 위해서 다음 명령을 입력해서 테스트 용 Apache 웹 서버를 실행합니다. 웹 서버를 중지할 때는 Ctrl+C 를 입력합니다.

```
(venv) $ mod_wsgi-express start-server
```

```
1 shkim-CentOS70    +
(venv) [shkim@localhost ch10]$
(venv) [shkim@localhost ch10]$ mod_wsgi-express start-server
Server URL          : http://localhost:8000/
Server Root         : /tmp/mod_wsgi-localhost:8000:1000
Server Conf         : /tmp/mod_wsgi-localhost:8000:1000/httpd.conf
Error Log File      : /tmp/mod_wsgi-localhost:8000:1000/error_log (warn)
Operating Mode      : daemon
Request Capacity    : 5 (1 process * 5 threads)
Request Timeout     : 60 (seconds)
Startup Timeout     : 15 (seconds)
Queue Backlog       : 100 (connections)
Queue Timeout       : 45 (seconds)
Server Capacity     : 20 (event/worker), 20 (prefork)
Server Backlog      : 500 (connections)
Locale Setting      : ko_KR.UTF-8
```

그림 10-1 테스트용 웹 서버 실행 확인

웹 서버가 무사히 실행된 것을 확인하였다면 브라우저를 통해 루트(/) URL로 접속합니다. 테스트 웹 서버는 디폴트로 8000 포트를 사용합니다. 필자의 IP는 192.168.56.101입니다. 그러므로 이 IP를 입력하였습니다.

```
https://192.168.56.101:8000/              // 필자의 루트 URL
```

다음과 같이 테스트 웹 서버에서 제공하는 첫 화면이 나타나면 정상입니다.

그림 10-2 테스트용 웹 서버 첫 화면

비슷한 방식으로 이번에는 테스트용 Apache 웹 서버에서 장고 애플리케이션을 실행하겠습니다. 실행 중인 웹 서버를 Ctrl + C 로 중지하고 다음 명령을 입력합니다. 장고 ch10 프로젝트의 루트 디렉터리에서 실행해야 하며 start-server의 인자로 wsgi.py 파일 위치를 알려 주어야 합니다.

```
(venv) $ cd /home/shkim/pyBook/ch10
(venv) $ mod_wsgi-express start-server mysite/wsgi.py
```

웹 서버가 실행된 것을 확인한 후 루트 URL로 접속하면 ch10 프로젝트의 첫 화면이 나옵니다.

```
http://192.168.56.101:8000/              // 필자의 루트 URL
```

그림 10-3 프로젝트 첫 화면

10.3.4 wsgi_module 등록

앞에서 mod_wsgi 프로그램이 설치되었고 장고 애플리케이션도 정상적으로 실행된다는 사실을 확인하였습니다. 다음으로 할 일은 mod_wsgi 프로그램을 Apache의 확장 모듈로 등록하는 것인데 2가지 작업을 해야 합니다. 첫 번째는 mod_wsgi 프로그램을 Apache의 확장 모듈 디렉터리에 복사하는 작업이고, 두 번째는 설정 파일을 수정하는 작업입니다. 이를 위해 다음 명령을 입력해서 2가지 작업을 할 때 필요한 문장을 출력합니다. 참고로 install-module 명령을 사용할 수도 있는데 이 명령은 리눅스에서는 사용할 수 있지만, 맥 OS에서는 사용할 수 없습니다.

```
(venv) $ mod_wsgi-express module-config

LoadModule wsgi_module "/home/shkim/pyBook/ch10/venv/lib/python3.10/site-packages/mod_
wsgi/server/mod_wsgi-py310.cpython-310-x86_64-linux-gnu.so"
WSGIPythonHome "/home/shkim/pyBook/ch10/venv"
(venv) $
```

module-config 명령의 결과로 두 문장이 출력됩니다. 첫 번째 문장을 활용해서 mod_wsgi 모듈을 httpd 확장 모듈로 등록합니다. root 권한으로 다음 명령을 입력하여 mod_wsgi-xxx.so 파일을 httpd 모듈 디렉터리로 복사합니다.

```
$ sudo cp /home/shkim/pyBook/ch10/venv/lib/python3.10/site-packages/mod_wsgi/server/mod_
wsgi-py310.cpython-310-x86_64-linux-gnu.so /etc/httpd/modules/
```

그런 다음 mod_wsgi용 httpd 모듈 설정 파일을 생성합니다.

```
$ cd /etc/httpd/conf.modules.d/
$ sudo vi 10-wsgi.conf

LoadModule wsgi_module modules/mod_wsgi-py310.cpython-310-x86_64-linux-gnu.so
```

이제 두 번째 문장을 활용해서 WSGIPythonHome 지시자를 설정 파일에 추가해야 합니다. 이 작업은 내장 모드와 데몬 모드의 설정 내용이 다릅니다. 내장 모드 설정은 **10.4 내장 모드로 mod_wsgi 실행하기**에서, 데몬 모드 설정은 **10.5 데몬 모드로 mod_wsgi 실행하기**에서 설명하겠습니다.

10.4 내장 모드로 mod_wsgi 실행하기

10.2 httpd 웹 서버와 mod_wsgi 확장 모듈에서 설명하였듯이 mod_wsgi를 실행하는 방법은 내장 모드와 데몬 모드 2가지가 있습니다. mod_wsgi 모듈이 httpd 프로세스에 내장되어 실행되는 방식인 내장 모드를 먼저 살펴보겠습니다.

10.4.1 Apache 내장 모드 설정

Apache 웹 서버에서 mod_wsgi 모듈을 이용하여 파이썬 웹 애플리케이션을 실행할 수 있도록 Apache 설정 파일인 **httpd.conf**에 mod_wsgi 관련 설정을 추가해야 합니다. httpd.conf 파일에 직접 추가해도 되지만, httpd.conf 파일에서 참조하는 conf.d 디렉터리에 추가하는 것이 더 좋습니다. 예제에서는 추가하는 파일 이름을 **django.conf**로 설정하였지만, 다른 이름을 사용해도 상관없습니다. 다만 확장자는 *.conf여야 합니다. 추가로 Apache에 대한 설정 및 웹 서버 (httpd) 실행은 root 권한으로 작업해야 한다는 사실도 알아 둡시다.

예제 10-1 내장 모드로 실행하는 경우의 Apache 설정 - django.conf 작성

```
$ cd /etc/httpd/conf.d/
$ sudo vi django.conf

WSGIScriptAlias / /home/shkim/pyBook/ch10/mysite/wsgi.py -------------- ❶
WSGIPythonHome /home/shkim/pyBook/ch10/venv -------------- ❷
WSGIPythonPath /home/shkim/pyBook/ch10 -------------- ❸
WSGIApplicationGroup %{GLOBAL} -------------- ❹

<Directory /home/shkim/pyBook/ch10/mysite>
<Files wsgi.py>
Require all granted                                      ❺
</Files>
</Directory>

Alias /static/ /home/shkim/pyBook/ch10/www_dir/static/ -------------- ❻
<Directory /home/shkim/pyBook/ch10/www_dir/static>
Require all granted                                      ❼
</Directory>
```

설정 내용을 라인별로 설명하면 다음과 같습니다.

❶ httpd 웹 서버에서 서비스하는 URL (/)과 wsgi.py 파일의 위치를 매핑합니다. 이러면 루트(/) URL로 시작하는 모든 요청은 wsgi.py 파일에 정의된 WSGI application에서 처리합니다.

❷ 만일 가상 환경을 사용하고 있다면 가상 환경의 루트 디렉터리를 지정합니다. **10.1.1 CentOS 가상 환경 생성**에서 만든 가상 환경인 venv의 경로를 지정합니다.

❸ 파이썬 임포트 경로를 지정합니다. 즉, import mysite 등의 문장이 정상으로 동작하도록 작업하는 것입니다.

❹ 장고 애플리케이션이 소속될 애플리케이션 그룹을 지정합니다. 이 그룹에 속한 애플리케이션들은 동일한 파이썬 인터프리터에 의해 실행됩니다. %{GLOBAL} 변숫값은 빈 문자열이며 첫 번째로 생성되는 파이썬 인터프리터를 의미합니다.

❺ httpd 프로세스가 wsgi.py 파일을 액세스할 수 있도록 mysite 디렉터리 및 wsgi.py 파일에 대한 접근 권한을 설정합니다.

❻ /static/ URL에 대한 처리를 위해 static 파일이 위치한 디렉터리를 매핑합니다. 이 디렉터리는 장고의 collectstaic 명령에 의해 static 파일을 모아 둔 것입니다. 이는 settings.py 파일의 STATIC_ROOT 항목에 정의된 디렉터리이기도 합니다.

❼ httpd 프로세스가 static 디렉터리에 액세스할 수 있도록 디렉터리 접근 권한을 설정합니다.

10.4.2 내장 모드로 mod_wsgi 실행 테스트

mod_wsgi 모듈에 대한 httpd 설정이 끝나면 httpd를 기동해서 동작을 확인합니다.

httpd를 기동하기 전에 확인할 사항이 있습니다. 설정을 정확하게 하였는데도 시스템에 따라 서비스가 안 되는 경우가 있습니다. 즉, 장고의 runserver를 실행하면 정상적으로 서비스되는데 httpd 웹 서버로는 서비스가 안 되는 경우가 이에 해당됩니다. SELinux^{Security Enhanced Linux} 정책이 적용되어 보안 문제로 서비스가 되지 않는 것이 문제의 원인일 수도 있으므로 다음 명령으로 SELinux 보안 정책을 확인해서 변경해야 합니다.

```
$ getenforce
Enforcing
$ sudo setenforce permissive
$ getenforce
Permissive
```

httpd 기동 및 확인 명령은 다음과 같습니다.

```
$ sudo apachectl start          # 기동
$ ps -ef | grep httpd           # 확인
```

> **NOTE_ Apache httpd 명령**
>
> Apache httpd 관련 명령을 익혀두기 바랍니다.
>
> ```
> $ sudo apachectl start        // httpd 기동
> $ sudo apachectl stop         // httpd 정지
> $ sudo apachectl restart      // httpd 재기동
> $ sudo apachectl -h           // httpd 도움말
> ```

httpd를 기동한 후에 브라우저를 통해 루트(/) URL로 접속합니다. httpd 웹 서버는 80 포트를 사용하는데 포트 번호를 생략할 수도 있습니다. 웹 서버의 IP 주소는 **ip addr** 명령으로 알 수 있습니다.

```
https://192.168.56.101:80/      // 필자의 루트 URL
```

다음과 같이 프로젝트의 첫 화면이 나타나면 정상입니다.

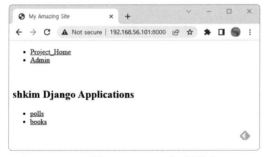

그림 10-4 httpd 실행 – mysite 프로젝트 첫 화면

또한 httpd의 접속 로그로 설정이 정상적으로 적용되었는지 확인할 수 있습니다. 다음 명령을 입력해서 access_log를 살펴봅시다. 루트(/) URL에 대한 GET 요청에 응답 코드 200으로 성공 응답을 보내고 있다면 설정이 정상적으로 설정이 이루어진 것입니다.

```
$ mod_wsgi
```

그림 10-5 httpd 실행 - httpd access_log

NOTE_ SELinux 3가지 운용 모드

SELinux^{Security-Enhanced Linux} 정책은 다음과 같이 3가지 모드로 운용될 수 있습니다.

- **enforcing**(1): SELinux 보안 정책이 동작하는 상태이며 보안 정책 위반 시 작업을 처리하지 않는 상태
- **permissive**(2): SELinux 보안 정책이 동작하지는 않지만, 위반 상황 발생 시 경고(warning)로 알려 주는 상태
- **disable**: config 파일에서만 설정을 변경할 수 있으며 SELinux 보안 정책이 동작하지 않는 상태

정책은 setenforce 명령을 실행해서 변경하거나 /etc/selinux/config 파일에서 변경할 수 있습니다. setenforce 명령으로 변경하면 현재 셸에서 작업하는 동안만 일시적으로 변경됩니다. 반대로 config 파일에서 변경하면 시스템 부팅 시에 변경한 운용 모드가 영구 적용됩니다.

10.5 데몬 모드로 mod_wsgi 실행하기

이어서 데몬 모드로 mod_wsgi를 실행하는 방법을 알아보겠습니다. 앞서 언급하였던 것처럼 장고 소프트웨어 재단에서는 안정성을 고려하여 내장 모드보다는 데몬 모드로 실행할 것을 권장하고 있다는 사실을 다시 새겨 둡시다.

10.5.1 Apache 데몬 모드 설정

내장 모드로 실행 시 설정하였던 방법과 유사하게 Apache 설정 파일인 **httpd.conf**에 mod_wsgi 관련 설정을 추가해야 합니다. 여기서는 conf.d 디렉터리에 **django.conf** 파일을 추가합니다.

```
$ cd /etc/httpd/conf.d/
$ sudo vi django.conf


WSGIScriptAlias / /home/shkim/pyBook/ch10/mysite/wsgi.py ----------------------- ❶
WSGIDaemonProcess mygroup python-home=/home/shkim/pyBook/ch10/venv
python-path=/home/shkim/pyBook/ch10 --------------------------------------------- ❷
WSGIProcessGroup mygroup -------------------------------------------------------- ❸
WSGIApplicationGroup %{GLOBAL} -------------------------------------------------- ❹


<Directory /home/shkim/pyBook/ch10/mysite>
<Files wsgi.py>
Require all granted                                                               ❺
</Files>
</Directory>


Alias /static/ /home/shkim/pyBook/ch10/www_dir/static/ ------------------------- ❻
<Directory /home/shkim/pyBook/ch10/www_dir/static>
Require all granted                                                               ❼
</Directory>
```

위 설정 내용을 라인별로 설명하겠습니다.

❶ httpd 웹 서버에서 서비스하는 URL(/)과 wsgi.py 파일의 위치를 매핑합니다. 이러면 루트(/) URL로 시작하는 모든 요청은 wsgi.py 파일에 정의된 WSGI application에서 처리합니다.

❷ httpd 프로세스 중에서 장고 애플리케이션만을 처리할 데몬 프로세스 하나를 정의합니다. 속성으로 가상 환경 경로와 모듈 임포트 경로를 지정합니다. 내장 모드에서 사용하였던 WSGIPythonHome과 WSGIPythonPath 지시자는 사용할 수 없습니다. 데몬 프로세스 속성으로 프로세스와 스레드의 개수도 지정할 수 있습니다. 다만 데몬 프로세스의 이름은 서로 중복되면 안 됩니다.

❸ 장고 애플리케이션이 실행될 프로세스 그룹을 지정합니다. WSGIDaemonProcess 지시자로 정의된 이름 중에서 선택하여 사용합니다. 동일한 프로세스 그룹에 할당된 애플리케이션은 같은 데몬 프로세스에서 실행됩니다.

❹ 장고 애플리케이션이 소속될 애플리케이션 그룹을 지정합니다. 애플리케이션 그룹은 동일한 파이썬 인터프리터를 사용하는 그룹입니다. %{GLOBAL} 변수의 값은 빈 문자열이며 첫 번째로 생성되는 파이썬 인터프리터를 의미합니다.

❺ httpd가 wsgi.py 파일을 액세스할 수 있도록 mysite 디렉터리 및 wsgi.py 파일에 대한 접근 권한을 설정합니다.

10

❻ /static/ URL에 대한 처리를 위해 static 파일이 위치한 디렉터리를 매핑합니다. 이 디렉터리는 장고의 collectstaic 명령에 의해 static 파일을 모아 둔 것입니다. 이는 settings.py 파일의 STATIC_ROOT 항목에 정의된 디렉터리이기도 합니다.

❼ Httpd 프로세스가 static 디렉터리에 액세스할 수 있도록 디렉터리 접근 권한을 설정합니다.

10.5.2 데몬 모드로 mod_wsgi 실행 테스트

mod_wsgi 모듈에 대한 Apache 설정이 끝나면 Apache를 기동해서 동작을 확인합니다. Apache를 기동하고 웹 브라우저로 접속해서 동작을 확인하는 과정은 내장 모드와 동일합니다. **10.4.2 내장 모드로 mod_wsgi 실행 테스트**를 참고 바랍니다.

APPENDIX

APPENDIX **A**

외부 라이브러리 requests, beautifulsoup4 맛보기

본문 **2.2 웹 클라이언트 라이브러리**에서는 웹 클라이언트용 파이썬 표준 라이브러리를 설명하였습니다. 이런 라이브러리들은 웹 서버에 접속하고 데이터를 요청하며 서버로부터 받은 데이터를 분석해서 우리가 원하는 정보를 얻는 작업에 사용됩니다.

이와 같은 작업에는 파이썬의 표준 라이브러리를 사용해도 되지만, 조금 더 자주 사용하는 외부 라이브러리가 있습니다. 웹 요청을 보내고 받는 기능을 하는 requests 라이브러리와 서버로부터 받은 데이터를 분석하는 데 사용하는 beautifulsoup4 라이브러리가 바로 그것입니다.

이들은 사용 방법이 직관적이고 이해하기 쉬운 문법을 제공하고 있으므로 조금만 공부하면 바로 사용할 수 있습니다. 이러한 외부 라이브러리를 상세하게 설명하는 것은 이 책의 범위가 아니므로 여기서는 라이브러리의 편리함을 보여 주는 맛보기 예제만 제공합니다.

이어지는 예제는 본문에서 설명한 코드를 requests와 beautifulsoup4 라이브러리를 사용하여 재작성한 것입니다. 별도 설명이 없어도 이해할 수 있도록 가능한 한 본문의 예제와 처리 순서 그리고 변수명 및 함수명 등을 동일하게 재작성하였습니다. 만일 이해가 안 되는 내용이 있다면 본문의 설명을 다시 한 번 살펴보기 바랍니다.

본문에서 작성한 코드와 비교하면서 requests 및 beautifulsoup4 라이브러리를 사용하였을 때 코드가 얼마나 이해하기 쉽게 바뀌는지 경험합시다.

A.1 외부 라이브러리 설치

requests, beautifulsoup4 라이브러리는 모두 외부 라이브러리입니다. 그러므로 사용하기 전에 설치가 필요합니다. 가상 환경을 만들어 외부 라이브러리를 설치하는 것을 권장하지만 여기서는 편의상 윈도우 시스템 환경에 바로 설치하겠습니다.

```
C:\RedBook\chA>python -m pip install requests
C:\RedBook\chA>python -m pip install beautifulsoup4
```

A.2 urllib.request 모듈 예제 재작성

예제 A-1 urllib.request 모듈 예제 재작성 – 예제 2-7 참고   소스제공: chA\parse_image_2.py

```
C:\Users\shkim>cd C:\RedBook\chA
C:\RedBook\chA>notepad parse_image_2.py

import requests
from bs4 import BeautifulSoup


def parse_image(data):
    soup = BeautifulSoup(data, 'html.parser')
    imgTagList = soup.find_all('img')
    dataSet = set(x.attrs['src'] for x in imgTagList)
    return dataSet


def main():
    url = "http://www.google.co.kr"

    res = requests.get(url)
    charset = res.encoding
    data = res.content.decode(charset)

    dataSet = parse_image(data)
```

```
        print("\n>>>>>>>> Fetch Images from", url)
        print('\n'.join(sorted(dataSet)))


if __name__ == '__main__':
    main()
```

A.3 http.client 모듈 예제 재작성

예제 A-2 http.client 모듈 예제 재작성 – 예제 2-12 참고

```
C:\Users\shkim>cd C:\RedBook\chA
C:\RedBook\chA>notepad download_image_2.py

from pathlib import Path
from urllib.parse import urljoin
import requests
from bs4 import BeautifulSoup


def parse_image(data):
    soup = BeautifulSoup(data, 'html.parser')
    imgTagList = soup.find_all('img')
    dataSet = set(x.attrs['src'] for x in imgTagList)
    return dataSet


def download_image(url, dataSet):


    downDir = Path('DOWNLOAD')
    downDir.mkdir(exist_ok=True)

    for x in sorted(dataSet):
        imageUrl = urljoin(url, x)
        basename = Path(imageUrl).name
        targetFile = downDir / basename
```

```python
        print("Downloading...", imageUrl)
        res = requests.get(imageUrl)
        with open(targetFile, 'wb') as f:
            f.write(res.content)


def main():


    url = "http://www.google.co.kr"

    res = requests.get(url)
    charset = res.encoding
    data = res.content.decode(charset)

    dataSet = parse_image(data)

    print("\n>>>>>>>> Download Images from", url)
    download_image(url, dataSet)


if __name__ == '__main__':
    main()
```

APPENDIX B

장고의 데이터베이스 연동

이 책의 본문에서는 SQLite를 사용하여 장고 프로젝트 개발을 진행하였습니다. 그런데 사용하고 있는 서버 또는 개발 환경에 다른 데이터베이스가 이미 설치되어 있다면 그 데이터베이스를 사용하여 장고 프로젝트를 개발할 수도 있습니다.

사실 SQLite는 작고 가벼워서 사용하기 쉽다는 장점이 있지만, 요즘과 같은 빅데이 터 시대의 대규모 프로젝트에서는 거의 사용하지 않습니다. 즉, SQLite는 메모리, 디스크 등 서버 자원을 적게 차지하는 장점이 있지만, 멀티 프로세스 환경에서의 동시 접근 처리 능력 등이 약해 보통은 테스트 용도나 소규모의 프로젝트, 스마트폰 또는 임베디드 환경에 주로 사용됩니다.

반면 큰 규모의 프로젝트에서는 다른 엔터프라이즈급 데이터베이스를 주로 사용하는데 장고에서는 SQLite 이외에도 MySQL(Maria DB 포함), PostgreSQL, Oracle를 공식적으로 지원합니다. 장고에서 이러한 데이터베이스를 연동하는 방법을 소개하겠습니다.

B.1 MySQL/Maria DB 데이터베이스 연동

장고에서는 MySQL 5.7 이상 또는 Maria DB 10.3 이상의 버전을 지원합니다. MySQL과 Maria DB에서 장고 드라이버 설치 및 설정 방법은 동일합니다.

B.1.1 연동 드라이버 설치

파이썬에 MySQL 데이터베이스 연동을 위한 여러 가지 연동 드라이버 모듈이 존재하는데 다음 3가지 중에서 자신에게 맞는 드라이버를 장고가 설치된 서버에 설치합니다. 장고에서 추천하는 드라이버는 **mysqlclient**입니다.

- **mysqlclient** : MySQLdb 드라이버를 개선한 패키지입니다. C 언어로 개발되어 속도가 빠릅니다. mysqlclient 1.4.0 이상 버전이 필요합니다. 만일 설치 과정에 에러가 발생한다면 미리 컴파일된 wheel 패키지 (mysqlclient-xxx.whl)를 내려받아서 설치하기 바랍니다.
- **MySQL Connector/Python** : MySQL 개발사인 오라클에서 파이썬으로 개발한 드라이버로 장고 공식 문서에는 장고 최신 버전은 지원하지 않을 수도 있다고 기술되어 있습니다.
- **pymysql** : 순수하게 파이썬으로 개발되어서 설치가 쉽지만, 성능은 mysqlclient가 더 빠른 편입니다. 장고에서 사용할 때는 pymysql.install_as_MySQLdb( ) 함수 호출이 필요합니다.

B.1.2 settings.py 파일 수정

장고의 **settings.py** 파일의 DATABASES 항목에 MySQL을 사용한다고 지정합니다. 다음 예시에서는 MySQL 프로그램 설치 시 디폴트로 생성되는 계정을 사용하였는데 개발자가 별도로 계정을 만들어서 지정할 수도 있습니다.

```
DATABASES = {
    'default': {
        'ENGINE': 'django.db.backends.mysql',
        'NAME': 'test',
        'USER': 'root',
        'PASSWORD': 'rootpswd',
        'HOST': '127.0.0.1',      # ''는 'localhost'를 의미함
        'PORT': '3306',           # ''는 '3306'을 의미함
    }
}
```

각 항목별 의미를 표로 정리하면 다음과 같습니다.

표 B-1 MySQL 연동 시 정의하는 항목 - 디폴트 계정 사용

항목	설명
ENGINE	MySQL 엔진을 사용한다는 의미로 django.db.backends.mysql처럼 입력합니다. 장고에서 제공하는 MySQL 엔진의 모듈 경로입니다.
NAME	장고에서 사용할 MySQL 내의 데이터베이스 이름을 입력합니다. 데이터베이스 test는 MySQL 프로그램 설치 시 기본으로 생성되는데 버전에 따라 없을 수도 있습니다. 보통은 직접 데이터베이스를 만들어 사용합니다.
USER	장고에서 MySQL 데이터베이스에 연결 시 사용할 유저 이름입니다. 즉, 다음과 같은 명령에 사용하는 유저 이름을 입력하면 됩니다. 유저 root는 MySQL 프로그램 설치 시 기본으로 생성됩니다. `$ mysql -u root -p`
PASSWORD	장고에서 MySQL 데이터베이스에 연결 시 사용할 유저 이름에 대한 비밀번호를 입력합니다. 즉, 다음과 같은 명령에 사용하는 비밀번호입니다. `$ mysql -u root -prootpswd`
HOST	MySQL 서버가 실행되고 있는 머신의 IP 주소 또는 도메인명을 입력합니다. 장고와 동일 머신에서 MySQL 서버가 실행되고 있다면 127.0.0.1이라고 써도 되고 생략해도 됩니다.
PORT	MySQL 서버에 접속할 때 사용하는 포트 번호입니다. MySQL 서버의 디폴트 포트 번호인 3306을 그대로 사용하는 경우는 생략해도 됩니다.

참고로 다음과 같은 MySQL 명령을 사용하여 새로운 데이터베이스 및 계정과 비밀번호를 만들어서 사용할 수도 있습니다.

```
$ mysql -u root -p
(root 계정에 대한 비밀번호 입력)

mysql> CREATE DATABASE dj_test CHARACTER SET UTF8;
mysql> CREATE USER django@localhost IDENTIFIED BY 'pswd';
mysql> GRANT ALL PRIVILEGES ON dj_test.* TO django@localhost;
mysql> FLUSH PRIVILEGES;
```

이 경우에는 DATABASES 항목에 다음과 같이 입력합니다.

표 B-2 MySQL 연동 시 정의하는 항목 - 새로운 계정 사용

항목명	NAME	USER	PASSWORD
입력할 내용	dj_test	django	pswd

B.1.3 변경 사항 장고에 반영하기

데이터베이스와 관련하여 변경 사항이 발생하면 다음과 같은 명령으로 장고에 반영해야 합니다. 당연히 **manage.py** 파일이 있는 디렉터리로 이동한 후에 명령을 실행해야겠죠?

```
$ python manage.py migrate
```

또한 데이터베이스 엔진을 새로 설정하면 초기화 상태가 되므로 장고 Admin 사이트에 로그인하기 위한 관리자를 새로 만들어야 합니다.

```
$ python manage.py createsuperuser
```

B.1.4 작업 확인하기

다음 명령으로 장고 runserver를 실행할 때 에러가 발생하지 않는다면 데이터베이스가 정상적으로 연동되었다는 의미입니다.

```
$ python manage.py runserver 0.0.0.0:8000
```

조금 더 확실히 확인하고 싶다면 MySQL 데이터베이스에 테이블들이 잘 생성되었는지 확인하면 됩니다. 장고 Admin 사이트에서 테이블들이 잘 보이는지 확인하기 위해 브라우저에서 Admin 사이트로 접속합니다.

```
http://127.0.0.1:8000/admin
```

> **NOTE_** 본문에서는 SQLite 데이터베이스 엔진을 사용하였습니다. 여기서 설명한 내용을 복습할 겸 **3.5.3 프로젝트 설정 파일 변경**을 참고 바랍니다.

B.2 PostgreSQL 데이터베이스 연동

장고에서는 PostgreSQL 11 이상 버전을 지원합니다.

B.2.1 연동 드라이버 설치

파이썬에서 PostgreSQL 데이터베이스 연동을 위한 연동 여러 가지 드라이버 모듈이 존재하는데 장고는 psycopg2 패키지가 필요하므로 장고가 설치된 서버에 **psycopg2** 최신 버전을 설치합니다. 장고에서는 psycopg2 2.8.4 이상 버전을 추천합니다.

B.2.2 settings.py 파일 수정

장고의 **settings.py** 파일의 DATABASES 항목에 PostgreSQL 데이터베이스를 사용한다고 지정합니다. 다음 예시는 PostgreSQL 프로그램 설치 시 디폴트로 생성되는 계정을 사용하였는데 개발자가 별도로 계정을 만들어서 지정할 수도 있습니다.

```
DATABASES = {
    'default': {
        'ENGINE': 'django.db.backends.postgresql',
        'NAME': 'postgres',
        'USER': 'postgres',
        'PASSWORD': 'postgrespswd',
        'HOST': '127.0.0.1',
        'PORT': '5432',
    }
}
```

각 항목별 의미를 표로 정리하면 다음과 같습니다.

표 **B-3** PostgreSQL 연동 시 정의하는 항목 - 디폴트 계정 사용

항목	설명
ENGINE	PostgreSQL 엔진을 사용한다는 의미로 django.db.backends.postgresql처럼 입력합니다. 장고에서 제공하는 PostgreSQL 엔진의 모듈 경로입니다.
NAME	장고에서 사용할 PostgreSQL 내의 데이터베이스 이름을 사용합니다. 데이터베이스 postgres는 PostgreSQL 프로그램 설치 시 기본으로 생성됩니다.

USER	장고에서 PostgreSQL 데이터베이스에 연결 시 사용할 유저 이름입니다. PostgreSQL 데이터베이스는 기본 사용자로 postgres 유저를 사용합니다. 즉, 다음 명령과 같이 셸에서 postgres로 로그인할 때 사용하는 유저 이름을 입력합니다. `$ su - postgres`
PASSWORD	장고에서 PostgreSQL 데이터베이스에 연결 시 사용할 유저 이름에 대한 비밀번호를 입력합니다. 즉, 다음 명령과 같이 셸에서 postgres 유저로 로그인할 때 사용하는 비밀번호를 입력하면 됩니다. `$ su - postgres`
HOST	PostgreSQL 서버가 실행되고 있는 머신의 IP 주소를 입력합니다. 장고와 동일 머신에서 PostgreSQL 서버가 실행되고 있으면 127.0.0.1이라고 입력하거나 생략합니다.
PORT	PostgreSQL 서버에 접속할 때 사용하는 포트 번호입니다. PostgreSQL 서버의 디폴트 포트 번호인 5432를 그대로 사용하는 경우에는 생략해도 됩니다.

참고로 다음과 같은 PostgreSQL 명령을 사용하여 새로운 데이터베이스 및 계정과 비밀번호를 만들어서 사용할 수도 있습니다.

```
$ su - postgres
(postgres 계정에 대한 비밀번호 입력)
$ psql -U postgres

postgres=# CREATE DATABASE dj_test;
postgres=# CREATE USER django WITH PASSWORD 'pswd';
postgres=# ALTER ROLE django SET client_encoding TO 'utf8';
postgres=# ALTER ROLE django SET default_transaction_isolation TO 'read committed';
postgres=# ALTER ROLE django SET timezone TO 'Asia/Seoul';
postgres=# GRANT ALL PRIVILEGES ON DATABASE dj_test TO django;
```

이 경우에는 DATABASES 항목에 다음과 같이 입력합니다.

표 B-4 PostgreSQL 연동 시 정의하는 항목 - 새로운 계정 사용

항목명	NAME	USER	PASSWORD
입력할 내용	dj_test	django	pswd

B.2.3 변경 사항 장고에 반영 및 작업 확인하기

이 이후에 데이터베이스 변경 사항을 장고에 반영하는 방법이나 작업 확인하기는 MySQL과 동일하므로 앞에서 설명한 **B.1 MySQL/Maria DB 데이터베이스 연동**을 참고 바랍니다.

B.3 Oracle 데이터베이스 연동

장고에서는 Oracle Database Server 19c 이상 버전을 지원합니다.

B.3.1 연동 드라이버 설치

파이썬에서 Oracle 데이터베이스 연동을 위한 연동 드라이버 모듈인 **cx_Oracle** 패키지를 최신 버전으로 설치합니다. 장고에서는 cx_Oracle 7.0 이상 버전을 추천하고 있습니다.

B.3.2 settings.py 파일 수정

장고의 **settings.py** 파일의 DATABASES 항목에 Oracle 데이터베이스를 사용한다고 지정합니다. 다음 예시에서는 Oracle 프로그램 설치 시 디폴트로 생성되는 계정을 사용하였는데 개발자가 별도로 계정을 만들어서 지정할 수도 있습니다.

```
DATABASES = {
    'default': {
        'ENGINE': 'django.db.backends.oracle',
        'NAME': 'xe',
        'USER': 'scott',
        'PASSWORD': 'tiger',
        'HOST': '',
        'PORT': '',
    }
}
```

각 항목별 의미를 표로 정리하면 다음과 같습니다.

표 B-5 Oracle 연동 시 정의하는 항목 - 디폴트 계정 사용

항목	설명
ENGINE	Oracle 엔진을 사용한다는 의미로 django.db.backends.oracle처럼 입력합니다. 장고에서 제공하는 Oracle 엔진의 모듈 경로입니다.
NAME	장고가 클라이언트 입장에서 접속할 Oracle 서버의 데이터베이스에 관한 서비스 이름 또는 인스턴스의 SID(System ID)를 입력합니다. 보통은 서비스 이름과 SID를 동일하게 xe, orcl 등으로 사용합니다. 다음 SQL 명령으로 서비스 이름을 알 수 있습니다. SQL> `show parameter service_names`

USER	장고에서 Oracle 데이터베이스에 연결할 때 사용할 유저 이름입니다. $ sqlplus scott/tiger처럼 데이터베이스에 접속할 때 유저 이름은 scott입니다.
PASSWORD	장고에서 Oracle 데이터베이스에 연결할 때 사용할 유저 이름에 대한 비밀번호를 입력합니다. $ sqlplus scott/tiger처럼 데이터베이스에 접속할 때 비밀번호는 tiger입니다.
HOST	공란으로 둡니다. 공란으로 두면 오라클의 설정 파일인 tnsnames.ora 파일을 사용합니다. $ORACLE_HOME/network/admin/tnsnames.ora 파일에는 데이터베이스 서버의 HOST, PORT 항목이 정의되어 있습니다
PORT	공란으로 둡니다. 위와 동일하게 공란으로 두면 오라클의 설정 파일인 tnsnames.ora 파일을 사용합니다. 설정 파일을 사용하지 않는 경우는 HOST와 PORT 항목을 지정합니다. 단 HOST와 PORT 항목을 모두 공란으로 두거나 아니면 둘 다 지정해야 합니다.

참고로 다음과 같은 Oracle 데이터베이스 명령을 사용하여 새로운 계정과 비밀번호를 만들어서 사용할 수도 있습니다.

```
$ su - oracle
(oracle 계정에 대한 비밀번호 입력)
$ sqlplus / as sysdba

SQL> CREATE TABLESPACE ts_django DATAFILE '$ORACLE_HOME/rdbms/dbs/ts_django.dbf' SIZE
40M ONLINE;
SQL> CREATE USER django IDENTIFIED BY pswd DEFAULT TABLESPACE ts_django TEMPORARY
TABLESPACE temp QUOTA 10M ON ts_django;
SQL> GRANT connect, resource TO django;
```

이 경우에는 DATABASES 항목에 다음과 같이 입력합니다.

표 B-6 Oracle 연동 시 정의하는 항목 - 새로운 계정 사용

항목명	NAME	USER	PASSWORD
입력할 내용	xe	django	pswd

B.3.3 변경 사항 장고에 반영 및 작업 확인하기

이 이후에 데이터베이스 변경 사항을 장고에 반영하는 방법이나 작업 확인하기는 MySQL과 동일하므로 앞에서 설명한 **B.1 MySQL/Maria DB** 데이터베이스 연동을 참고 바랍니다.

HTTP 상태 코드 전체 요약

C.1 상태 코드 레지스트리

HTTP 응답에 포함되는 상태 코드^{status code}는 IANA^{Internet Assigned Numbers Authority}라는 인터넷 할당 번호 관리기관이 HTTP 상태 코드 레지스트리라는 이름으로 관리하고 있습니다.

> **NOTE_ 상태 코드 레지스트리**
>
> 상태 코드 레지스트리에 관해 자세히 알아보려면 다음 URL을 참고 바랍니다.
>
> http://www.iana.org/assignments/http-status-codes/http-status-codes.xhtml

C.2 HTTP 상태 코드

다음 표에 상태 코드와 그 의미를 요약 정리하였으니 참고하기 바랍니다.

상태 코드	상태 텍스트	한국어 번역	서버 측면에서의 의미
1xx	Informational	정보 제공	**클라이언트의 요청을 받았으며 작업을 계속 진행하고 있다.** 1xx 계열의 응답은 HTTP/1.1 클라이언트에게만 보낼 수 있으며 응답은 바디 없이 상태 라인, 헤더(생략 가능), 빈 줄로 종료됩니다.

100	Continue	계속	**계속 진행하라.** 클라이언트는 요청 헤더에 'Expect: 100-continue'를 보내고 서버는 이를 처리할 수 있으면 이 코드로 응답합니다.
101	Switching Protocols	프로토콜 전환	**프로토콜을 전환하라.** 프로토콜을 HTTP 1.1에서 업그레이드할 때 Upgrade 응답 헤더에 표시합니다. 현재는 HTTP 1.1이 최신이므로 사용할 일이 없습니다.
102	Processing	처리중	**(WebDAV) 처리 중이다.** 서버가 처리하는 데 오랜 시간이 예상되어 클라이언트에서 타임아웃이 발생하지 않도록 이 응답 코드를 보냅니다.
103-199	Unassigned		현재 할당되지 않은 상태 코드입니다.
2xx	Success	성공	**클라이언트가 요청한 동작을 수신하여 이해하였고 승낙하였으며 성공적으로 처리하였다.**
200	OK	성공	**서버가 요청을 성공적으로 처리하였다.**
201	Created	생성됨	**요청이 처리되어서 새로운 리소스가 생성되었다.** 응답 헤더 Location에 새로운 리소스의 절대 URI를 기록합니다.
202	Accepted	허용됨	**요청은 접수하였지만, 처리가 완료되지 않았다.** 응답 헤더의 Location, Retry-After를 참고하여 클라이언트는 다시 요청을 보냅니다.
203	Non-Authoritative Information	신뢰할 수 없는 정보	**응답 헤더가 오리지널 서버로부터 제공된 것이 아니다.** 프록시 서버가 응답 헤더에 주석을 덧붙인 경우가 하나의 예입니다.
204	No Content	콘텐츠 없음	**처리를 성공하였지만, 클라이언트에게 돌려줄 콘텐츠가 없다.** 응답에는 헤더만 있고 바디는 없습니다. DELETE 요청에 대한 응답에 많이 사용됩니다.
205	Reset Content	콘텐츠 재설정	**처리를 성공하였고 브라우저의 화면을 리셋하라.** 예를 들어 브라우저가 입력 폼을 보여 주고 있을 때 이 응답 코드를 받으면 브라우저는 모든 입력 항목을 리셋하고 재입력할 수 있는 상태가 됩니다.
206	Partial Content	일부 콘텐츠	**콘텐츠의 일부만을 보낸다.** 응답 헤더의 Content-Range에 응답 콘텐츠의 범위를 기록합니다. 예를 들어 1,500 바이트의 리소스 중에서 처음의 500 바이트만을 보낼 때 사용할 수 있습니다.

207	Multi-Status	다중 상태	**(WebDAV) 처리 결과의 스테이터스가 여러 개이다.** 207 응답은 성공을 뜻하지만, 각각의 처리 결과가 성공인지는 바디를 봐야 알 수 있습니다.
208- 299	Unassigned		현재 할당되지 않은 상태 코드입니다.
3xx	**Redirection**	**리다이렉션**	**클라이언트는 요청을 마치기 위해 추가 동작을 취해야 한다.**
300	Multiple Choices	여러 선택항목	**선택 항목이 여러 개 있다.** 지정한 URI에 대해서 콘텐츠 협상을 수행한 결과 서버에서 콘텐츠를 결정하지 못하고 클라이언트에게 복수 개의 링크를 응답할 때 사용합니다.
301	Moved Permanently	영구 이동	**지정한 리소스가 새로운 URI로 이동하였다.** 이동할 곳의 새로운 URI는 응답 헤더 Location에 기록합니다.
302	Found	다른 위치 찾음	**요청한 리소스를 다른 URI에서 찾았다.** 요청한 URI가 없으므로 클라이언트 메소드를 그대로 유지한 채 응답 헤더 Location에 표시된 다른 URI로 요청을 재송신할 필요가 있습니다. 302의 의미를 정확하게 개선해서 307을 정의하였으므로 이 응답 코드의 사용은 권장하지 않습니다.
303	See Other	다른 위치 보기	**다른 위치로 요청하라.** 요청에 대한 처리 결과를 응답 헤더 Location에 표시된 URI에서 GET으로 취득할 수 있습니다. 브라우저의 폼 요청을 POST로 처리하고 그 결과 화면으로 리다이렉트시킬 때 자주 사용하는 응답 코드입니다.
304	Not Modified	수정되지 않음	**마지막 요청 이후 요청한 페이지는 수정되지 않았다.** If-Modified-Since와 같은 조건부 GET 요청일 때 지정한 리소스가 갱신되지 않았음을 알려 줍니다. 이 응답 코드에는 바디가 없습니다.
305	Use Proxy	프록시 사용	**지정한 리소스에 액세스하려면 프록시를 통해야 한다.** 응답 헤더 Location에 프록시의 URI를 기록합니다.
306	(Unused)		예전 버전에서 사용하다가 현재는 사용하지 않는 상태 코드입니다.
307	Temporary Redirect	임시 리다이렉션	**임시로 리다이렉션 요청이 필요하다.** 요청한 URI가 없으므로 클라이언트 메소드를 그대로 유지한 채 응답 헤더 Location에 표시된 다른 URI로 요청을 재송신할 필요가 있습니다. 클라이언트는 향후 요청 시 원래 위치를 계속 사용해야 합니다. 302의 의미를 정확하게 재정의해서 HTTP/1.1의 307 응답으로 추가되었습니다.

C

308-399	Unassigned		현재 할당되지 않은 상태 코드입니다.
4xx	**Client Error**	**클라이언트 에러**	**클라이언트의 요청에 오류가 있다.**
400	Bad Request	잘못된 요청	**요청의 구문이 잘못되었다.** 클라이언트가 모르는 4xx 계열 응답 코드가 반환된 경우에도 클라이언트는 400과 동일하게 처리하도록 규정하고 있습니다.
401	Unauthorized	권한 없음	**지정한 리소스에 대한 액세스 권한이 없다.** 응답 헤더 WWW-Authenticate에 필요한 인증 방식을 지정합니다.
402	Payment Required	결제 필요	**지정한 리소스를 액세스하기 위해서는 결제가 필요하다.** 이 응답 코드는 실제로는 사용되지 않습니다.
403	Forbidden	금지됨	**지정한 리소스에 대한 액세스가 금지되었다.** 401 인증 처리 이외의 사유로 리소스에 대한 액세스가 금지되었음을 의미합니다. 리소스의 존재 자체를 은폐하고 싶은 경우는 404 응답 코드를 사용할 수 있습니다.
404	Not Found	찾을 수 없음	**지정한 리소스를 찾을 수 없다.**
405	Method Not Allowed	허용되지 않은 메소드	**요청한 URI가 지정한 메소드를 지원하지 않는다.** 응답 헤더 Allow에 이 URI가 지원하는 메소드 목록을 기록합니다.
406	Not Acceptable	수용할 수 없음	**클라이언트가 Accept-* 헤더에 지정한 항목에 관해 처리할 수 없다.** 응답 바디에는 300 응답처럼 서버가 수용 가능한 다른 선택지 리스트가 기록됩니다.
407	Proxy Authentication Required	프록시 인증 필요	**클라이언트는 프록시 서버에 인증이 필요하다.** 프록시 서버의 응답 헤더 Proxy-Authenticate에 필요한 인증 방식을 지정합니다.
408	Request Timeout	요청 시간초과	**요청을 기다리다 서버에서 타임아웃하였다.**
409	Conflict	충돌	**서버가 요청을 수행하는 중에 충돌이 발생하였다.** 예를 들어 사용자명을 new_name으로 변경하려 하였지만, 서버에 이미 new_name이라는 사용자가 존재하는 경우입니다. 응답 헤더 Location에는 충돌이 발생한 리소스의 URI를 기록합니다.
410	Gone	사라짐	**지정한 리소스가 이전에는 존재하였지만, 현재는 존재하지 않는다.** 예를 들어 기간이 한정된 프로모션 사이트가 사라진 경우 사용할 수 있는 응답 코드입니다.

411	Length Required	길이 필요	요청 헤더에 Content-Length를 지정해야 한다.
412	Precondition Failed	사전 조건 실패	If-Match와 같은 조건부 요청에서 지정한 사전 조건이 서버와 맞지 않는다.
413	Request Entity Too Large	요청 객체가 너무 큼	요청 메시지가 너무 크다. 서버는 접속을 끊습니다.
414	Request-URI Too Large	요청 URI가 너무 긺	요청 URI가 너무 길다.
415	Unsupported Media Type	지원되지 않는 미디어 유형	클라이언트가 지정한 미디어 타입을 서버가 지원하지 않는다. 예를 들어 서버가 지원하는 이미지는 JPG, PNG뿐인데 클라이언트가 GIF 형식의 이미지를 요청하는 경우입니다.
416	Range Not Satisfiable	처리할 수 없는 요청범위	클라이언트가 지정한 리소스의 범위가 서버의 리소스 사이즈와 맞지 않는다.
417	Expectation Failed	예상 실패	클라이언트가 지정한 Expect 헤더를 서버가 이해할 수 없다.
418–421	Unassigned		현재 할당되지 않은 상태 코드입니다.
422	Unprocessable Entity	처리할 수 없는 엔티티	(WebDAV) 클라이언트가 송신한 XML이 구문은 맞지만, 의미상 오류가 있다.
423	Locked	잠김	(WebDAV) 지정한 리소스는 잠겨있다.
424	Failed Dependency	의존 관계로 실패	(WebDAV) 다른 작업의 실패로 인해 본 요청도 실패하였다.
426	Upgraded Required	업그레이드 필요함	클라이언트의 프로토콜의 업그레이드가 필요하다. 응답에 Upgrade 헤더를 보내 필요한 프로토콜을 알려 줍니다.
428	Precondition Required	사전 조건 필요함	If-Match와 같은 사전조건을 지정하는 헤더가 필요하다. If-Match 헤더가 있지만, 맞지 않는 경우는 412 응답을 보냅니다.
429	Too Many Requests	너무 많은 요청	클라이언트가 주어진 시간 동안 너무 많은 요청을 보냈다. 요청의 속도를 제한할 때 사용합니다. 응답에 Retry-After 헤더를 보내 얼마나 기다릴지를 알려 줄 수 있습니다.
431	Request Header Fields Too Large	너무 큰 헤더	헤더의 길이가 너무 크다. 헤더의 전체 크기가 크거나 또는 하나의 헤더가 매우 큰 경우입니다. 보통 Referer URL이 길거나 쿠키 항목이 많은 경우입니다.

444	Connection Closed Without Response	응답 없이 연결 닫음	**(NGINX) 응답을 보내지 않고 연결을 종료하였다.** 보통 악의적인 요청에 대해서 사용하며 클라이언트에서는 응답을 볼 수 없고 Nginx 로그에는 나타납니다.
451	Unavailable For Legal Reasons	법적 사유로 불가	**법적으로 문제가 있는 리소스를 요청하였다.**
452– 499	Unassigned		현재 할당되지 않은 상태 코드입니다.
5xx	**Server Error**	**서버 에러**	**클라이언트의 요청은 유효한데 서버가 처리에 실패하였다.**
500	Internal Server Error	내부 서버 오류	**서버에 에러가 발생하였다.** 클라이언트가 모르는 5xx 계열의 응답 코드가 반환된 경우에도 클라이언트는 500과 동일하게 처리하도록 규정하고 있습니다.
501	Not Implemented	구현되지 않음	**요청한 URI의 메소드에 대해 서버가 구현하고 있지 않다.**
502	Bad Gateway	불량 게이트웨이	**게이트웨이 또는 프록시 역할을 하는 서버가 그 뒷단의 서버로부터 잘못된 응답을 받았다.**
503	Service Unavailable	서비스 제공불가	**현재 서버에서 서비스를 제공할 수 없다.** 보통은 서버의 과부하나 서비스 점검 등 일시적인 상태입니다.
504	Gateway Timeout	게이트웨이 시간초과	**게이트웨이 또는 프록시 역할을 하는 서버가 그 뒷단의 서버로부터 응답을 기다리다 타임아웃이 발생하였다.**
505	HTTP Version Not Supported	HTTP 버전 미지원	**클라이언트가 요청에 사용한 HTTP 버전을 서버가 지원하지 않는다.**
506	Unassigned		현재 할당되지 않은 상태 코드입니다.
507	Insufficient Storage	용량 부족	**(WebDAV) 서버에 저장 공간 부족으로 처리에 실패하였다.**
512– 599	Unassigned		현재 할당되지 않은 상태 코드입니다.

PyCharm 무료 버전 사용하기

파이썬 언어의 장점 중 하나가 운영체제와 무관하게 어디서나 실행할 수 있다는 것입니다. 본문에서는 리눅스, 윈도우, 맥OS 모두 사용이 가능한 명령 입력 방식으로 설명하였지만, 부록에서는 그래픽 환경의 통합 개발 툴^{IDE, Integrated Development Environment}을 설치하고 본문의 예제를 실행하는 방법을 설명합니다.

PyCharm은 파이썬용 통합 개발 툴로 다양한 분야의 파이썬 개발자들이 많이 애용하는 툴입니다. PyCharm은 체코의 JetBrains에서 개발한 툴인데 유료 버전인 Professional 버전과 무료 버전인 Community 버전으로 나누어져 있습니다. PyCharm의 유료 버전에서는 기본적으로 장고의 기능을 지원하므로 장고 프로젝트를 쉽게 생성할 수 있으며 장고 명령도 쉽게 사용할 수 있습니다. 그렇다고 무료 버전에서 장고를 사용할 수 없는 것은 아닙니다. 약간의 설정만 하면 무료 버전에서도 충분히 장고 개발이 가능합니다. 무료 버전을 먼저 사용하고 나면 유료 버전은 조금 더 쉽게 사용할 수 있으므로 무료 버전을 기준으로 설명합니다. 참고로 학생이나 교사에게는 교육용 라이선스를 무료로 제공하니 해당하는 분은 활용하기 바랍니다. 파이썬은 이미 설치하였다고 가정하고 윈도우 기준으로 설명을 진행합니다.

D.1 PyCharm Community Edition 설치하기

무료 버전인 PyCharm Community Edition을 설치하기 위해 다음 사이트에 접속하여 [DOWN-LOAD] 버튼을 클릭합니다.

• https://www.jetbrains.com/pycharm/

그림 D-1 PyCharm 설치 사이트 접속

다음 화면이 나타나면 [Windows]가 선택된 것을 확인하고 Community 버전의 [DOWNLOAD] 버튼을 클릭하여 설치 파일을 내려받습니다. 리눅스와 맥 OS 사용자는 각각 [macOS], [Linux] 탭을 눌러 설치 파일을 내려받습니다.

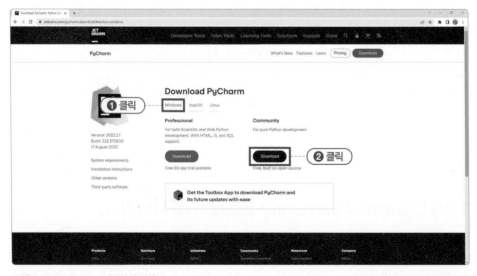

그림 D-2 PyCharm 내려받기 화면

설치 파일을 찾아 설치를 시작합니다. 다음과 같은 화면이 나타나면 화면의 지시에 따라 설치를 진행합니다. **그림 D-5**에서 PATH 환경 변수에 추가하는 옵션은 선택해도 되고 안 해도 됩니다. 필자의 PC에는 여러 파이썬 버전이 설치된 상태라서 선택하지 않았습니다.

그림 D-3 PyCharm 설치 시작 화면

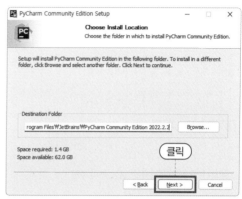

그림 D-4 PyCharm 설치 폴더 선택 화면

그림 D-5 PyCharm 설치 옵션 선택 화면

그림 D-6 PyCharm 설치 완료 화면

NOTE_ CPU 비트 정보 선택 (2022.2.1보다 낮은 버전을 설치하는 경우)

2022.2.1보다 낮은 버전을 설치한다면 CPU 비트 정보를 입력해야 할 수도 있습니다. CPU 비트 정보는 다음과 같은 방법 중 편한 방법을 선택해서 시스템 종류를 확인한 다음 입력하면 됩니다.

• 윈도우 시작 버튼(바탕화면 좌하단)을 오른쪽 마우스 버튼으로 클릭 후 [시스템] 선택

• [내 PC] 아이콘을 오른쪽 마우스 버튼으로 클릭 후 [속성] 선택

만일 32비트 운영체제라면 PyCharm 설치 비트 정보 선택 화면에서 [Download and install JRE x86 by Jetbrains]를 체크합니다. 64비트 운영체제라면 이 옵션을 선택하지 않습니다.

D.2 PyCharm 초기 설정하기

PyCharm을 처음 실행하면 몇 가지의 초기 설정 화면이 나옵니다.

다음 그림은 이전에 사용하였던 PyCharm의 환경 설정을 다시 사용할 것인지 물어보는 화면입니다. 우리는 PyCharm을 처음 사용하는 것이므로 두 번째 옵션을 선택하고 [OK] 버튼을 클릭합니다.

그림 D-7 PyCharm 환경 설정 선택 화면

이후 라이선스에 동의하고 UI 테마 선택, 플러그인 설치 등은 나중에 변경할 수 있으므로 디폴트로 선택해서 진행합니다.

초기 설정이 완료되면 다음과 같은 화면(웰컴 창)이 나타납니다.

그림 D-8 PyCharm 실행 첫 화면 – 웰컴 창

웰컴 창에 있는 메뉴의 기능은 다음과 같습니다.

- **New Project** : 새로운 프로젝트를 만들 때 선택합니다. PyCharm을 처음 사용한다면 이 방법을 선택합니다.
- **Open** : 이미 존재하는 프로젝트를 사용할 때 선택합니다.
- **Get from VCS** : 소스 관리 서버로부터 프로젝트를 내려받는 경우 선택합니다.

이 책의 예제 소스를 불러오려면 [Open]을 선택합니다. [Open]을 사용하여 파일을 불러오는 방법은 **D.7 외부 프로젝트를 임포트해서 사용하기**에서 설명합니다.

PyCharm에 익숙하지 않은 독자를 고려해서 새로운 장고 프로젝트를 만드는 과정을 먼저 실습합니다. [New Project] 버튼을 선택하면 프로젝트 생성 화면으로 넘어갑니다.

NOTE_ 웰컴 창 vs 메인 창

웰컴 창과 메인 창이라는 용어는 필자가 설명의 편의를 위해 사용한 것입니다. PyCharm을 실행하면 상황에 따라 2가지 화면 중 하나가 나타납니다.

- **웰컴 창** : 작업 대상 프로젝트가 없거나 지정이 안 된 경우 보이는 화면입니다(**그림 D-8** 참조).
- **메인 창** : 작업 대상 프로젝트가 지정된 경우에 보이는 화면입니다(**그림 D-14** 참조). 메인 창에서 작업 대상 프로젝트를 모두 닫은 경우에는 웰컴 창으로 이동합니다.

다음과 같은 프로젝트 생성 화면이 나타나면 가장 먼저 파이썬 가상 환경을 만들어야 합니다. 물론 가상 환경 없이도 프로젝트를 진행할 수는 있지만, 프로젝트를 만들기 전에 가상 환경을 먼저 만드는 것을 추천합니다. 가상 환경 구성 방법은 다음 절에서 설명하겠습니다.

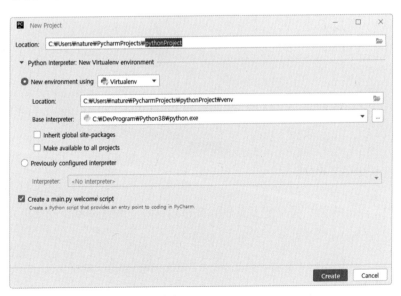

그림 D-9 PyCharm 프로젝트 생성 화면

D.3 파이썬 가상 환경 구성하기

장고를 비롯한 파이썬의 실제 프로젝트를 개발하는 경우 가상 환경^{VirtualEnv} 사용은 필수라고 할 수 있습니다. 따라서 먼저 가상 환경을 구성하고 그 가상 환경 내에서 장고 프로젝트를 진행하는 것을 추천합니다.

앞 절에서 설명한 프로젝트 생성 화면을 다시 보겠습니다. 다음 화면에서처럼 프로젝트의 위치와 [Python Interpreter: New Virtualenv environment] 아래 부분에서 가상 환경에 필요한 항목들을 설정합니다.

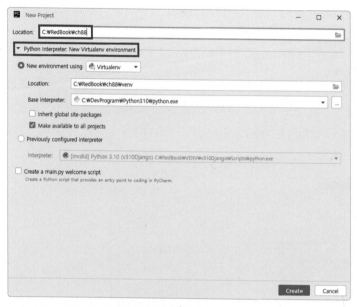

그림 D-10 파이썬 프로젝트 및 가상 환경 구성 화면

이 그림은 프로젝트와 가상 환경을 동시에 생성하는 화면입니다. 필요한 정보를 입력하고 [Create] 버튼을 클릭하면 되는데 항목별 의미는 다음과 같습니다.

- **Location** : 프로젝트가 생성될 디렉터리를 입력합니다. 장고 프로젝트의 베이스(루트) 디렉터리가 됩니다. 이 책에서는 ch88 폴더를 새로 만들어 지정합니다.

- **New environment using** : Virtualenv를 선택합니다. 새로운 가상 환경을 만드는 경우입니다.
  - **Location** : 가상 환경이 생성될 디렉터리입니다. 이 디렉터리 이름이 가상 환경의 이름으로 간주됩니다. 이 책에서는 VENV 폴더 하위에 vRedbook 폴더를 만들어 지정합니다.
  - **Base interpreter** : 가상 환경에서 사용할 파이썬 실행 파일을 지정합니다. 여기서 파이썬 2, 파이썬 3 등의 버전을 선택할 수 있습니다. 이 책에서는 필자가 미리 설치한 파이썬 3.10을 선택해서 진행합니다.
  - **Inherit global site-packages** : 시스템 레벨의 파이썬 환경 사용 여부를 지정합니다. 이 책에서는 시스템 레벨의 파이썬 환경은 사용하지 않고 오로지 가상 환경에 설치된 라이브러리만 사용할 것이므로 체크하지 않습니다.
  - **Make available to all projects** : 다른 프로젝트에서도 이 가상 환경을 사용할 수 있도록 하려면 체크합니다.
- **Previously configured interpreter** : 이미 존재하는 가상 환경을 선택하는 경우입니다.
- **Create a main.py welcome script** : 장고 프로젝트에서는 불필요하므로 체크하지 않습니다.

다음 그림은 프로젝트의 Location을 지정하는 과정입니다. 원하는 위치에 ch88 폴더를 만듭니다.

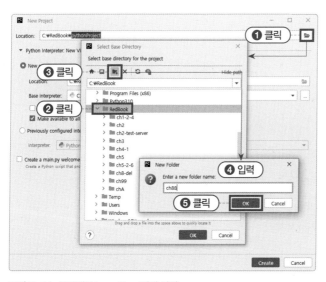

그림 D-11 프로젝트 Location 지정 화면

다음 그림은 가상 환경의 Location을 지정하는 과정을 보여 줍니다. 원하는 위치에 VENV/vRedbook 폴더를 만들겠습니다. 먼저 VENV 폴더부터 만듭니다.

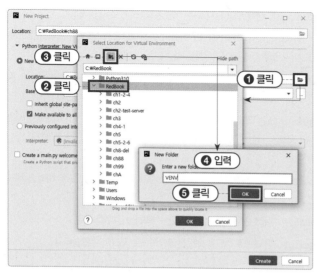

그림 D-12 가상 환경 Location 지정 화면 - VENV 폴더

이제 VENV 폴더 하위에 vRedbook 폴더를 만듭니다.

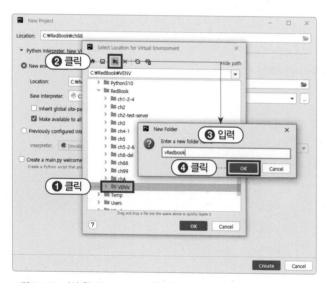

그림 D-13 가상 환경 Location 지정 화면 - vRedbook 폴더

프로젝트와 가상 환경이 만들어지면 다음과 같은 메인 창이 나타납니다. [Tip of the Day] 창을 닫습니다.

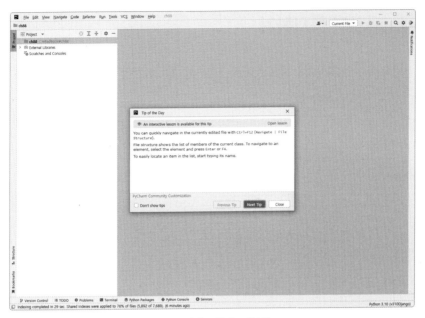

그림 D-14 파이썬 프로젝트 및 가상 환경 생성 완료 화면 – 메인 창

파이썬 프로젝트 ch88와 가상 환경 vRedbook을 만들었습니다. 엄밀하게 이야기하면 파이썬 프로젝트를 만든 것이지 장고 프로젝트를 만든 것은 아닙니다.

이제 이 가상 환경에 장고 등 실습에 필요한 패키지들을 설치하고 프로젝트 개발을 진행하면 됩니다. 프로젝트 개발은 장고 뼈대를 만드는 것부터 시작합니다. 다음 절에서 장고를 설치하겠습니다.

NOTE_ PyCharm에서 가상 환경 만들기 메뉴

PyCharm을 설치하면 파이썬의 가상 환경 툴인 virtualenv가 같이 설치되므로 별도로 가상 환경 툴을 설치할 필요가 없습니다. 즉, PyCharm에 virtualenv 기능이 통합되어 있어서 PyCharm에서 제공하는 메뉴로 가상 환경을 구성할 수 있습니다.

이번 절에서 설명한 것처럼 PyCharm을 설치하고 바로 가상 환경을 구성할 수도 있고 이미 PyCharm을 설치한 사용자라면 다음과 같은 메뉴를 활용하여 가상 환경을 만드는 창으로 이동할 수 있으니 참고 바랍니다.

- 메인 창 〉 (우하단의 가상환경 이름) 〉 [Interpreter Settings]
- 메인 창 〉 [File] 〉 [Settings] 〉 [Project: 000] 〉 [Project Interpreter] 〉 [Add Interpreter]

D.4 Django 패키지 설치하기

PyCharm 무료 버전에는 장고 패키지가 자동으로 설치되지 않으므로 가장 먼저 할 일은 vRed-book 가상 환경에 장고 최신 버전을 설치하는 것입니다. 메인 창에서 [File] 〉 [Settings] 메뉴를 선택한 후 다음과 같은 Settings 창이 열리면 [Project: ch88] 〉 [Project Interpreter]로 이동합니다.

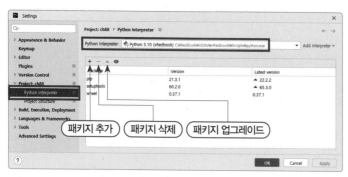

그림 D-15 가상 환경 내 패키지 설치 화면

Project Interpreter 항목에 원하는 가상 환경이 선택된 것을 확인한 후 그 아래의 패키지 추가 (+)를 클릭합니다.

다음 그림과 같은 패키지 설치 창이 나오면 검색창에 설치할 패키지명을 입력해서 찾습니다. 검색 결과에서 설치할 패키지를 선택한 후 패키지의 버전을 확인하고 하단의 [Install Package] 버튼을 클릭하면 해당 패키지가 설치됩니다.

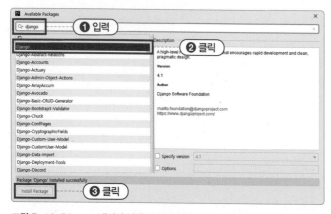

그림 D-16 Django 패키지 검색 및 설치 화면

패키지 설치 중에 PyCharm 메인 창의 하단 상태 줄을 보면 패키지 설치 진행 상태를 알 수 있습니다. 장고 설치가 완료되었다는 메시지가 나오면 패키지 설치 창을 닫고 Settings 창에서 [OK] 버튼을 클릭해서 메인 창으로 돌아옵니다.

D.5 터미널 창에서 Django 프로젝트 뼈대 만들기

장고 패키지가 설치되었으므로 장고의 manage.py 커맨드를 사용할 수 있습니다. 그런데 무료 버전에서는 manage.py 콘솔 창을 제공하지 않으므로 터미널 창에서 작업해야 합니다. 리눅스의 터미널 창에서 manage.py 명령을 하나씩 실행하면서 작업하였던 과정과 동일한 방식이라고 보면 됩니다.

다음 그림처럼 PyCharm 메인 창 하단 툴바에서 Terminal(▣)을 클릭합니다. 만일 Terminal(▣)이 안 보인다면 하단 상태바의 왼쪽에 있는 툴(▣)에 마우스를 가져가면 나타나는 메뉴에서 [Terminal]을 선택합니다. 메인 창 〉 [View] 〉 [Tool Windows] 〉 [Terminal]로도 터미널 창을 열 수 있습니다.

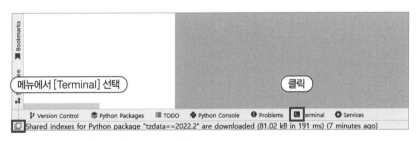

그림 D-17 터미널 창 오픈용 Terminal 아이콘

Terminal(▣)을 클릭하면 다음 그림처럼 파워셸 창이 열립니다. 이 창에서 작업해도 되지만 이 책에서는 커맨드 창에서 작업하겠습니다. 터미널 창 상단의 New Predefined Session(▾) 〉 [Command Prompt]를 클릭합니다.

이러면 파워셸 창이 커맨드 창으로 바뀝니다. 장고 명령어를 실행하기 전에 우선 터미널 창의 제목 줄을 더블 클릭하거나 위쪽으로 드래그해서 창을 최대 크기로 확대하면 작업이 편리합니다. 참고로 터미널 창을 줄일 때는 다시 제목 줄을 더블 클릭하거나 아래로 드래그하면 됩니다.

그림 D-18 커맨드 창 설정 및 터미널 창 확대

지금부터는 터미널 창에서 다음처럼 명령을 실행하면서 장고 프로젝트 뼈대를 만듭니다.

```
# 터미널 창을 열면 자동으로 가상 환경으로 진입합니다.
(vRedbook) C:\RedBook\ch88>

# 베이스(루트) 디렉터리 하위에 mysite 장고 프로젝트를 생성합니다(mysite 이름은 임의로 정하면 됨).
# 베이스(루트) 디렉터리의 위치는 현재 디렉터리(.)입니다.
(vRedbook) C:\RedBook\ch88>django-admin startproject mysite .

# mysite 디렉터리가 생성된 것을 확인합니다.
(vRedbook) C:\RedBook\ch88>dir

# 초기 마이그레이션을 실행합니다(데이터베이스 및 User, Group 테이블 생성됨).
(vRedbook) C:\RedBook\ch88>python manage.py migrate

# 데이터베이스 db.sqlite3 파일이 생성된 것을 확인합니다.
(vRedbook) C:\RedBook\ch88>dir

# 관리자(슈퍼 유저)의 계정을 생성합니다. Username, Email address, Password(2번)을 임의로 입력합니다.
(vRedbook) C:\RedBook\ch88>python manage.py createsuperuser

# polls 애플리케이션을 생성합니다.
(vRedbook) C:\RedBook\ch88>python manage.py startapp polls

# polls 디렉터리에 생성된 파일들을 확인합니다.
(vRedbook) C:\RedBook\c88>dir polls
```

다음 그림은 터미널 창에서 장고 프로젝트 뼈대를 만드는 과정을 보여 줍니다.

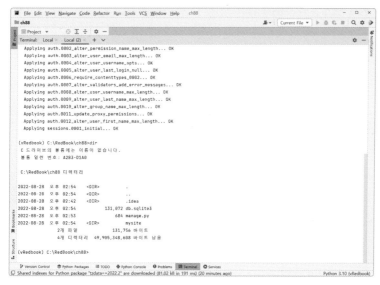

그림 D-19 터미널 창에서 장고 프로젝트 뼈대 만들기

여기까지 정상적으로 진행되었다면 장고 ch88 프로젝트와 polls 애플리케이션 뼈대가 만들어 진 것입니다. 다음 그림의 왼쪽 프로젝트 창을 보면 ch88 베이스 디렉터리 구조와 [External Libraries] 하위에 vRedbook 가상 환경이 지정된 것을 확인할 수 있습니다. 이제부터 이 메인 창에서 settings.py 파일을 포함하여 소스 코딩 작업을 하면 됩니다.

그림 D-20 ch88 프로젝트 디렉터리 구조 화면

이어서 메인 창에서 모델, 뷰, 템플릿 등의 소스 작업을 한 후 runserver 개발용 서버를 실행하여 테스트하겠습니다. 현재 소스 작업을 시작하지 않은 상태이지만, runserver 실행은 가능합니다. 다음 절에서 설명합니다.

D.6 테스트를 위한 runserver 실행하기

유료 버전에서는 장고 프로젝트를 생성하면 PyCharm이 자동으로 실행 환경을 구성한 다음 우상단 툴바에 runserver 실행 아이콘을 제공합니다. 그러나 무료 버전에서는 직접 실행 환경을 구성해야 합니다.

다음 그림처럼 우상단 툴바의 [Current File] 〉 [Edit Configurations] 메뉴를 클릭하면 나오는 [Run/Debug Configurations] 창에서 추가(+)를 클릭하고 [Python]을 선택합니다. [Run] 〉 [Edit Configurations]를 선택해도 됩니다.

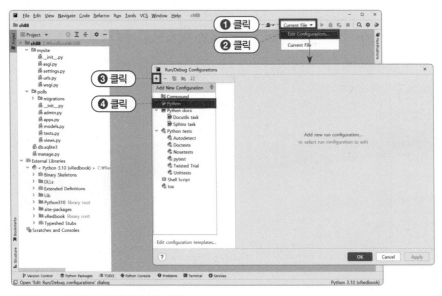

그림 D-21 실행 환경 설정을 위한 메뉴 선택

실행 환경 설정 창이 나오면 다음과 같이 입력하고 입력 후에는 하단의 [OK] 버튼을 클릭하면 완료입니다.

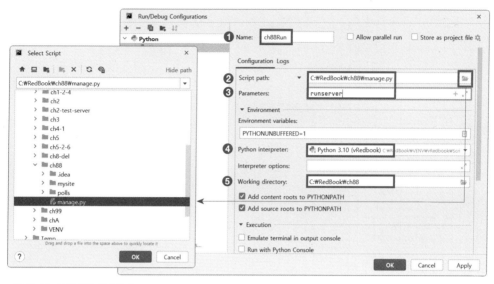

그림 D-22 실행 환경 설정 화면

❶ **Name** : ch88Run(임의로 입력하면 됨)을 입력합니다.

❷ **Script path** : ch88 디렉터리에 있는 manage.py 파일 지정. 오른쪽 끝의 폴더(📁)를 클릭하면 파일 선택 창이 열리고 여기서 manage.py 파일을 선택합니다.

❸ **Parameters** : runserver를 입력합니다.

❹ **Python interpreter** : 가상 환경이 자동으로 선택되는데 정확하게 선택되었는지 확인합니다.

❺ **Working directory** : 장고 프로젝트의 베이스(루트) 디렉터리가 자동으로 선택되는데 정확하게 선택되었는지 확인합니다.

실행 환경 설정이 완료되면 다음 그림처럼 우상단 실행 툴바의 이름이 ch88Run으로 변경됩니다. 그 오른쪽의 Play(▶)를 클릭하면 하단에 실행 창이 열리면서 runserver가 실행됩니다. runserver가 정상적으로 실행되었다면 브라우저를 열고 주소창에 다음과 같이 입력합니다.

```
http://127.0.0.1:8000/ 또는 http://localhost:8000/
```

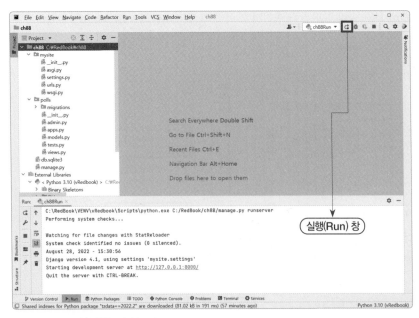

그림 D-23 실행(ch99Run) 창 화면

다음 화면처럼 장고의 환영 메시지가 나타나면 지금까지의 작업이 성공한 것입니다.

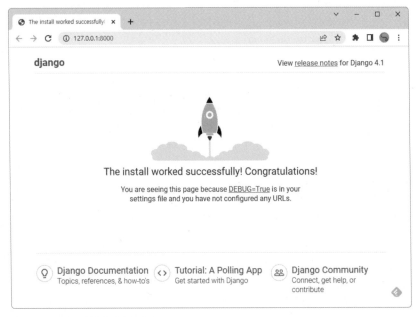

그림 D-24 장고의 환영 페이지 화면

다음 절의 실습을 위해 runserver를 중지하겠습니다. 다음 그림처럼 실행 창의 좌측에 있는 중지(■)와 닫기(⊠)를 차례대로 클릭합니다.

그림 D-25 실행(ch99Run) 창 닫기 화면

D.7 외부 프로젝트를 임포트해서 사용하기

지금까지는 PyCharm을 설치하고 새로운 프로젝트를 생성하는 과정을 살펴보았습니다. 이번에는 이미 존재하는 장고 프로젝트를 PyCharm으로 가져와서 사용하는 방법을 설명하겠습니다.

PyCharm 외부에서 생성된 프로젝트를 PyCharm으로 가져오는 것을 임포트import라고 합니다. 이 책의 소스를 내려받으면 장별로 프로젝트가 구성된 것을 알 수 있습니다. 이 중에서 ch3 프로젝트를 임포트하는 과정을 살펴보겠습니다. PyCharm에서 프로젝트를 임포트하는 기능은 [Open] 메뉴에서 제공합니다. [Open] 메뉴는 다음과 같이 두 곳에 있습니다

- 웰컴 창 〉 [Open]
- 메인 창 〉 [File] 〉 [Open]

다음과 같이 작업 대상 프로젝트 디렉터리를 선택하는 화면이 나옵니다. 이 화면에서 내려받은 ch3 프로젝트 디렉터리를 선택하고 [OK] 버튼을 클릭합니다.

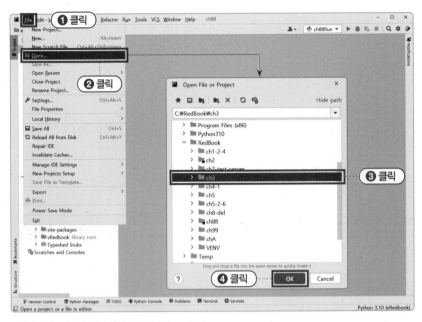

그림 D-26 메인 창에서 프로젝트 열기(Open)

다음 화면이 나타나면 [New Window] 버튼을 클릭하고 [OK] 버튼을 클릭합니다. 그러면 또 하나의 메인 창이 열리고 그 창에서 ch3 프로젝트를 볼 수 있습니다.

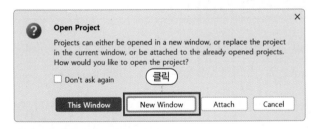

그림 D-27 프로젝트를 사용할 창 선택

다음 화면을 보면 우리가 만든 것이 아닌 다른 가상 환경이 지정되었다는 사실을 알 수 있습니다. 프로젝트를 임포트한 후에는 항상 가상 환경을 확인해야 한다는 점을 유의 바랍니다.

그림 D-28 프로젝트 임포트 후 가상 환경 확인 화면

본문에서 ch3 프로젝트를 개발할 때는 별도의 가상 환경을 사용하지 않았지만, 여기서는 앞 절에서 만든 vRedbook 가상 환경을 사용하여 실습을 진행하겠습니다. [File] 〉 [settings] 메뉴 또는 메인 창 우하단의 가상 환경 이름을 클릭해서 가상 환경을 지정하는 화면으로 이동합니다.

다음 그림처럼 설정 화면이 나오면 [Python interpreter] 항목에서 vRedbook 가상 환경을 선택하고 [OK] 버튼을 클릭합니다.

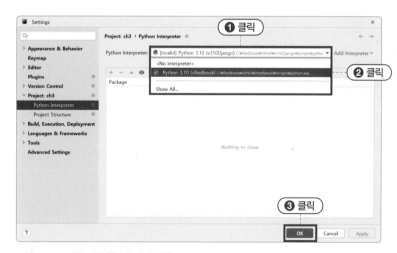

그림 D-29 기존 가상 환경 중에서 선택

다음 그림처럼 메인 창으로 복귀하면 가상 환경이 vRedbook으로 지정된 것을 확인할 수 있습니다. 여기까지 외부의 ch3 프로젝트를 임포트 완료한 상태입니다. 이제부터 필요한 소스 코딩 작업을 하고 runserver를 실행하여 테스트하면 됩니다. 테스트 방법은 다음 절에서 설명합니다.

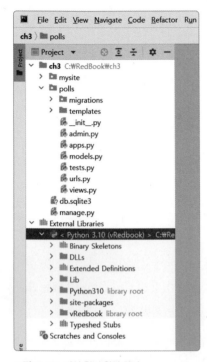

그림 D-30 가상 환경 확인 화면

D.8 임포트한 프로젝트 runserver 실행하기

프로젝트 임포트를 할 때는 다음 3가지를 항상 확인해야 합니다.

- 가상 환경이 정확히 설정되었는지 확인
- 터미널 창에서 makemigrations/migrate 명령 실행
- Run 실행 환경이 정확히 설정되었는지 확인

가상 환경은 앞 절에서 확인하였고 터미널 창을 열고 다음 명령을 실행합니다.

```
(vRedbook) C:₩RedBook₩ch88>python manage.py makemigrations
(vRedbook) C:₩RedBook₩ch88>python manage.py migrate
```

Run 실행 환경을 설정하는 방법은 **D.6 테스트를 위한 runserver 실행하기**에서 이미 설명하였으므로 이를 참고해서 진행 바랍니다. 실행 환경을 설정한 후에는 PyCharm 우상단의 Play(▶)를 클릭하여 runserver를 실행합니다.

runserver가 정상적으로 실행되었다면 브라우저를 열고 다음 URL로 접속합니다.

```
http://127.0.0.1:8000/polls/
```

다음 화면처럼 polls 애플리케이션의 첫 화면이 나타나면 지금까지의 작업이 성공한 것입니다.

그림 D-31 polls 애플리케이션의 첫 화면

찾아보기